*L'osmonde cannelle* Michel Bouliane

*L'athyrie fougère-femelle*   Gisèle Lamoureux

*La matteuccie fougère-à-l'autruche* Gisèle Lamoureux

*L'athyrie alpestre* Gisèle Lamoureux

*La prêle des champs* Gisèle Lamoureux

*La dryoptère fougère-mâle* Gisèle Lamoureux

*Le polystic faux-lonchitis* Sylvain Lamoureux

*La cystoptère bulbifère* Gisèle Lamoureux

*L'adiante du canada*
Gisèle Lamoureux

*La woodsie glabre* Gisèle Lamoureux

À la mémoire de Robert Firmin Gauthier, artisan important de ce volume. Il était aussi mon compagnon de vie. Sa capacité d'aimer et sa vision poétique m'inspirèrent et m'inspirent encore.

Gisèle

*L'osmonde de clayton* | Yves Boudreault

## Fleurbec, auteur et éditeur

Plantes sauvages des villes et des champs, volume 1. 1978.

Plantes sauvages comestibles. 1981.

Plantes sauvages au menu (guide culinaire). 1981.

Plantes sauvages des villes, des champs et en bordure des chemins, volume 2. 1983.

Plantes sauvages du bord de la mer. 1985.

Plantes sauvages des lacs, rivières et tourbières. 1987.

## Fleurbec, éditeur

Gisèle Lamoureux et collaborateurs, 1975. Plantes sauvages printanières.

Ernest Rouleau, 1986. Index des Contributions du Laboratoire de botanique et de l'Institut botanique de l'Université de Montréal.

Ernest Rouleau & Gisèle Lamoureux, 1992. Atlas des plantes vasculaires de l'île de Terre-Neuve et des îles de Saint-Pierre-et-Miquelon / Atlas of the vascular plants of the island of Newfoundland and of the islands of Saint-Pierre-et-Miquelon.

**Données de catalogage avant publication (Canada)**

Vedette principale au titre:

Fougères, prêles et lycopodes

(Guide d'identification Fleurbec)
Comprend des réf. bibliogr. et un index.

ISBN 2-920174-13-4

1. Ptéridophytes - Amérique du Nord. 2. Ptéridophytes - Québec (Province). 3. Fougères - Amérique du Nord. 4. Fougères - Québec (Province). 5. Botanique - Terminologie. I. Fleurbec (Organisation). II. Collection.

QK524.5.F68 1993 587'.097 C93-097376-3



Dépôt légal - 4e trimestre 1993
Bibliothèque nationale du Québec
Bibliothèque nationale du Canada

Photo de la page suivante: Gisèle Lamoureux

# Fougères, prêles et lycopodes

## Guide d'identification Fleurbec

Fleurbec
auteur et éditeur

Saint-Henri-de-Lévis, Québec, 1993

**Direction de la rédaction et de l'édition**

Gisèle Lamoureux

**Rédacteurs**

Gisèle Lamoureux

description, plantes semblables, habitat, horticulture, comestibilité, répartition géographique et cartographie, notes encyclopédiques

Sylvain Lamoureux

répartition géographique et cartographie, notes encyclopédiques

Robert Firmin Gauthier

étymologie, notes encyclopédiques

Sophie Banville

notes encyclopédiques

Marie-Ève Charbonneau

utilisation médicinale et toxicité

**Équipe de photographie**

Gisèle Lamoureux
Roger Larose
Sylvain Lamoureux
Yves Boudreault
Claude Allard
Francis Boudreau
Pierre Mathieu Charest

**Réalisation des cartes**

Robert Firmin Gauthier

**Graphisme et mise en pages**

Sylvain Lamoureux
Gisèle Lamoureux

**Conseillers scientifiques**

Jacques Cayouette
Ernest Rouleau

**Conseillers en rédaction**

Pierre Lincourt
Camille Rousseau

**Conseiller en microinformatique**

Yves Boudreault

# Avant-propos

Elles nous ont fait suer un bon coup, les fougères et toute leur parenté! Six ans s'écoulèrent entre les parutions de notre dernier guide et de celui-ci et, pendant tout ce temps... elles occupèrent nos esprits et nos bras.

Après les avoir étudiées six fois (et plus), il m'arrive de penser qu'elles échappent aux critères habituels de classification, qu'elles transgressent certains concepts de base chers aux botanistes, somme toute qu'elles diffèrent des autres plantes! Embêtant pour qui aime l'ordre et la discipline mais combien fascinant pour qui s'attarde à la fantaisie, aux détours que la vie emprunte pour se diversifier, pour réussir à se prolonger dans l'infini.

Malgré tout, nous espérons leur avoir joué un bon tour, aux fougères et à toute leur parenté, en publiant un guide clair et simple d'utilisation, permettant à tous d'aborder leur mystère. Après bien des hésitations, nous présentons aussi, quoique plus modestement, les ptéridophytes rares du Québec. Ainsi, notre guide couvre toutes les ptéridophytes québécoises connues, à l'exception de deux espèces très rares pour lesquelles nous n'avons trouvé ni matériel photographique satisfaisant, ni plantes sur le terrain: *Botrychium lanceolatum* et *Cystopteris laurentiana*.

Mais ce guide ne vaut pas que pour le Québec. Les plantes ne reconnaissent pas les frontières politiques et, essentiellement, ces ptéridophytes se retrouvent de la Virginie au Manitoba, en passant par les Maritimes. Plusieurs sont circumboréales et poussent tout autour de la terre, dans l'hémisphère nord.

Et puis, photographier six fois les mêmes plantes, permet de s'améliorer... je les trouve bien belles nos photos. Mais, pour le lithographe et pour l'imprimeur, c'est un défi: reproduire des nuances de vert compte parmi les réalisations techniquement difficiles: la moindre variation dans la reproduction du bleu... et voilà une fougère méconnaissable!

Heureusement, pour la pose, les fougères collaborèrent entièrement: elles sont belles! Quant aux autres aspects... il nous fallut les apprivoiser, avant de vous les livrer. Cet apprivoisement fut facilité par le concours de bien des personnes, dont trois furent particulièrement importantes.

J'aimerais souligner la qualité du soutien scientifique de Jacques Cayouette, son inlassable persévérance à nous fournir les documents les plus récents, couvrant la recherche de pointe, et son esprit exigeant, nous forçant à produire un livre plus complet, plus exact.

L'affectueux soutien de Robert Firmin Gauthier représente également une motivation d'une grande importance. Sa patiente et minutieuse collaboration à la préparation du manuscrit, son inlassable support moral furent des aides précieuses.

L'arrivée de Sylvain Lamoureux dans notre équipe, il y a près de deux ans, marqua aussi une étape. Sa curiosité et sa rigueur scientifique, ses multiples talents, son oeil neuf derrière le viseur, son amour pour le travail de terrain furent mis à profit. Son opiniâtreté au travail, sa disponibilité, ne furent pas étrangers à l'accomplissement de ce guide. Sylvain représenta une fontaine de Jouvence et l'alter ego précieux, requis pour continuer et terminer ce cher projet.

À ces trois hommes, mon affection, ma reconnaissance,

Gisèle Lamoureux
15 novembre 1993

# Remerciements

Notre fonction en est une de vulgarisation. Sans la contribution des botanistes chercheurs qui nous ont précédés, sans l'existence des grands herbiers et des bibliothèques spécialisées en botanique, il eut été impossible d'arriver à une telle connaissance des plantes. Aussi sommes-nous particulièrement reconnaissants aux botanistes dont nous avons consulté les ouvrages et à ceux qui ont contribué à constituer ces herbiers et ces bibliothèques.

Nous désirons remercier spécialement toutes les personnes et tous les organismes qui ont collaboré directement à la préparation du manuscrit, à sa révision, à sa publication et à son financement. En particulier:

- Pierre Morisset, pour la révision de textes relatifs à la génétique;
- Étienne Girard, Jean Deshaye, Stuart Hay, Sue Crispin et Nicole Chartrand pour leurs conseils et leur aide en cartographie et en phytogéographie;
- Gildo Lavoie, Jean Gagnon, Jacques Labrecque, André Sabourin, Michèle Garneau et Elisabeth Robert pour leur aide à la localisation sur le terrain des ptéridophytes rares;
- Kathleen Pryer, pour ses conseils concernant le genre *Gymnocarpium*;
- Aude Tousignant, pour la préparation de notes folkloriques concernant les prêles;
- Pierre Mathieu Charest, Alain Morin et Louise Venne, pour la traduction de textes allemands;
- Francine Paré et Michel Letendre, pour la préparation de notes concernant les relations flore-insectes;
- Louise Venne, pour ses conseils et son aide en documentation;
- Luc Cournoyer, pour la mise à jour infographique des cartes;
- Marc Lamoureux, pour le dessin des pictogrammes;
- Serge Bernard, Michel Bouliane, Daniel Brunton, Jacques Cayouette, Jean Gagnon, Miroslav Grandtner, Jean-Maurice Jeanson, Jacques Labrecque, Gildo Lavoie, Richard Lavertue et Camille Rousseau, pour leur collaboration à la documentation photographique;
- Suzanne Béland, Marie Fortier, Pascale Hamel, Jérôme Laroche, Josée Massé, Luce Sainte-Marie, Monique Salathé, Aude Tousignant et Hélène Trépanier, pour leur aide en documentation, aux travaux de terrain, de secrétariat, de rédaction et d'édition.

Diverses institutions collaborèrent à la documentation. Nous désirons remercier vivement:

- la direction et le personnel des bibliothèques du Jardin botanique de la ville de Montréal, de l'Institut de recherche en biologie végétale de l'Université de Montréal, de la faculté des Sciences de l'Université Laval;
- ceux des Herbiers Louis-Marie de l'Université Laval et Marie-Victorin de l'Université de Montréal;
- ceux du Centre d'études nordiques de l'Université Laval.

Sans l'aide précieuse de ces personnes et de ces organismes, sans la stimulation et l'appui qu'ils nous apportèrent, sans la confiance qu'ils nous accordèrent, le livre *Fougères, prêles et lycopodes* ne serait encore qu'un projet.

# Table des matières

# Fougères à silhouettes remarquables

Osmonde royale 126

Adiante du canada 150

Cryptogramme de steller 266

Doradille ambulante 264

Pelléade glabre 273

Adiante des aléoutiennes 154

Ophioglosse vulgaire 323

Doradille des murailles 265

Pelléade à stipe pourpre 271

Aspidote touffue 270

# Fougères ramifiées

Fougère-aigle commune 133

Gymnocarpe fougère-du-chêne 143
(G. de robert 148)

Cystoptère montagnarde 285

Botryche de virginie 294

Botryche découpé 300

Botryche à feuille couchée 305

Botryche à feuilles
de matricaire 310

Botryche lunaire 318
(B. de mingan 321)

Botryche simple 314

# Fougères divisées une fois

Onoclée sensible 88

Polystic faux-acrostic 179

Polystic faux-lonchitis 184
(Polystic des rochers 185)

Athyrie à sores denses 195

Doradille ébène 265

Doradille chevelue 258

Polypode de virginie 286

Doradille verte 263

# Fougères des rochers, divisées 2 ou 3 fois

Dryoptère fragrante 238

Cystoptère bulbifère 274

Cystoptère fragile 280

Woodsie à lobes arrondis 251

Woodsie de l'île d'elbe 244

Woodsie alpine 257

Woodsie des rochers 250
(W. de l'oregon 250)

Woodsie glabre 252

# Fougères divisées 2 fois

Dryoptère à crêtes 231
(D. de clinton 236)

Thélyptère de new york 161

Polystic de braun 186

Athyrie fausse-thélyptère 190

Matteuccie fougère-à-l'autruche 96

Thélyptère à hexagones 177

Thélyptère fougère-du-hêtre 172

Dryoptère fougère-mâle 107

# Fougères divisées 2 fois

*rétrécie aux 2 extrémités*

*le plus large en bas*

*à peine rétrécie à la base*

Osmonde cannelle 110

Osmonde de clayton 117

Woodwardie de virginie 116

Thélyptère des marais 166
(T. simulatrice 171)

Dryoptère à sores
marginaux 220

Dryoptère de goldie 226

# Fougères divisées 3 fois

Dennstaedtie à lobules
ponctués 204

Dryoptère spinuleuse 210

Athyrie fougère-femelle 196
(A. alpestre 203)

# Lycopodes

Lycopode interrompu 388

Lycopode à massue 392

Lycopode obscur var. petit-arbre 399

Lycopode à feuilles de genévrier 416
(var. de sitka 420)

Lycopode aplati
var. en éventail 404

Lycopode à trois épis 410

Lycopode alpin 421

Lycopode aplati
var. aplatie 404

Lycopode obscur
var. obscure 399

# Huperzies, lycopodielles, sélaginelles et isoètes

Lycopodielle inondée 427

Huperzie sélagine 376

Huperzie brillante 382

Sélaginelle apode 436

Sélaginelle des rochers 439

Sélaginelle fausse-sélagine 432

Isoète 446

Isoète 446

# Prêles

Prêle des champs 326

Prêle des prés 338

Prêle des bois 343

Prêle des marais 354

Prêle fluviatile 347

Prêle fluviatile
(non ramifiée) 347

Prêle d'hiver 359

Prêle panachée 365

Prêle faux-scirpe 370

*La thélyptère fougère-du-hêtre* Roger Larose

# Introduction aux guides Fleurbec

Ce guide d'identification des fougères et des plantes apparentées s'inscrit dans la collection des guides Fleurbec. Le texte qui suit présente, de façon succincte, les règles adoptées dans la préparation des manuscrits de cette collection.

Les textes concernant les espèces traitées dans cet ouvrage se divisent tous en plusieurs rubriques thématiques: nomenclature, étymologie du nom latin, description de la plante, plantes semblables, répartition géographique, habitat, notes encyclopédiques, intérêts horticole et agricole, comestibilité, toxicité et usages médicinaux.

### La nomenclature

Le nom français le plus employé ou celui qui, à notre avis, prête le moins à confusion paraît en titre de page, accompagné du nom anglais qui nous a semblé le plus utilisé dans la littérature nord-américaine. Viennent ensuite une liste aussi complète que possible des noms français et anglais par lesquels la plante est connue (lorsqu'il différe de notre nom titre, le nom populaire français mentionné dans la *Flore laurentienne* du frère Marie-Victorin est indiqué en caractères gras), puis les noms français et latin de la famille à laquelle se rattache la plante. Traditionnellement, le nom français de la famille traduit le nom latin (ex. rosacées pour *Rosaceae*); pour des raisons de vulgarisation, nous préférons la méthode qui mentionne directement le nom d'un genre connu auquel se rattache la famille (ex. rosacées devient famille de la rose).

Le plus possible, nous adoptons les noms français et latins de la *Flore laurentienne* (Marie-Victorin, 1964) et, pour les noms anglais, nous suivons les règles d'écriture préconisées par Alex, Cayouette & Mulligan, 1980. En autant que faire se peut, nous appliquons ces règles d'écriture au français, en ce qui concerne l'usage du trait d'union. Dans quelques cas, nous avons tenté de rendre le nom français plus juste, plus conforme aux règles de la langue ou plus facilement compréhensible. Afin de faciliter les rapprochements entre les espèces du même genre, le nom français du genre compose toujours le nom adopté en titre, parfois au détriment de certains noms vernaculaires. Nous avons aussi tenté d'appliquer cette norme aux noms anglais.

La classification des plantes (taxonomie ou taxinomie) est régie par un système relativement simple. L'espèce constitue l'unité de base; les espèces se regroupent en genres, les genres en familles et les familles en ordres. Certains botanistes subdivisent par contre l'unité de base en sous-espèces (subsp.), en variétés (var.) et en formes (f.). En réalité, les plantes varient beaucoup et ne se laissent pas facilement classer... contrairement aux désirs des botanistes! Parfois, ceux-ci ne s'entendent pas sur le rang taxinomique d'une entité: est-ce une forme, une variété à l'intérieur d'une espèce ou est-ce une espèce distincte? Dans ces cas, nous tentons de rapporter les différentes opinions. Et, dans le cas des fougères et des plantes apparentées, il s'agit d'une situation particulièrement fréquente!

Le nom latin constitue le terme de référence universel pour les botanistes de toutes les langues. En général, il n'y en a qu'un, mais dans certains cas il existe des synonymes; nous mentionnons ceux encore en usage, fort nombreux dans le cas des fougères et des plantes apparentées!

Le nom latin se compose de deux mots: le premier désigne le genre et porte une majuscule, le second (sans majuscule) se rapporte à l'espèce et pourrait se comparer à un prénom. Vient ensuite le nom du botaniste qui, le premier, décrivit l'espèce. Lorsque le nom du botaniste paraît entre parenthèses, suivi d'un autre nom comme dans le cas du sapin: *Abies balsamea* (Linné) Miller, cela signifie que Miller modifia le nom de la plante que Linné avait d'abord baptisée *Pinus balsamea* Linné. Dans la plupart des cas, il s'agit d'un changement du nom de genre, tel le cas d'une espèce rattachée désormais à un autre genre ou qu'on élève au rang de genre; parfois, c'est une modification du nom d'espèce, par exemple une variété qui devient une espèce.

Comme pour le latin, nous adoptons la lettre minuscule pour l'épithète qui désigne l'espèce en français. Ainsi, nous écrivons lobélie de dortmann, bident de beck, lédon du groenland, lycope d'amérique car, dans notre esprit, les mots dortmann, beck, groenland et amérique ne désignent pas une personne, un pays ou un continent. Ils désignent plutôt une espèce, en qualifiant le nom de genre d'une plante, et cessent alors d'être des noms propres, deviennent des épithètes.

### L'étymologie du nom latin

L'étymologie des noms de genre et d'espèce permet d'en connaître la signification. Il existe parfois plusieurs explications, tout aussi plausibles les unes que les autres. Certaines racines semblent remonter à la nuit des temps; leur passage à travers les siècles en rend l'interprétation obscure, surtout dans les cas des noms de genre. Généralement plus récent, le mot désignant l'espèce se rapporte souvent à un caractère bien visible ou à l'habitat de la plante... mais ce n'est pas toujours le cas et l'explication de certains noms reste mystérieuse. Chose certaine, dans la plupart des cas, connaître la signification du nom latin aide à le retenir.

### La description

Le cadran divisé en quarts annonce la description de la plante. Chaque quartier représente une période de la saison de végétation et les quartiers noircis indiquent à quel moment la majorité des individus de l'espèce décrite produisent des sores.

- au printemps: mai-juin
- au début de l'été: juin-juillet
- à la fin de l'été: juillet-août
- à l'automne: août-septembre

Il est impossible d'indiquer une date précise pour l'ensemble de l'aire de répartition d'une plante: entre Québec et Gaspé, le décalage peut atteindre deux ou trois semaines.

Rédigée d'après des plantes vivantes, la description tente de donner le plus d'informations possible sur l'espèce, afin de permettre une identification certaine sur le terrain. Les mesures se réfèrent à la moyenne et ne visent qu'à donner une idée approximative des dimensions de l'espèce. Si les parties décrites sont traitées au singulier, c'est qu'il n'y en a qu'une chez les individus de cette espèce (plante qui n'aurait qu'une fleur ou qu'une feuille).

Au départ, Fleurbec a choisi d'éviter l'utilisation de termes botaniques, techniques, afin de faciliter la compréhension des textes par tous. Toutefois, nous ne pouvons contourner certains mots: fronde, stipe, etc., et, à mesure que nous ajoutons des informations, à mesure aussi que nous abordons des groupes différents, il nous faut augmenter, bien malgré nous, l'emploi du vocabulaire technique. Chaque fois que l'occasion se présente, nous remplaçons ces termes par des mots plus simples. De ce point de vue, nous préférons utiliser, par exemple, «queue», en remplacement à la fois de pétiole, de pétiolule, de pédoncule et de pédicelle, des mots hors du vocabulaire des non-botanistes.

### Les plantes semblables

≠ Ce symbole mathématique signifie «différent de». Le texte qui le suit résume les caractères permettant de distinguer l'espèce décrite des plantes semblables ou d'espèces du même genre avec lesquelles on pourrait la confondre. Particulièrement utile en présence d'un spécimen sans sores!

### La carte et la répartition géographique

Dans le texte qui accompagne la carte, nos lecteurs intéressés par les voyages apprendront que certaines espèces se rattachent à de grands genres, très diversifiés et trouvés partout sur la terre, tandis que d'autres sont les seules représentantes de leur genre, avec une aire de répartition large ou restreinte, selon le cas. Cette rubrique traite de la répartition mondiale des espèces et complète les cartes de répartition nord-américaines. Lors de prochains voyages à Cape Cod, à Vancouver ou en Scandinavie, vous saurez quelles espèces de nos régions poussent aussi dans ces contrées.

Toute la nomenclature et la classification des plantes, toute la phytogéographie reposent sur des observations confirmées par des spécimens conservés dans des herbiers, et les cartes de répartition se dressent normalement à partir de ces spécimens. Pour les fins de ce volume, l'élaboration des cartes se fit d'après la littérature sur le sujet, à partir de cartes ou de listes de localités déjà publiées pour l'une ou l'autre des régions de l'Amérique

**Carte de l'Amérique du Nord** (d'après Hammond 1964).

du Nord, sans porter de jugement sur la valeur de ces cartes ou de ces listes. Les botanistes qui publièrent ces données ayant déjà révisé les spécimens d'herbier, nous n'avons pas refait ce travail, surtout qu'il aurait débordé largement de notre mission de vulgarisation scientifique et des moyens dont nous disposons. Notre travail a donc consisté à compiler les cartes régionales existantes, afin de dessiner un portrait global, visuellement plus expressif de la répartition des espèces qu'une simple énumération des États, des provinces et des territoires où la plante se trouve. Les principales publications consultées figurent dans la bibliographie.

Les cartes de répartition géographique présentées ne permettent pas de connaître la fréquence ni l'abondance d'une espèce. La présence de plusieurs points dans un secteur de la carte signifie que l'espèce fut récoltée dans plusieurs localités mais n'indique pas du tout si l'espèce s'y trouve ou non en abondance: les botanistes récoltèrent-ils un seul spécimen dans un champ qui en comptait plusieurs centaines ou qui n'en comptait qu'un, rien ne le dit. De même, la carte ne renseigne que partiellement sur la fréquence d'une espèce: à moins de faire une étude écologique détaillée, peu d'explorateurs récoltent une plante très fréquente (comme le pissenlit officinal° ou la petite salsepareille°) dans chaque localité qu'ils visitent, surtout dans le cas d'espèces embarrassantes à transporter, comme la petite bardane°. Par ailleurs, l'absence de point en un lieu donné signifie que l'espèce n'y fut pas récoltée, soit qu'elle n'y pousse pas, soit qu'aucun botaniste n'ait exploré cette région, soit qu'elle ait échappé à l'attention des explorateurs, soit qu'elle se soit installée dans cette région après le passage des botanistes (cas de plantes en voie d'expansion, par exemple).

Ainsi, les plantes décrites dans ce livre sont adaptées, pour la plupart, au domaine tempéré, de même qu'au boréal. Leur aire de répartition couvre, le plus souvent, l'hémisphère nord (ex.: circumboréale) ou les deux côtés de l'Atlantique sans tou-

### Fréquente, abondante ou absente?

Dans l'élaboration de nos cartes de répartition, nous avons adopté les symboles suivants:
■ chaque point indique un lieu de récolte d'au moins un spécimen conservé en herbier,
**p** indique que, pour les divisions politiques où il apparaît (États, provinces, territoires), la présence de la plante est rapportée sans qu'il existe une carte indiquant les localités de récoltes,
↑ indique que l'espèce a été aussi récoltée dans la partie du Groenland n'apparaissant pas sur les cartes.

Somme toute, ces cartes ne donnent qu'une idée de la répartition générale d'une espèce, une idée valable pour les régions bien explorées. Elles doivent constamment être remises à jour, à la lumière des dernières explorations, non seulement dans les régions éloignées mais aussi dans les endroits où des plantes risquent «d'arriver» d'ailleurs ou de se répandre, c'est-à-dire presque partout, mais surtout dans les cultures, le long des cours d'eau navigables, des voies ferrées et des autoroutes.

Retenons, de l'examen de ces cartes, que la répartition des plantes est intimement liée aux conditions climatiques d'abord, aux autres conditions du milieu ensuite. Par exemple, une plante qui croît dans le domaine boréal de l'Amérique du Nord, peut facilement se retrouver n'importe où dans ce domaine, pour peu qu'on la cherche dans l'habitat qu'elle fréquente, c'est-à-dire sur les sols ou dans les eaux qu'elle préfère ou suivant les autres caractéristiques écologiques essentielles à sa présence et à sa croissance. Le temps entre aussi en ligne de compte: la plante doit disposer du temps requis pour s'installer dans son habitat, partout où celui-ci se trouve dans le domaine floristique concerné.

cher le Pacifique (amphi-atlantique), ou seulement l'Amérique du Nord.

Ces cartes nous aident à comprendre les interactions entre les différents facteurs du milieu. Surtout, elles invitent à continuer l'exploration de notre planète, à admirer et à respecter la vie qui l'anime.

### L'habitat

Cette flèche indique «où» se trouve cette plante. Quelles sont ses préférences écologiques? Pousse-t-elle dans le sable ou dans la vase, dans des sols inondés ou tout juste humides? Quel est son habitat? En compagnie de quelles espèces la trouve-t-on? Autant de questions auxquelles il importe de répondre, soit pour chercher une espèce au bon endroit, soit pour en faciliter l'identification.

### Les notes encyclopédiques

Ce livre ouvert consigne ce que la tradition nous a légué des coutumes, des superstitions et des anecdotes du temps où les plantes s'intégraient naturellement à la médecine, aux fêtes, à la vie de tous les jours. Avec le folklore se trouvent de nombreuses notes sur la nomenclature, sur la biologie de la plante ou d'espèces voisines, sur les relations avec la faune et sur certaines utilisations médicinales anciennes dont la science actuelle n'a pas prouvé ou vérifié l'efficacité. Les utilisations médicinales confirmées par des données scientifiques sont plutôt rapportées dans la rubrique avec, dans la mesure du possible, le mode d'emploi et la posologie.

### L'horticulture et l'intérêt agricole

La faucille annonce les utilisations en agriculture ou en horticulture, les effets sur les animaux domestiques et les moyens de propager les espèces dont il est question. Parmi les fougères et les plantes apparentées, quelques-unes se comportent comme des «plantes nuisibles» et envahissent tout l'espace qui les entoure; il vaut mieux s'abstenir de les cultiver, croyons-nous.

Les conditions de vie qui prévalent dans la nature s'éloignent considérablement de celles d'un jardin. Par contre, presque toutes les plantes sauvages se cultivent, si on leur fournit des soins et un milieu semblable à leur habitat naturel; à vous de recréer cet habitat. Dans ce volume, l'absence de cette rubrique pour une espèce ne signifie pas qu'elle ne se cultive pas, mais que nous ne connaissons pas les particularités de sa culture. Par souci de conservation de la nature, nous avons choisi de ne parler, dans cette rubrique, ni d'engrais ni de pesticides.

La culture des fougères présente des exigences particulières et bien des adeptes s'y intéressent. Nous avons consacré un chapitre entier à ce sujet, plus loin dans ce livre.

### La comestibilité

À la suite de ce pictogramme, on trouve un résumé des possibilités culinaires de la plante. Peu de fougères et de plantes apparentées se mangent et des essais furent réalisés pour les utilisations mentionnées. Les facteurs les plus fréquents limitant les dégustations de plantes sauvages sont le temps et l'énergie nécessaires à la récolte, au nettoyage et à la préparation des parties comestibles, souvent petites et peu nourrissantes.

Retenons que les récoltes doivent toujours se faire en pensant à la conservation de la nature, ne serait-ce que par souci de préserver son garde-manger sauvage dans le même état pour les années suivantes. Les débutants ramassent généralement plus que ce qu'ils peuvent apprêter et consommer; de toute façon, quand il s'agit d'une première expérience, mieux vaut limiter la quantité pour éviter les risques de malaises.

Ici encore, ne cueillir que les plantes très abondantes et très fréquentes, afin de ne pas augmenter les risques de disparition d'espèces rares. Les parties comestibles dont la récolte détruit ou affaiblit la plante font l'objet de mises en garde; il s'agit, le plus souvent, des parties souterraines.

Trois autres précautions sont nécessaires. Il convient de s'assurer que la plante récoltée est bien celle désirée: donner toute l'attention requise pour une identification certaine. Dans le cas des plantes qui se mangent à l'état de jeune pousse, prendre soin de bien les reconnaître à ce stade; les repérer sur le terrain au moment de leur maturité, quand elles sont faciles à identifier, et revenir l'année suivante. Éviter les individus malades, les eaux polluées par des déversements d'égouts ou d'eaux d'usines de même que les cours d'eau à proximité d'endroits pollués tels les routes, les champs aspergés de pesticides ou d'engrais chimiques et les pâturages où le bétail accède à l'eau.

Avant la dégustation de plantes, veillez à bien les nettoyer, afin d'éliminer le plus possible les sources de contamination susceptibles de s'y trouver: saletés, bactéries, microorganismes et insectes. Redoubler de prudence avant de manger les parties souterraines des plantes aquatiques parce que plusieurs d'entre elles accumulent les polluants chimiques et les métaux lourds présents dans l'eau, vraisemblablement surtout dans leurs parties souterraines puisqu'elles y stockent ordinairement leurs réserves. En général, on croit que les quantités stockées n'atteignent pas le seuil toxique, les plantes se situant à la base des chaînes alimentaires. Par contre, les mangeurs de plantes risquent, à leur tour, d'accumuler, non de rejeter après digestion, ces produits alors susceptibles d'atteindre des seuils toxiques, lorsque consommés en

### Nouvelles espèces de fougères... nouveaux genres de lycopodes.

La nomenclature des fougères et plantes apparentées semble en pleine effervescence: bien des espèces se voient scindées en deux ou trois «nouvelles» espèces... qui souvent ne s'avèrent pas nouvelles du tout puisqu'elles retrouvent un ancien statut taxinomique ou un ancien nom! Parfois tellement ténue, la distinction entre les «nouvelles» espèces exige l'observation de caractères subtils, peu visibles ou variables, ou même le décompte des chromosomes (par exemple, voir le texte sur la dryoptère spinuleuse), ce qui n'est pas à la portée de tous!

Le cas des lycopodes est particulièrement frappant. Dans sa *Flore laurentienne* (parue en 1935), Marie-Victorin mentionne ou décrit 11 lycopodes, relevant d'un seul genre. Aujourd'hui, c'est bien changé! Les flores plus modernes oscillent entre la reconnaissance d'un seul ou de quatre genres différents, en ce qui concerne les lycopodes de nos contrées, ou de onze genres, à l'échelle mondiale. Nous avons adopté une position mitoyenne et reconnu trois genres et dix espèces, à la fois faciles et pratiques à distinguer, sans pour autant ajouter les complications que le quatrième genre crée; cette façon de voir nous fut suggérée par l'opinion d'un botaniste spécialiste de cette famille, Benjamin Øllgaard, qui reconnaît quatre genres, à l'échelle de la planète, soit nos trois genres et le genre *Phylloglossum* qui ne compte qu'une espèce, en Australie, Tasmanie et Nouvelle Zélande (*in* Øllgaard, 1987).

Quant à la délimitation des espèces, nous rapportons les opinions des botanistes concernant les «nouvelles» espèces, tout en conservant une position de *lumper*, c'est-à-dire en acceptant une grande variation à l'intérieur des espèces plutôt que de les subdiviser en petites entités peu variables. À notre avis, cette façon de faire facilitera l'initiation des débutants, sans empêcher les amateurs plus chevronnés de connaître les opinions des autres botanistes.

grandes quantités.

Pour plus d'informations concernant les utilisations culinaires des plantes sauvages, consulter nos précédents volumes: *Plantes sauvages au menu* (guide culinaire) et *Plantes sauvages comestibles* (guide d'identification).

## La toxicité

La tête de mort remplace la fourchette dans le cas des plantes toxiques, heureusement peu nombreuses parmi les fougères et les plantes apparentées; voir:

fougère-aigle commune
onoclée sensible
huperzie sélagine
lycopode à massue
lycopode aplati
lycopode interrompu
lycopodielle inondée
prêle des champs
prêle des marais
prêle d'hiver
prêle fluviatile.

Souvent, la toxicité d'une espèce devient une question de dose. Une plante tout à fait inoffensive à faible dose se révèle toxique à forte dose... un peu comme le sont presque tous les médicaments.

## Les utilisations médicinales

Il faut bien le dire, nous n'avons pu tester les effets curatifs des plantes comme nous l'avons fait pour leurs utilisations culinaires. Mais seules sont rapportées, dans cette chronique, les utilisations médicinales confirmées par des données scientifiques.

Selon leur lignée et l'endroit où ils poussent, les individus d'une même espèce contiennent souvent des concentrations fort différentes d'une même substance, ce qui rend le dosage difficile. La récolte et le séchage influencent aussi les résultats. Les substances actives sont plus abondantes à un stade particulier du développement de la plante; choisir le moment de la récolte en fonction de cette donnée. Il faut aussi prendre les mêmes précautions que pour les plantes comestibles lors de la récolte, du nettoyage et du séchage. Comme les plantes perdent souvent de leur efficacité en vieillissant, les placer dans des pots hermétiques, indiquer la date de la récolte sur l'étiquette et garder les pots à l'obscurité.

En plus de bien identifier la plante et de la récolter au bon moment, il faut aussi la préparer de la bonne façon; par exemple, le séchage débarrasse certaines plantes de produits toxiques volatils. Contrairement aux médicaments en pilules, une plante contient des centaines de produits différents, certains bénéfiques, d'autres sans effets, d'autres néfastes. Il faut donc préparer la tisane selon la méthode décrite; par exemple, l'utilisation d'alcool au lieu d'eau ou d'une décoction au lieu d'une macération donne des tisanes ne contenant pas les mêmes produits.

Les plantes médicinales contiennent des substances actives d'un point de vue pharmacologique; elles peuvent interagir avec les médicaments vendus en pharmacie et causer des réactions néfastes. Mieux vaut éviter les mélanges maison de plantes et de pilules: on en ignore les conséquences à court et à long terme. Souvenez-vous que les plantes médicinales les plus actives sont aussi les plus dangereuses.

# Domaines floristiques
## de l'Amérique du Nord

*L'athyrie alpestre, mont Logan* Sylvain Lamoureux

# Domaines floristiques de l'Amérique du Nord[1]

Chaque espèce de plante montre une répartition qui lui est propre, l'examen des cartes de ce volume le prouve bien. Mais au-delà des détails, même un oeil peu averti détectera des tendances: plusieurs espèces laissent voir des cartes très semblables, par exemple les prêles des bois*, des marais*, fluviatile* et des prés*. Comment interpréter ces regroupements?

Les phytogéographes (du grec *phuton*: plante), classent les plantes d'après leur répartition et délimitent des *domaines floristiques*, c'est-à-dire des aires supportant un groupe de plantes qui montrent une répartition semblable. Ainsi, en Amérique du Nord, on reconnaît une dizaine de domaines ou sous-domaines, représentés sur la carte ci-contre.

D'autres botanistes spécialisés dans une discipline connexe, la phytosociologie (sociologie des plantes), cartographient les grands paysages végétaux (ou *formations végétales*): toundra, forêt, prairie, désert, etc. Et, surprise, la carte des domaines floristiques et celle des paysages végétaux correspondent assez bien dans leurs grandes lignes... l'une permettant parfois de fignoler l'autre!

Est-ce vraiment une surprise? Les formations végétales regroupent des plantes qui montrent, à l'échelle du continent, des préférences semblables quant aux facteurs du milieu, surtout quant au climat, au sol, à l'ensemble de la végétation avoisinante; par ailleurs, ces plantes suivirent le même cheminement historique (migrations à cause de glaciations, de submersions marines, de changements climatiques, etc.). Somme toute, le temps et les facteurs du milieu posent des limites aux plantes. Celles-ci agissent comme des intégrateurs qui juxtaposent ces limites avec le résultat qu'une espèce, ou qu'un groupe d'espèces, pousse ou non dans telle ou telle région de l'Amérique du Nord.

Une description détaillée de chaque domaine floristique comprendrait surtout la liste des espèces qui se confinent à ce domaine. À notre connaissance, de telles listes sont très partielles ou n'existent pas encore. Nous avons préféré décrire, pour chaque domaine, les conditions du milieu rencontrées par les plantes. Comme la végétation elle-même constitue un facteur du milieu parce que, entre autres, chaque plante crée ou modifie le milieu ambiant des autres plantes, nous avons insisté plus longuement sur les traits dominants de la végétation, citant les espèces les plus caractéristiques. Cette insistance sur la végétation se justifie aussi, et se trouve facilitée, par la concordance entre les cartes des domaines floristiques dressées par les phytogéographes et celles des formations végétales, dressées par les phytosociologues.

À quelques exceptions près, les noms choisis pour les domaines floristiques conviennent autant à des subdivisions d'une carte des formations végétales. Nous verrons les principales caractéristiques des domaines floristiques de l'Amérique du Nord, soit les domaines arctique, boréal, tempéré mixte, tempéré décidu, tempéré de la plaine côtière, prairial, montagnard des Rocheuses, montagnard côtier, tropical, désertique. Certains s'étendent à d'autres continents, notamment les domaines arctique et boréal en Eurasie, mais nous ne décrirons que leur partie américaine. Nous nous attarderons

[1] La révision stimulante de Francis Boudreau, Luc Brouillet et Pierre Morisset contribua à améliorer la qualité du texte de ce chapitre.

surtout aux domaines de l'Est, ceux qui nous touchent de plus près.

### Le domaine arctique

Ce qui marque surtout le paysage arctique? L'absence d'arbres et un sol gelé en permanence (pergélisol ou permafrost), qui ne dégèle qu'en surface, offrant peu d'emprise aux racines.

Dans la partie nord, appelée *toundra herbacée* ou haut arctique, la végétation ne couvre le sol qu'ici et là; les mousses et les lichens en constituent la plus grande partie et, par exemple, les espèces de saules propres aux régions arctiques n'atteignent que trois ou quatre centimètres de hauteur et ressemblent à un tapis de trèfle. Il s'agit d'un véritable désert froid. Dans la partie sud du domaine,

**Domaines floristiques et paysages végétaux de l'Amérique du Nord**

(d'après les ouvrages de Cronquist 1982, Gleason & Cronquist 1964, Farb 1963, Rowe 1972, Thibault & Hotte 1985, Vankat 1979).

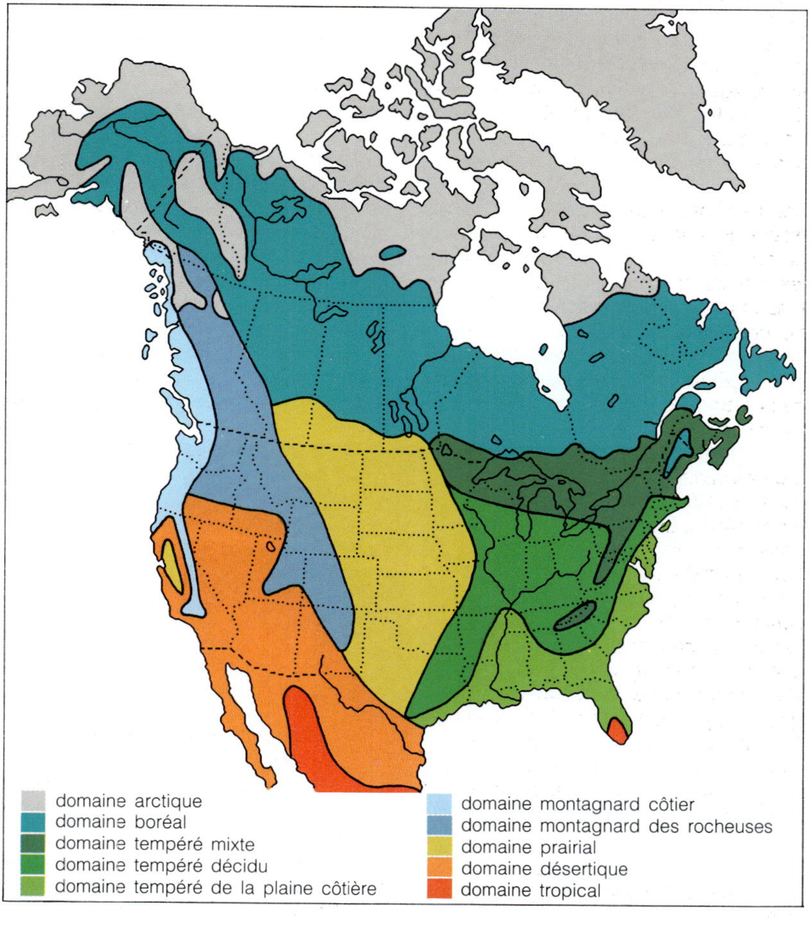

### La toundra alpine

Plus au sud, les hauts sommets des montagnes présentent des conditions de température et un paysage végétal semblables: c'est la *toundra alpine*; elle suit les Appalaches, jusqu'au centre de la Nouvelle-Angleterre (au-delà de 1200 m), et les Rocheuses jusqu'au Guatemala (au-delà de 4500 m). Si la saison de végétation s'y montre plus longue, les jours, par contre, y sont plus courts.

Plusieurs plantes de la toundra arctique, ou leurs proches parentes, se retrouvent dans la toundra alpine, bien qu'à partir d'une certaine latitude, les flores divergent grandement. Par exemple, environ 75 % des espèces de la flore alpine des Appalaches, au New Hampshire, se retrouvent dans la toundra arctique. Ce pourcentage passe à 45 pour la flore alpine du Montana, et à seulement 15 ou 20 pour celle de la Sierra Nevada (Californie).

nommée *toundra arbustive* ou bas arctique, la végétation recouvre la plus grande partie du sol et les arbustes, appartenant surtout aux familles du bleuet, du saule et du bouleau, ne sont pas rares; le long des cours d'eau, les buissons de bouleaux, d'aulnes et d'espèces différentes de saules atteignent la taille d'une personne. Avant de céder le pas au domaine boréal, des parcelles de toundra se juxtaposent à des parcelles de forêt. La toundra occupe les lieux exposés aux vents, comme les collines, tandis que la forêt boréale se développe dans les lieux plus abrités comme le fond des vallées où la neige s'accumule: c'est la *toundra forestière*, d'une largeur de 100 à 200 km, au milieu de laquelle, sur notre carte passe la limite entre les domaines arctique et boréal.

Trois caractères climatiques importants régissent la toundra arctique et la toundra alpine: une courte saison de végétation, des températures basses et de forts vents.

1 Dans l'Arctique, la *courte saison de végétation* (2 ou 3 mois) est compensée par des jours très longs, qui favorisent une croissance rapide. Les plantes de la toundra sont presque toutes des vivaces (98 à 99 %), ce qui économise leur énergie: nul besoin de renouveler tout l'appareil végétatif à chaque printemps. Plusieurs conservent leurs feuilles, en tout ou en partie, pendant plus d'une année.

2 Adapté aux *températures basses*, souvent le tapis végétal de la toundra ne dépasse pas 5 à 10 cm de hauteur et forme des coussins. Les plantes profitent

Line Couillard

*L'absence des arbres caractérise la toundra. Ici, la* ***toundra arctique****, avec des polygones dans les parties sèches, et des tourbières dans les parties humides.*

*La* ***toundra forestière****: la forêt devient discontinue et n'occupe plus que les parties les mieux protégées et les plus humides du paysage, au bas des collines.*

Sylvain Lamoureux

Gisèle Lamoureux

*La* ***toundra alpine****: le pendant, en montagne, de la toundra arctique des régions nordiques. Voyez, ici, les sols polygonaux du mont Albert, en Gaspésie.*

alors d'une température plus élevée à la surface du sol que dans l'air ambiant, où le risque de gel subsiste chaque jour de l'année. Chez la plupart des espèces, la température optimale de la photosynthèse est plus basse qu'en moyenne et, chez certaines, la photosynthèse s'effectue même sous le point de congélation. Les plantes de la toundra doivent aussi résister aux brusques variations de température.

3 La croissance en coussin s'oppose efficacement aux effets des *vents forts*. Le manteau de neige offre aussi une protection contre l'érosion que causent le vent ou la neige balayée par le vent; son épaisseur exerce un certain contrôle sur la hauteur de la végétation: le dessèchement et l'érosion rasent pratiquement tout ce qui dépasse la couche de neige. Lorsque suffisamment épais (env. 50 cm au-dessus des végétaux), le couvert de neige protège aussi contre le gel. Localement, à la faveur d'un obstacle, la neige s'accumule, permettant la croissance d'arbustes; mais, elle s'amasse peu, car les régions arctiques relèvent d'un climat sec: les précipitations y sont faibles (rarement plus de 25 cm par année, souvent moins de 12 cm), souvent inférieures à

celles des déserts (sud-ouest américain, Australie). Les précipitations sont plus fortes en montagne, mais la neige est cependant balayée par les vents.

La *flore* de la toundra compte peu d'espèces (moins de 500), mais se répète sur de grandes étendues. Plusieurs de ces espèces occupent une aire vaste, encerclant le pôle (circumpolaire).

## Le domaine boréal

Ce domaine, qui s'étend aussi en Eurasie, comprend la plus grande partie des forêts du Canada et forme une ceinture très large (env. 800 km), au sud de la toundra. Son orientation sud-est - nord-ouest ne manque pas d'étonner. Elle s'explique par un refroidissement de la côte est, occasionné par le courant du Labrador, et par un réchauffement de la côte du Pacifique, relié au courant du Japon.

*Un « grand jardin» que ce pâle tapis de lichens, parsemé d'îlots d'épinettes. Quel nom préférez-vous:* ***forêt boréale ouverte*** *ou forêt subarctique, forêt-parc, taïga?*

Le *climat* se caractérise par des températures basses (moyennes mensuelles variant environ entre 30° et -15°C), relativement peu de précipitations (40 à 50 cm, dans la partie centrale, la plus sèche) et une courte saison de végétation (3 à 4 mois), avec un danger de gel qui persiste l'année durant dans certaines régions. Le *relief* vallonneux cache d'innombrables lacs et cours d'eau et le domaine compte d'immenses tourbières à sphaignes. Les *sols*, plutôt acides, se révèlent très peu fertiles. De nombreuses *perturbations* modifient la forêt: incendies, chablis (renversement d'arbres par des vents violents), épidémies d'insectes et coupes; ils constituent, de ce fait, des facteurs importants du milieu.

Un peu plus riche et moins homogène à l'échelle du globe que celle du domaine arctique, sa *flore* comprend des genres communs aux différents continents nordiques et quantité d'espèces circumboréa-

Serge Payette

*La **forêt boréale dense** étale un tapis sombre et uniforme de conifères.*

les. La dominance des conifères et des plantes de la famille du bleuet y est frappante. Parmi les conifères, se trouvent surtout les épinettes blanche et noire; le mélèze laricin y abonde aussi (sauf dans l'extrême nord-ouest), de même que le sapin baumier et le pin gris (dans l'est et le centre), le sapin de l'ouest et le pin lodgepole (dans l'ouest et le nord-ouest). L'épinette noire et le mélèze laricin s'installent particulièrement dans les tourbières, mais aussi sur des sites moins humides, surtout lorsqu'ils se trouvent vers la limite des arbres. Le bouleau à papier caractérise également ce domaine et deux peupliers y abondent: le peuplier faux-tremble et le peuplier baumier, surtout dans le centre et le centre-ouest, à la lisière du domaine prairial. À cet endroit, le peuplier faux-tremble constitue non pas une espèce de transition qui succède à des perturbations, tels les feux ou la coupe comme dans l'est du domaine, mais une espèce des forêts terminales, en équilibre avec le climat (forêt climax).

Une *forêt coniférienne* règne d'un bout à l'autre du domaine boréal, avec des arbres petits (moins de 15 m) et de faible diamètre (moins de 50 cm). Son couvert dense, surtout dans les endroits humides, rend la promenade difficile, parfois exténuante aux yeux du botaniste dilettante. Sous les conifères droits et serrés, les mousses forment parfois un tapis continu sur lequel poussent peu de plantes herbacées. Vers le nord et dans les lieux secs, la forêt boréale s'ouvre et se présente sous forme d'îlots distancés les uns des autres; entre ces îlots, un tapis non pas de mousses mais de lichens (surtout des *Cladina*, les lichens à caribous). Cet agencement rappelle physionomiquement les plantations d'arbres sur pelouses, d'où le nom de forêt-parc que certains donnent à la forêt boréale ouverte, que d'autres nomment forêt subarctique. Cette formation en îlots s'explique, en partie, par le fait que, dans les régions nordiques, la reproduction par graines de l'épinette noire devient moins importante, au profit de la propagation végétative par marcottage: les branches basses de l'épinette noire ne meurent pas, à cause de la faible densité des arbres, et s'enracinent facilement; leur bout retroussé donne naissance à de nouveaux arbres. Ainsi, l'épinette noire ne pousse plus en individus isolés, mais forme des îlots composés de l'arbre originel, encerclé de ses «petits», produits par marcottage.

### Le domaine tempéré mixte

Qui ne l'a pas deviné? Les trois domaines tempérés (mixte, décidu, de la plaine côtière) se révèlent très apparentés, tous trois dominés qu'ils sont par la forêt décidue. Décrivons plus en détail le domaine tempéré mixte, pour n'indiquer ensuite que de quelle manière les deux autres s'en distinguent.

Les botanistes émettent des opinions différentes quant à la classification du territoire couvert par le domaine tempéré mixte. Certains en font un domaine à part, d'autres le rattachent au domaine tempéré décidu, d'autres encore le considèrent comme une transition entre les domaines boréal et tempéré décidu.

Ce domaine couvre la partie nordique de la grande forêt décidue de l'est de l'Amérique du Nord, dont le caractère le plus frappant reste sa *variation saisonnière* qui ne laisse personne indifférent: silence hivernal des forêts sans feuilles, explosion printanière des bourgeons qui éclatent en mille feuilles et fleurs, ombre profonde des bois sous la densité du feuillage de l'été, incroyable orgie des couleurs de l'automne qui embrasent les feuilles avant leur chute. L'Europe centrale et l'est de l'Asie comptent aussi des forêts décidues.

En plus de grands changements saisonniers, le *climat* tempéré, qui s'étend à tout le domaine tempéré (mixte, décidu et de la plaine côtière), se caractérise par la présence de gel, l'absence de sécheresse périodique et une saison de végétation moyenne ou longue. Pour l'ensemble du domaine tempéré, les précipitations varient autour de 100 cm, de l'est à l'ouest (125 à 85 cm) et du nord au sud (75 à 150 cm); les différences de température font qu'une grande partie de ces précipitations tombe sous forme de neige au nord et presque entièrement sous forme de pluie au sud; la saison de végétation varie aussi du nord (3 mois) au sud (un peu plus de 8 mois).

Dans le domaine tempéré mixte, la *végétation* se présente en mosaïque: forêt décidue (parfois qualifiée de laurentienne) sur les sites moyennement humides (versants des collines, par exemple), forêt coniférienne apparentée à la forêt boréale sur les sites trop humides ou sur les sols minces et secs (bas et haut des collines, falaises, entre autres). Cette diversité appuie l'opinion voulant qu'il s'agisse d'un territoire de transition.

À maturité, la *forêt* comprend de grands arbres (plus de 30 m). Le haut feuillage imite un plafond de cathédrale en été, de sorte que bien peu de lumière atteint le sol et la riche flore d'herbacées qui couvre le parterre doit fleurir rapidement au printemps, avant l'apparition des feuilles, et compléter son cycle vital en quelques semaines. Certaines, comme les dicentres°, les claytonies° et l'érythrone d'améri-

Lucette Durand

*La forêt décidue, à l'automne. Dans le* ***domaine tempéré mixte****, les conifères, relativement abondants, s'installent surtout sur les sites humides, comme le bas des pentes, ou sur les sites secs, tels les sommets rocheux.*

*Au printemps, la forêt décidue du* ***domaine tempéré mixte*** *refait son feuillage. Elle se pare d'autant de couleurs qu'à l'automne, mais en plus tendre.*

Sylvain Lamoureux

que°, deviennent pratiquement invisibles avant la fin du printemps: même leurs feuilles disparaissent et seules leurs parties souterraines subsistent. L'érable à sucre représente généralement l'espèce dominante des versants de collines. Dans la partie nord du domaine, il s'associe au bouleau jaune et au hêtre à grandes feuilles auxquels se joint, dans la partie centrale, le tilleul d'amérique; la pruche de l'est constitue aussi une espèce caractéristique de ces forêts et non de la forêt coniférienne. La partie la plus méridionale du domaine comprend, en plus de ces espèces, bien d'autres arbres à feuilles caduques, les plus caractéristiques étant les caryers à noix douces et à noix amères. Les pins blanc et rouge, aussi considérés comme typiques de ce domaine, se trouvent surtout sur les affleurements rocheux.

Si le froid le délimite vers le nord, environ à la limite de l'aire de répartition de l'érable à sucre, le domaine tempéré mixte doit plutôt faire face à l'aridité vers l'ouest. Au sud, sa limite coïncide à peu près avec celle de la dernière glaciation; il y cède alors la place au domaine tempéré décidu, où poussent des espèces exigeant plus de chaleur.

### Le domaine tempéré décidu

La forêt dominante dans ce domaine présente les mêmes caractéristiques générales que dans le domaine précédent, mais les conifères s'y font plus rares; il s'agit encore de la grande forêt décidue de l'est de l'Amérique du Nord. Mais une *forêt combien plus diversifiée*: une trentaine d'espèces d'arbres à feuilles caduques se partagent la dominance. À celles du domaine tempéré mixte se joignent, en particulier, plusieurs espèces de chênes, de tilleuls, et le tulipier. Les vallées et les pentes du sud de la chaîne des Appalaches montrent les conditions les plus favorables de développement; elles réunissent tout l'éventail des espèces de cette forêt (parfois qualifiée d'appalachienne).

Miroslav Grandtner

*Dans la forêt du* ***domaine tempéré décidu****, poussent le tulipier, au tronc bien droit, et plusieurs espèces de chêne, qui gardent leur feuillage séché en hiver.*

Riche en espèces d'arbres, oui, mais aussi en arbustes et en herbacées. Probablement à cause de la *complexité du substrat géologique*, formé, ici, de roches cristallines et acides (granit), et là, de roches sédimentaires et basiques (calcaires). Probablement aussi à cause de l'*histoire géologique* de la région: de manière continue, ce territoire fut disponible pour les plantes, vraisemblablement depuis la fin du paléozoïque, avant même l'existence des plantes à fleurs. Les dernières glaciations ne l'atteignirent pas (le glacier ne se rendit qu'à New York et aux rivières Ohio et Missouri) et la mer ne le recouvrit pas dans les périodes géologiques récentes, comme ce fut le cas pour le domaine tempéré de la plaine côtière.

## Le domaine tempéré de la plaine côtière

Eh oui! voilà que la mer s'en mêle! Il n'y a pas si longtemps (à l'échelle géologique, entre 80 000 et 200 000 ans), elle recouvrait les basses terres de ce domaine qui s'étend de l'Atlantique jusqu'aux premières collines des Appalaches. La limite du domaine se marque par une *discordance d'ordre géologique*, qui correspond à la plus haute ligne de rivage atteinte par la mer; à cet endroit, les dépôts marins rencontrent la roche en place typique des contreforts appalachiens.

Ici encore croît la forêt décidue de l'est de l'Amérique du Nord (qualifiée de sud-atlantique), avec les mêmes caractéristiques, mais dominée surtout par de nombreuses espèces de chênes et quelques espèces de caryers. Dans le sud et l'est du domaine, peu de forêts dominées par les chênes et les caryers subsistent; des incendies répétés favorisèrent plutôt l'implantation d'*une dizaine d'espèces de pins*, des arbres qui s'installent souvent après feux; ils forment maintenant des forêts de très grande étendue.

À cause d'une température plus élevée, l'extrême sud du domaine (Floride et sud de la Louisiane) compte plusieurs types de végétation. La forêt typique de ce domaine (climax), celle qui se maintient en équilibre avec le climat et tend à se perpétuer indéfiniment (par opposition aux forêts de transition), se trouve peu représentée. Elle comprend des arbres à feuillage persistant mais qui ne sont pas des conifères, ce qui l'apparente à la forêt tropicale de la pointe sud de la Floride. Ce territoire recèle un plus grand nombre d'espèces, dont quelques palmiers et la mousse espagnole (*Tillandsia*, non pas une mousse au sens botanique, mais une plante de la famille de l'ananas), qui pend des arbres, des fils téléphoniques et caractérise tellement le paysage de cette contrée. Plusieurs parties du territoire sont inondées périodiquement ou en permanence et forment de *grands marécages*, colonisés par les cyprès chauves, ces très grands arbres à pied renflé.

Signalons que quelques éléments, parmi les plus nordiques du domaine, se retrouvent le long de la côte, jusque dans le sud de la Nouvelle-Écosse.

### Le domaine prairial

Le terme prairie désigne un paysage végétal dominé par des *plantes herbacées*. Les prairies naturelles couvrent près du quart de la terre, dont les steppes de Russie et de l'Afrique du Sud, les pampas de l'Amérique du Sud et les prairies de l'ouest américain.

Le domaine prairial de l'Amérique du Nord se divise grossièrement en *trois bandes*: à l'est,

Alain Giard

*Les cyprès chauves, à pieds renflés, caractérisent les marécages du* ***domaine tempéré de la plaine côtière****.*

Camille Rousseau

*La mousse espagnole (Tillandsia), qui pend des arbres, marque le paysage du* ***domaine tempéré de la plaine côtière****.*

Camille Rousseau

*Les herbacées constituent les plantes dominantes de la* ***prairie****. Les feux contribuent à maintenir cette dominance: les plantes de la famille du blé alimentent peu un incendie et cachent leurs bourgeons juste sous le niveau du sol.*

la prairie à grandes graminées (2 m ou plus), au centre, la prairie à graminées mixtes, montrant deux strates, à 30 cm et à 125 cm, et à l'ouest, la prairie à graminées courtes (de 20 à 50 cm). Les frontières entre ces trois bandes s'avèrent instables et irrégulières; elles se déplacent au gré des sécheresses ou des périodes un peu plus humides.

Le *climat* du domaine prairial est continental: été très chaud, hiver très froid, les températures extrêmes atteignant souvent 45° et -35°C. Les précipitations varient entre 100 cm dans le sud-est et 25 cm à la base des montagnes Rocheuses. De fréquentes sécheresses résultent de ces valeurs faibles, combinées à de hautes températures et à des vents asséchants; ces sécheresses durent parfois plusieurs années. La saison de végétation varie du nord au sud de 4 à plus de 6 mois.

Riches en matière organique rapidement décomposée, les *sols* figurent parmi les plus fertiles au monde; on ne se gêne d'ailleurs pas pour les cultiver. Entre 35 à 150 cm de profondeur, ils comptent une couche de calcium indurée (cimentée).

Les *feux* constituent aussi un facteur important, qui contribue à maintenir la dominance des herbacées dans la prairie. Il ne détruit pas la plupart de ces plantes: les graminées, par exemple, alimentent peu un feu et, surtout, cachent le bourgeon terminal qui assure leur croissance, juste sous la surface du sol. Le long des cours d'eau, des arbres réussissent à s'installer, mais brûlent facilement, car ils représentent un bon apport de combustible.

Les graminées et les espèces qui leur ressemblent constituent les plantes dominantes de la prairie. Très variée, la *flore* compte plusieurs plantes des familles de la marguerite et du pois. La plupart de ces espèces sont des vivaces et présentent une masse beaucoup plus importante dans le sol que dans l'air, leur permettant de mieux résister aux sécheresses.

## Le domaine montagnard des Rocheuses

Dans ce domaine, la végétation dessine des bandes parallèles, posées de bas en haut des hautes montagnes. Ces bandes, nommées *étages de végétation*, reflètent les changements importants de climat reliés à l'altitude. Grosso modo, les botanistes reconnaissent cinq principaux étages: alpin, subalpin, haut montagnard, bas montagnard et piedmont (ou collinéen).

En simplifiant à outrance, disons que chacun occupe environ 650 m ou plus de dénivellation, mais les limites entre les étages ne sont pas toujours très nettes.

Très varié, le *climat* présente des caractères qu'il importe de garder en mémoire pour interpréter, sur le terrain, la répartition de la flore et des groupements végétaux. D'abord les vents, à prédominance d'ouest, apportent beaucoup plus de précipitations sur la partie ouest des montagnes que sur les versants est. Les précipitations varient aussi selon l'altitude, avec un maximum un peu au-dessus du mi-versant pour les hautes montagnes; la moyenne annuelle s'échelonne généralement entre 40 et 150 cm. Bien sûr, la température descend à mesure qu'on s'élève en montagne; on compte, en moyenne, une baisse de 1,7°C par tranche de 300 m, ce qui amène un retard dans la saison de végétation de 2 ou 3 semaines par 300 m.

La position en altitude des étages varie avec la latitude; par exemple, vers le nord, l'étage alpin s'installe plus bas que sur une montagne du sud, à cause du climat plus froid. De cette façon, les étages du bas (le piedmont, surtout) n'existent pas dans les montagnes du nord. La *toundra alpine* occupe l'étage alpin, nous l'avons déjà dit. L'étage subalpin et les étages montagnards sont couverts par une *forêt coniférienne* dominée par des espèces différentes de celles qui dominent la forêt boréale. Dans le subalpin c'est l'épinette d'engelmann, le sapin de l'ouest et le pin lodgepole, fréquemment accompagnés de peuplier faux-tremble. À ces essences s'ajoutent, dans les étages montagnards, le sapin de douglas, l'épinette blanche et, dans certaines parties moins élevées, le pin ponderosa.

### Le domaine montagnard côtier

Étroit, mais riche en espèces, ce domaine borde le Pacifique sur une largeur ne dépassant pas 175 km, parallèlement aux chaînes de la Sierra Nevada, des Cascades et des Rocheuses.

Le *climat*, grandement influencé par la proximité du Pacifique, reste doux à l'année; même dans le nord, des températures de -15°C sont peu communes et le gel est rare dans la partie sud du domaine. Les précipitations très abondantes (de 65 à 400 cm ou plus par année) et les brouillards fréquents, permettent l'installation d'une forêt dite ombrophile (ou pluviale) tempérée, par comparaison à la forêt ombrophile équatoriale. Dans la par-

Camille Rousseau

*Dans le **domaine montagnard des Rocheuses**, la végétation dessine des bandes parallèles, posées de bas en haut des hautes montagnes: les étages de végétation. Noter ici la démarcation bien visible entre la forêt et la toundra alpine.*

*La forêt coniférienne très dense du* ***domaine montagnard côtier****. Elle se compose d'arbres parmi les plus grands au monde.*

Camille Rousseau

tie nord, s'accumulent plusieurs mètres de neige.

La *forêt coniférienne* qui couvre ce domaine semble relativement homogène en apparence; bien différente de la forêt boréale, elle se compose d'arbres parmi les plus grands au monde et s'avère très dense. Les arbres y atteignent souvent 75 m avec un diamètre de 2 m. L'espèce la plus commune, le sapin de douglas, s'installerait après feux; c'est l'espèce commercialement la plus importante pour le bois de construction. Les espèces dominantes des forêts en équilibre avec le climat (climax) sont la pruche de l'ouest, l'épinette de sitka et le cèdre-thuya de l'ouest. Dans la partie sud du domaine se trouve le séquoia toujours-vert, un arbre très grand (le record: plus de 120 m), qui affectionne les lieux sujets à de fréquents brouillards.

Les chaînes des Cascades et de la Sierra Nevada ressemblent suffisamment aux Rocheuses pour faire partie du même domaine (sur notre carte, partie ouest du domaine montagnard côtier, depuis son extrémité sud jusqu'à un peu au-delà de la frontière canado-américaine). Certains phytogéographes préfèrent cependant en faire un domaine à part, tandis que d'autres les rattachent plutôt au domaine montagnard côtier. Le climat s'y présente sous forme d'hivers humides et frais, d'étés secs et chauds, rappelant le climat méditerranéen. Ici aussi s'installe une forêt coniférienne qui forme différents étages où dominent, dans le subalpin: la pruche de mertens et le pin lodgepole, dans le haut montagnard: le sapin de douglas et le sapin concolore; le bas montagnard ressemble à celui des Rocheuses. À noter, dans la Sierra Nevada, la présence de séquoias géants, parmi les plus gros êtres vivants; on estime à 3800 ans l'âge de l'un d'entre eux, qui mesure 92 m de hauteur et 11 m de diamètre à la base.

## Le domaine tropical

Il n'y a pas que les humains qui aiment le soleil des tropiques, certaines plantes le recherchent aussi! Plusieurs espèces caractéristiques du domaine tropical, juste à la pointe de la Floride, ne supportent nullement le gel, les autres endurent tout juste un gel léger. Par contre, plusieurs plantes du domaine tempéré de la plaine côtière y pénètrent, mais leur limite sud semble régie par le besoin d'une période de dormance (associée aux températures froides) ou par une incapacité de faire concurrence aux espèces tropicales, sous un climat tropical. Trois types de paysages végétaux se partagent ce domaine: les forêts de palétuvier sur la côte, les

*Le* ***domaine tropical****. Des forêts de pins avec des palmiers, quel contraste à nos yeux de Nordiques!*

Camille Rousseau

marécages du type des Everglades et les forêts de pins de la crête calcaire située à quelque distance de la côte atlantique.

Les *forêts de palétuvier* s'installent dans la vase de la zone des marées, en bordure de la mer. Arquées, les racines aériennes des palétuviers étonnent; l'arbre ne porte-t-il pas le nom latin *Rhizophora*, signifiant porteur de racines? Celles-ci donnent naissance à de nouvelles tiges et les graines, avant de tomber, laissent pendre des racines embryonnaires longues de 30 cm. Le tout finit par donner une formation végétale impénétrable.

Les Everglades constituent un vaste *marécage d'eau douce* couvert d'une «mer» de plantes des familles du blé et du carex, parsemée «d'îlots» d'arbres sur des sites un peu plus secs. Ce sont ces mêmes arbres que l'on retrouve ailleurs en Floride, où la plus petite élévation paraît une colline et se couvre d'arbres. Certains perdent leurs feuilles, de novembre à avril, à cause de la sécheresse, non du froid. Plusieurs lianes caractérisent ces forêts tropicales, de même que quantité d'épiphytes, ces plantes posées sur d'autres sans pour autant les parasiter, dont plusieurs fougères (à l'ombre) et plusieurs espèces des familles de la broméliе et de l'orchidée (au soleil).

La *forêt de pins* rappelle celle de la plaine côtière. Il s'agit du même type de végétation, composée en bonne partie des mêmes espèces d'arbres.

Camille Rousseau

*Les palétuviers, dans le* ***domaine tropical****, s'installent en bordure de la mer. Leur nom latin,* Rhizophora, *signifie porteur de racines.*

Camille Rousseau

*Le **désert américain**, avec une végétation très éparse de cactus. L'alternance des saisons s'y résume à de longues périodes sans pluie, interrompues par des périodes de pluies violentes.*

## Le domaine désertique

En dehors du désert polaire, où ne subsistent que quelques plantes très dispersées de la toundra, existe-t-il, en Amérique du Nord, des déserts répondant à l'image classique, avec une végétation très éparse de cactus et d'autres plantes adaptées aux climats excessivement chauds et secs? Oui: le domaine désertique regroupe quatre grands déserts, nommés d'après les régions géographiques qu'ils occupent: le Grand Bassin (partie nord du domaine), le Mojave, le Sonoran et le Chihuahua. On qualifie le premier de désert froid, parce la température se maintient généralement sous le point de congélation en hiver, ce qui n'est pas le cas des trois autres.

Les caractères des précipitations, de la température, des vents et des sols marquent profondément la végétation. Les précipitations annuelles varient énormément et ne sont pas réparties régulièrement; aussi, l'alternance des saisons se résume à de longues périodes sans pluie, interrompues par des périodes de pluies violentes. La température aussi varie beaucoup, mais sur une base plus régulière: l'absence de nuages donne lieu à de très chaudes températures durant le jour, suivies de nuits fraîches, voire froides. La force des vents cause des tempêtes de sable ou de poussière. Évidemment, peu de matière organique se trouve dans le sol, par ailleurs riche en sels; il se forme généralement à la surface, une croûte ou un durcissement favorisant l'écoulement de l'eau plutôt que sa pénétration. Plusieurs des vallées, sises entre les petites montagnes de ces régions, constituent des dépressions fermées, sans contact avec la mer; l'évaporation très forte qui y sévit, laisse des dépôts de sédiments ou de sels, que la végétation colonise par bandes concentriques reliées à la diminution graduelle de la concentration en sel.

Très peu d'espèces de nos régions poussent dans ces déserts et les plantes qui y dominent sont parfaitement inconnues dans l'est, si ce n'est le genre armoise qui compte une espèce presque omniprésente là-bas: *Artemisia tridentata* (*sagebrush*). Apparemment, les plantes modifient si peu leur environnement, qu'on n'y observe pas de successions végétales; tout se passe comme si seul le stade pionnier existait.

# Les ptéridophytes

## et leur cycle de vie

*L'osmonde de clayton*

Michel Bouliane

# Les ptéridophytes et leur cycle de vie

Les plantes partagent une caractéristique importante, celle d'extraire l'eau et les éléments nutritifs du substrat, pour en fabriquer de la matière organique. Chez les algues, les hépatiques, les mousses et les lichens, l'absorption de ces nutriments se fait par des cellules peu spécialisées, non organisées en vaisseaux. Ces plantes appartiennent à la catégorie des **invasculaires**; toutes se reproduisent par simple division ou à l'aide de spores et les botanistes les considèrent primitives. Les autres plantes, les **vasculaires**, possèdent des cellules spécialisées, très allongées et connectées bout à bout pour former des vaisseaux qui transportent l'eau et les éléments nutritifs dans toutes les parties de la plante (un peu comme les artères et les veines constituent un système de vaisseaux).

À leur tour, les vasculaires se divisent en deux groupes. Les plus primitives des vasculaires, les **ptéridophytes**, se reproduisent par spores, comme le font les invasculaires; il s'agit des lycopodes, des prêles, des fougères et de groupes apparentés, tels les sélaginelles et les isoètes. Les autres vasculaires se reproduisent par graines (**spermatophytes**), résultant de la fécondation des fleurs; tels sont les conifères (gymnospermes), les érables, les marguerites, les roses et tout l'ensemble des plantes à fleurs du monde.

## Des vasculaires à spores

Les ptéridophytes, des vasculaires à spores, représentent donc un groupe charnière. Avant elles, certaines invasculaires innovèrent: les mousses présentent une structure de racine - tige - feuilles, structure que les botanistes considèrent beaucoup plus évoluée que celle des autres invasculaires. Mais l'absence de vaisseaux chez les mousses ne leur permettant pas de transporter bien haut ce qu'elles tirent du sol, elles restent petites. La présence de **vaisseaux** permit aux ptéridophytes de développer la structure racine - tige - feuilles tant en largeur qu'en hauteur, et ces plantes s'autorisèrent toutes les fantaisies dans cette matière, toutes les variations possibles: feuilles de toutes les formes, découpures et tailles chez les fougères, de tous les verts aussi, tiges rampantes, souterraines, dressées, les premières à monter si haut (8 à 10 m, soit la hauteur des arbres actuels, chez les prêles de l'époque du carbonifère). Par contre, «côté sexe», les ptéridophytes se montrent conservatrices et continuent de se reproduire par **spores**. Il faudra attendre les vasculaires spermatophytes pour que le sexe des végétaux devienne bien visible... et bien extravagant, si on considère toutes les variations de la fleur, incluant les variations du pistil et des étamines!

## La spore elle-même

Mais, qu'est-ce qui distingue la spore de la graine? La **graine** contient une plantule: séparez les deux parties d'une arachide ou d'une graine de fève, et observez, entre les deux grosses masses dures, le minuscule embryon d'arachide ou de fève. En germant, ces graines donnent une nouvelle plante complète, semblable à la plante mère qui produisit l'arachide ou la fève. Beaucoup plus petite, une poussière, la **spore** ne contient pas d'embryon. En germant, elle donne naissance à un organe particulier, qui produira des cellules sexuelles et où s'effectuera la fécondation. Chez les ptéridophytes, cet organe se nomme **prothalle** et, la fécondation réalisée, de jeunes plants se dresseront sur le prothalle.

Selon les botanistes, la spore est moins évoluée que la graine, mais les ptérido-

*Coucou! J'aurais bien de la difficulté à me cacher ainsi parmi les mousses, car les invasculaires restent petites. La présence de vaisseaux permet aux ptéridophytes, les plus anciennes* ***vasculaires****, d'atteindre de plus fortes tailles, comme chez la* ***matteuccie fougère-à-l'autruche****.*

Photo: Roger Larose

phytes compensent, en produisant une quantité astronomique de spores. Pendant la période du carbonifère, époque à laquelle se formèrent les dépôts de charbon, les fougères, les prêles et les lycopodes composaient la majeure partie de la végétation; la quantité de spores produites était donc beaucoup plus grande que maintenant. Des géologues découvrirent des couches de charbon d'environ 50 cm d'épaisseur, composées entièrement de spores; considérant que le charbon réduit à environ un huitième le volume original des plantes dont il tire son origine, les géologues estimèrent que la couche de spores nécessaire pour former un tel dépôt devait mesurer de 3 à 4 m de hauteur! L'éminent frère Marie-Victorin eut la plume éloquente pour traduire le sentiment qui l'habitait à l'évocation de ces anciennes ptéridophytes:

*«Il nous vient nécessairement à l'idée, en nous penchant sur les Lycopodes d'aujourd'hui, que dans ce vertigineux passé où l'homme n'avait pas encore paru, et où toutes les forces cosmiques semblaient se perdre dans un tourbillon sans fin, des géants herbacés, prototypes de pygmées d'aujourd'hui, travaillaient avec une intensité photosynthétique dont nous n'avons plus l'idée, à emmagasiner, à fossiliser l'énergie solaire.»*

## L'alternance des générations

Règle générale chez les êtres vivants, les cellules sexuelles ne comptent que la moitié des chromosomes du parent et donc la moitié de ses gènes; cela permet de donner naissance à des individus dotés de nouvelles combinaisons de gènes et d'assurer la diversité au sein de l'espèce. Par exemple, chez l'humain, les cellules ordinaires, désignées 2*n*, comptent deux jeux de 23 chromosomes (on dit aussi 23 paires), en tout: 46 chromosomes; les cellules sexuelles (ovules et spermatozoïdes) comptent *n* chromosomes, 23 en tout, soit un chromosome de chacune des 23 paires présentes chez les cellules ordinaires.

La réduction du nombre de chromosomes de 2*n* à *n* s'effectue, chez les animaux et chez les plantes à fleurs, lors de la formation des cellules sexuelles, mais chez les ptéridophytes, cette réduction a lieu lors de la formation des spores, bien avant la formation des cellules sexuelles. Ainsi, la spore, le prothalle tout comme les cellules sexuelles qu'il produit ne comptent que *n* chromosomes.

Lors de la fécondation, deux cellules sexuelles à *n* chromosomes s'unissent et le nombre de chromosomes revient à $n + n = 2n$. Une jeune fronde résultant de cette fécondation compte donc 2*n* chromosomes. Généralement toute petite et bien différente de ses parents, cette fronde constitue un nouveau plant qui, au cours des ans, finira par produire des frondes adultes, semblables à la fronde qui produisit «la» spore dont la nouvelle fougère tire son origine.

Devenue adulte, la fronde compte encore 2*n* chromosomes. Elle produit des sporanges à 2*n* chromosomes, et c'est dans le tissu cellulaire à l'intérieur des sporanges que la réduction du nombre de chromosomes s'effectue: les spores, généralement de 16 à 64 par sporange, se forment et elles ne comptent que *n* chromosomes. Les spores tombent en terre, germent et donnent un prothalle qui... vous connaissez la suite?

Ce cycle de 2*n* à *n* chromosomes, de fronde à spore, de spore à prothalle, de prothalle à fronde puis de nouveau de fronde à spore, constitue ce que les botanistes appellent l'alternance des générations. D'une part, une génération à 2*n* chromosomes: le plant qui porte les frondes et les sporanges, et d'autre part, la génération à *n* chromosomes: la spore, le prothalle et les cellules sexuelles qu'il produit. Des êtres différents et autonomes constituent donc chacune de ces générations. De très courte durée chez les plantes à fleurs, la phase à *n* chromosomes se résume aux cellules sexuelles, ovules et grains de pollen, qui ne jouissent pas vraiment d'une vie autonome et indépendante de la plante mère (si ce n'est pour un temps bien court dans le cas du pollen).

### Le prothalle

C'est donc sur le prothalle que s'effectue la fécondation des ptéridophytes, mais de quoi a-t-il l'air, ce prothalle?

Chez les **fougères,** c'est une fine lame verte, qui ressemble à une hépatique, ces parentes des mousses. Généralement en forme de coeur, aux lobes accentués, il mesure le plus souvent moins d'un centimètre et préfère les coins sombres et humides, favorables à la germination des spores qui lui donnèrent naissance. Vert et capable de photosynthèse, il s'enracine à la surface du sol ou sur les parois des souches pourries. Des organes de reproduction microscopiques se forment dans ses tissus: des organes femelles (appelés archégones et contenant une oosphère), situés en bordure de l'échancrure entre les lobes du prothalle, et des organes mâles (appelés anthéridies et contenant 32 anthérozoïdes), situés sur les côtés du prothalle. Le prothalle des botryches, plutôt tubéreux, vit dans le sol et ne possède pas de chlorophylle, ce pourquoi il s'associe avec des champignons pour obtenir les nutriments nécessaires à sa croissance. À l'aube de son développement, la jeune fronde dépend du prothalle pour obtenir sa nourriture, mais au fur et à mesure qu'elle croît, le prothalle se résorbe, puis meurt. Heureux qui trouve des prothalles de fougère en milieu naturel: ils sont petits et cachés! Le chapitre *La culture des fougères* explique comment en produire à partir de spores.

Le prothalle des **lycopodes** prend la forme d'une selle de cheval. Certaines espèces produisent des prothalles verts, qui

*Des* ***frondes adultes*** *(2*n *chromosomes). Invisibles sur la photo, les sporanges se cachent au revers de la fronde. (Thélyptère fougère-du-hêtre)*

Roger Larose

Jacques Labrecque

*Des* ***sporanges*** *(2*n *chromosomes), reconnaissables à leur anneau qui ressemble à un ver. Ils se regroupent en* ***sores****: la photo compte six sores. À maturité, les sporanges «éclatent» pour libérer les* ***spores*** *(*n *chromosomes). Les poussières jaunes, sur la fronde? C'est ça, les spores. En germant, elles donnent des prothalles. (Polypode de virginie)*

*Les* ***prothalles*** *(*n *chromosomes), appliqués sur le sol et d'un vert très foncé. En vert plus clair, de très jeunes frondes (2*n *chromosomes) de forme bien différente de celles des frondes adultes. (Espèce non identifiée)*

Roger Larose

Sylvain Lamoureux

*Dryoptère spinuleuse*

*Dryoptère à crêtes*

Gisèle Lamoureux

*Dryopteris* X *boottii*

Sylvain Lamoureux

*Cet hybride, le* ***Dryopteris X boottii****, montre des caractères propres à ses deux parents. Les segments s'orientent à l'horizontale, comme chez la* ***dryoptère à crêtes****; par contre, ils se divisent à trois reprises et sont bordés de dents aiguës, comme chez la* ***dryoptère spinuleuse****.*

poussent à la surface du sol, d'autres donnent des prothalles souterrains, dépourvus de chlorophylle. Les prothalles de lycopode, comme ceux des botryches, s'associent à des champignons. Très rarement trouvés en milieu naturel!

Le prothalle lobé des **prêles** rappelle un minuscule coussin, informe et vert. Infiniment plus petit, le prothalle des **sélaginelles** se développe directement à l'intérieur de l'enveloppe de la spore, souvent pendant qu'elle se trouve encore dans le strobile.

Les fougères, prêles, lycopodes, lycopodielles et huperzies, produisent des spores d'un seul type, qui donnent toutes naissance à des prothalles portant des organes mâles et des organes femelles; à l'occasion, un prothalle ne portera que l'un des deux sexes, sous l'effet du hasard, parfois de l'environnement. Les isoètes et les sélaginelles font bande à part, car ils forment systématiquement deux types de spores: des **microspores**, qui naissent par centaines dans les microsporanges et qui forment des prothalles exclusivement mâles, et des **mégaspores**, beaucoup plus grosses, au nombre de quatre dans un mégasporange et qui donnent des prothalles exclusivement femelles.

### Et les hybrides?

Bien que la fécondation ne se produise avec succès qu'entre cellules mâles et femelles de la même espèce, il arrive parfois qu'un anthérozoïde atteigne le prothalle d'une espèce autre que la sienne et y féconde un oosphère. Dans la majorité des cas, une telle union avorte, mais certaines espèces génétiquement très proches s'hybrident ainsi, donnant naissance à des individus dotés de caractères intermédiaires. Les hybrides s'observent généralement dans les endroits où se trouvent deux ou plusieurs espèces du même genre; chez les dryoptères, par exemple. Les botanistes nomment les hybrides et, pour bien les démarquer, ils introduisent le symbole X dans le nom de l'hybride. Deux façons existent pour les nommer: par le nom des espèces parentales (*Dryopteris cristata* X *spinulosa*), ou par un nom nouveau: *Dryopteris* X *boottii*; les deux formulations sont synonymes.

Le plus souvent, les spores de ces hybrides avortent, mais ce n'est pas toujours le cas, et il suffit parfois de deux accidents successifs pour produire une nouvelle espèce. Par exemple, une hybridation suivie d'un dédoublement spontané (et accidentel) des chromosomes permet à une nouvelle espèce, avec un nombre de chromosomes différents de celui des parents, de se créer et de se perpétuer par voie sexuelle: le dédoublement crée les nouvelles paires de chromosomes essentielles à la production de cellules sexuelles compatibles.

Les hybrides adoptent aussi d'autres façons de se perpétuer que la reproduction sexuée: la multiplication végétative permet parfois aux hybrides de vivre longtemps; le cas d'*Osmunda* X *ruggii* est remarquable (voir le texte sur l'osmonde de clayton).

### La multiplication végétative

Par **reproduction**, les botanistes entendent généralement un mode de multiplication impliquant des phénomènes sexuels, tels ceux décrits précédemment. La **multiplication végétative** désigne

Gisèle Lamoureux

*L'**huperzie brillante** produit des **bulbilles**. Celles-ci contiennent une plantule et, en germant, donnent directement une nouvelle tige, sans passer par le stade du prothalle.*

Roger Larose

*Un rhizome noir, gros comme le poignet, relie ces trois couronnes d'osmonde. S'il se brise, voilà trois individus au lieu d'un. Une simple multiplication végétative.*

*La* ***dennstaedtie à lobules ponctués****. Une colonie dense provient souvent d'un individu, par une multiplication végétative, et constitue alors un* ***clone****.*

Photo: Yves Boudreault

que. Voilà la multiplication végétative; c'est tout simple.

Si la propagation par les rhizomes constitue le mode de multiplication végétative le plus courant et le plus commun chez les ptéridophytes, il en existe d'autres, plus rares et plus complexes. Parmi les espèces qui nous intéressent, les huperzies brillante et fausse-sélagine ainsi que la cystoptère bulbifère produisent des **bulbilles**, en forme de petite écaille ou de petite sphère. En germant, la bulbille ne donnera pas un prothalle mais bien un individu identique à la plante mère, car elle contient une plantule, comme le font les graines; toutefois, contrairement à la plantule des graines, celle de la bulbille ne provient pas d'une fécondation, mais d'un seul individu. Les bulbilles constituent un caractère d'identification très spécifique.

plutôt la production d'un autre individu sans intervention des cellules sexuelles ou sans fécondation.

La multiplication végétative existe pratiquement chez toutes les ptéridophytes, du moins chez celles qui fréquentent nos contrées. Et elle semble très efficace pour occuper l'espace, en un endroit donné, plus que la reproduction sexuée.

Chez ces plantes, les tiges se couchent à la surface du sol et s'y enracinent (lycopodes, sélaginelles) ou encore elles courent dans le sol (lycopodes, prêles et la majorité de nos fougères). Si la tige couchée ou le rhizome viennent à se rompre ou à se décomposer, les parties qu'ils reliaient deviennent deux plantes distinctes, bien que possédant le même bagage génétique.

Mais les ptéridophytes exploitent aussi d'autres modes de multiplication végétative. L'**apogamie** en serait peut-être un (voir le texte sur la thélyptère fougère-du-hêtre): dans ce mode, les spores germent et forment un prothalle, mais un nouvel individu se développe sur ce prothalle, sans fécondation préalable.

Une colonie dense de fougère, de lycopode ou de prêle provient souvent d'une multiplication végétative et constitue alors un **clone**. Ce terme désigne l'ensemble de tous les individus provenant d'une même plante mère, par la voie d'une multiplication végétative (division du rhizome, marcottage, bouturage...) ou d'une reproduction asexuée (apogamie, etc.); dans un clone, tous les individus sont identiques, comme des jumeaux vrais.

# Comment sont faits…

## les fougères, les prêles, les lycopodes

*La prêle d'hiver*

Roger Larose

# Comment sont faits les fougères, les prêles, les lycopodes...

Fougères, prêles, lycopodes et plantes apparentées se présentent différemment des autres plantes. Dépourvus de fleurs et de leurs variations, ils représentent les premiers pas, les premières tentatives de la vie végétale dans le sens de la diversification des racines, des tiges et des feuilles. Ces structures étaient à peine esquissées chez les mousses, des plantes qui les précèdent dans l'échelle évolutive.

Il importe de bien reconnaître comment se présentent et comment varient ces différentes parties... puisqu'elles diffèrent notablement de celles des autres plantes. L'identification des espèces en sera d'autant facilitée, de même que la compréhension de nos descriptions.

## Les fougères

Le poète américain Henry David Thoreau écrivit: «La Nature fit les fougères pures feuilles afin de montrer ce dont elle était capable en la matière». Comment mieux exprimer l'étonnante diversité de ces plantes pratiquement réduites à une verte dentelle, tantôt grande et robuste, tantôt délicate et fragile? Cette multitude de formes passe néanmoins par une structure commune que chaque espèce modifie un peu ou agrémente d'un détail, comme pour se démarquer.

### Feuille ou fronde?

Toutes les feuilles des fougères débutent enroulées comme des ressorts de montre, sous forme d'un bourgeon bien particulier: la **crosse**. Au printemps, elles se déroulent, adoptant des allures et des postures remarquables qui permettent de distinguer les espèces les unes des autres: les crosses d'une touffe d'athyrie fougère-femelle prennent l'aspect d'un grand bal de lutins, celles de la fougère-aigle commune ressemblent aux serres d'un rapace et celles de la dryoptère de goldie n'évoquent-elles pas une nichée d'oisillons ébouriffés?

Les feuilles des fougères diffèrent des autres feuilles par cette crosse en spirale, très rare dans le reste du règne végétal, et parce qu'elles produisent des semences, les **spores**. Les botanistes désignent ces feuilles par le mot **fronde**, qui s'applique aussi, théoriquement mais non en pratique, à toutes les autres plantes à spores. Comme bien des plantes sous nos climats, les fougères se fanent à l'automne, mais certaines espèces à frondes **persistantes** restent vertes même pendant la saison froide (polypode de virginie, polystic faux-acrostic, dryoptère spinuleuse, etc.).

Les frondes adoptent des formes variées mais dans tous les cas, elles se composent d'un **limbe**, d'un **rachis** et d'un **stipe** et se rattachent à un **rhizome**.

### Le stipe et le rachis, squelette des fougères...

Le **rachis** constitue l'axe principal du limbe, et ses divisions forment l'ensemble des nervures. Bien que le dictionnaire préconise la prononciation «rachis» comme dans rachidien et rachitisme, les botanistes emploient couramment (et quasi unanimement) la prononciation «rakiss», du grec *rhakhis*: épine dorsale. Les segments s'attachent de part et d'autre du rachis en alternance (**segments alternes**), ou exactement vis-à-vis l'un de

*Les* ***crosses*** *de la dryoptère de goldie.*

Gisèle Lamoureux

Gisèle Lamoureux

*Chez la fougère-aigle commune, le* ***stipe*** *est qualifié de* ***long****, car il contribue beaucoup à la hauteur totale de la plante.*

Sylvain Lamoureux

*Fronde du botryche lunaire.*

l'autre (**segments opposés**) ou presque vis-à-vis (alternes à tendance opposée).

Le **stipe**, c'est la «queue» (ou pétiole) de la fronde, qui la rattache au rhizome enfoui dans le sol. Le stipe de la fougère que vous examinez est-il long ou court? **Long** s'il contribue grandement à la hauteur de la plante; **court** s'il y contribue très peu (1/3 et moins comme chez la thélyptère de new york ou la dryoptère fragrante). Par exemple, bien que le stipe de la fougère-aigle commune mesure plus de 60 cm et celui du gymnocarpe fougère-du-chêne, à peine 15 cm, les deux se qualifient de long: puisque leur limbe se déploie à l'horizontale, les stipes donnent à ces fougères pratiquement toute leur hauteur!

Grande ou petite, cette fougère? Pour bien s'entendre sur les qualificatifs se référant à la **taille**, nous avons adopté les critères suivants:

grande: plus de 1 m
moyenne: 0,3 à 1 m
petite: 0,15 à 0,3 m
très petite: moins de 0,15 m

Mais attention! La taille de la fougère (hauteur) se mesure du sol jusqu'au dessus de la plante et est souvent inférieure à la longueur totale de la fronde, qui s'arque parfois (osmonde cannelle, par exemple) ou s'étale sur le sol (polystic faux-acrostic)... ce qui réduit sa hauteur au sens où nous l'entendons.

Bien observer aussi la couleur et la coupe transversale (section) du stipe (arrondie, aplatie, creusée d'un sillon).

### Le limbe, ses ramifications et leurs divisions

Le limbe, c'est la large lame verte et aplatie de la fronde, ce que les non-botanistes appellent la «feuille», au bout de la «queue». Suivant nos descriptions, quelques frondes se ramifient, les autres se divisent... Quelle différence? Nous avons décidé arbitrairement qu'une **ramification**, c'est plus important et ça précède une **division**. Sur une fougère ramifiée, le haut du stipe fourche en deux ou plusieurs branches, séparant le limbe en autant de parties très distinctes; par exemple, en deux chez l'adiante du canada, en trois chez le gymnocarpe fougère-du-chêne et chez la fougère-aigle commune qui, pour sa part, se re-ramifie parfois une ou deux fois. En fait, sauf ces derniers genres, très peu de fougères possèdent une division plus importante que les autres. Reste aussi les botryches mais... c'est une autre histoire! À première vue, les botryches semblent compter deux sortes de frondes: l'une stérile, l'autre fertile. En réalité, il s'agit d'une fronde unique, dont des segments se seraient modifiés, au cours de l'évolution de l'espèce, pour constituer deux **pseudofrondes**. Dans ce cas, nous avons traité séparément de la **partie fertile** et de la **partie stérile**, le terme ramification ne s'appliquant qu'à la partie stérile des botryches découpé, à feuille couchée et de virginie.

Les **divisions** du limbe (qui correspondent aussi aux divisions du rachis ou de la fronde) s'apparentent souvent, par leur disposition, aux barbes d'une plume. Les segments de première division se nomment **segments primaires** et parfois la division du limbe s'arrête là (onoclée sensible); sur un limbe divisé à deux reprises, ces segments primaires se redivisent en **segments secondaires**, qui forment eux-mêmes des **segments tertiaires** chez les espèces divisées trois fois. Et qui sont ces extravagantes au limbe divisé trois fois? Les athyries fougère-femelle et alpestre, la dennstaedtie à lobules ponctués et la dryoptère spinuleuse, toutes très finement découpées et se ressemblant beaucoup. De plus, des dents ou des lobes découpent ou non la marge des segments ultimes d'un limbe, qu'ils soient primaires, secondaires ou tertiaires. Parfois le limbe ne se divise pas du tout, comme chez la doradille ambulante.

Chaque espèce montre une silhouette particulière. Chez certaines, le limbe aura sa partie la plus large au milieu de la

*Fronde divisée **trois fois** (dryoptère spinuleuse).*

J.-M. Jeanson

*Fronde divisée **deux fois** (thélyptère fougère-du-hêtre).*

Gisèle Lamoureux

*Fronde divisée **une fois** (polypode de virginie).*

Roger Larose

Gisèle Lamoureux

*segment tertiaire*

*segments secondaires*

*segment primaire*

*segments alternes*

*segments presque opposés*

*segments opposés*

*Athyries fougère-femelle en haut (divisé 3 fois) et fausse-thélyptère en bas (divisé 2 fois).*

fronde, avec les deux extrémités atténuées, donnant une **silhouette en losange**. Chez d'autres, la partie la plus large se situe vers le bas de la fronde, avec seulement une ou deux paires de segments plus courts à la base, donnant une **silhouette ventrue**. Chez d'autres, la dernière paire de segments représente la partie la plus large, pour une **silhouette nettement triangulaire**. D'autres fougères présentent des bords parallèles, d'une largeur presque constante, donnant une **silhouette rectangulaire** (oblongue). Comparer les silhouettes permet de distinguer des fougères qui se ressemblent beaucoup, telles l'athyrie fougère-femelle (silhouette en losange) et la dryoptère spinuleuse (silhouette ventrue).

### ... et la décoration!

Noter la présence ou l'absence, la forme et la couleur des **poils** et des **écailles**; n'oubliez pas votre loupe, car, le croiriez-vous, certains poils permettent de reconnaître une espèce à coup sûr, tels les poils ramifiés de la thélyptère fougère-du-hêtre ou les poils glanduleux de la dryoptère fragrante, les poils blancs et laineux des crosses des osmondes, roux de la fougère-aigle commune, très abondants et glanduleux de la dennstaedtie à lobules ponctués. Et qu'est-ce qu'un poil **glanduleux**? Un poil qui porte une glande, sécrétant des substances souvent collantes ou odoriférantes. Quant aux **écailles** (sorte de poils élargis et géants), arrondies ou effilées, beiges ou brunes, elles tombent toutes ensemble, en amas, comme celles des crosses de matteuccie fougère-à-l'autruche, ou persistent plus ou moins longtemps sur le stipe et le rachis comme chez l'onoclée sensible. Il existe des structures «entre les deux»: des **poils écailleux**. Se souvenir que des poils ou des écailles denses sur une crosse, s'ils persistent, deviendront plus dispersés à mesure que s'allongeront le stipe et le rachis!

C'est surtout sur les crosses que ces fantaisies s'observent et, plus tard en saison, sur la base du stipe, mais aussi sur tout le stipe et le rachis, sur les nervures et plus rarement sur le limbe, en particulier sur leur revers, et finalement à l'aisselle des segments primaires.

### Une tige dans le sol?

Tige souterraine sur laquelle se forment toutes les frondes, le **rhizome** accumule les réserves nutritives, sert d'ancrage à la plante, produit les racines (beaucoup plus petites que lui) et propage la fougère (multiplication végétative). Les rhizomes affleurent rarement et les déterrer risque de rompre l'équilibre qui existe entre la plante et son substrat, aussi déconseillons-nous de le faire. De toute façon, les espèces s'identifient aisément sans les caractères des rhizomes. Pour en voir, bien observer les lieux fréquemment inondés et les sentiers, où le passage de l'eau et des randonneurs les déterrent partiellement.

Généralement couvert des bases des anciens stipes, le rhizome atteint parfois un diamètre remarquable et contribue à fixer le sol. Parmi les plus remarquables: les grosses masses échevelées des osmondes, les rhizomes dressés de la matteuccie fougère-à-l'autruche qui forment de grosses buttes dures, et les rhizomes de la dryoptère de goldie qui ressemblent à de gros serpents écailleux ou à des tresses.

### Une allure qui se reconnaît de loin

Qu'est-ce donc qui permet de reconnaître une fougère de loin? Son allure, sa taille, sa sociabilité, son habitat... et là-dessus, chaque espèce possède ses propres caractéristiques.

Le plus intriguant, c'est peut-être la **sociabilité**. Imaginez un rhizome qui serpente sous la surface du sol et des frondes naissant une à une le long de ce rhizome. Cela donne des frondes **isolées** les unes des autres comme chez la fougère-aigle commune. Dans d'autres cas, au lieu de frondes isolées, des **touffes** de 2 ou 3 frondes surgissent le long du rhizo-

Gisèle Lamoureux

Écaille (polystic de braun).

Jean-Maurice Jeanson

Poils glanduleux (dennstaedtie à lobules ponctués)

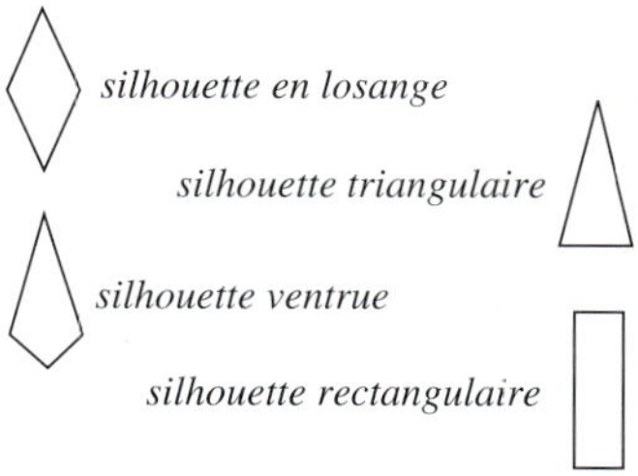


Yves Boudreault

Rhizome (dryoptère de goldie)

me, comme chez la dennstaedtie à lobules ponctués ou l'onoclée sensible. Chez d'autres encore, le rhizome est vertical ou son extrémité se retrousse et les frondes ne poussent que sur ces extrémités, tout à fait au bout, adoptant alors une disposition en **couronne**: c'est le cas, entre autres, de la matteuccie fougère-à-l'autruche, de la dryoptère spinuleuse et des osmondes cannelle et de clayton.

Qu'elles soient isolées, en touffes ou en couronnes, les fougères connaissent aussi un autre degré de regroupement. Certaines forment de grandes **colonies**, avec des frondes très proches les unes des autres, leurs rhizomes ne cessant de s'étendre et de se croiser; c'est le cas de la fougère-aigle commune. Remarquez... cette fougère forme des frondes isolées, mais par ailleurs rassemblées en grandes colonies! Les couronnes de matteuccie fougère-à-l'autruche se réunissent en grandes colonies **denses**, tout comme les touffes de la dennstaedtie à lobules ponctués et de l'onoclée sensible. D'autres forment des colonies **dispersées**, les touffes ou couronnes restant éloignées de quelques mètres les unes des autres, comme les couronnes de la dryoptère à crêtes, par exemple, celles de la dryoptère à sores marginaux ou du polystic faux-acrostic. Les osmondes cannelle et de clayton... quel cas particulier! Les couronnes présentent souvent une disposition en cercle, appelée **ronds-de-sorcière** (voir le texte sur l'osmonde de clayton).

Photo: Roger Larose

*Couronne du polystic faux-acrostic. son stipe est qualifié de court, car il contribue peu à la hauteur totale de la plante.*

### Fertiles? Stériles?

Un jour, lorsque j'étais enfant, je remarquai une multitude de points bruns au revers d'une fougère. Croyant à une invasion de «bibittes», je frissonnai de dégoût et courut bien vite me laver les mains! J'appris plus tard que toutes ces «bibittes» brunes bien alignées sont, en réalité, un regroupement de sacs microscopiques, contenant des spores qui servent à la reproduction. C'était une fronde fertile. Peu de différences remarquables entre une **fronde fertile** et une **fronde**

Gisèle Lamoureux

*Colonie dispersée (athyrie fougère-femelle)*

*Grande colonie dense (dennstaedtie à lobules ponctués)*

Yves Boudreault

**stérile**: simplement la présence de ces points bruns. Mais il existe bien quelques fantaisies, quelques cas à part.

Par exemple, les segments des frondes fertiles de la thélyptère des marais affectent une forme zigzaguante remarquable; chez la dryoptère à crêtes, les deux types de frondes se ressemblent beaucoup sauf que... les fertiles deviennent presque deux fois plus grandes que les stériles! Chez d'autres, la différence s'accentue à un point tel que si les deux types de frondes ne poussaient ensemble, le botaniste débutant les prendrait pour des entités distinctes; ce **dimorphisme** (du grec *di*: deux et *morphê*: forme) affecte parfois les frondes entières, comme chez l'onoclée sensible et la matteuccie fougère-à-l'autruche, avec leurs frondes fertiles complètement brunes, dures et cassantes (qui n'ont pas l'air d'une fougère). D'autres fois, seule une partie de la fronde, comme chez les botryches, se modifie radicalement en deux parties (pseudofrondes). Les plus beaux exemples se trouvent sans contredit chez les osmondes: affectant la fronde entière chez l'osmonde cannelle, ce dimorphisme modifie uniquement les segments du haut chez l'osmonde royale, mais chez l'osmonde de clayton, les segments transformés en petits épis roux se situent au beau milieu de la fronde!

## Les fructifications

Les frondes fertiles portent une multitude de points, d'abord blancs ou verts, qui foncent en mûrissant: les **sores** (les bibittes...). Remarquer leur forme: arrondie chez les polystics, allongée chez les doradilles, en forme de virgule chez les athyries ou de rein chez les dryoptères. Observer aussi leur position: près des nervures chez les doradilles, sur les dents chez la dennstaedtie à lobules ponctués, près de la marge des segments chez la dryoptère à sores marginaux ou carrément sous la marge repliée du limbe chez la cryptogramme de steller, l'adiante du

*Dimorphisme chez la matteuccie fougère-à-l'autruche.*

Gisèle Lamoureux

canada et la fougère-aigle commune. Les sores regroupent des dizaines de **sporanges**, des sacs microscopiques entassés les uns sur les autres.

Chez plusieurs espèces, une fine membrane translucide produite par l'épiderme du limbe recouvre le sore et protège la croissance des sporanges: c'est l'**indusie**. Possible d'identifier un genre de fougère uniquement par les sores et les indusies? Certainement! Du moins dans certains cas. Les plus typiques? Le polypode de virginie avec ses gros sores bien ronds, nus, sans indusie; les dryoptères, avec leurs indusies en forme de rein (ou de fève); les doradilles, à sores et indusies en ligne le long des nervures; les woodsies, avec leurs indusies réduites à de longs filaments; et les cystoptères, dont le nom signifie fougère-à-vessies, à cause de leurs indusies qui s'attachent sur le côté et ressemblent à une vessie. Attention, cependant, à maturité l'indusie change d'aspect, de couleur, se résorbe et, parfois, disparaît.

Au fond, les sporanges ne sont que des sacs contenant chacun 64 spores. Mais quels jolis sacs, ornés d'une rangée de cellules aux parois très épaisses, l'**anneau**. À maturité, le sporange s'ouvre le long d'une fente longitudinale, l'anneau se contracte vers l'arrière, puis se rabat brusquement vers l'avant, projetant les spores à l'extérieur avec force. Observé à la loupe, l'anneau ne formait jusque-là qu'une petite bande plus foncée sur le sporange, mais dès lors, il donne au sporange l'allure d'un petit ver qui se tortille! Et la fine poussière tout autour? C'est ça, les **spores**! En germant, elles donnent naissance à un **prothalle**, élément important de la phase sexuée du cycle de vie des fougères (voir le chapitre *Les ptéridophytes et leur cycle de vie*).

Roger Larose

*Revers du limbe du polypode de virginie. Remarquer les minuscules spores jaunes, à peine visibles, dispersées ça et là entre les sores.*

*sore (sans indusie)*

*sporange*

Gisèle Lamoureux

*sore couvert d'une jeune indusie (dryoptère de goldie)*

Jean-Maurice Jeanson

*sore avec indusie rétractée, laissant voir les sporanges (dryoptère de goldie)*

# Les prêles

Elles ne ressemblent à rien d'autres, les prêles, sinon, pour une partie d'entre elles, à la queue d'un renard ou d'un cheval! Elles se classent donc à part, parmi les végétaux.

Sauf pour la taille, les prêles conservent la même allure qu'à leurs débuts il y a... environ 400 millions d'années! Leur origine se perd dans la nuit des temps, mais les roches en conservent la mémoire: bien des membres de ce groupe sont aujourd'hui fossilisés et leur diversité se situe bien au-delà de ce qui existe aujourd'hui chez les prêles. Les fossiles des prêles les plus âgées remontent à la fin du dévonien (400 millions d'années) et au début du mississipien (360 millions d'années), soit au moment de l'émergence des premiers amphibiens et bien avant l'ère des dinosaures qu'elles ont donc côtoyés. Les dépôts de charbon proviennent de la décomposition de ces anciennes prêles (et d'autres ptéridophytes), qui atteignaient souvent la taille d'arbres.

### Tuyaux et télescopes

Les prêles affectent une structure en «tuyaux-de-plomberie», dont chaque

Gisèle Lamoureux

*Une tige de la prêle des prés, du sous-genre* Equisetum.

*Jeune prêle des champs. La croissance en hauteur des prêles repose sur l'élongation des entrenoeuds et rappelle le déploiement d'une antenne télescopique.*

Roger Larose

*Coupe tranversale de la tige et noeud de la prêle fluviatile.*

*Coupe tranversale de la tige et noeud de la prêle des marais.*

section s'ajuste dans la collerette un peu évasée de celle qui la précède. Chez toutes les espèces de prêles, des **noeuds**, ou jointures, séparent les tiges en sections détachables; chaque partie de tige comprise entre deux noeuds consécutifs s'appelle un **entrenoeud**. Comme la crosse d'une fougère, qui constitue une feuille complète, à laquelle il ne reste plus qu'à se dérouler et à s'étaler, la prêle apparaît au-dessus du sol entièrement formée, avec tous ses noeuds très rapprochés comme les sections d'un télescope; sa croissance en hauteur repose dès lors sur l'élongation des entrenoeuds. Fendre la tige de haut en bas, à l'aide d'un canif, révèle la présence de cloisons au niveau des noeuds; appelées **septums**, ces membranes confèrent de la rigidité aux tiges creuses des prêles (voir à ce sujet le texte sur la prêle d'hiver).

*Dimorphisme chez la prêle des champs, avec une tige fertile beige et des tiges stériles vertes.*

Photo: Gisèle Lamoureux

Au fond, la tige d'une prêle est un tube à **cavité centrale** plus ou moins large. Le diamètre de ce canal revêt de l'importance pour distinguer certaines espèces, la prêle fluviatile et la prêle des marais, par exemple, et, en général, plus la cavité centrale est grande, plus la tige s'écrase facilement entre les doigts. De l'extérieur, la tige présente une alternance de **côtes** et de **cannelures**, souvent en nombre égal au nombre de feuilles d'une gaine de la tige et donc généralement en nombre différent d'une espèce à l'autre, par exemple: trois chez la prêle faux-scirpe ou plus de 25, chez la prêle d'hiver. Dans la paroi de la tige, telle que vue en coupe transversale, ces côtes correspondent à des **cavités costales**, et les cannelures, à des **cavités valléculaires** (vallées entre les côtes). Ces cavités, en réalité des canaux qui laissent circuler l'air, varient en nombre et en taille selon les espèces, et servent aussi à l'identification.

### Des feuilles peu évidentes

Ce qui ressemble à de longues feuilles très fines sont, en réalité, des **ramifications**! De ce point de vue, le genre prêle, tel qu'il se présente de nos jours, se divise en deux sous-genres: les *Hippochaete* (à tige non ramifiée et très rude, du moins chez les espèces de nos contrées) et les vraies *Equisetum*, les championnes du **verticille**, ce mode de ramification dans lequel plusieurs rameaux prennent naissance à un même niveau sur la tige. Les anglophones nomment les *Hippochaete* «scouring-rush», leur rudesse les rendant aptes à récurer les chaudrons, tandis que les prêles du sous-genre *Equisetum* se nomment «horsetail», à cause des nombreuses ramifications qui leur confèrent une allure de queue de cheval.

Les **feuilles** des prêles? Elles vous surprendront. Très petites, elles se soudent en une **gaine** qui encercle le noeud. Mais, elles ne sont pas soudées sur toute leur longueur et leurs pointes restent libres. Les **pointes libres** des feuilles qui forment une gaine, composent une sorte de collerette en dents de scie, au sommet de la gaine. Bien que petites, ces pointes libres présentent des caractères spécifiques très fiables pour distinguer les espèces: coloration, longueur relative, forme, nombre. Les **gaines des rameaux**, par opposition aux **gaines de la tige**, présentent généralement des caractères dif-

*Deux strobiles de prêle des champs*

*Strobile avec en fond de scène, les spores qu'il a libérées. (Prêle d'hiver, du sous-genre* Hippochaete)

férents, également importants pour l'identification, et les **gaines à l'aisselle de la ramification**, à sa jonction avec la tige, peuvent aussi être différentes!

### Sporanges sous parapluies

Chez les prêles, les **sporanges** (sacs contenant les spores) se disposent sous des **écussons**, sorte de plaques hexagonales agencées côte à côte, comme les alvéoles d'une ruche, pour former, au sommet de la tige, un **strobile** de forme conique, d'abord noir, puis beige. À maturité, le strobile allongé se comparerait à un poteau auquel seraient attachés, à angle droit, des parapluies ouverts, abritant les sporanges. Un capuchon pointu surmonte certains strobiles, en particulier dans le sous-genre *Hippochaete*.

Tout comme chez les fougères, certaines espèces de prêle présentent des **tiges fertiles** distinctes des **tiges stériles**; complètement dépourvues de chlorophylle, ces tiges fertiles ne se ramifient pas, comme chez la prêle des champs, ou, après la libération des spores, se ramifient, deviennent vertes et prennent l'apparence des tiges stériles, comme chez les prêles des prés ou des bois. Dans la plupart des cas, cependant, chaque espèce de prêle a des tiges toutes semblables, vertes et terminées par un strobile, bien que celui-ci fasse souvent défaut.

Fragiles, les **spores** des prêles ne vivent pas longtemps, quelques jours à peine, et présentent toutes la même forme et la même taille, contrairement à celles des sélaginelles et des isoètes. Vues sous une loupe à fort grossissement, elles montrent quatre appendices, rappelant des bras, les **élatères**. D'abord enroulés en spirale sur la spore, ils s'étalent et projettent la spore, lorsque l'air est sec.

Lorsqu'elle germe, la spore donne naissance à un petit **prothalle** vert... et le cycle se perpétue, comme chez les autres ptéridophytes (voir le chapitre *Les ptéridophytes et leur cycle de vie*).

## Les lycopodes, lycopodielles et huperzies

Véritable plaisir pour les yeux, lycopodes, lycopodielles et huperzies persistent l'année durant, habillant le sol de leur tapis vert sombre.

La très grande densité d'innombrables petites feuilles laisse deviner la présence d'une tige plus qu'elle ne la laisse voir! Les **tiges dressées** se ramifient et donnent à la colonie un aspect buissonnant; les **tiges couchées**, elles, rampent à travers les mousses et les tapis de feuilles mortes, ne s'enracinant que lorsqu'elles touchent le sol. Chez certaines espèces, comme chez le lycopode aplati, les tiges couchées restent à la surface et forment de longs **courants verts**; chez d'autres, il s'agit plutôt de **rhizomes**, car les tiges courent sous terre, comme chez le lycopode obscur: inutile de tirer dessus, elles ne s'extirpent pas facilement du sol. En matière de tiges, lycopodes, lycopodielles et huperzies se ressemblent beaucoup mais... il en va autrement des autres parties de ces plantes.

### Libre, aplati, soyeux

Les feuilles, dans cette famille, répondent à deux modèles: **soudé**, chez une partie des lycopodes (section *Complanata*), ou **libre**, chez les huperzies, les lycopodielles et les autres lycopodes. D'ailleurs, cette question soulève encore les passions chez les ptéridologues: faut-il diviser en deux le genre lycopode, et reconnaître la section *Complanata* (lycopodes à feuilles de genévrier, à trois épis, aplati, alpin) comme un genre à part entière, sous le nom *Diphasiastrum* (voir, à ce sujet, l'encadré de la page 33)?

À noter: les feuilles soudées à la tige le sont sur une plus ou moins grande partie de leur longueur, selon l'espèce et selon leur position sur la tige (ventrale, dorsale, latérale); dans certains cas, cette position entraîne aussi une **réduction** ou un développement de la feuille, par exemple, la feuille ventrale réduite du lycopode aplati.

La présence de **dents** ou de **soie** sert parfois à distinguer les espèces; par exemple, des dents bordent les feuilles de l'huperzie brillante mais non celles de l'huperzie sélagine et seul le lycopode à massue a des feuilles terminées par une soie (un long poil), si longue qu'elle change l'allure du lycopode en entier.

Chez plusieurs espèces de cette famille, la croissance ralentit à l'approche de la

*Le lycopode à massue et ses fructifications*

Gisèle Lamoureux

saison froide, et les feuilles deviennent de plus en plus courtes; elles ne reprennent leur pleine longueur qu'au printemps suivant. Résultat: les feuilles plus courtes et plus tassées de l'automne dessinent des petits étranglements sur la tige, des **constrictions**, qui permettent de connaître l'âge des tiges. Par contre, comme ces tiges meurent à une extrémité à mesure que s'allonge l'autre, l'âge réel d'un clone se mesure difficilement.

### La multiplication

Les lycopodes, lycopodielles et huperzies forment leurs **spores** dans des **sporanges**, comme les fougères; or au lieu de se regrouper en sores comme chez ces dernières, ou sous un écusson comme chez les prêles, les sporanges restent isolés les uns des autres, chacun porté individuellement à l'aisselle d'une feuille appelée **sporophylle** (du grec *spora*: semence et *phyllon*: feuille). Celles-ci se regroupent ou non en **strobiles**, qui affectent la forme, en miniature, d'un épi de maïs ou d'une cocotte de sapin.

Chez les huperzies, les sporophylles ressemblent en tout point aux feuilles stériles (celles sans sporanges). Ce n'est qu'en les observant de près qu'elles se recon-

Gisèle Lamoureux

*Tige de l'huperzie brillante.*

Gisèle Lamoureux

*Lycopodes aux* ***feuilles soudées*** *à la tige. Soudées sur presque toutes leur longueur chez le lycopode aplati (haut de la photo), beaucoup moins chez le lycopode à feuilles de genévrier (bas de la photo).*

*Strobile et spores du lycopode à feuilles de genévrier.*

naissent, à la présence de petits croissants jaune or à leur aisselle, mais certaines tiges restent entièrement stériles.

Chez les lycopodes, la différence entre les tiges fertiles et les tiges stériles se voit plus facilement, puisque les fructifications constituent un ensemble nettement différencié: les sporophylles prennent une teinte jaunâtre, une texture plus coriace et se regroupent en strobiles. Les strobiles **sessiles** (sans queue) s'attachent directement au bout des tiges et restent généralement solitaires (lycopode interrompu), mais chez plusieurs espèces, les strobiles, rassemblés en petits groupes de 2 à 5, s'élèvent au-dessus du tapis de lycopode comme autant de candélabres, parce qu'attachés à la tige par une longue **queue**.

Les fructifications des lycopodielles constituent un intermédiaire entre celles des lycopodes et celles des huperzies: à l'instar des premiers, les sporophylles forment, au sommet de la tige, un strobile dense, mais, chez les lycopodielles il est et toujours sessile. Comme chez les huperzies, les sporophylles ressemblent beaucoup aux feuilles stériles.

Outre qu'elles ne forment pas de strobiles différenciés, certaines huperzies, dont les huperzies brillante et sélagine, se distinguent des lycopodes par une structure bizarre et fascinante: vers le sommet de la pousse annuelle, la tige porte des **bulbilles**, des renflements en forme de petites «écailles» vertes qui rappellent un peu celles des cônes de pin, ou encore celles de certains bouleaux. Les bulbilles comprennent des plantules complètes et autonomes; projetées au sol, elles se développeront en nouvelles plantes identiques à l'huperzie parentale.

# Les sélaginelles

De très petite taille, les sélaginelles se cachent souvent parmi les mousses. Elles ressemblent aussi, en miniature, aux lycopodes et leurs **sporanges**, comme ceux des lycopodes, sont placés à l'aisselle de **sporophylles**, elles-mêmes rassemblées en **strobiles** à l'extrémité des tiges. Souvent, les tiges fertiles des sélaginelles se dressent, tandis que les tiges stériles restent couchées et forment de petits tapis.

Les sélaginelles partagent avec les isoètes la particularité de produire deux types de spores: des **microspores** mâles et des **mégaspores** femelles, qui germent en deux sortes de **prothalles** (voir à ce sujet la sélaginelle fausse-sélagine).

# Les isoètes

À la première observation, ils laissent perplexe. Extérieurement, leurs rosettes de feuilles ressemblent aux rosettes stériles d'autres plantes aquatiques à fleurs, qu'ils côtoient. Mais, ils ne produisent jamais de fleurs!

Et les isoètes ne ressemblent à aucune autre ptéridophyte, fougère, prêle, lycopode ou sélaginelle. Leur tige, souterraine et globuleuse, est différente; leurs feuilles aussi: elles sont creuses et cloisonnées sur toute leur longueur et leur base enveloppe les spores. Pourtant, ils répondent à la définition d'une ptéridophyte: ce sont réellement des vasculaires à spores.

Nous avons décidé de présenter le genre globalement, les espèces ne se différenciant que par l'ornementation des spores, visible uniquement avec une loupe à fort grossissement (40X). Pour plus de détails, consulter le texte sur les isoètes!

# La culture des fougères

*La matteuccie fougère-à-l'autruche*

Roger Larose

# La culture des fougères

Ce chapitre fut rédigé en collaboration avec monsieur Jacques Bélanger, alors horticulteur responsable de la culture des fougères en serre, au Jardin botanique de Montréal.

## La culture à partir de spores

Il peut s'avérer intéressant de cultiver les fougères à partir de leurs spores. Par curiosité, afin de voir (enfin!) des prothalles et de suivre le cycle vital complet des fougères qu'on aime, mais aussi dans un but de préservation: cultiver à partir des spores plutôt que transplanter ces plantes, leur permet de continuer à vivre dans leur habitat et ne les dérange nullement. Particulièrement indiqué dans le cas des fougères rares ou peu fréquentes!

Richard Lavertue

*C'est sur des* ***prothalles*** *de ce type que se forment les organes de reproduction de la fougère et que s'effectue la fécondation, donnant naissance à des frondes.*

### La récolte des spores

Cette récolte s'effectue après que les spores aient eu le temps de bien mûrir. Comme règle générale, de la fin octobre au début décembre paraît la période la plus indiquée, mais le texte concernant chaque espèce indique parfois un moment plus approprié.

**1** Prélever des morceaux de fronde au revers desquels les sores semblent avoir atteint leur maturité; le plus souvent, les sores seront bruns, et une fine poussière s'en échappera lorsqu'on les secoue.

**2** Placer ces morceaux de fronde dans de petits sacs en papier, au fond couvert d'une feuille de papier. Bien refermer les sacs pour empêcher l'arrivée de poussières contenant d'autres spores indésirables. Les sores faisant face au fond du sac, les spores se déposeront sur la feuille de papier.

### Les semis

Les semis s'effectuent de différentes façons; en voici une, d'utilisation courante et facile. Quelle que soit l'espèce, il est prouvé qu'on peut utiliser la même méthode et le même substrat. Ce n'est qu'au rempotage de la jeune fougère (après l'apparition des véritables feuilles) qu'il faudra tenir compte des exigences particulières de chacune, quant au sol à utiliser.

**1** Perforer d'un petit trou le fond d'un verre de plastique.

Michel Bouliane

*Que pensez-vous des gros* ***sores du polypode de virginie*** *pour vous initier à la récolte des spores? Cette récolte s'effectue une fois les spores bien mûres. Règle générale, fin octobre à début décembre paraît la période propice.*

**2** Stériliser au four (120°C, env. 250°F), pendant environ une demi-heure suffisamment de mousse de sphaignes tamisée pour emplir ces contenants. Cette stérilisation empêchera la germination des nombreuses graines et des autres spores de fougères que la sphaigne contient naturellement.

**3** Emplir de sphaignes les contenants, jusqu'à 2 ou 3 cm du bord. Mouiller complètement et généreusement.

**4** Niveler la surface et y étendre les spores, en secouant la feuille de papier pliée en deux, ou à l'aide de la pointe d'un couteau.

**5** Arroser d'un jet très délicat, sans pression, pour éviter que l'eau n'entraîne les spores.

**6** Bien identifier votre contenant, puis le placer dans un sac de plastique. Fermer hermétiquement le sac, qui conservera l'humidité nécessaire, et ne rien déranger jusqu'à la formation de prothalles (minuscules lamelles vertes). C'est sur ces prothalles que se formeront les organes de reproduction de la fougère (ovules et anthéridies), et que s'effectuera la fécondation qui donnera naissance à une «vraie» fougère (par opposition au prothalle). Pour mieux comprendre ce qui se passe à ce stade, se référer à la description du cycle de vie des fougères expliqué dans le chapitre d'introduction intitulé *Les ptéridophytes et leur cycle de vie.*

**7** Pour que la fécondation ait lieu, il est essentiel de débarrasser le contenant de son sac de plastique et de le laisser à l'air libre, de préférence dans une pièce à humidité très élevée et constante. Pour éviter la contamination par d'autres spores, éloigner ces contenants des autres fougères.

**8** Repiquer après l'apparition de la première paire de feuilles, qui constitue le début de la «vraie» fougère. Effectuer ce premier repiquage dans une terrine basse contenant du Pro-mix ou un mélange de mousse de sphaignes et de vermiculite. Le Pro-mix offre l'avantage de la stérilité, mais demande de la fertilisation: fertiliser à l'aide de 20-20-20, à 1/2 de la portion recommandée au début, puis progressivement à la dose recommandée par le fabricant.

**9** Lorsque la culture devient trop dense, transplanter chaque individu dans un petit pot, sur un substrat identique à celui du premier repiquage (paragraphe précédent).

**10** Lors de l'arrosage des plantules, il semble important d'utiliser un fongicide: la forte humidité exigée par les plantules favorise le développement des moisissures.

### Le rempotage de la jeune fougère

Après 3 ou 4 mois de séjour dans de petits pots, il faut rempoter les fougères, mais cette fois dans un substrat qui convienne à leurs exigences.

Certaines fougères ne poussent que sur des substrats alcalins (basiques), tels les rochers calcaires. Dans la plupart des textes concernant chaque espèce, ces préférences sont indiquées. La majorité s'accommodent d'un substrat faiblement acide (pH entre 4,7 et 5,4) et le mélange suivant leur convient:

2 parties de terre franche (de surface)
2 parties de mousse de sphaignes
1 1/2 partie de sable
1 partie de terre noire
1 partie de fumier
2 parties de sphaignes tamisées
1 partie de gravier (calcaire)
1 partie de perlite ou de styromousse

Ajouter, par minot (ou brouette, soit env. 8 gallons ou 36 litres):

400 mL de superphosphates
400 mL d'engrais de formule 10-10-10

Ce mélange semble bien convenir aux fougères des genres fougère-aigle, dennstaedtie, dryoptère et athyrie. Il convient aussi aux adiantes et aux polypodes, à condition d'ajouter un peu de petites roches. Les polypodes demandent aussi une addition de charbon de bois, tout comme les polystics, afin d'absorber le surplus d'eau.

Quand les racines remplissent complètement le pot (elles sortent alors souvent par l'orifice du fond ou soulèvent la motte de substrat), rempoter, à chaque fois dans un pot d'environ 5 cm plus grand.

## La culture par transplantation

Lorsque l'espèce désirée abonde dans un endroit et que rien ne laisse croire qu'il s'agisse d'une plante rare, la culture par transplantation est bien indiquée parce qu'elle mène plus rapidement aux résultats escomptés.

### Reproduire l'habitat

De manière générale, la transplantation risque de mieux réussir si le jardinier prend soin de recréer l'habitat naturel de la plante. Pour continuer à vivre, la fougère doit se sentir chez elle. Surveiller surtout l'ensoleillement, l'humidité et le pH du sol de même que sa nature (roche, sable, argile, etc.). Les exigences de la fougère à ces égards paraissent généralement dans la rubrique traitant de l'habitat, mais l'observation personnelle du jardinier, au moment de la récolte, devrait confirmer ou modifier ce que rapporte notre rubrique et permettre d'adapter nos recommandations au cas particulier du spécimen précis que le jardinier désire transplanter.

Recréer l'habitat naturel de la plante facilite l'installation de la fougère, bien sûr. Mais des soins attentifs réussissent parfois à pallier la déficience de certains

Gisèle Lamoureux

*Une idée pour décorer des gros blocs rocheux? Le* ***polypode de virginie*** *s'y trouve tout à fait à sa place... mais pour les feuilles colorées, compter plutôt sur les érables: le polypode reste vert à l'année.*

facteurs. Qu'on pense, par exemple, à la culture de certains légumes ou de certaines fleurs dans les jardins: on ne recrée pas forcément toutes les conditions du milieu d'origine mais on apporte beaucoup de soins (sarclage, arrosage, fertilisation, amendement, pesticides, etc.). Souvent, il faudra protéger les jeunes plants durant l'hiver, par exemple, par un paillis de feuilles retenu à l'aide de grillage; certaines espèces, transplantées du sud au nord, exigent cette protection chaque hiver, leur vie durant.

L'ajout de nouveau terreau à la surface des plantes, à chaque année, apporte généralement la fertilisation requise. Pour régénérer les sols, la fertilisation par du 30-10-10 s'avère également efficace.

### Respecter l'intégrité des parties souterraines

Dans tous les cas de transplantation, il importe de bien respecter l'intégrité des parties souterraines. Plus particulièrement, dans le cas de fougères poussant dans les anfractuosités des rochers, découvrir toutes les petites racines, jusqu'à leurs extrémités, requiert une «patience d'ange».

Lorsque la fougère croît sur un substrat meuble, découper, alentour, une grande motte de terre afin de déranger le moins possible les parties souterraines et de faciliter l'acclimatation de la fougère à son nouvel environnement.

Le prélèvement de rhizomes ou de couronnes dérange les colonies. Choisir des colonies suffisamment vastes et vigoureuses pour supporter ce dérangement et ne prélever qu'ici et là, de manière à éclaircir la colonie, sans la dévaster.

# La culture en serre

Qui n'a pas convoité ces splendides fougères cultivées en serres? Pour en obtenir d'aussi luxuriantes, il importe de se rapprocher le plus possible des conditions qui prévalent dans les serres spécialisées dans la culture des fougères.

## Une période de repos

Comme chez bien d'autres plantes, la croissance de la plupart des fougères se fait lente, voire inexistante, de fin octobre au début mars. Se garder alors de rempoter, de fertiliser ou d'amender le substrat. Au début de cette période, réduire la température de 18 à 13°C la nuit, et de 24 à 18 ou 16°C le jour, à raison d'environ 1°C par 3 jours; l'humidité de l'air, cependant, doit rester élevée à longueur d'année.

## Humidité du sol et de l'air, ventilation, température, lumière

Une fougère bien soignée peut vivre longtemps en serre: 6, 10 ans et même plus. Selon certains, le secret réside dans un arrosage adéquat du sol: afin de ne jamais le laisser se dessécher, l'arroser dès qu'il se montre demi-sec. Par contre, un sol trop mouillé risque de provoquer la pourriture de la fougère.

Peut-être aussi importante, pour réussir, que celle du sol, l'humidité de l'air se doit de rester élevée la nuit comme le jour, durant la période de repos comme durant la période de croissance. Pour les fougères tropicales, l'humidité de l'air doit se maintenir autour de 70 %; nos fougères indigènes s'accommodent sûrement de moins. Cette humidité élevée ne va pas sans une ventilation adéquate, qui préviendra les maladies fongiques (moisissures, pourritures), par ailleurs relativement rares chez les fougères. Gare, cependant, aux écarts de température, aux changements brusques de température qu'une variation subite de ventilation risque de provoquer.

La température aussi revêt son importance et risque de limiter la culture des fougères dans les maisons, surtout durant l'hiver. S'il est facile, durant la période de croissance, de maintenir la température autour de 24 ou 27°C le jour et autour de 18 ou 21°C la nuit, qui voudra, durant l'hiver, garder la température de son salon à 16 ou 18°C le jour et à 13°C la nuit?

La plupart de nos espèces de fougères préfèrent les sous-bois; il convient donc de leur donner une lumière tamisée. Peu supportent le plein soleil, si ce n'est la fougère-aigle commune*, qui fréquente les clairières, la doradille chevelue* et d'autres espèces de falaises dénudées, telles les woodsies* et la variété des aléoutiennes de l'adiante du canada*.

## Le pH, les amendements et la fertilisation du substrat

Le pH du substrat revêt une grande importance, nous l'avons souligné quand il fut question du rempotage des jeunes fougères. Si la plante ne trouve pas le pH qui lui convient, tout se passe comme si elle ne réussissait pas à absorber les éléments nutritifs indispensables à sa croissance, même si ces éléments se trouvent en abondance dans son environnement.

Dans le cas de fougères calcicoles (poussant sur un substrat alcalin), il faudra parfois amender le sol, pour élever le pH (avec de la chaux, de la pierre calcaire). Toutefois, bien souvent l'eau du robinet montre une concentration assez forte en calcaire et un pH élevé; par exemple, à Montréal, le pH de l'eau fournie par la municipalité se maintient autour de 7,4 à 7,8. L'eau de Sainte-Foy et celle de Québec sont aussi très calcaires: 6,9 et 7,1. Cette eau satisfait amplement les besoins des fougères calcicoles et rend inutile l'addition de chaux et de calcaire; elle est cependant inappropriée pour les fougères qui préfèrent un pH légèrement ou carrément acide (entre 4,5 et 6,5). Pour ces dernières, amender le substrat pour diminuer le pH, à l'aide, par exemple, de

Gisèle Lamoureux

*Facile à cultiver et des plus décoratives, l'**onoclée sensible**, en massifs ou en bordures, à l'ombre. Simplement transplanter un bout de rhizome.*

sulfates d'ammonium, de magnésium, de fer ou d'une goutte de vinaigre... et exercer la surveillance nécessaire pour maintenir le pH bas!

Comme toutes les autres plantes, les fougères prélèvent des éléments nutritifs dans le sol sous-jacent. Pour qu'elles ne «meurent pas de faim», il est de première nécessité de renouveler les stocks de ces éléments en ajoutant, à peu près aux deux semaines, du fumier, du purin, du compost ou des fertilisants contenant beaucoup d'azote (30-10-10, 23-19-17 ou 20-20-20) qui donnera sa teinte vert foncé au feuillage.

### Le bassinage, les insectes

De fréquents bassinages contribueront à maintenir l'humidité voulue, tant au niveau du sol que du feuillage. À cette fin, arroser les plants en entier d'un doux jet d'eau, imitant la pluie; par exemple, les mettre sous la douche ou utiliser un arrosoir terminé par une poire.

De tels bassinages constituent, par ailleurs, une technique éprouvée pour prévenir ou réprimer les infestations d'insectes indésirables. Particulièrement au printemps, à l'apparition de nouvelles pousses, les pucerons montrent leur nez. Plus tard en saison s'installent parfois des kermes ou des cochenilles, dont il n'est pas toujours facile de se débarrasser. Si les bassinages ne suffisent pas, utiliser un insecticide du type «Sevin 85W», suivant les directives du fabricant. Se rappeler qu'un insecticide tue; en utiliser parcimonieusement et ne pas en introduire inutilement dans l'environnement.

### Le forçage des fougères

Les fougères nécessitent une période de repos, oui mais... certains de leurs adorateurs leur jouent parfois des tours! Le

*Un air tropical à votre serre? Pourquoi ne pas cultiver la* ***matteuccie fougère-à-l'autruche****, particulièrement luxuriante malgré le climat rigoureux de nos contrées. Elle se prête bien au forçage et donne de belles frondes en plein hiver. À Noël? Pourquoi pas.*

Photo: Sylvain Lamoureux

forçage des fougères s'effectue selon les mêmes principes que le forçage de bulbes printaniers (tels les crocus, jacinthes, tulipes, jonquilles). Il permet de disposer de belles fougères même à Noël, au moment où normalement elles sont en repos. Expérience faite avec l'athyrie fougère-femelle* et avec les osmondes royale* et cannelle*, il s'agit au fond d'une technique fort simple.

**1** Dès le début de la période de repos (fin octobre), empoter de grosses mottes comprenant une couronne de l'espèce désirée.

**2** Entreposer ces pots dans un lieu ne favorisant pas l'évaporation: une serre froide ou un caveau, à température constante se situant autour de 4° ou 7°C; ne pas laisser dessécher, mais ne pas fertiliser.

**3** Trois ou quatre semaines avant la date désirée pour l'apparition de deux ou trois feuilles, transférer dans un endroit plus chaud (20 à 22°C) et humide (plus de 50 %).

**4** Arroser fréquemment et fertiliser aux deux semaines (fumier, purin, compost ou engrais riches en azote).

**5** Si nécessaire, rempoter en ajoutant de la poudre d'os.

**6** Si désiré, la saison de croissance revenue, replanter la couronne dans un jardin ombragé ou dans un sous-bois... et recommencer l'opération l'automne venu, si possible après avoir engraissé le sol avec un fertilisant riche en potasse.

Bonne chance, et puisse le dieu des fougères bénir vos cultures!

# Fougères

*La dennstaedtie à lobules ponctués* Gisèle Lamoureux

# Onoclée sensible

## sensitive-fern

Fougère-sensitive; onocléa sensitive; onoclée délicate; orcanette sensible. *Bead-fern; polypod-brakes; sugar-brake.*
Famille de la dryoptère; *Dryopteridaceae.*

**Onoclea sensibilis** Linné.
Du grec *onokleia*: de *onos*: âne et *cheîlos*: lèvre (ou peut-être de *chélé*: sabot, griffe, ongle), signifiant lèvre d'âne, langue de boeuf, nom utilisé par Dioscoride (premier siècle après Jésus-Christ) pour désigner «une plante», certainement pas celle-ci mais peut-être la vipérine rouge (*Echium rubrum*), aux feuilles rudes comme une langue; *sensibilis*: qui peut être senti, qui peut sentir, du latin *sentire*: sentir, probablement dans le sens de plus sensible que la moyenne, parce qu'elle se fane aux premiers gels, mais non, comme certains l'affirment, à cause d'une réaction au toucher, comme chez la sensitive (*Mimosa pudica*). Cependant, au moment de se faner, la fronde se «referme» en se pliant plus ou moins le long de la nervure centrale, rappelant vaguement la façon de se refermer de la sensitive.

Herbacée vivace à rhizome portant deux sortes de frondes; seules les frondes fertiles restent sur pied durant l'hiver, mais à l'état sec. De taille moyenne (0,8 m), l'onoclée sensible pousse souvent en grandes colonies denses, ne laissant aucun espace pour d'autres plantes. Frondes vertes (stériles) très grossièrement découpées, comparées aux autres fougères. Frondes brunes (fertiles) d'aspect coriace et sec, piquées bien droites dans le sol.

*Frondes stériles* minces et se fanant dès la cueillette; dressées, mais arquées au sommet; non ramifiées, divisées une seule fois puis bordées de grosses dents rondes; dents abondantes sur les segments du bas, se transformant en un vague contour sinueux sur les segments du haut. En forme de triangle presque équilatéral (38 X 38 cm), à sommet rétréci. Segments primaires opposés ou presque, sans queue et au limbe se prolongeant pour former une aile qui s'élargit de bas en haut le long du rachis. Nervation délicate, dessinant une peau de reptile (peu fréquent chez les fougères). Présence (peu remarquable) de quelques écailles brun pâle et de poils écailleux blancs et clairsemés, surtout sur le rachis et le revers du limbe; écailles (0,5 cm) et poils abondants sur le jeune stipe mais ne persistant pas. Stipe robuste (diam. 0,3 cm; haut. 0,5 m), non ramifié; à section arrondie, aplatie d'un côté. Rachis très saillant au revers. Les frondes ne se disposent pas en couronne mais poussent généralement alignées sur le rhizome et forment en apparence de petites touffes d'environ 4 à 6 frondes.

*Frondes fertiles* divisées à 3 reprises (visibles à maturité), les segments primaires rappellent un épi étroit (diam. 0,5 cm) de perles ou de grains de poivre; d'abord vertes, devenant brunes. Chaque perle, constituée d'un segment de fronde, renferme plusieurs sores. Dressées et plus petites (0,5 m) que les frondes stériles; souvent une seule par touffe. Bas du stipe muni de quelques écailles fragiles, brun foncé; plus fines et plus pâles sur le rachis. Stipe robuste, très long (env. 4 fois plus long que la partie portant les sporanges); creusé, à la base, d'un faible sillon. Rachis de plus faible diamètre, sans sillon.

*Sores* nombreux dans un «grain de poivre» qui est en fait un segment secondai-

*Difficile de confondre l'**onoclée sensible** avec une autre espèce... Son nom vient-il de son peu de résistance au froid ou d'une croyance (fausse) affirmant que ses frondes réagissent au toucher?*



Photo: Francis Boudreau

re. Celui-ci comprend plusieurs segments tertiaires, chacun portant un sore couvert d'une remarquable indusie frangée, verdâtre, devenant brune et persistant sur les frondes séchées. Spores brun foncé.

*Crosses* ressemblant à celles de la matteuccie fougère-à-l'autruche*, en plus petit (voir la rubrique ✂ du présent texte et la rubrique ≠ du texte sur la matteuccie). Au début du déroulement du limbe, le stipe et le rachis, souvent tordus, donnent à la crosse une allure d'hippocampe.

≠ Les frondes fertiles et les crosses ressemblent à celles de la matteuccie fougère-à-l'autruche*; voir la rubrique ≠ du texte sur cette espèce.

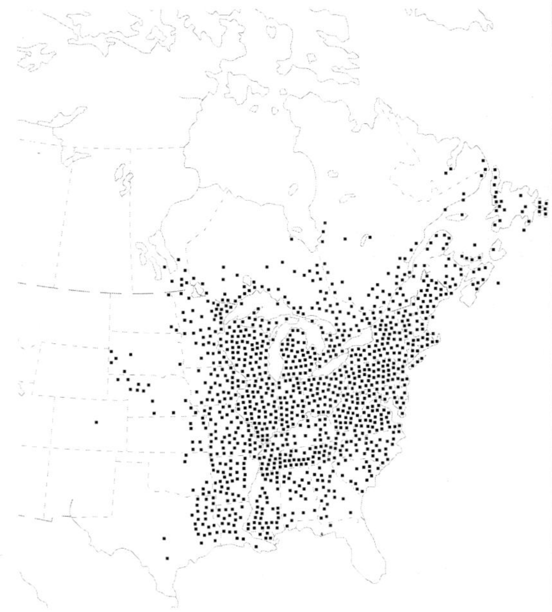

Le genre onoclée ne comprend qu'une seule espèce, l'onoclée sensible. Avec une aire de répartition disjointe comme la sienne, l'**onoclée sensible** se classe difficilement parmi les espèces circumboréales; tout comme le ginseng (*Panax quinquefolius*) et environ 20 % des fougères de l'est de notre continent (à l'exception des espèces tropicales du sud de la Floride), elle fait partie d'un groupe de plantes dont la répartition fort curieuse fascine les botanistes: leur aire s'étend dans l'est de l'Asie et dans l'est de l'Amérique du Nord, deux territoires très éloignés l'un de l'autre. Introduite dans certaines localités du nord-ouest de l'Europe (Angleterre, Belgique, Hollande), elle s'est tellement bien acclimatée qu'on la dit naturalisée.

Sur notre continent, quoique apparemment moins fréquente dans le sud, l'onoclée sensible se trouve pratiquement dans toute l'aire du domaine tempéré (forêt décidue), depuis le golfe du Mexique jusqu'à l'île du Cap-Breton. Son aire déborde un peu dans le sud-est du domaine boréal (forêt coniférienne), jusqu'à la baie James et au Labrador, et, de manière remarquable pour une fougère de l'est, elle déborde aussi dans les Grandes Plaines (domaine prairial), particulièrement au Kansas, au Nebraska et au Dakota du Sud où elle se rend pratiquement aux contreforts des Rocheuses… qu'elle escalade à plus de 2 000 mètres, au Colorado (région de Denver).

Limites en Amérique du Nord: Labrador (Goose Bay, 53°20'N) et Texas (comté de Wilson, 29°10'N); au Québec: territoires de la Baie-James (région du lac Sakami, 52°32'N).

*Plus délicates que celles de la matteuccie fougère-à-l'autruche, les crosses de l'***onoclée sensible** *portent des écailles brunes qui ne forment pas d'amas «de chaque côté de la tête», mais se répartissent plutôt sur le stipe et s'en détachent moins facilement.*

Photo: Sylvain Lamoureux

L'onoclée sensible, tout comme l'osmonde cannelle*, la matteuccie fougère-à-l'autruche* et l'osmonde de clayton*, colonise les berges des cours d'eau, en forêt. Si la matteuccie se plaît sous un couvert forestier plutôt dense, idéalement avec un recouvrement de 60 à 90 %, les trois autres espèces s'accommodent de forêts plus ouvertes, parfois même de lieux ensoleillés mais toujours humides (fossés et bords de fossés, champs et pâturages humides, pentes sourceuses, etc.) ou, dans le cas de l'osmonde cannelle, de la matteuccie et de l'onoclée sensible, de hautes arbustaies que domine l'aulne rugueux°, par exemple. Dans les parties humides des forêts, particulièrement celles sous l'influence d'un cours d'eau ou de sources, ces quatre fougères se trouvent souvent en compagnie du frêne noir, du frêne de pennsylvanie et, sauf dans le cas de l'osmonde de clayton, de l'orme d'amérique. Dans les fossés et dans les champs humides, l'onoclée sensible abonde parfois au point de nuire à l'agriculture; par ailleurs, elle atteint le maximum de son abondance dans les arbustaies dominées par l'aulne rugueux ou par divers saules. Sont également riches en onoclée sensible, les forêts riveraines à érable argenté ou les boisés en bordure de tourbières, très humides, plutôt ouverts et dominés par l'érable rouge, le bouleau gris ou le cèdre-thuya occidental; elle pousse aussi dans certaines tremblaies humides. En dehors des boisés, elle fait partie de la flore de certaines prairies riveraines et accompagne, par exemple, le phragmite commun° ou la salicaire°.

Quel lien existe-t-il entre la vipérine rouge et l'onoclée sensible (voir la rubrique sur l'étymologie)? Pline utilisait *Onoclelis* pour désigner l'orcanète (ou orcanette). Or, une encyclopédie, parue dans la première moitié du XIX$^{e}$ siècle, relève, pour désigner l'onoclée, le nom «orcanette sensible», mais plusieurs plantes de la famille du myosotis (boraginacées) portèrent aussi le nom d'orcanette, dont: *Echium rubrum* (la vipérine rouge), *Alkanna tinctoria*, *Onosma echioides* et *Nonnea decumbens*; relevant d'autres familles, *Asperula tinctoria* et le henné, *Lawsonia alba*, se nomment aussi orcanette. La plupart de ces plantes servirent en teinturerie et le henné colore encore de roux, les cheveux; d'ailleurs, le mot orcanette viendrait de arquenet, altération de alcanne ou alchanna ou alhenna, désignant le henné... mais l'orthographe *alkanna* désigne une autre plante chère aux teinturiers qui aiment le rouge: *Alkanna tinctoria*, aussi nommé buglosse, grémil des teinturiers ou... orcanette. L'affaire tourne en rond: somme toute, le lien entre la vipérine rouge et l'onoclée sensible passe peut-être par le nom orcanette, mais encore? Si seulement l'onoclée teignait en rouge... on comprendrait! Pour leur part, les Iroquois la nommaient «ce sur quoi le chevreuil se couche».

Des sources peu fiables rapportent la vente de crosses d'onoclée sensible sur les marchés du nord-est de l'Amérique, sous le nom de tête-de-violon, et la consommation de ses rhizomes, par les Iroquois, en période de disette; un doute sérieux plane toutefois sur l'innocuité de ces aliments (voir rubrique ). L'infusion d'onoclée sensible servit contre les maladies vénériennes. Bien que toxique pour les humains, cette fougère constitue un régal pour certains insectes. Le «perce-tige de l'onoclée sensible», *Papaipema inquaestia*, porte bien son nom: les larves de ce petit papillon creusent des galeries dans les stipes de la plante, ce qui affaiblit son hôte. Les larves de tenthrèdes (mouches à

### Des monstruosités

Comptant parmi nos espèces les plus fréquentes et les plus abondantes, l'onoclée sensible devrait-elle son succès à sa capacité de conserver ses spores à l'abri, pendant l'hiver, pour les relâcher au moment le plus propice? Peut-être, puisque la terre humide à souhait et les températures plus clémentes ramenées par le printemps, représentent des conditions idéales pour la croissance au moment où les sporanges éclatent, libérant leur précieuse cargaison. La ressemblance de ses frondes fertiles avec celles de la matteuccie fougère-à-l'autruche* se remarque aisément, au point que certains botanistes osèrent rassembler ces espèces dans le même genre, en l'occurrence le genre *Onoclea*.

L'onoclée sensible présente parfois des frondes mi-fertiles et mi-stériles (forme *hemiphyllodes* et forme *obtusilobata*), étranges, spectaculaires et... déconcertantes pour les botanistes! Une hypothèse veut que ces «excentricités» de la nature se développent lorsqu'une blessure survient à une fronde stérile, au début de la formation des frondes fertiles. Or, des botanistes constatèrent que de telles frondes mixtes se retrouvent aussi sur des plantes intactes, et que les plantes blessées ne montrent pas toujours des frondes mixtes. L'osmonde cannelle* et la matteuccie fougère-à-l'autruche, toutes deux des fougères à frondes fertiles distinctes des frondes stériles, produisent aussi ce type de frondes mixtes.

Abondante, facile à cultiver et très sujette aux variations tératologiques, c'est-à-dire au développement d'anomalies ou de monstruosités, l'onoclée sensible représente un sujet idéal pour l'expérimentation. La cueillette des frondes fertiles, juste avant l'ouverture des sores, fournit en très peu de temps une quantité appréciable de spores: 300 frondes en libéreraient jusqu'à 100 mL! Beaucoup d'études portent sur les lipides et les protéines emmagasinés dans les spores, dans le but de démontrer le rôle joué par ces substances pendant la germination et les premiers stades de développement du prothalle.

*La fronde fertile de l'**onoclée sensible**: les segments primaires rappellent un épi étroit de perles. La matteuccie fougère-à-l'autruche* produit des frondes fertiles semblables mais, chez celles-ci, les sporanges sont encapsulés dans des sphères soudées les unes aux autres plutôt que détachées.* ▶

Gisèle Lamoureux

*L'**onoclée sensible** présente parfois des frondes mi-fertiles et mi-stériles, étranges et spectaculaires (forme* hemiphyllodes*). Une hypothèse veut que ces «excentricités» se développent lorsqu'une blessure survient à une fronde stérile, mais de telles frondes mixtes se retrouvent aussi sur des plantes intactes... et les plantes blessées ne montrent pas toujours de ces «monstres».* ▼

Roger Larose

scie), du genre *Hemitaxonus*, se nourrissent de son feuillage mais, à maturité, elles changent d'hôte et creusent dans les bois mous ou d'autres substances similaires, puis s'y réfugient pour hiverner ou pour former une pupe et ainsi passer au stade adulte.

Le nom anglais «bead-fern», signifiant «fougère-perle», désigne bien les attrayantes frondes fertiles de l'onoclée sensible, fascinants chapelets de billes ornant des bouquets de fleurs séchées ou s'élevant au-dessus des premières couches de neige. Avant de commencer la

### Un dinosaure… dans nos fossés

Qui n'a jamais souhaité se retrouver, ne serait-ce qu'un instant, au beau milieu d'un groupe de dinosaures vivants? Impossible? Les fossés avoisinants recèlent pourtant un petit «souvenir» tout droit sorti de la flore de l'ère tertiaire: inchangée depuis plus de 60 millions d'années, soit à peine 10 millions d'années après la disparition catastrophique des dinosaures, l'onoclée sensible passe pour la plus ancienne fougère existant sur la terre et, encore aujourd'hui, l'espèce fait preuve d'une remarquable uniformité sur l'ensemble du territoire qu'elle occupe.

La nervation et la forme des lobes, chez l'onoclée sensible moderne, diffèrent à peine de celles de l'*Onoclea sensibilis* variété *fossilis*, qui date de l'éocène. Chez la plupart des fougères, l'extrémité des nervures reste libre mais, observée à contre-jour, la fronde de l'onoclée sensible révèle un délicat réseau de vaisseaux dont les extrémités se rejoignent comme les mailles d'un filet.

culture, s'assurer de pouvoir la contrôler: les rhizomes de l'onoclée sensible s'étendent rapidement et parcourent des distances relativement grandes, ce qui la rend envahissante et nuisible. Une «mauvaise herbe» quoi!… à moins de désirer un couvre-sol uniforme sur substrat mal drainé. De préférence, l'installer en bordure de pièces d'eau ombragées; elle supporte le plein ensoleillement si ses pieds trempent dans l'eau. Elle se cultive aussi facilement en pots, à l'intérieur, avec un apport important de lumière artificielle. Les spores de l'onoclée sensible couronneront de succès les premières expériences des débutants en culture de fougères; compter 2 semaines pour obtenir un prothalle et 15 semaines supplémentaires pour la jeune fronde. Elle se propage aussi facilement par division des rhizomes et ses colonies denses risquent peu d'être perturbées par de tels prélèvements. Il existe un cultivar (forme ou variété sélectionnée par culture) à stipes et racines rouges.

De toutes les fougères de nos contrées, l'onoclée sensible représente sans doute celle dont les crosses ressemblent le plus aux têtes-de-violon, ces crosses comestibles de la matteuccie fougère-à-l'autruche*. En général plus délicates, les crosses de l'onoclée sensible se contentent d'une taille plus modeste; ses écailles brunes ne forment pas des amas «de chaque côté de la tête» et qui tombent tout d'une pièce, mais elles se répartissent plutôt sur le stipe et se détachent moins facilement. Elles se ressemblent aussi par leurs frondes fertiles, distinctes des frondes stériles et entièrement brunes; un examen attentif permet de distinguer assez facilement les frondes fertiles de l'une et de l'autre espèce. **Distinguer les crosses de ces deux espèces est primordial**, l'une s'avérant un excellent comestible et l'autre, reconnue toxique pour les chevaux, méritant toute notre méfiance. Quoique se trouvant dans le même habitat que la matteuccie fougère-à-l'autruche, l'onoclée sensible ne se mêle pratiquement pas à la matteuccie, les deux fougères formant des colonies distinctes (voir matteuccie fougère-à-l'autruche, rubrique ↓).

On rapporte l'empoisonnement de chevaux ayant brouté de l'onoclée sensible. Elle provoque surtout des désordres nerveux, mais les symptômes varient grandement d'un cheval à l'autre, selon l'âge, la diète et le degré d'activité physique de la bête.

*L'**onoclée sensible** pousse souvent en gran des colonies denses et peu de plantes s'y mêlent. Sécrète-t-elle des substances toxi ques (allélopathiques)? Dans les fossés e dans les champs humides, cette fougère abonde parfois au point de nuire à l'agricul ture. Sur la photo, chercher des frondes de la forme* obtusilobata*: vertes et semblables aux frondes stériles, mais plus ou moins fertiles*

Photo: Gisèle Lamoureux

# Matteuccie fougère-à-l'autruche

ostrich-fern

---

Fougère-d'allemagne, -de-l'autruche, -plume-d'autruche; ptérétide noduleuse; struthioptéride germanique; struthiopteris d'allemagne; **tête-de-violon** (nom donné aux crosses de cette espèce). *Bird's-nest; fiddle-heads: russian-osmunda.*
Famille de la dryoptère; *Dryopteridaceae.*

**Matteuccia struthiopteris** (Linné) Todaro. Synonymes: *Matteuccia pensylvanica* (Willdenow) Raymond, *Onoclea struthiopteris* (Linné) Hoffmann, *Pteretis pensylvanica* (Willdenow) Fernald, *P. nodulosa* (Michaux) Nieuwland. Ainsi nommée en l'honneur de Carlo Matteucci (1800 ou 1811-1868), physiologiste et électrophysicien italien; *struthiopteris*: du latin *struthio*, venant du grec *strouthion*: autruche, et *pteris*: fougère, à cause de la ressemblance à des plumes d'autruche tant des frondes stériles que des frondes portant les sporanges.

Herbacée vivace à rhizome portant deux sortes de frondes; seules les frondes fertiles restent sur pied durant l'hiver. De grande taille (1,5 m, parfois 2 m), les frondes stériles (vertes) de la matteuccie fougère-à-l'autruche croissent en couronne autour des frondes fertiles (brunes); elle forme des colonies denses, souvent de grande étendue et dominant largement les autres herbacées. Aux yeux des gens du nord, sa luxuriance évoque la végétation tropicale, car peu de nos fougères atteignent une telle taille et forment de telles colonies, sinon les osmondes. Elle mérite bien son nom: ses frondes vertes, surtout lorsque agitées par le vent, rappellent les longues plumes ondulantes de l'autruche.

*Frondes stériles* épaisses mais souples, non ramifiées, arquées, divisées à deux reprises. Silhouette allongée (100 X 25 cm), rétrécie longuement à la base; plus large au-dessus du milieu; sommet très caractéristique: tronqué, puis prolongé par une petite pointe. Segments primaires du bas presque opposés, les autres alternes; orientés vers le haut, de largeur presque constante mais effilés au sommet; sans queue. Segments secondaires alternes, rapprochés, joints par la base, à sommet arrondi; sans dents; de forme et d'espacement très réguliers. Poils blancs (visibles à la loupe), courts et épars au revers des nervures; présence de grandes écailles (0,7 cm) brun cannelle sur le jeune stipe, ne persistant que sur la base élargie. Rachis montrant une petite aile sur les marges; parfois (variété *pubescens*) des poils se trouvent sur le stipe et le rachis. Stipe jaunâtre, tout comme le rachis, mais noir dans la partie très élargie de la base; de longueur variable, mais très court par rapport au limbe.

*Frondes fertiles* en apparence très différentes, mais en réalité de forme à peu près identique aux frondes stériles (lorsqu'on regarde de près les vieilles frondes séchées, mais non au premier coup d'oeil à cause des différences de couleur et de texture), mais beaucoup plus courtes et étroites (50 X 5 cm) et de texture différente; chaque couronne en compte plusieurs. Dressées, à limbe d'abord d'un vert olive et à texture mince et molle, elles tournent au brun rouge lorsque les segments primaires se déroulent, laissant mieux voir les segments secondaires; elles prennent alors une texture sèche et cassante. Segments souvent tordus. Complètement séchées, elles persistent tout l'hiver, au moins jusqu'à l'apparition des frondes fertiles de l'année qui suit et même plus tard.

*Cherchez la **matteuccie**, et vous trouvere de l'eau! Remarquez ses grandes frondes a sommet tronqué, très caractéristique, s terminant par une pointe*



Photo: Gisèle Lamoureux

*Sporanges* agglomérés dans les segments aux marges fortement recourbées; en décortiquant un segment primaire, les segments secondaires se révèlent, couverts d'une masse de petites boules brun foncé (les sporanges). À cause de leur entassement, les sores ne se distinguent pas clairement, pas plus que les indusies frangées qui, à cause de la courbure des segments, se retrouvent sous les sporanges; persistant sur les frondes séchées et ouvertes, ces indusies deviennent alors facilement observables à la loupe. Spores vertes (visibles à la loupe).

*Crosses* déjà formées à la fin de l'été, bien à l'abri dans leur manteau d'écailles. De forte taille au printemps (2 à 3 cm), très fermes et d'un vert foncé, elles se distinguent des autres crosses justement par la présence de belles grandes écailles brun pâle, posées comme des écouteurs sur des oreilles de chaque côté de la «tête-de-violon». Le stipe pousse d'abord

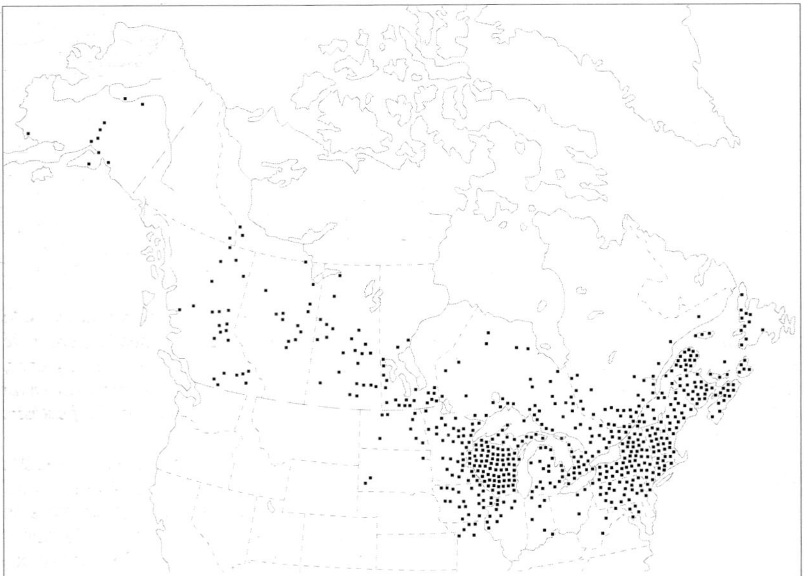

Le genre matteuccie comprend 2 ou 3 espèces et se répartit dans les régions tempérées de l'hémisphère nord. Circumboréale, la **matteuccie fougère-à-l'autruche** se trouve surtout en Amérique du Nord et en Europe (nord, centre et est, jusqu'à la Belgique).

Occupant une bande étroite (soit 28° de latitude au total et seulement 13° dans l'est), elle traverse notre continent aux latitudes des provinces canadiennes. Plus répandue dans l'est, de l'Atlantique au Mississippi, son aire y dépasse peu, au sud, la région des Grands Lacs et s'étend surtout dans le domaine tempéré mixte (érablières et forêts mixtes).

Limites en Amérique du Nord: Alaska (Tanana et Fairbanks, 65°N) et Virginie-Occidentale (comté de Greenbrier, 37°50'N); au Québec, territoire de la Baie-James (le long de la rivière Harricana, 50°57'N) et Basse-Côte-Nord (Natashquan, 50°47'N). La matteuccie fougère-à-l'autruche figure sur la liste des plantes rares du Yukon et des Territoires du Nord-Ouest.

Sylvain Lamoureux

*Conférence au sommet! Au printemps, la* ***matteuccie*** *ne passe pas inaperçue: le vert tendre de ses frondes, toutes jeunes, transforme le simple promeneur en un contemplatif extasié.*

et lorsqu'il atteint quelques centimètres, le limbe commence à se dérouler; les écailles, non fixées au stipe ni au rachis, tombent alors tout d'une pièce. Le rachis enroulé divise la crosse en deux parties coniques.

≠ Ses grandes frondes stériles, divisées à 2 reprises et placées en couronne, ressemblent à s'y méprendre à celles des osmondes (cannelle* et de clayton*), à celles de l'athyrie fausse-thélyptère* et à celles de la dryoptère fougère-mâle (*Dryopteris filix-mas*). L'examen du rachis et du stipe révèle de nettes différences: présence d'un important sillon (absent chez les osmondes) et absence de poils visibles à l'oeil nu (abondants et laineux chez les jeunes osmondes, très abondants mais courts chez l'athyrie fausse-thélyptère, moins abondants et un peu plus longs chez la dryoptère fougère-mâle). La fronde fertile de la matteuccie fougère-à-l'autruche ressemble à celle de l'onoclée sensible*; chez celle-ci, remarquer cependant les sporanges encapsulés dans des sphères détachées plutôt que soudées comme chez la matteuccie. La crosse de l'onoclée sensible ressemble aussi à celle de la matteuccie, mais en beaucoup plus petit; ses écailles, de même teinte que chez la matteuccie, restent cependant attachées au stipe qui, par ailleurs, prend souvent une teinte rougeâtre; on soupçonne les crosses de l'onoclée sensible d'être toxiques. Les débutants confondent parfois la fronde stérile de la matteuccie fougère-à-l'autruche avec celle de la thélyptère de new york*, parce que les deux espèces accusent un long rétrécissement progressif des segments de la base de la fronde; pour éviter cette confusion, remarquer la taille beaucoup plus importante de la matteuccie, son vert plus foncé et surtout le profond sillon qui creuse le stipe et le rachis. Des écailles uniformément brun pâle distinguent la plante nord-américaine (variété *pensyl-*

*vanica*) de la forme typique d'Eurasie, qui montre plutôt une bande centrale noire très évidente à la base du stipe et sur les écailles du rhizome. Une forme inhabituelle, la forme *foliacea*, présente des frondes en partie fertiles et en partie stériles; certains botanistes contestent son statut de «forme» puisque l'enlèvement de feuilles, de même que des conditions environnementales défavorables, produisent le même résultat.

↘ L'ombre des forêts ou des hautes arbustaies, l'humidité et les sols riches qu'assure la proximité d'un cours d'eau... au mieux un cours d'eau qui déborde au printemps. Voilà qui résume les préférences écologiques de la matteuccie fougère-à-l'autruche. Idéalement, le couvert forestier se situe entre 60 et 90 % pour que la plante atteigne le maximum de productivité; cependant, elle pousse même en plein soleil (qui réduirait sa croissance d'environ 20 %) et reste luxuriante si le sol contient suffisamment d'eau, par exemple sur une pente sourceuse. Mais sa présence dans un lieu ensoleillé indique généralement qu'elle a survécu à un déboisement... ou que quelqu'un la cultive! En général, elle se limite à la plaine de débordement, soit une étroite bande le long d'un ruisseau ou d'une rivière, où le substrat se trouve directement sous l'influence du cours d'eau qui lui laisse, lors de ses crues périodiques, des dépôts appelés alluvions, riches en éléments nutritifs. Certaines espèces d'arbres caractérisent ces habitats et sont un indice de la présence possible de colonies de matteuccie fougère-à-l'autruche: l'aulne rugueux°, le peuplier baumier, les frênes, l'érable argenté ou l'orme d'amérique; à noter: dans les sites où l'orme et la matteuccie se côtoient, la maladie hollandaise de l'orme favorise la croissance de la matteuccie, car la mort des grands ormes éclaircit le couvert forestier et ramène à un pourcentage plus adéquat le degré d'ombrage reçu par cette fougère.

La limite nordique de la matteuccie semble reliée à la température: elle demande une saison de croissance (journées avec une température moyenne au-dessus de 5,6°C) comportant un minimum de 1500 degrés-jour (mesure de l'accumulation de chaleur) et débutant au plus tard le 20 mai et se terminant avant le 1er octobre, une température moyenne annuelle du sol située entre 2,2 et 8,3°C et reliée à une température moyenne du sol pour l'été de 8,3 à 15°C. Cette limite nordique ne semble pas corrélée à la longueur de la période sans gel, à la date de la première neige, à l'épaisseur du couvert de neige, aux précipitations ou aux minimum et maximum journaliers de température.

### Le *Code international de la nomenclature botanique*

Compliquée, la nomenclature? Le *Code international de la nomenclature botanique* régit l'attribution des noms de façon très stricte, en se basant sur des principes bien établis qu'interprète une assemblée internationale. Le nom botanique reconnu légitime par le *Code* correspond au plus ancien nom attribué à la plante, depuis Linné (1753), et justifié par l'existence d'un spécimen récolté et conservé en herbier, puis décrit en latin dans une revue ou un livre raisonnablement diffusé.

Le spécimen séché sur lequel se base la description latine se nomme «spécimen type» et sert d'«étalon», auquel théoriquement toute plante observée doit être comparée et jugée identique (à l'intérieur d'une variation acceptable selon la notion d'espèce) avant de se voir attribuer le même nom que le spécimen type. En pratique, le botaniste s'assure que la plante qu'il désire identifier correspond bien à la description de l'espèce, telle qu'elle apparaît dans l'une ou l'autre flore; dans le cas d'études poussées, telle la révision d'un genre, le botaniste doit consulter le spécimen type et la description latine originale avant de se prononcer sur l'identité d'une plante qu'il révise.

*À nos yeux de Nordiques, la **matteuccie** semble sortir tout droit de la forêt tropicale. En été, noter comme le vert de ses frondes devient foncé comparé au vert tendre du printemps.*

Photo: Roger Larose

Les facteurs expliquant sa limite au sud semblent moins bien connus; l'émergence des feuilles nécessite une période de séjour au froid: au minimum, certains suggèrent une trentaine de jours d'exposition au froid hivernal (sans préciser la température), d'autres rapportent (au Nouveau-Brunswick) qu'après 8 semaines à 1°C, l'émergence des feuilles atteint 100 % alors que les plantes non exposées au froid ne produiront aucune feuille; par ailleurs, des individus transplantés en Floride auraient survécu sans séjour annuel au froid, mais l'histoire ne dit pas pendant combien de temps!

La matteuccie fougère-à-l'autruche tend à croître sur des substrats riches en calcium, mais les opinions divergent à ce sujet; elle tolérerait un large spectre de pH, de 4 à 7,5 avec un optimum vers 5,1 - 5,4. L'analyse des frondes stériles indique qu'elles accumulent le silicium et que leurs concentrations en azote, en phosphore et en potassium sont inférieures à celles des frondes fertiles de la même espèce; par contre, leurs concentrations plus élevées en calcium et en magnésium indiqueraient que la présence de frondes fertiles induit une baisse de valeur nutritive chez les frondes stériles.

La matteuccie fougère-à-l'autruche s'utilise souvent comme plante indicatrice d'un habitat dominé par des forêts décidues croissant sur des sols humides, inondés au printemps, riches en matière organique et dont la surface se situe, au milieu de l'été, seulement de 0,6 à 1,2 m au-dessus du cours d'eau; la nappe phréatique y fluctuerait de + 10 cm (inondation) au printemps à - 50 cm en été. Bien que l'onoclée sensible* se trouve souvent sur les mêmes sites que la matteuccie fougère-à-l'autruche, ces deux espèces se côtoient généralement sans se chevaucher: l'onoclée occupe la partie la plus humide du site, sujette à une inondation printanière plus prononcée et à un niveau d'humidité notablement plus élevé au cours de l'été. Pour sa part, la matteuccie exige un sol assez aéré durant l'été, du moins en surface, et, de ce fait, présente généralement plus de vigueur lorsqu'elle pousse sur du sable (ou du gravier) bien drainé mais enrichi de matière organique, que sur un substrat riche en limon ou en argile, qui risque de rester détrempé tout l'été. La modification des conditions d'humidité de l'habitat favorisera l'onoclée sensible, dans le cas d'une saturation du sol pendant des périodes prolongées; au contraire, l'assèchement du milieu favorisera l'implantation de verges-d'or°, d'eupatoires° et de framboisiers° sauvages. Confirmant l'hypothèse de plusieurs botanistes, une étude menée dans l'ancienne URSS démontre que les conditions d'humidité du sol jouent un rôle plus important, dans la présence de l'espèce, que le type de communauté végétale qui l'entoure; une colonie de matteuccie fougère-à-l'autruche conserva la même étendue pendant une période de 30 ans, malgré les changements d'espèces dominantes et sous-dominantes de son habitat. La pollution des cours d'eau cause une augmentation de la fréquence des mutations chez la matteuccie, particulièrement dans les cas de pollution par des biphényles polychlorés (BPC).

*L'**onoclée sensible*** *(en bas sur la photo) se trouve souvent sur les mêmes sites que la **matteuccie fougère-à-l'autruche** (en haut sur la photo), mais ces deux espèces se côtoient généralement sans se chevaucher: l'onoclée occupe la partie la plus humide du site, tandis que la matteuccie exige un sol assez aéré durant l'été.*

En plus d'enseigner la physique à Pise, Carlo Matteucci (1800-1868), dont la plante porte le nom, s'occupa de politique: il fut ministre de l'Éducation et sénateur. Ses oeuvres témoignent de son intérêt à la fois pour la physique et la physiologie; il publia, en 1833, «Sur l'in-

Gisèle Lamoureux

*Quelle spectacle étonnant: une crosse de fronde fertile de la* ***matteuccie fougère-à-l'autruche*** *ou un cobra? Elle se déroulera pour prendre l'allure des frondes fertiles brunes de l'année précédente, visibles à l'arrière-plan.*

Photo: Roger Larose

fluence de l'électricité sur la germination» et, en 1843, un ouvrage sur les phénomènes physico-chimiques des corps vivants. L'une des racines du nom de l'espèce, *strouthion*, serait un vieux nom grec utilisé par Théophraste (env. 372-287 av. Jésus-Christ) et mentionné par Pline l'Ancien (23-79), pour désigner une plante dont la tradition n'a pas retenu l'identité. Épisodiquement rattachée aux genres *Osmunda*, *Struthiopteris*, *Onoclea*, *Matteuccia* et *Pteretis*, la matteuccie fougère-à-l'autruche représente un bon exemple de la confusion qui règne quant aux noms latins des fougères. La plupart des plantes subissent un jour ou l'autre un changement dans leur nom, changement qui affecte souvent l'épithète spécifique; celle-ci demeure assez constante chez les fougères, mais il en va autrement du nom de genre: une fougère donnée se voit rattachée à un genre, puis à un autre, parfois même réduite au rang de variété, puis ramenée au rang d'espèce selon la région, le pays ou le botaniste qui en parle. Cette valse effrénée brouille les pistes lors des recherches bibliographiques... qui s'éternisent, comme lors de la préparation du présent guide!

Plusieurs espèces d'insectes, surtout des mouches, des guêpes, des pucerons et des papillons de nuit appartenant au genre perce-tige (*Papaipema*), se nourrissent à l'occasion de la matteuccie. Sans toutefois causer des dommages importants, une petite guêpe semble si étroitement associée à cette fougère que son nom répète l'épithète spécifique de son hôte: *Strombocerus struthiopteridis*; certains champignons qui parasitent la matteuccie héritèrent aussi de cette épithète: *Uredinopsis struthiopteridis*, *Herpobasidium struthiopterides* et *Taphrina struthiopteris*.

Les frondes stériles atteignent leur pleine taille en 15 à 20 jours, vers la mi-juin, et

**Une récolte raisonnée ou... comment faire durer le plaisir**

Au printemps, une couronne de matteuccie fougère-à-l'autruche compte une réserve de crosses pour les quatre années à venir. L'enlèvement d'un grand nombre d'entre elles provoque le développement prématuré des crosses en réserve pour les années subséquentes.

Pour le moment, les chercheurs ignorent quelle quantité de crosses peuvent être prélevées sans atteinte à la vigueur de la plante. Chose certaine, une récolte intensive risque de nuire à la plante et de détruire votre garde-manger naturel, car les crosses représentent des feuilles en puissance et, privée de toutes ses feuilles ou d'une grande partie de celles-ci, la plante meurt.

Ne récolter que 2 ou 3 crosses par pied et à la condition expresse que personne avant vous ne soit venu récolter sur le même pied (une récolte antérieure s'observe par la présence de stipes coupés un peu au-dessus du sol).

les frondes fertiles apparaissent de la fin juin jusqu'au début de l'automne; une forte luminosité ou un manque d'humidité réduit leur taille. La large base des feuilles reste attachée au rhizome et sert de réserve de nourriture pour la plante. Les rhizomes dressés, c'est-à-dire le coeur de la couronne, pousseraient au rythme de 0,5 à 2,0 cm par année. Normalement, ces rhizomes produisent, à chaque année, un nouveau système de racines qui s'étend à l'horizontale, près de la surface du sol, pourvu que des alluvions ou des feuilles mortes recouvrent les couronnes. À défaut d'un tel recouvrement, à la longue le sommet de la couronne se trouvera trop au-dessus du sol pour permettre le développement de telles racines et la plante dépendra de son vieux système radiculaire, d'où perte de vigueur et de viabilité puisque la plante ne survit alors que pendant 3 ou 4 ans. Les rhizomes couchés, ressemblant à des stolons, s'allongent bien plus rapidement que les rhizomes dressés et ils atteignent parfois plus de 3 m de longueur. Après l'émergence des feuilles, en juillet et en août, de nouveaux rhizomes apparaissent latéralement sur le rhizome principal et poussent sous terre pendant 1 ou 2 ans avant de se dresser et de former une nouvelle couronne, vers la fin d'août. Environ la moitié des rhizomes produisent ainsi de nouvelles couronnes chaque année; tout comme dans le cas des racines, le développement de ces rhizomes requiert l'apport annuel d'alluvions ou d'autre matière organique, la contribution de la partie minérale du sol semblant affecter peu ce processus. Le diamètre observé pour un rhizome dressé n'excède pas 7 cm. Cette limite atteinte, le rhizome ne se dégrade pas mais, à l'instar des fougères arborescentes, il continue à pousser en hauteur seulement, conservant à peu près le même diamètre. En moyenne, il atteint 15 cm de hauteur mais, lorsque des alluvions le recouvrent fréquemment, il s'allonge jusqu'à 60 cm.

Aucune technique connue ne permet de déterminer la longévité d'un plant de matteuccie fougère-à-l'autruche ou de ses rhizomes couchés et dressés. Les frondes fertiles n'apparaissent qu'au cours de la troisième année de croissance et chacune produit entre 100 000 et 1 000 000 de spores. En dépit de cette prolificité, très peu de spores germent en milieu naturel; en laboratoire, les taux de germination, plus élevés, augmentent aussi en présence de lumière. De plus, la viabilité des spores semble très variable selon les conditions dans lesquelles elles se trouvent. Matures dès la fin de l'été ou le début de l'automne, les sporanges ne libèrent leur contenu qu'à l'hiver ou au printemps suivant.

Outre les frondes fertiles et stériles, la matteuccie fougère-à-l'autruche possède un troisième type de feuilles, appelées cataphylles, très rudimentaires et présentes uniquement sur les stolons. Des mycorhizes (du grec *mukês*: champignon et *rhiza*: racine), associations mutuellement bénéfiques de champignons microscopiques et de racines, se retrouvent fréquemment chez la matteuccie fougère-à-l'autruche. Leur présence ne semble toutefois pas nécessaire à son développement.

Facile à cultiver et très utilisée en aménagement paysager, la plus grande de nos fougères, la matteuccie fougère-à-l'autruche, demande beaucoup d'espace et se répand rapidement... Ne la cultiver que sur de grands terrains ou dans une très grande maison! Reproduire son habitat naturel implique une culture en bordure d'un cours d'eau, sur des rives inondées au printemps seulement et à l'abri des vents, à l'ombre et sur substrat très humide, riche en alluvions (particules fines, matière organique décomposée) mais bien drainé (sur du sable, par exemple). Mais elle s'accommode d'un peu n'importe quoi et supporte le soleil, à condition d'avoir les pieds dans l'eau au printemps seulement; bien sûr, en terrain trop sec ou en pleine lumière, elle reste généralement petite. Ses spores mettent 2 semaines à former un prothalle et 19 semaines additionnelles pour produire une jeune fronde; elle se propage aussi par division du rhizome. En vue d'une production commerciale, des chercheurs procèdent depuis quelques années à la sélection de plants adaptés à la culture et capables de très hauts rendements. La préparation du terrain, la plantation de jeunes couronnes et l'établissement d'un peuplement dense requièrent environ 4 ans, après quoi les producteurs procèdent à une première récolte commerciale; la production atteindrait son pic la huitième année et ce rendement devrait se maintenir pendant au moins 12 autres années. Au Nouveau-Brunswick, des chercheurs déterminèrent que des populations naturelles dont la vigueur des

Photo: Gisèle Lamoureux

*Facile de reconnaître les crosses de matteuccie, ou «**têtes-de-violon**»: remarquer les grosses écailles brunes, le vert bleu-gris des stipes couverts de pruine et la présence occasionelle de frondes fertiles.*

### Les têtes-de-violon

La partie récoltée de la matteuccie fougère-à-l'autruche reçoit l'appellation populaire de «tête-de-violon» (*fiddle-head* en anglais) à cause de sa ressemblance avec l'extrémité finement sculptée du manche de cet instrument de musique. Nous suggérons que le terme «tête-de-violon» ne désigne que les crosses comestibles de la matteuccie fougère-à-l'autruche, alors que «crosse», un terme plus général, s'applique aux jeunes frondes encore enroulées de toutes les fougères.

individus varie de moyenne à très élevée, montrent une densité de 12 à 36 couronnes par mètre carré; estimant que le rendement moyen en crosses prélevées se situe autour de 45 g / plant / année, ils anticipent une production de 4 à 16 tonnes à l'hectare. Actuellement, des parcelles cultivées donnent un rendement de 4 tonnes à l'hectare et des projections laissent croire que le développement de pratiques agronomiques appropriées et la sélection de plants adéquats permettraient d'obtenir des rendements d'environ 10 tonnes à l'hectare.

Aucun insecte connu n'endommage sérieusement la matteuccie et une seule maladie, causant une brûlure des frondes, s'y attaque, en particulier sous couvert très dense, par temps chaud et humide; le principal ennemi de la culture des crosses reste les gelées tardives du printemps et une étude d'une population naturelle, en 1982, laisse croire que les pertes dues au gel auraient représenté de 25 à 50 % du rendement total... une autre projection prédit des pertes possibles variant entre 50 et 80 % dans le cas de populations génétiquement homogènes (la variabilité génétique protège les populations naturelles en induisant une émergence variable: les crosses provenant de couronnes différentes se développent à des jours différents, évitant que toutes les crosses de la population meurent si survient une gelée). Noter que les herbicides tels que le glyphosate, le dicamba, ainsi que certains autres produits d'usage domestique, n'affectent nullement les couronnes dormantes de la matteuccie fougère-à-l'autruche; cependant, ces mêmes produits endommagent la plante lorsque appliqués sur les frondes déroulées.

Faciles à trouver et vite cueillies, les têtes-de-violon constituent un régal printanier... qui peut durer toute l'année, grâce à la congélation qui conserve relativement bien leur saveur. Simplement déposées au réfrigérateur, elles conservent leur aspect, leur saveur et leur valeur nutritive pendant au moins trois semaines! Les récolter avant le début du déroulement du limbe, soit lorsque la crosse et son stipe mesurent moins de 15 à 20 cm. Avant la cuisson, vanner les crosses pour les débarrasser des écailles brunes qui les recouvrent; pour une petite quantité: faire sauter les crosses bien haut dans une passoire de manière à ce que le vent (ou votre souffle) entraîne les écailles; dans le cas d'une grande quantité: placer les crosses au centre d'une nappe tenue par deux ou quatre personnes et les faire sauter sous le vent. À peine attendries dans l'eau bouillante (ou à la vapeur) pendant 5 à 7 minutes, elles s'utilisent comme des asperges ou des haricots verts: en salade, en soupe, en sauce, dans une omelette ou comme légume d'accompagnement; l'eau de cuisson devient noire, peu appétissante et de ce fait ne s'utilise pas (il vaut mieux cuire les crosses dans une eau différente de celle de la soupe). Prendre soin de blanchir les crosses avant de les congeler: les plonger par petites quantités dans l'eau bouillante, compter 3 min d'ébullition puis les plonger dans l'eau froide, les essorer immédiatement et les empaqueter; pour décongeler: jeter les crosses dans l'eau bouillante et les retirer presque aussitôt dégelées, car, en général, elles sont suffisamment attendries.

Pour des recettes et plus de précisions sur l'utilisation et la conservation des têtes-de-violon, consulter le guide culinaire

Gisèle Lamoureux

*La **dryoptère fougère-mâle**, une espèce rare au Québec, se différencie de la matteuccie par le sommet de ses frondes qui ne s'interrompt pas aussi abruptement que chez cette dernière. Elle s'en distingue aussi par ses sores, portés sur le revers de la fronde, et non sur une fronde spécialisée comme chez la matteuccie, et par un faible sillon sur le stipe, à peine esquissé.*

Fleurbec *Plantes sauvages au menu* ou *Légumes sauvages du Canada*, de Szczawinski & Turner. Selon ces derniers auteurs: «Comparativement à d'autres légumes verts, les crosses de la fougère-à-l'autruche sont assez riches en fer (1,3 mg dans 164 g de crosses surgelées, cuites), en potassium (363 mg dans le même échantillon) et en vitamine C (25 mg dans le même échantillon)». Par ailleurs, ces auteurs nous révèlent que des expériences effectuées sur des rats par le *Massachusetts Institute of Technology* «ont confirmé que la grande fougère (*Pteridium aquilinum**) est cancérigène tandis que la fougère-à-l'autruche ne l'est pas jusqu'à une proportion de 10 pour cent de la diète.» Également riche en niacine, en vitamine A et faible en sodium, cette denrée se prête bien aux diètes à teneur réduite en sel. Certains mentionnent la possibilité de forcer les couronnes dormantes au milieu de l'hiver; il suffirait de les transplanter dans des boîtes de terre ou de sable à l'automne et de les conserver au froid, mais nous déconseillons fortement cette pratique à des fins culinaires, car les quantités requises conduisent inévitablement à la destruction des colonies de matteuccie fougère-à-l'autruche. À notre avis, seules les crosses de la matteuccie fougère-à-l'autruche se mangent sans danger et avec agrément: les fougères adultes et les crosses des autres espèces sont, selon les connaissances actuelles, toxiques ou sans intérêt. Essentiel, dans ce contexte, de bien reconnaître la matteuccie au stade de crosse (voir la description ci-haut); la présence des frondes fertiles de l'année précédente facilite le repérage des colonies et reste un bon critère d'identification. Quiconque doute un tant soit peu de reconnaître une

*Pour bien distinguer la* ***matteuccie*** *des osmondes, remarquer le sillon très caractéristique creusant profondément le rachis.*

Photo: Gisèle Lamoureux

vraie matteuccie doit s'abstenir de manger des jeunes frondes: plusieurs plantes, dont la ciguë maculée° et sa cousine, la cicutaire maculée°, toutes deux mortelles, possèdent des feuilles finement découpées, parfois appelées «fougères» par des non-botanistes.

En 1952, l'État du Maine rapportait que les récoltes atteignaient, en saison, près de 2 300 kg par jour; durant les années 1980, la récolte annuelle estimée au Nouveau-Brunswick atteignait de 400 à 450 tonnes. Stimulé par l'avènement de la surgélation, le volume des récoltes ne cesse d'augmenter depuis. Le marché présente soit des têtes-de-violon fraîches, en saison et généralement de provenance locale, soit des têtes-de-violon congelées, à longueur d'année et le plus souvent en provenance des provinces maritimes; actuellement, ces produits proviennent de la cueillette de plantes sauvages. La culture rendrait la fougère sauvage moins vulnérable (à ce sujet, voir la rubrique ). Le prélèvement des têtes-de-violon hâterait l'apparition de frondes fertiles, par ailleurs plus nombreuses.

Chez les Amérindiens de l'est du Canada, la récolte des têtes-de-violon constituait une source alimentaire de premier ordre: les Abénakis mangeaient la couronne de la matteuccie rôtie, et les crosses représentent encore une part de l'alimentation traditionnelle des Malécites du Nouveau-Brunswick. Les colons européens consommaient la matteuccie comme légume à partir de 1784 au Nouveau-Brunswick, et la coutume se répandit peu après en Nouvelle-Angleterre. Les Norvégiens utilisaient la matteuccie fougère-à-l'autruche dans la préparation de la bière et les Russes lui reconnaissent des propriétés vermifuges.

*Tôt le printemps, les couronnes de* ***matteuccie*** *se repèrent aisément. Le brun des frondes fertiles de l'année précédente tranche avec le vert pâle des jeunes frondes stériles.*

Photo: Gisèle Lamoureux

# Osmonde cannelle

## cinnamon-fern

Fougère-de-terre; osmonde balsamique, cinnamon. *Breadroot; buckhorn; fiddle-heads; flowering-fern; hog-, snake- or swamp-brakes; woolly osmunda.*
Famille de l'osmonde; *Osmundaceae.*

**Osmunda cinnamomea** Linné.
Nom d'origine incertaine: peut-être de Osmunder, nom celtique du dieu saxon Thor (à cause du pouvoir médicinal de l'osmonde royale?), ou de saint Osmund, évêque de Salisbury, mort en 1099, ou de l'anglais *osmund* (emprunté au suédois ou à l'ancien allemand): fer de qualité; *cinnamomea*: du nom latin du cannelier (*Cinnamomum zeylanicum,* synonyme: *Laurus cinnamomum*), dont l'écorce donne la cannelle, allusion à la couleur de la fronde fertile.

Herbacée vivace à rhizome, portant deux sortes de frondes qui ne persistent pas l'hiver. De grande taille (1,25 m, parfois jusqu'à près de 2 m), l'osmonde cannelle forme des couronnes elles-mêmes disposées en ronds-de-sorcières (voir le texte concernant l'osmonde de clayton*). Parmi les plus grandes fougères de nos contrées (de la taille d'une personne), elle se remarque par sa couronne de frondes stériles d'un vert tendre, contrastant, au début de l'été, avec la couleur cannelle de ses frondes fertiles, dressées au centre de la couronne, comme des chandelles ou des bâtons de cannelle géants.

*Frondes stériles* non ramifiées, divisées à deux reprises, dressées et légèrement arquées, assez épaisses mais souples. Limbe allongé (80 X 35 cm), en forme de plume d'autruche comme chez la matteuccie fougère-à-l'autruche* et l'osmonde de clayton*; sommet rétréci, base se rétrécissant aussi un peu à cause des dernières paires de segments plus courts et formant un «V» dirigé vers le centre de la couronne. Segments primaires alternes, presque opposés, allongés et de largeur presque constante mais rétrécis au sommet; sans queue. Segments secondaires alternes, découpés presque jusqu'à la nervure, sommet pointu; sans dents, quelques-uns avec des dents irrégulières. Sans écailles, mais à poils longs et laineux, de couleur cannelle pâle, feutrant le stipe (disparaissant presque entièrement au cours de l'été), moins abondants sur le rachis et absents sur le limbe; frottés, ils se détachent facilement et forment des boules feutrées. Présence d'une touffe de poils sous l'aisselle des segments primaires, ainsi que de poils entremêlés (visibles à la loupe) en bordure des segments secondaires. Stipe robuste (diam. 0,5 cm), de longueur variable, mais plus court que le limbe; face ventrale aplatie et sans véritable sillon; base souterraine élargie, ailée, blanche, incrustée de fils noirs. Face aplatie du rachis bordée de petites crêtes (lignes de décurrence), s'accentuant vers le sommet.

*Frondes fertiles* brunes, non ramifiées, divisées à 3 reprises, à stipe tordu venant se placer au centre de la couronne; stipe, rachis et limbe beaucoup plus poilus que les frondes stériles. Dressées, mais semblant faibles, et appuyées sur les frondes stériles; très cassantes et juteuses; étroites (3 cm), légèrement plus courtes et deux fois moins nombreuses que les frondes stériles; d'abord vertes, devenant de couleur cannelle. Segments primaires dressés, s'étalant après la maturité. Stipe 2 ou 3 fois aussi long que le rachis; celui-

*Des chandelles ou des bâtons de cannelle géants? L'**osmonde cannelle**, une de nos grandes fougères, se remarque par ses frondes d'un vert tendre, contrastant, au début de l'été, avec la couleur cannelle de ses frondes fertiles, dressées au centre de la couronne.*



Photo: Gisèle Lamoureux

ci sans lignes de décurrence. Semblent disparaître complètement au milieu de l'été, en réalité flétries et couchées au sol ou sur les frondes stériles.

*Sporanges* en forme de sphères, rassemblés en épis très denses. Se fendant au centre pour répandre des spores vert clair.

*Crosses* à peu près de la même forme et de la même taille que celles de la matteucie fougère-à-l'autruche* mais dépourvues des écailles brunes qui caractérisent cette dernière et couvertes d'abondants poils blancs, devenant brun cannelle.

≠ Normalement toutes brunes, les frondes fertiles portent exceptionnellement une ou plusieurs paires de segments verts, sous et même au-dessus des segments fructifères, ressemblant alors à l'osmonde de clayton*; certains botanistes classent ces individus dans une variété ou une forme à part, nommée *frondosa*. Les frondes stériles des osmondes cannelle et de clayton se ressemblent beaucoup. Certains caractères subtils permettent de les distinguer; à cet effet, voir la rubrique ≠ de l'osmonde de clayton. De même taille, de forme semblable et croissant souvent aux mêmes endroits, la matteuc-

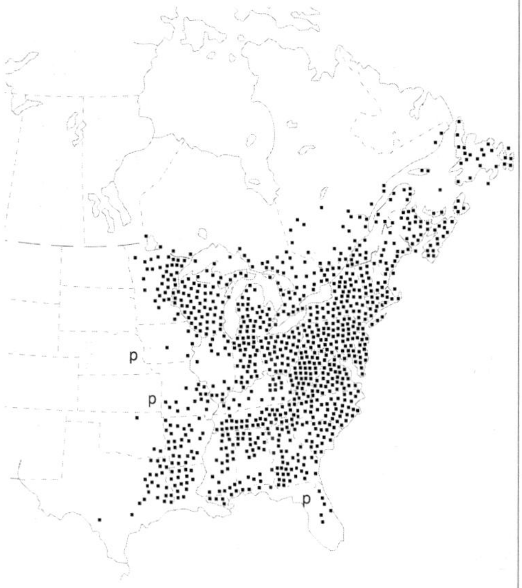


Le genre osmonde comprend de 6 à 14 espèces et se trouve partout, sauf sous les climats froids et arides de même que dans les îles du Pacifique. Avec une aire de répartiton disjointe comme la sienne, l'**osmonde cannelle** se classe difficilement parmi les espèces circumboréales; tout comme le ginseng (*Panax quinquefolius*) et environ 20 % des fougères de l'est de notre continent (à l'exception des espèces tropicales du sud de la Floride), elle fait partie d'un groupe de plantes dont la répartition fort curieuse fascine les botanistes: leur aire s'étend dans l'est de l'Asie et dans l'est de l'Amérique du Nord, deux territoires très éloignés l'un de l'autre. Par ailleurs, l'Europe ne connaît les osmondes cannelle et de clayton* que sous forme fossilisée... ce qui laisse supposer une répartition antérieure peut-être plus circumboréale.

Sur notre continent, l'aire de l'osmonde cannelle, limitée à l'ouest par les Grandes Plaines tout comme l'aire de l'osmonde de clayton, s'étend cependant beaucoup plus au sud que celle de cette dernière (soit pratiquement jusqu'au golfe du Mexique) et un peu moins au nord (elle n'atteint pas tout à fait le Labrador et le lac Mistassini). Cette aire correspond à peu près au domaine tempéré (forêt décidue) avec débordement dans le sud-est du domaine boréal (forêt coniférienne). En outre, l'osmonde cannelle se rend en Amérique centrale et au Brésil.

Limites en Amérique du Nord: Basse-Côte-Nord (Baie-des-Moutons, 50°45'N) et Floride (comté de Highlands, 27°15'N).

cie fougère-à-l'autruche* se distingue facilement par le large sillon qui parcourt de haut en bas son rachis et son stipe; remarquer également l'absence de poils cannelle et ses frondes fertiles très différentes, beaucoup plus rigides que celles de l'osmonde cannelle, beaucoup plus courtes que ses frondes stériles et d'un brun foncé.

↓ L'osmonde cannelle, tout comme l'onoclée sensible*, la matteuccie fougère-à-l'autruche* et l'osmonde de clayton*, colonise les berges des cours d'eau, en forêt. Si la matteuccie se plaît sous un couvert forestier plutôt dense, idéalement avec un recouvrement de 60 à 90 %, les trois autres espèces s'accom-

Photo: Gisèle Lamoureux

*Les crosses de l'**osmonde cannelle** ressemblent à celles de la matteuccie fougère-à-l'autruche*. Dépourvues des écailles brunes de cette dernière, elles se couvrent plutôt d'abondants poils blancs, devenant brun cannelle.* ▶

Photo: Roger Larose

*Remarquer les touffes de poils blanchâtres ou brun cannelle, à l'aisselle des segments de l'**osmonde cannelle**. Elles différencient les frondes stériles de cette espèce de celles de l'osmonde de clayton, à l'aisselle desquelles n'apparaissent que de rares poils très courts, visibles à la loupe.* ◀

### Des fougères arborescentes

Les frondes de l'osmonde cannelle poussent à partir d'un rhizome ligneux, robuste, dépourvu d'écailles, qui se couvre progressivement de racines noires entremêlées et des bases persistantes d'anciens stipes. Les plus vieux rhizomes forment un monticule bien visible au-dessus du sol, imitant ainsi, en plus petit, le «tronc» des fougères arborescentes, inexistantes sous nos latitudes.

Les fougères arborescentes croissent principalement sous les tropiques où certaines espèces atteignent une taille de 20 m. Leur tige dressée, non ramifiée, le plus souvent recouverte de racines, se coiffe d'une couronne formée d'immenses frondes mesurant jusqu'à 8 m de longueur. Dans les hautes montagnes de la Nouvelle-Guinée, ces fougères atteignent la limite des arbres, tout comme le fait l'épinette noire dans nos contrées!

Par ailleurs, comment expliquer qu'en climat tropical, où tout nous paraît plus luxuriant que sous nos latitudes nordiques, les frondes d'osmondes cannelle et royale se montrent plus petites?

modent de forêts plus ouvertes, parfois même de lieux ensoleillés mais toujours humides (fossés et bords de fossés, champs et pâturages humides, pentes sourceuses, etc.) ou, dans le cas de l'osmonde cannelle, de la matteuccie et de l'onoclée sensible, de hautes arbustaies que domine l'aulne rugueux°, par exemple. Dans les parties humides des forêts, particulièrement celles sous l'influence d'un cours d'eau ou de sources, ces quatre fougères se trouvent souvent en compagnie du frêne noir, du frêne de pennsylvanie et, sauf pour l'osmonde de clayton, de l'orme d'amérique. Quoiqu'elle y semble moins abondante et moins fréquente que l'onoclée sensible, l'osmonde cannelle pousse aussi dans les forêts riveraines dominées par l'érable argenté. Elle croît aussi dans certaines prairies riveraines ou dans certains marais, par exemple dans les groupements dominés par la calamagrostide du canada°, de même que dans les sapinières humides, souvent situées au bas des pentes. Par ailleurs, dans les boisés en bordure des tourbières, très humides et plutôt ouverts, elle s'installe non seulement, comme le fait l'onoclée sensible, dans les lieux dominés par l'érable rouge, le bouleau gris et le cèdre-thuya occidental, mais également et fréquemment dans les groupements dominés par l'épinette noire et même, assez souvent, dans la tourbière elle-même.

Osmonde: nom saxon, latin ou grec, dieu du tonnerre, guerrier ou saint homme, époux et père de famille… Quelle peut bien être l'origine exacte de ce nom? (À ce sujet, voir le texte sur l'osmonde royale*.) Après l'ouverture des sporanges, ses frondes fertiles tournent au brun doré et se fanent; détecter leur présence au pied des frondes vertes permet d'identifier facilement l'osmonde cannelle tout au long de l'été. En fin de saison, à leur tour ses frondes stériles se colorent et ornent nos automnes d'un riche brun cannelle. Cette espèce aime davantage l'ombre que les deux autres osmondes; l'osmonde royale* pousse communément en milieu ombragé, mais, tout comme l'osmonde de clayton*, se développe très bien en pleine lumière, en autant que le sol regorge d'eau. L'osmonde cannelle sert d'hôte à une punaise terrestre, *Monalocoris americanus*, qui en aspire la sève; cet insecte s'attaque également à la fougère-aigle commune* et à la dryoptère spinuleuse*.

Les Japonais mélangent les poils des jeunes frondes avec de la laine pour fabriquer des vêtements imperméables. Après un long hiver passé sans nourriture fraîche, les Amérindiens Cherokee consommaient les crosses comme «tonique» au printemps et les Menomini cuisinaient une soupe avec les jeunes frondes. Le rhizome posséderait des propriétés adoucissantes et légèrement astringentes, utiles contre la diarrhée.

*Normalement toutes brunes, les frondes fertiles de l'**osmonde cannelle** portent exceptionnellement une ou plusieurs paires de segments verts sous les segments fructifères, parfois même au-dessus, ressemblant alors à l'osmonde de clayton*. Certains botanistes classent ces individus dans une variété ou une forme à part, nommée* frondosa.

Photo: Roger Larose

Sa grande taille désigne l'osmonde cannelle pour occuper le fond d'un grand jardin et pour créer un arrière-plan attrayant. De préférence cultivée dans les jardins boisés, l'osmonde cannelle y occupe les sites mal drainés (avec de l'eau stagnante), sur sols plutôt acides; la placer en un lieu où il sera possible d'admirer ses crosses, au début du printemps. Sur sol suffisamment mouillé, elle s'accommode même d'un plein ensoleillement, mais risque de rester plus petite, plus on s'éloigne des conditions optimales de culture. Contrairement à l'onoclée sensible*, ses rhizomes poussent lentement: aucune nuisance à craindre. La propager par division du rhizome ou par culture des spores; celles-ci demandent 7 semaines pour former un prothalle et 14 semaines de plus pour produire la jeune fronde. Le forçage de l'osmonde cannelle, tout comme celui des bulbes printaniers, fait appel à une technique fort simple et permet de décorer la maison ou la serre avec des fougères, à Noël par exemple; voir le texte d'introduction à la culture des fougères, au début de ce livre. Les racines fibreuses des osmondes se vendent sous les noms anglais d'*osmunda*, *osmundine* ou *orchid peat* en guise de substrat pour la culture d'orchidées tropicales et autres plantes d'ornement. Ce matériel poreux constitue un excellent milieu de croissance puisqu'il ne se détériore pas facilement ni ne devient mou ou compact. Ramasser cette partie de la plante dans les colonies sauvages revient à détruire ces dernières; mieux vaut s'en abstenir.

La croyance veut que croquer la toute première crosse d'une quelconque osmonde au printemps protège contre les maux de dents pour le reste de l'année, mais l'histoire ne raconte pas comment

Gisèle Lamoureux

s'assurer qu'il s'agit bien de la toute première fronde! Certains recommandent la consommation des jeunes crosses d'osmonde cannelle et d'osmonde de clayton*, malgré leur saveur âcre, mais d'aucuns se plaignent qu'elles causent des diarrhées. D'autres ne réussissent pas à distinguer des crosses de la matteuccie fougère-à-l'autruche*... Par contre, à titre de friandise au léger goût de noisette, grignoter, en passant, la base élargie et souterraine du stipe ou encore le bourgeon très jeune des futures crosses; pour ne pas épuiser la plante et risquer qu'elle ne meure, ne prélever qu'un ou deux bourgeons ou stipes par couronne (voir à ce sujet les recommandations concernant la matteuccie).

*La **woodwardie de virginie**, très rare au Québec, pousse surtout dans des lieux humides. Au Québec, elle n'est connue que de quelques localités (Outaouais, région de Trois-Rivières et sud de Montréal, entre le Richelieu et le Saint-Laurent). Ses frondes ressemblent à celles des osmondes cannelle et de clayton*.*

Sylvain Lamoureux

*Noter, à la marge des segments de la **woodwardie de virginie**, les dents fines, absentes chez les osmondes. Ses sores la distinguent nettement des autres fougères; à maturité, ils fusionnent pour former une ligne presque continue: une vraie broderie!*

# Osmonde de clayton

## interrupted-fern

Osmonde interrompue. *Clayton's-fern; clayton's flowering-fern.*
Famille de l'osmonde; *Osmundaceae.*

**Osmunda claytoniana** Linné.
Synonyme: *Osmunda interrupta* Michaux.
Nom d'origine incertaine: peut-être de Osmunder, nom celtique du dieu saxon Thor (à cause du pouvoir médicinal de l'osmonde royale?), ou de saint Osmund, évêque de Salisbury, mort en 1099, ou de l'anglais *osmund* (emprunté au suédois ou à l'ancien allemand): fer de qualité; *claytoniana*: ainsi nommée en l'honneur de son découvreur, John Clayton (né en Angleterre en 1693 ou 1694 et décédé en Virginie, en 1773).

Herbacée vivace à rhizome ne portant qu'une sorte de frondes qui ne persistent pas l'hiver. De grande taille (1,25 m), l'osmonde de clayton forme des colonies denses, généralement peu étendues. L'interruption de ses frondes vertes par une partie brune (fertile) ne manque pas d'attirer l'attention et lui vaut son nom anglais: *interrupted-fern.* La disposition en couronne de ses frondes, de taille impressionnante, lui confère une allure imposante et exotique; ces couronnes se disposent en ronds-de-sorcière, comme chez l'osmonde cannelle*.

*Frondes* très semblables aux frondes stériles de l'osmonde cannelle* (voir la description de cette espèce) et s'en distinguant difficilement lorsqu'elles ne portent pas de segments fertiles. Par contre, lorsque présente, la partie fertile (haut. 25 cm) permet une identification sûre: entièrement brun foncé à maturité (et non brun cannelle), fragile et friable, elle s'insère au milieu de la fronde verte et compte d'une à sept paires de segments primaires (long. 4 à 5 cm, plus courts lorsque séchés, à la fin de la saison) alternes, d'abord dressés, puis étalés, puis pendants; segments secondaires formés d'épis de sporanges, aussi tassés que les raisins d'une grappe, au point qu'il semble impossible de distinguer les sores; sans poils. Les couronnes présentent aussi, sur leur pourtour, des frondes entièrement vertes et stériles, plus petites que les frondes fertiles et il existe des couronnes entièrement stériles.

*Sporanges* minuscules, en forme de sphères, se fendant au centre (visible à la loupe). Vert d'abord pâle, puis très foncé; brun foncé par la suite.

*Crosses* similaires à celles de l'osmonde cannelle* (voir le texte se rapportant à cette espèce), au point qu'il est pratiquement impossible de distinguer ces deux espèces à ce stade, sauf s'il y a présence de segments fertiles.

*Rhizome* très gros, à cause de la persistance de la base des stipes des années précédentes; enfoui dans l'humus.

≠ Chez l'osmonde cannelle, les frondes sont entièrement fertiles ou entièrement stériles. Par contre, en l'absence de frondes fertiles, les frondes stériles des osmondes cannelle* et de clayton se ressemblent beaucoup. Trois caractères affectant les poils différencient ces deux espèces, mais leur observation nécessite l'usage d'une loupe... et même là, ce n'est pas toujours évident. Premièrement, malgré ce que laissent entendre certains botanistes, ces deux espèces montrent des touffes de poils sous l'aisselle des segments primaires mais, composées de poils plus courts, ces touffes se montrent beaucoup plus discrètes et nécessitent pratiquement l'usage d'une loupe chez l'osmonde de clayton; en deuxième lieu, le contour des segments est dépourvu de poils entremêlés (présents chez l'osmonde cannelle, surtout dans les échancrures); finalement, le revers du limbe porte de courts poils blancs, surtout sur les nervures (absents chez l'osmonde cannelle). De même taille, de forme semblable et croissant souvent aux mêmes endroits, la matteuccie fougère-à-l'autruche* se distingue facilement par le large sillon qui parcourt de haut en bas son rachis et son stipe; remarquer également l'absence de poils cannelle et ses frondes fertiles totalement distinctes des frondes stériles.

*L'interruption de frondes vertes de l'**osmonde de clayton** par une partie brune (fertile) ne manque pas d'attirer l'attention et lui vaut son nom anglais:* interrupted-fern.

Photo: Gisèle Lamoureux

↓ L'osmonde de clayton, tout comme l'osmonde cannelle*, l'onoclée sensible* et la matteuccie fougère-à-l'autruche*, colonise les berges des cours d'eau, en forêt. Si la matteuccie se plaît sous un feuillage plutôt dense, idéalement avec un recouvrement de 60 à 90 %, les trois autres espèces s'accommodent de forêts plus ouvertes, parfois même de lieux en-

Le genre osmonde comprend de 6 à 14 espèces et se trouve partout, sauf sous les climats froids et arides de même que dans les îles du Pacifique. Avec une aire de répartition disjointe comme la sienne, l'**osmonde de clayton** se classe difficilement parmi les espèces circumboréales; tout comme le ginseng (*Panax quinquefolius*) et environ 20 % des fougères de l'est de notre continent (à l'exception des espèces tropicales du sud de la Floride), elle fait partie d'un groupe de plantes dont la répartition fort curieuse fascine les botanistes: leur aire s'étend dans l'est de l'Asie et dans l'est de l'Amérique du Nord, deux territoires très éloignés l'un de l'autre. Par ailleurs, l'Europe ne connaît l'osmonde cannelle* et l'osmonde de clayton que sous forme fossilisée… ce qui laisse supposer une répartition antérieure peut-être plus circumboréale.

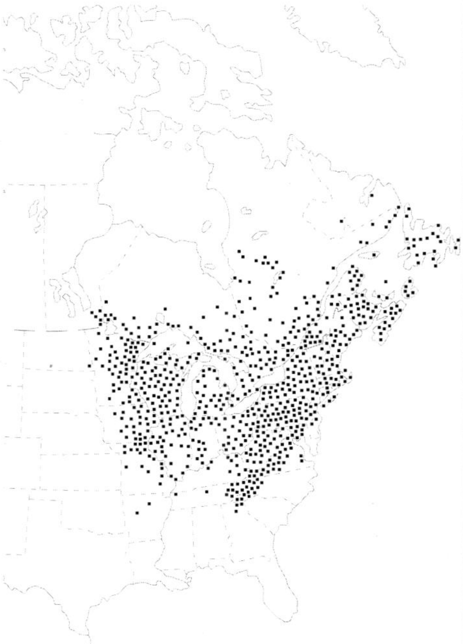

Sur notre continent, contrairement à l'osmonde cannelle et à l'osmonde royale* qui se rendent en Amérique tropicale (et même, dans un cas, au Brésil et en Argentine), l'osmonde de clayton est propre à l'est de l'Amérique du Nord, et se retrouve jusqu'au lac Winnipeg et aux États bordant le Mississippi. Elle s'étend depuis la limite sud des Appalaches jusqu'au Labrador et cette aire correspond aux domaines tempérés mixte et décidu et à l'est du domaine boréal (forêt coniférienne).

Limites en Amérique du Nord: Labrador (rivière English, lac Melville, 53°50'N) et Géorgie (comté de Forsyth, 34°15'N); au Québec: territoire de la Baie-James (lac Sakami, 53°20'N).

soleillés mais toujours humides (fossés et bords de fossés, champs et pâturages humides, pentes sourceuses, etc.). Dans les parties humides des forêts, particulièrement celles sous l'influence d'un cours d'eau ou de sources, ces quatre fougères se trouvent souvent en compagnie du frêne noir, du frêne de pennsylvanie et, sauf pour l'osmonde de clayton, de l'orme d'amérique. L'osmonde de clayton ne semble pas fréquenter les tourbières et les sites où croissent le cèdre-thuya occidental, l'aulne rugueux° ou le bouleau gris, comme le fait l'osmonde cannelle; certains affirment, d'ailleurs, que les deux espèces d'osmonde poussent rarement ensemble, est-ce vrai? Par contre, l'osmonde de clayton se trouve dans d'autres forêts humides et peu denses, par exemple dans des érablières rouges, dans certaines sapinières humides et, à l'occasion, dans des groupements d'épinette noire.

Osmonde: nom saxon, latin ou grec, dieu du tonnerre, guerrier ou saint homme, époux et père de famille... Quelle peut bien être l'origine exacte de ce nom? (À ce sujet, voir le texte sur l'osmonde royale.)

**John Clayton et la première flore de la Virginie**

Deux naturalistes anglais répondant au nom de John Clayton voyagèrent en Virginie, à peu près à la même époque; le premier n'y fit qu'un bref séjour (1684-1686), l'autre, celui qui nous intéresse et à qui fut dédiée l'osmonde de clayton, s'y installa vers 1705, ou entre 1715 et 1720, et y vécut jusqu'à sa mort survenue en 1773, y occupant un poste de fonctionnaire (*prothonotary of the county of Gloucester*). Apparemment, ce travail lui laissait suffisamment de loisir pour s'adonner à l'herborisation, à la chimie et à un peu de médecine.

Avide collectionneur de semences et de spécimens botaniques, Clayton s'intéressait aux usages des plantes, aux noms que leur donnaient les Amérindiens ou les anciens Grecs, etc. Il développa une profonde amitié envers Catesby, un botaniste européen, pendant le séjour de ce dernier en Virginie; plus tard, Clayton lui fit parvenir ses cueillettes que Catesby• partagea avec d'autres botanistes dont Gronovius (1690-1762), un botaniste hollandais qui, à son tour, en fit part à Linné. Encouragé par l'enthousiasme de Linné et de Gronovius pour ses découvertes, Clayton fait parvenir à Gronovius, vers la fin des années 1730, son manuscrit, *A Catalogue of Plants, Fruits and Trees Native to Virginia,* dans lequel il classifie les plantes d'après le système de John Ray. Gronovius et Linné révisent le tout suivant le système de Linné; puis, sans prévenir Clayton, Gronovius publie sous son propre nom, mais en donnant crédit à Clayton, *Flora Virginica*, constituée pour l'essentiel du catalogue de Clayton. Ce volume, paru en 1739, devient la première publication sur les végétaux de cette partie de l'Amérique. Le fils de Gronovius publie, en 1762, une édition corrigée et augmentée.

La plupart des spécimens récoltés par Clayton proviennent des environs de sa résidence, située à une trentaine de kilomètres de Williamsburg, bien qu'il parcourût tous les endroits habités de la Virginie; l'année de son décès, il préparait un rapport sur une expédition botanique menée l'année précédente, alors qu'il avait près de 80 ans! Il laissa deux manuscrits de notes botaniques et des illustrations que la guerre de l'Indépendance américaine n'épargna pas: le tout fut détruit par un incendie. Outre l'osmonde de clayton, Linné lui dédia le genre *Claytonia*, dont les splendides fleurs printanières ornent les érablières. John Clayton, fervent homme de foi, dit un jour en observant une fleur, qu'il ne pouvait regarder l'une d'elles sans y voir là, l'acte délibéré de la création; il croyait impossible pour un botaniste de se dire athée.

*Malgré ce que laissent entendre certains botanistes, les osmondes cannelle* et de clayton montrent des touffes de poils sous l'aisselle des segments primaires mais, composées de poils plus courts, ces touffes se montrent beaucoup plus discrètes et nécessitent pratiquement l'usage d'une loupe chez l'**osmonde de clayton**.*

Sylvain Lamoureux

*En raison de la persistance de la base des stipes de l'année précédente, le rhizome de l'**osmonde de clayton** est très gros. Généralement enfoui dans l'humus, il devient parfois bien visible et forme des masses saillantes à la surface du sol… qui font trébucher le marcheur distrait!*

Roger Larose

D'où vient l'expression rond-de-sorcière (*ghost* ou *fairy ring*, en anglais)? Sans en connaître le nom, beaucoup de gens en observent dans leur propre arrière-cour. Les ronds-de-sorcières désignent, entre autres, ces curieux cercles ou demi-cercles dessinés par les champignons des pelouses. Ils naissent d'une spore unique qui produit un mycélium, la partie vivace du champignon formant un réseau souterrain de filaments blanchâtres, parfois visible sous les feuilles mortes en décomposition. Le mycélium croît vers la périphérie, dans toutes les directions, en se subdivisant constamment; les plus vieilles parties, c'est-à-dire celles du centre, meurent progressivement, tandis que sur le pourtour, le jeune mycélium produit en surface ses fructifications (les champignons, avec pieds et chapeaux, tels ceux que nous mangeons) qui formeront les ronds-de-sorcières. Le diamètre du cercle augmente avec l'âge. Un phénomène analogue existe chez certaines de nos fougères, dont les osmondes, et, plus rarement, chez la dryoptère spinuleuse* et d'autres plantes comme le lycopode à trois épis*, le lycopode aplati*, le lycopode obscur*, l'huperzie brillante*, la camarine noire°, le carex à fruit rugueux (*Carex rugosperma*) et le malaxis à une feuille (*Malaxis unifolia*). Le rhizome des osmondes se comporte un peu comme le mycélium des champignons: au lieu de croître dans une seule direction, le rhizome principal bifurque et les deux ramifications s'éloignent dans des directions opposées; de nouvelles ramifications apparaissent régulièrement pour former, à la longue, un rond-de-sorcière. Si les rhizomes produisaient des frondes sur toute leur longueur, l'ensemble prendrait l'allure d'une colonie circulaire; les rhizomes ne portant des frondes qu'à l'extrémité de leurs ramifications, il en résulte plutôt un cercle ponctué de couronnes. L'âge d'un rond-de-sorcière s'approxime en évaluant la pousse annuelle du rhizome, ce qui varie théoriquement pour chaque région bioclimatique; par exemple, dans la région de Montréal, une étude montre que le rhizome de l'osmonde de clayton croît en moyenne de 1 cm en deux ans. En utilisant ce chiffre, l'âge des ronds-de-sorcières se calcule aisément: il suffit

*Un cercle de lutins dansant autour d'un géant? Plutôt un* ***rond-de-sorcière****! Ceux-ci se remarquent davantage avant que la végétation des sous-bois ne devienne trop dense. Les* ***osmondes*** *et d'autres espèces de fougère, de prêle et de lycopode forment parfois de ces cercles. Ils proviennent d'un seul individu dont les rhizomes s'étendirent dans toutes les directions, pendant que, progressivement, disparurent les vieilles parties. La présence d'un arbre au centre de ce rond est tout à fait fortuite!*

Gisèle Lamoureux

Michel Bouliane

*Plante tropicale? Les frondes de l'**osmonde de clayton**, une fougère bien de chez nous, atteignent parfois une taille imposante.*

de mesurer en centimètres le rayon d'un rond-de-sorcières, puis de multiplier la valeur obtenue par 2; ces ronds méritent notre respect: ils dépassent facilement 2 m de diamètre, ce qui leur donne 200 ans et plus! Un petit truc: les ronds-de-sorcière se détectent plus facilement au printemps alors que les frondes, encore enroulées, ne créent pas de fouillis. Des cercles concentriques s'observent parfois, vraisemblablement le résultat d'une ramification irrégulière. Ainsi, toutes les couronnes d'un rond-de-sorcière viennent d'un seul individu, par simple ramification du rhizome. Ce genre de multiplication non sexuée, très répandue chez les plantes vivaces, et probablement plus répandu et plus efficace pour la colonisation d'un site que la reproduction par graines, donne naissance à une colonie constituée, en réalité, d'un seul individu, toutes les tiges étant reliées entre elles par leurs parties souterraines. À la longue, une partie du rhizome peut mourir et chaque tige devenir un individu séparé des autres, mais il n'en demeure pas moins qu'une colonie ainsi constituée est très homogène, tous les individus possédant le même bagage génétique puisqu'ils proviennent de la même plante mère. Et l'ensemble de tous les individus provenant d'une même plante mère par la voie d'une multiplication non sexuée (division du rhizome, marcottage, bouturage...) forme ce que les botanistes nomment un clone.

*Osmunda* X *ruggii*, un croisement entre l'osmonde de clayton et l'osmonde royale*, constitue l'unique hybride connu de la famille des osmondes. L'allure générale de cet hybride, de même que le patron de nervation des segments secondaires, le rapprochent de l'osmonde de clayton, alors que la division des segments rappelle l'osmonde royale. Jamais vues en nature, les frondes fertiles de l'hybride ne s'observent que sur des rhizomes transplantés et prennent des formes très variées; elles ne produisent pas de véritables spo-

*Spectacle éphémère, que celui des crosses d'**osmonde de clayton**. Lorsqu'elles se déroulent, les frondes fertiles montrent d'abord quelques segments stériles (absents chez l'osmonde cannelle), puis des segments fertiles plus charnus et d'un vert plus foncé. Pratiquement impossible de distinguer ces deux espèces à ce stade, en l'absence de segments fertiles .*

Photo: Gisèle Lamoureux

res. Certaines de ces frondes fertiles atteignent une grande taille et, dans ce cas, seule la section terminale, en réalité presque tout le limbe sauf les deux ou trois segments de la base, porte des sporanges; elles diffèrent alors à ce point des autres qu'elles paraissent plutôt issues d'un croisement entre l'osmonde cannelle* et l'osmonde royale. Mais l'hybride se rapproche de l'osmonde de clayton par bien d'autres caractères, d'ordre anatomique, concernant par exemple la répartition des vaisseaux, ou d'ordre chimique, telle la présence de plusieurs composés que l'hybride ne partage qu'avec l'osmonde de clayton (aucun composé partagé uniquement avec l'osmonde cannelle), et ces caractères, jugés importants, favorisent la première hypothèse. Voilà un cas rare dans le monde des fougères où un hybride exhiberait un caractère cumulatif plutôt qu'intermédiaire; la longue section fertile parfois observée résulterait de l'effet cumulatif de la longueur de la section fertile centrale de l'osmonde de clayton et de celle de la section fertile terminale de l'osmonde royale. Les autres caractères de cet hybride adoptent presque tous une forme intermédiaire. En dépit de la présence simultanée des deux parents dans un vaste territoire largement exploré par les botanistes, *Osmunda* X *ruggii* semble extrêmement rare; jamais trouvé au Canada, cet hybride ne fut mentionné qu'à deux reprises: un individu au Connecticut et, en Virginie, une colonie de 60 plantes, toutes stériles, probablement vieilles d'au moins 1 100 ans. Malgré sa rareté, les ptéridologues (botanistes qui étudient les fougères et les plantes apparentées) lui accordent une grande importance, non seulement parce qu'il représente le seul hybride connu de la famille de l'osmonde, mais aussi parce qu'il démontre une plus grande parenté entre l'osmonde de clayton et l'osmonde royale qu'entre l'osmonde de clayton et l'osmonde cannelle... que bien des gens confondent en l'absence de frondes fertiles, alors que personne ne confond l'osmonde de clayton et l'osmonde royale! Quant à expliquer la rareté de cet hybride... l'incompatibilité entre les deux osmondes parents s'avère peut-être si forte que seuls s'hybrident de rares mutants (individus montrant des caractères nouveaux, inexplicables par l'hérédité).

Cultiver l'osmonde de clayton de la même manière que l'osmonde cannelle*; elle s'accommode d'un sol moins mouillé et moins acide. La formation d'un prothalle à partir des spores exige 5 à 6 semaines et la production d'une jeune fougère demande une quinzaine de semaines supplémentaires.

La croyance veut que croquer la toute première crosse d'une quelconque osmonde au printemps protège contre les maux de dents pour le reste de l'année, mais l'histoire ne raconte pas comment s'assurer qu'il s'agit bien de la toute première fronde! Certains recommandent la consommation des jeunes crosses d'osmonde cannelle* et d'osmonde de clayton, malgré leur saveur âcre, mais d'aucuns se plaignent qu'elles causent des diarrhées. D'autres ne réussissent pas à les distinguer des crosses de la matteuccie fougère-à-l'autruche*... Par contre, à titre de friandise au léger goût de noisette, grignoter, en passant, la base élargie et souterraine du stipe ou encore le bourgeon très jeune des futures crosses; pour ne pas épuiser la plante et risquer qu'elle ne meure, ne prélever qu'un ou deux bourgeons ou stipes par couronne (voir à ce sujet les recommandations concernant la matteuccie fougère-à-l'autruche).

# Osmonde royale

royal-fern

Esmonde royal; fougère-aquatique, -fleurie, -fleurissante, -franche, -royale; osmonde fleurie; osmondriale; osmondriaque; racine-de-monde-royal. *Bog-onion; buck-horn brake; ditch-, common flowering-, flowery-, king-, locust-, regal-, royal osmund-, snake-, tree- or water-fern; fernsmund; french- or royal-bracken; harts-horn-brush; herb-christopher; king-o'the-ferns; osman roy; osmende; osmund royal; osmund-the-waterman; osmunda royal; royal-moonwort; st.-christopher's-herb.*
Famille de l'osmonde; *Osmundaceae.*

**Osmunda regalis** Linné.
Synonyme partiel: *Osmunda spectabilis* Willdenow. Nom d'origine incertaine: peut-être de Osmundr, nom celtique du dieu saxon Thor (à cause du pouvoir médicinal de cette osmonde?), ou de saint Osmund, évêque de Salisbury, mort en 1099, ou de l'anglais *osmund* (emprunté au suédois ou à l'ancien allemand): fer de qualité; *regalis*: royal, venant du latin *rex*: roi.

Herbacée vivace à rhizome ne portant qu'une sorte de frondes qui ne persistent pas l'hiver. De grande taille (1,2 m), l'osmonde royale forme des couronnes d'une dizaine de frondes et pousse en colonies généralement petites, mais denses. Chaque couronne compte des frondes stériles (entièrement vertes) et des frondes en partie stériles et en partie fertiles. La partie fertile termine la fronde et affecte la forme d'un délicat corail vert foncé, devenant roussâtre.

*Frondes* divisées à 2 reprises, les segments primaires disposés à la manière des barbes d'une plume; d'abord minces, devenant coriaces; non arquées, mais entièrement dressées; sans écailles et pratiquement sans poils. Limbe de grande taille (85 X 25 cm), à portion stérile nettement plus large et étalée que la portion fertile, mais relativement étroite et de largeur presque constante. Segments primaires stériles (6 ou 8), dressés obliquement (à peu près à 45° du rachis), alternes mais à forte tendance opposée, munis d'une courte queue; segments secondaires alternes, dressés ou étalés, bordés de très petites dents serrées que délimitent les nervures, base asymétrique et queue très courte. Portion fertile effilée, à segments dressés et de longueur très variable (2 à 15 cm), ceux de la base étant plus longs; segments secondaires entièrement couverts de sporanges. Stipe robuste; à section presque ronde, aplatie d'un côté; plus court ou égalant le limbe (haut. 30 cm, diam. 0,5 cm); coupe transversale, tout comme celle du rachis, montrant, au centre, un ensemble de vaisseaux plus clairs dessinant un rein; base élargie et ailée. Limbe vert clair; stipe et rachis portant souvent des taches brunes, allongées. Présence occasionnelle de segments mi-stériles, mi-fertiles. Les frondes entièrement stériles ont un limbe plus grand (100 X 25 cm), portant davantage de ramifications (env. 25).

*Sporanges* ne formant pas de véritables sores, mais groupés par trentaines en petites sphères sur des segments secondaires, la plupart se touchant pour former une sorte d'épi. Vert foncé tournant au roussâtre après la libération des spores. Spores vert foncé.

*Crosses* très velues comme celles des autres osmondes, mais à stipe rouge vin très voyant. À ce stade, en général, l'os-

*Une fougère qui ne ressemble à aucun autre: l'**osmonde royale**. La partie fertile d ses frondes rappelle toutefois son apparte nance au genre osmonde*

Photo: Roger Larose

monde royale se trouve nettement dans l'eau, contrairement aux autres osmondes qui poussent alors sur la terre ferme.

L'osmonde royale s'hybriderait avec l'osmonde de clayton* (*Osmunda* X *ruggii*), mais très rarement puisqu'on n'en rapporte que deux cas, dont aucun au Canada; à ce sujet, voir le texte se rapportant à l'osmonde de clayton.

C'est en bordure des lacs ou sur les rives des cours d'eau que s'observent les plus belles colonies d'osmonde royale, souvent sur sols marécageux ou tourbeux, au milieu ou à proximité de buissons de myrique baumier°, de spirée à larges feuilles° ou de cornouiller stolonifère° (hart rouge), parfois même d'aulne rugueux°. L'osmonde royale pousse aussi dans les forêts humides, telles les forêts riveraines dominées par l'érable argenté ou par les frênes et l'orme d'amérique ou les forêts humides d'érable rouge ou de cèdre-thuya occidental. Parfois, elle croît sur des sols sourceux, le long des fossés ou autour d'étangs. Somme toute, c'est une fougère qui pousse bien dans les lieux semi-ouverts ou ombragés, qui supporte le plein soleil, mais qui n'est «heureuse» que «les pieds dans l'eau».

Le nom *Osmunda* est d'origine inconnue ou, du moins, incertaine. Il apparaît pour la première fois dans la littérature botanique, en 1500, chez le médecin botaniste strasbourgeois H. Brunschwygg, sous la forme *osmundi*, et chez De l'Obel (1576) sous la forme *osmunda*. Il peut venir d'Osmundr, nom saxon de Thor, dieu

Le genre osmonde comprend de 6 à 14 espèces et se trouve partout, sauf sous les climats froids et arides de même que dans les îles du Pacifique. Amphi-atlantique, l'**osmonde royale** fréquente surtout l'hémisphère nord: nord-est de l'Amérique du Nord et ouest de l'Europe, mais se trouve aussi dans l'hémisphère sud: elle occupe une aire assez vaste dans l'est du Brésil et en Uruguay et de petites aires disjointes en Afrique. Mais elle déborde des territoires adjacents à l'Atlantique, puisqu'une variété croît en Asie et que de petites populations se retrouvent à Madagascar, dans le sud-est de l'Afrique et en Amérique centrale.

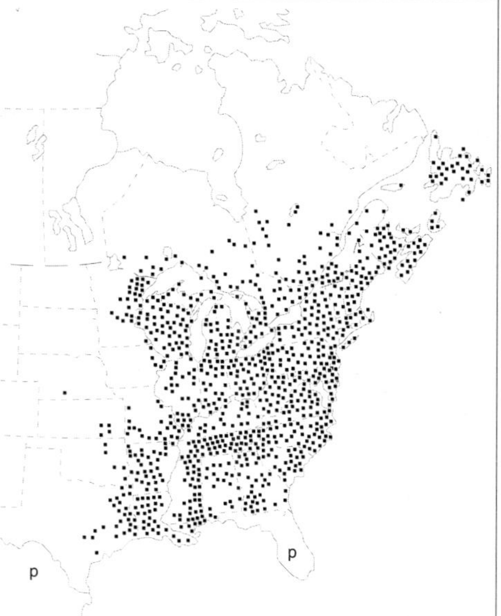


Sur notre continent, son aire, propre à l'est, s'identifie pratiquement à celle de l'osmonde cannelle*. Les Grandes Plaines constituent sa limite à l'ouest et elle s'étend depuis le golfe du Mexique jusqu'au lac Mistassini et à la pointe nord-ouest de Terre-Neuve. Cette aire correspond à peu près au domaine tempéré (forêt décidue) avec débordement dans le sud-est du domaine boréal (forêt coniférienne).

Limites en Amérique du Nord: Terre-Neuve (St. Anthony, 51°25'N) et le Texas (comté de Victoria, 28°50'N); au Québec: lac Mistassini (comté d'Ungava, 51°20'N).

*Elle n'est «heureuse» que «les pieds dans l'eau», l'**osmonde royale**, et pousse aussi bien dans des lieux ombragés qu'en plein soleil. Remarquer les jeunes crosses au stipe rouge: elles jaillissent d'un rhizome massif formant avec le temps une sorte de «tronc» qui s'élève nettement audessus du sol et confère à la plante une allure d'arbuste.*

Photo: Gisèle Lamoureux

scandinave, enfant d'Odin et de la Terre; le tonnerre grondant est son char que des boucs tirent à travers la voûte céleste. Guerrier, le premier de ses attributs est son arme, le marteau *Mjöllnir*; dieu de la fécondité, régnant sur le tonnerre, les vents, les pluies, il favorise les récoltes. Efficacité et modestie figurent parmi ses autres attributs; aussi svelte que vigoureux, il se nomme «celui à la barbe rouge» et les Vikings se disaient «peuple de Thor». Thor, emblème de la force... le lien s'établit facilement entre cette divinité et les propriétés attribuées à cette fougère. Selon certains, l'origine d'*Osmunda* serait latine: d'*os:* bouche, et *mandare*: purifier, pour les bains de bouche; d'autres prétendent qu'*Osmunda* viendrait de *os*: os et *munda:* soin, s'appuyant sur des écrits affirmant que le rhizome de l'osmonde (vraisemblablement l'osmonde royale) représente un remède aussi éminent qu'efficace et spécifique pour le rachitisme, qui se manifeste par des déformations du squelette. Selon une autre source, le mot saxon *Osmund* signifierait «paix domestique», mais quel rapport établir avec nos fougères? Quant au saint du nom d'Osmund, il vint en Angleterre à partir de Normandie, avec Guillaume le Conquérant, en 1066; devenu chancelier du royaume et évêque de Salisbury, il réforma la liturgie de son diocèse, qui se répandit ensuite dans tout le royaume sous le nom de *Salisbury Liturgy*.

La seule de nos trois osmondes présente en Europe, l'osmonde royale constitue le type pour le genre, c'est-à-dire la première osmonde décrite par les botanistes; pas étonnant que diverses origines du nom *Osmunda* le relient d'abord à l'osmonde royale. La légende raconte qu'*Osmund the Waterman* (*waterman* désigne quelqu'un

**Un indicateur biologique de la pollution**

En l'absence d'obstacles, le rhizome de l'osmonde royale, issu d'une spore unique, s'étend et forme un rond-de-sorcière (à ce sujet, voir le texte sur l'osmonde de clayton*). Puisque ce type de croissance permet de calculer aisément la vitesse de propagation du rhizome et que, par ailleurs, les rhizomes poussant dans les milieux pollués montrent une plus grande incidence de mutations (anomalies des gènes) que ceux des milieux non pollués, l'osmonde royale possède un certain intérêt comme indicateur biologique de la pollution des cours d'eau.

Le taux de progression dans le temps et l'importance de la pollution affectant un site donné, se déterminent par l'évaluation de l'âge et du taux de mutation de différentes sections d'un rhizome.

qui tire sa subsistance de l'eau: batelier, marinier, pêcheur, etc.), de Loch Tyne en Écosse, sauva son épouse et sa fille d'une mort certaine, en les soustrayant des mains de l'envahisseur danois, lorsqu'il les conduisit sur une île où poussait quantité d'osmonde royale; devenue adulte, l'enfant nomma la plante *Osmund the Waterman* à la mémoire de son père. Selon Gerarde (1633), la partie blanche du rhizome s'appelle *heart of Osmund the Waterman*; une fois bouillie ou broyée, puis prise avec une quelconque boisson, elle est censée être bénéfique aux personnes blessées, battues à sang, meurtries, ou victimes d'une chute importante. Une autre histoire nous transporte en plein coeur de l'Europe médiévale, époque où les métallurgistes extrayaient le fer à partir de filons ramassés au fond des étangs et dans les marécages: fougère la plus fréquente en de tels endroits, l'osmonde royale hérita de l'appellation *osmund*, du nom désignant alors la masse de fer brut avant extraction.

Les habitants de certaines régions de l'Europe dédient l'osmonde royale à saint Christophe, véritable géant qui, d'une rive à l'autre de la rivière, traversait pèlerins et voyageurs à gué sur ses épaules; un jour il porte un enfant qui, soudain, pèse un poids extraordinaire: c'est le Christ. Saint Christophe (de *Christo-phoros*, «porte-Christ»), réputé pour protéger contre la mort subite, devint le patron des voyageurs puis, aujourd'hui, des automobilistes; belle histoire, mais exista-t-il vraiment? Chose certaine, à un moment donné l'Église catholique le retira de son catalogue des saints. En raison de l'affinité de cette fougère pour l'eau, l'association entre elle et le saint homme s'avéra toute naturelle; mais aussi, les Européens célèbrent le festival de la Saint-Christophe le 25 juillet de chaque année, date approximative où, dans ces contrées, l'osmonde royale atteint sa pleine maturité. Cette fougère tire peut-être de ce jeu d'associations certains de ses noms anglais: *water-fern*, *herb-christopher* et *st. christopher's-herb*; doit-on conclure que saint Christophe représente également le patron des plantes aquatiques? Nous ne connaîtrons jamais la «vraie» origine du nom osmonde; retenons de l'accumulation de ces hypothèses, tout comme de la longue liste de ses noms, l'importance de l'osmonde royale à l'époque où les plantes se retrouvaient dans la vie de tous les jours. À ne pas confondre: la fougère-royale (osmonde royale) et la fougère-impériale (fougère-aigle commune*)! D'aucuns voient en l'osmonde royale la plus belle fougère européenne; l'ensemble de ses fructifications évoquent certaines inflorescences et les anglophones la connaissent bien sous le nom de *flowering-fern.* Les épithètes latines *regalis* (royale), pour l'espèce, et *spectabilis* (remarquable), pour la variété nord-américaine, évoquent également l'estime dont jouit cette grande fougère à travers les âges.

Un fort pourcentage des prothalles de l'osmonde royale ne produisent pas de frondes: des croisements révélèrent l'existence de gènes récessifs létaux; les gènes récessifs sont ceux qui ne se manifestent que lorsque appariés à d'autres gènes récessifs (par opposition à des gènes dominants) et ces gènes récessifs sont létaux lorsque, ainsi appariés, ils entraînent la mort de l'organisme. Ce type de gène se rencontre chez bien d'autres plantes et animaux et rappelle les embûches de la consanguinité, qui favorise l'expression des gènes récessifs (létaux ou non).

Chez les individus âgés, observer le rhizome massif: surmonté de la base d'anciens stipes, il forme une sorte de «tronc» qui s'élève nettement au-dessus du sol, conférant à la plante une allure d'arbuste. Ce rhizome fournit une fibre extraite par trempage et broyage qui, après séchage, sert à la fabrication de vêtements, de cordages, de filets, de nattes ou de paniers. L'osmonde royale figure parmi les plantes de la pharmacopée mohawk, pour soigner certaines affections du système nerveux comme les convulsions et la paralysie. Les feuilles bien séchées servaient autrefois de lit pour les enfants délicats et rachitiques, de même que pour les rhumatisants chroniques. Une fougère qui fréquente les bois, dryoptère, onoclée ou osmonde, sert à la fabrication de coussins pour placer sous les reins des enfants qui mouillent leur lit. En Alsace, l'osmonde constitue un remède contre une maladie des porcs, d'où son nom local, *saufarn* (fougère à truies).

Les larves des perce-tiges de l'osmonde (*Papaipema speciosissima*) creusent des galeries et se cachent dans les racines, les stipes ou les rhizomes de toutes les osmondes, mais plus souvent de l'osmonde royale; l'insecte adulte se reconnaît par ses ailes d'un jaune-orange vif à brun, tachetées de blanc et de roux.

Reconnue comme l'une des fougères les plus faciles à cultiver, en autant qu'abonde l'eau dans le sol, l'osmonde royale pousse même dans l'argile et s'accommode de toutes les conditions de lumière, du plein soleil à l'ombre profonde.

Photo: Gisèle Lamoureux

*De grands segments secondaires bien distancés les uns des autres, voilà pourquoi l'**osmonde royale** diffère tant des autres fougères, à première vue.*

*Quelle élégance! Qu'ont en commun le bâton pastoral d'évêque, la tête d'un violon et la jeune fronde de fougère encore enroulée? Ce sont tous des crosses, des extrémités recourbées en volute. Déjà au stade de la crosse, les segments secondaires de l'**osmonde royale** sont bien formés.*

Photo: Yves Boudreault

Peut-être plus spectaculaire que l'osmonde cannelle*, elle se cultive d'une façon analogue; elle tolère plus d'acidité, pousse dans un sol encore plus mouillé et réussit bien, carrément dans l'eau d'un étang, d'une baie très calme d'un lac, d'une rivière ou d'un ruisseau très paresseux ou même dans une tourbière à sphaignes. Dans l'aménagement paysager, compter avec son coloris automnal, dans les bruns cuivrés très riches. Elle se cultive aussi en pots et dans les serres: bien respecter ses exigences quant au substrat et ne pas craindre d'ajouter de la tourbe de sphaignes (*peat moss*). La culture à partir des spores demande près de 7 semaines pour donner un prothalle et 17 semaines supplémentaires pour produire la jeune fronde. Pour la transplanter, bien respecter sa couronne et toutes ses petites racines: sa survie en dépend; ne prélever des couronnes qu'ici et là dans les grandes colonies, de manière à éclaircir la colonie sans la dévaster.

La vieille médecine conférait au rhizome de l'osmonde royale des propriétés astringentes et toniques; elle s'utilisait aussi contre le rachitisme, pour soigner les blessures, les contusions et pour provoquer les menstruations (emménagogue). On pense maintenant que le rhizome purgerait doucement et, à la longue, activerait la sécrétion de la bile. De sa composition chimique, on ne connaît que sa richesse en tanin. Utiliser de 8 à 16 g (13 à 26 mL) de rhizome séché, infusé dans un litre d'eau; en boire 2 ou 3 tasses par jour.

# Fougère-aigle commune

bracken

Aigle-impérial; fougère-commune, -à-l'aigle, -d'aigle, -femelle-impériale, -grand-aigle, -grande-impériale, -impériale, -paille, -porte-aigle; **grande-fougère**; grande-fougère-femelle; polypode à feuilles recourbées; ptéride aigle, aigle-impériale, aigliaire; ptéridie aigle-impériale, d'aigle, latiuscule; ptéridium aquilin, à ailes d'aigles, des aigles, large; ptéris aigle-impériale. *Adder-spit; american, eastern, lady, royal or western bracken; american, common, hog or pasture brake; brakes; ernfern; farn; braken; brakens-, common-, eagle-, female-, oak-, umbrella- or upland-fern; poor-man's-soap.*
Famille de la dennstaedtie; *Dennstaedtiaceae.*

**Pteridium aquilinum** (Linné) Kuhn. Synonyme: *Pteris aquilina* Linné; synonymes partiels: *Pteridium arachnoideum* (*Kaulfuss*) Maxon, *P. caudatum* (Linné) Maxon, *P. latiusculum* (Desvaux) Hieronimus. Du grec *pteridios*: emplumé, venant de *pteron*: aile, ou du grec *pteris*, désignant l'ensemble des fougères; *aquilinum*, du latin *aquila*: aigle, à cause de certaines caractéristiques rappelant cet oiseau, soit les crosses en forme de serres, soit les larges frondes rappelant les grandes ailes d'un aigle.

Herbacée vivace à gros rhizome ne portant qu'une sorte de frondes qui ne persistent pas l'hiver. De grande taille (1 m), la fougère-aigle ne forme pas de touffes, mais croît en colonies denses presque pures, souvent très étendues. Peut-être la plus connue de nos fougères, car elle se remarque aisément, grâce à sa forte taille et du fait qu'elle croît dans les habitats secs et à découvert, plus fréquentés par les humains que les habitats humides ou densément boisés. Limbe bien étalé à l'horizontale, ramifié à première vue en trois parties principales.

*Frondes* ramifiées à deux et à trois reprises (sauf au sommet de la fronde), puis divisées profondément ou non. Limbe (long. 65 cm, larg. 70 cm) étalé presque parallèlement au sol et évoquant, pour certains, la silhouette d'un grand oiseau en vol; raide et coriace, vert foncé teinté de bleu, très luisant au soleil; plus large au-dessous du milieu, rétréci à la base. Segments primaires presque opposés, aux extrémités un peu courbées vers le haut; complètement distincts les uns des autres, sauf au sommet des ramifications où les bases se relient; segments du bas munis d'une queue plus longue. Segments secondaires et segments tertiaires (quand il y a lieu) alternes, très souvent incisés profondément, principalement à la base, et formant de gros lobes ou de grosses dents rondes. Marge du limbe recourbée par en dessous, bordée de cils blancs. Abondance de poils blancs, laineux, sur la marge et au revers des nervures centrales; velours blanc et roux couvrant surtout la base du stipe au stade de crosse, disparaissant en grande partie avec la croissance de la fronde. Présence de petites écailles brunes et effilées au revers des nervures (visibles à la loupe). Stipe robuste (0,5 cm), brun, à peu près de la même longueur que le limbe; à section arrondie, avec un côté plat, marqué d'un sillon profond; très fibreux tout comme le rachis. Revers portant les sores.

*Sores* juste en bordure du limbe, formant une ligne continue. Recouverts par le bord replié du limbe (fausse indusie) que prolonge une mince membrane transparente (indusie vraie), parcourue de petits poils blancs et ondulés. Sporanges transparents laissant voir les spores brun clair.

*Crosses* remarquables, évoquant une serre d'oiseau de proie; couvertes de poils dorés. Le stipe pousse rapidement et atteint facilement 30 ou 50 cm avant que la crosse ne commence à se dérouler.

↓ «La fougère de mon enfance!» clameront plusieurs. Sans doute la fougère la plus répandue dans nos contrées... et elle habite le monde entier. La très grande fréquence de la fougère-aigle commune dans les lieux secs et ouverts explique que, dès l'enfance, son contact soit familier: elle représente souvent la première fougère identifiée comme telle, car peu d'enfants se promènent «dans les grands bois» ou dans les milieux humides où se tiennent la plupart des autres fougères.

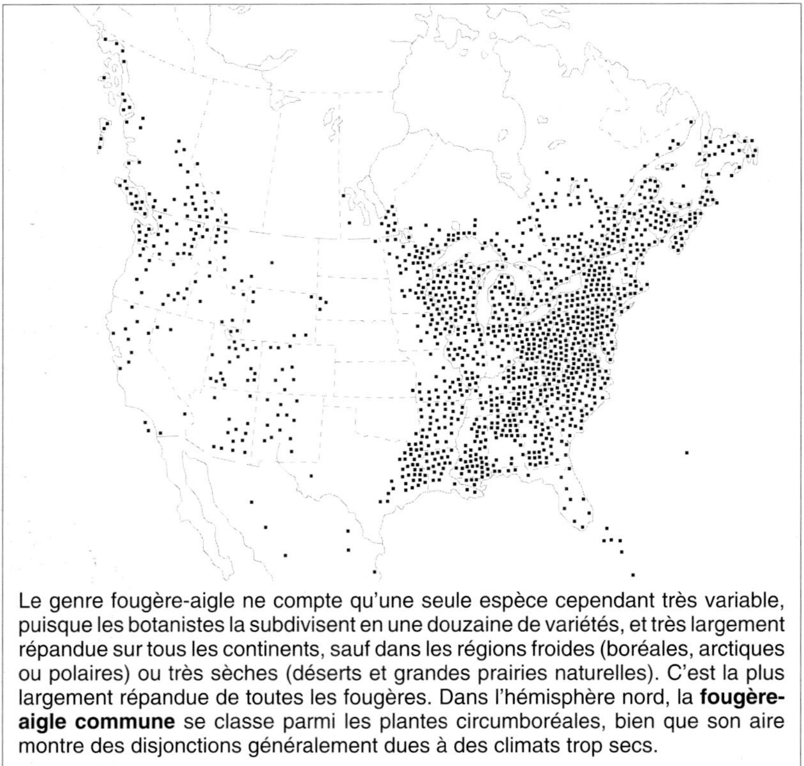

Le genre fougère-aigle ne compte qu'une seule espèce cependant très variable, puisque les botanistes la subdivisent en une douzaine de variétés, et très largement répandue sur tous les continents, sauf dans les régions froides (boréales, arctiques ou polaires) ou très sèches (déserts et grandes prairies naturelles). C'est la plus largement répandue de toutes les fougères. Dans l'hémisphère nord, la **fougère-aigle commune** se classe parmi les plantes circumboréales, bien que son aire montre des disjonctions généralement dues à des climats trop secs.

Sur notre continent, son aire très large aux latitudes tempérées se disjoint au centre: «une précipitation annuelle moyenne inférieure à 50 cm est l'un des facteurs limites pour cette fougère, ce qui explique son absence quasi totale de la Grande Plaine nord-américaine» (Rousseau 1974). Dans l'est, cette aire se situe principalement dans les domaines tempérés (mixte, décidu et de la plaine côtière) et dans l'ouest, dans les domaines montagnards.

Limites en Amérique du Nord: sud-est de l'Alaska (Skagway, 59°30'); au sud, l'aire couvre toute l'Amérique du Nord; au Québec: territoire de la Baie-James (rivière Eastmain, 52°07'N). Malgré son comportement envahissant, qui l'apparente aux plantes introduites et nuisibles à l'agriculture, les botanistes la considèrent indigène au Canada, dans la plus grande partie sinon dans toute son aire de répartition.

*La plus connue de nos fougères? La **fougère-aigle**, qui croît en colonies denses, presque pures, et souvent très étendues. Contribuent à sa popularité: sa forte taille et le fait qu'elle croît dans les habitats secs et à découvert, plus fréquentés par les humains que les habitats humides ou densément boisés.*

Photo: Gisèle Lamoureux

Elle fréquente surtout les lieux ensoleillés: vieux champs et pâturages; clairières des bois; abords des routes, voies ferrées, sentiers, chemins forestiers, autres voies de communication telles les lignes électriques et même certaines falaises exposées. Mais ce n'est pas tout: elle pousse aussi dans des lieux semiombragés, tels les anciens brûlis et les forêts ouvertes dominées par le peuplier faux-tremble, les pins, les chênes, le bouleau à papier ou la pruche du canada; plus rarement, elle se trouve dans les forêts conifériennes dominées par le sapin, l'épinette noire ou l'épinette rouge, parfois dans certaines érablières à sucre, rouges ou argentées et même, à l'occasion, dans des tourbières à sphaignes. Typiquement, elle croît dans des lieux secs, sur des substrats sablonneux, mais ce n'est pas toujours le cas. La fougère-aigle commune située à l'ombre étale nettement son limbe à l'horizontale, de manière à capter le plus de lumière possible; au soleil, les frondes dressent plutôt leurs «bras» et tordent leurs segments (par ailleurs plus raides) à angle droit avec le rachis.

Une fronde de fougère-aigle commune a beau produire 300 millions de spores, celles-ci ne semblent pas germer facilement pour donner un prothalle; à ce jour, aucun botaniste ne rapporte la découverte de prothalles ou de jeunes frondes au Canada. Des études menées dans les îles britanniques révèlent que ces spores germent plus facilement sur des sols stériles et légèrement acides, où peu d'organismes entrent en compétition avec elles; ainsi, pendant la Deuxième Guerre mondiale, plusieurs nouvelles colonies de fougère-aigle commune s'établirent à partir de spores sur les champs de bataille stérilisés par les explosions de mines et les bombardements, ainsi que dans les villes

### Un dessin à toutes les sauces!

Les gros faisceaux vasculaires, visibles dans la section transversale du stipe ou du rhizome, dessinent des formes dont découlent plusieurs noms donnés à la fougère-aigle commune, ainsi que maintes coutumes et croyances de la vieille Europe. Selon certains, Linné associa ce dessin à celui des aigles royaux qui figuraient sur le drapeau de son «pays» natal, la Scanie, province du sud de la Suède; chose certaine, aucun aigle ne figure sur le drapeau suédois actuel! À la fin du XVIII$^{e}$ siècle, d'autres prétendent que le stipe coupé figure l'aigle à deux têtes, symbole de l'Allemagne impériale, d'où son nom «fougère impériale». Le folklore écossais reconnaît en cette marque l'empreinte du pied du diable, seule mention trouvée d'une signification autre que divine ou royale.

On raconte qu'à la Nativité du Christ, toutes les plantes composant la paille de la crèche offrirent leurs plus belles fleurs, sauf la fougère-aigle; pour la punir, Dieu la condamna, avec toutes ses semblables, à ne plus jamais fleurir. Depuis lors, la fronde de la fougère-aigle, coupée dans le temps de Noël, rappelle cette pénitence: selon certains, le dessin formé par les faisceaux vasculaires représente Adam et Ève à côté de l'arbre du péché originel; d'autres y voient plutôt les lettres G-O-D, les initiales I-H-C du nom sacré *Iesous Hominum Conservator*, ou encore la lettre grecque C (khi), initiale de *khristos*, ce qui lui vaut les appellations *Christwurz* en Allemagne, *Korsblom* en Norvège et *Fern of God* en Irlande. Une plante ainsi marquée du sceau divin constituait un antidote puissant contre les sorcières et les mauvais esprits; dans la même lignée, les bergers de Normandie et ceux de Bretagne fabriquaient des croix avec les stipes pour se protéger, eux et leurs troupeaux.

De tout temps, ces marques dans le rhizome et dans le stipe frappèrent l'imagination: bien avant notre ère, elles prédisaient les initiales du futur époux; un aigle au lieu des initiales annonçait un heureux présage. Plusieurs croyaient que ses minuscules spores, et celles d'autres fougères, rendaient leur possesseur invisible si ramassées au seul moment où elles deviennent visibles, le soir de la Saint-Jean à minuit (voir aussi botryche lunaire*). Très présente dans le folklore européen, la fougère-aigle commune apparaît déjà dans les romans du roi Arthur et de la Table ronde.

détruites par les raids aériens de 1940-1941.

Élément-clé de la croissance des colonies, le rhizome se partage en deux systèmes: le premier, grêle et densément couvert de petites racines, se tient près de la surface du sol et engendre la plupart des frondes; le second réseau, profondément enfoui (jusqu'à 3 m), se compose d'une tige grosse comme le pouce, qui porte peu de frondes mais assure le stockage des réserves et la survie en cas de destruction du rhizome superficiel. Le rhizome s'allonge et se ramifie indéfiniment, de sorte qu'un seul individu au départ couvre éventuellement une très grande étendue, uniquement par propagation végétative, sans qu'interviennent les spores, formant ainsi un clone. Et où se situe le plus vieux clone connu de fougère-aigle commune? En Finlande, et les botanistes estiment son âge à 1500 ans! Seul un changement radical dans l'environnement parviendrait à exterminer une colonie; sa capacité de survivre très longtemps au même endroit reflète une large tolérance écologique puisqu'en général, au fil des ans, les conditions changent sur un site donné. Toutefois, les rhizomes supportent mal le manque d'oxygène et pas du tout l'eau stagnante.

Un peu exceptionnelle, cette fougère: elle possède des vaisseaux (les tubes où circule la sève) réunis en faisceaux, caractère plutôt rare chez ce groupe de plantes, et curieusement, même les

*Fougère arthritique? Fœtus tout recroquevillé sur lui-même? Serres d'un oiseau de proie? Et quoi encore? En un temps record, cette crosse de la* ***fougère-aigle commune*** *déploiera «ses ailes» et perdra la plupart des poils blancs ou dorés qui couvrent sa jeunesse.* ▶

*Aigle ou... boxeur? Lorsqu'un peu plus avancées, les crosses de la* ***fougère-aigle commune*** *montrent clairement les trois grandes divisions qui caractériseront ses frondes matures.* ▼

Gisèle Lamoureux

Francis Boudreau

frondes stériles forment une membrane le long de la marge repliée du limbe, similaire à la vraie indusie des sporanges chez les frondes fertiles. En outre, la base des premières ramifications cache de petites glandes appelées nectaires, qui exsudent une substance attirant les fourmis. Les gelées printanières tuent les jeunes crosses? Pas de problème: la mort de jeunes crosses de fougère-aigle commune favoriserait la croissance d'autres crosses, autrement gardées en réserve.

Environ 33 espèces d'insectes vivent à l'occasion sur la fougère-aigle commune. Les larves de plusieurs espèces de tenthrèdes (petites guêpes) s'abritent sous les frondes, dont elles s'alimentent, mais elles hivernent ailleurs. Les larves de plusieurs papillons se nourrissent aussi de la fougère-aigle commune, dont celles d'un perce-tige (*Papaipema pterisii),* qui creusent des galeries exclusivement dans ses rhizomes et les mangent parfois en entier: la présence de frondes mortes permet de les repérer. La fougère-aigle commune présente des segments terminaux défornaux déformés? Rechercher alors des masses vertes situées sous l'indusie: de minuscules acariens (environ 0,4 mm) causent ces galles que certains botanistes ont confondues avec des prothalles possiblement produits directement sur la fronde; lors d'une infestation sévère, les parties affectées brunissent et les acariens (mites), d'un blanc translucide, s'observent facilement à la loupe. La fumée dégagée par les frondes brûlées chasserait «les serpents, les moucherons et autres bestioles infectes qui, dans les contrées marécageuses, causent tourments et molestent, la nuit, ceux qui reposent sur leurs lits le visage découvert» (*Culpepper's Herbal*).

N'oublions pas la pharmacopée! On employait cette fougère comme réfrigérant, diurétique, astringent ou encore comme purgatif, et la fumée des frondes brûlées soignait la sciatique. Les Chinois préparaient une décoction de rhizome dans du vin pour soulager les rhumatismes. En Amérique, les Cherokee employaient la fougère-aigle commune comme tonique, antiseptique et antivomitif; les femmes Menomini allaitantes buvaient une préparation d'amidon (du rhizome) et d'eau pour déboucher les canaux de lait. Restent toujours les propriétés imputées... à quoi donc? Au XVIIe siècle, Matthiolus écrivait qu'une femme usant de la fougère-aigle commune ne pourrait pas concevoir et que marcher dessus pendant une grossesse provoquerait un avortement! Pour attirer la pluie, les Anglais jetaient des frondes de fougère-aigle sur le feu. Mais dites-moi, cette fougère procure-t-elle vraiment la jeunesse éternelle, comme certains le prétendent?

À moins d'être à la tête d'un vaste domaine et de penser en termes d'aménagement de grands paysages, il vaut mieux oublier la culture de la fougère-aigle commune, beaucoup trop envahissante pour un petit parterre et très difficile à déloger. Par contre, voilà la fougère idéale pour les terrains secs et très ensoleillés, pour établir une agréable transition entre un lieu ouvert et un lieu boisé, comme couvre-sol élevé dans une grande prairie ou une clairière ou pour fixer le sol de grands terrains en pente et de talus, même fortement sablonneux, dans des lieux peu boisés ou exposés au plein soleil. Elle s'accommode pratiquement de n'importe quel substrat bien drainé (sans eau stagnante), acide plutôt que calcaire, et, lorsqu'elle réussit à s'établir, elle devient rapidement luxuriante; à l'automne, ses frondes virent à un attrayant brun cuivré. Comme elle est très difficile à transplanter, à cause de ses racines qui plongent profondément dans le sol et qu'il importe de ne pas briser, il faut choisir la jeune extrémité du rhizome, à croissance encore très active, et en prélever environ 30 cm en conservant la motte de terre la plus intacte possible, sur toute la profondeur des racines; certains suggèrent une période de culture à l'intérieur, pour favoriser la croissance de nouvelles racines, avant de la transplanter sur le site choisi. Ses spores demandent 7 semaines pour produire un prothalle et 17 semaines supplémentaires pour former la jeune fronde. Jadis, en Europe, les multiples usages de la fougère-aigle commune maintenaient probablement ses populations à des niveaux acceptables; ces usages peu à peu délaissés, la fougère-aigle proliféra et devint un sérieux problème pour l'agriculture, à un point tel qu'on rapporte une récolte de 80 tonnes de rhizome dans un hectare! Difficile de la réprimer complètement par des moyens mécaniques: la fauche répétée réduit les colonies et épuise la plante... mais rarement au point de l'extirper. Reste les herbicides!

À l'instar de la dennstaedtie à lobules ponctués*, la fougère aigle-commune forme des colonies denses et presque pures; des toxines relâchées par les frondes et rapidement dissoutes dans le sol limiteraient la croissance des autres espèces et ce phénomène, l'allélopathie (voir le texte sur la dennstaedtie), jouerait un rôle dans la formation de telles colonies. Est-ce par ce phénomène qu'elle entrave la germination et la survie des jeunes plants d'épinette et de sapin baumier et nuit aussi dans les bleuetières? Pline l'Ancien

(23-79) attribuait la toxicité des plantes à leur odeur ou à leur jus et indiquait même que briser les jeunes stipes de la fougère-aigle et laisser le jus dégouliner de ses frondes tuerait ses propres racines!

Des recherches récentes démontrent clairement la toxicité de la fougère-aigle commune et recommandent de s'abstenir d'en consommer, mais jusqu'à récemment, cette espèce figurait au menu de plusieurs peuples du monde entier. Broyé frais, sec, trempé ou même rôti selon les pays, le rhizome fournissait une fécule qui servait à fabriquer une sorte de «pain». En 1745, alors qu'une grande disette sévissait en France, le duc d'Orléans offrit à Louis XV un morceau de pain de fougère lui disant: «Sire, voici de quoi vivent vos sujets». Les très gros rhizomes de la variété néo-zélandaise de fougère-aigle commune constituaient la base de l'alimentation du peuple Maori, qui s'en servait aussi comme nourriture de voyage: déshydratés, ils contiennent de 43 à 72 % d'hydrates de carbone et se conservent très longtemps. Des récits de grands explorateurs, dont sir Joseph Banks et le capitaine Cook, révèlent que la diète à base de cette fougère cause une constipation sévère, amenant les Maoris à faciliter l'évacuation à l'aide… d'un bâton! Mais les Japonais remportent la palme des plus grands mangeurs de *warabi*, nom qu'ils donnent à la fougère aussi bien qu'à la farine qu'ils en tirent; jadis capitale du Japon, la cité de Nara éleva la confection de pâtisserie de *warabi* au rang de l'art; jusqu'à récemment, les Japonais consommaient aussi les crosses et les frondes de la fougère-aigle commune. Sa grande popularité força le gouvernement japonais à adopter une loi pour protéger cette espèce, par ailleurs consommée aussi en Angleterre, à Majorque, en Afrique, en Chine, aux

Photo: Roger Larose

*Les sores de la **fougère-aigle commune** courent juste en bordure du limbe, sous la fausse indusie qui trace une ligne continue tout autour des segments. Une fronde a beau produire 300 millions de spores, celles-ci semblent germer difficilement, car aucun prothalle de cette fougère n'a été observé au Canada.*

Philippines et dans l'archipel de la Société (en Polynésie). Plus près de nous, les Amérindiens consommaient les crosses et les rhizomes et les Menomini faisaient bouillir les jeunes frondes pour épaissir la soupe; au printemps, le chasseur amérindien mangeait des crosses crues pour masquer son haleine, afin de pouvoir approcher de très près l'animal qu'il traquait. Des recherches récentes démontrent qu'aucun mode de préparation connu n'élimine les principes toxiques du rhizome.

Des recherches récentes mettent en évidence la présence, dans la fougère-aigle commune, de composés induisant des changements dans les gènes de même que de composés associés au cancer, dont l'acide shikimique; ainsi, la forte incidence des cancers d'estomac chez les Japonais fut imputée à l'ingestion de grandes quantités de crosses de fougère-aigle commune. Elle contient aussi du cyanure d'hydrogène (HCN), une substance très toxique. Dès le début du siècle, vers 1917, on attribue l'intoxication mortelle de chevaux à l'ingestion de fougère-aigle commune; inconnue jusqu'en 1945, la cause fut finalement imputée à l'action de la thiaminase, présente dans cette fougère et qui détruit la thiamine (vitamine $B_1$). Les chevaux broutent rarement la fougère-aigle dans les pâturages

**Plus qu'une fougère**

La médaille d'honneur pour services rendus par une fougère revient à la fougère-aigle commune: son usage remonte à l'ère romaine, peut-être même avant, atteignit son apogée vers le Moyen Âge et dura jusqu'à récemment, touchant bien des secteurs d'activités humaines.

Jusqu'au XIX$^{e}$ siècle, les Européens employaient les frondes pour chauffer les fours (à chaux, à briques, à pain) ou les brûlaient dans d'immenses fosses, dont certaines existent encore en Angleterre, pour extraire leurs cendres riches en potasse (50 tonnes de fougères sèches donnaient 1 tonne de potasse): bouillies avec du suif, les cendres devenaient pain de savon. Elles s'utilisaient aussi pour le lavage ou pour fabriquer de la lessive, une substance caustique employée, entre autres, pour blanchir le lin. Avant la découverte de la soude, ces cendres servaient à fabriquer le verre, à tanner le cuir et à fertiliser les sols.

Avis aux campeurs, une fronde attachée au sac à dos, ou à la porte d'une tente, découragerait les moustiques! Les frondes contiennent des composés qui repoussent les insectes et inhibent le développement des moisissures, aussi servirent-elles à emballer la nourriture, dont les cerises, d'où un ancien nom français: fougère-à-cerises. Peut-être à cause de ces mêmes propriétés, on couvrait le sol de frondes de fougère-aigle commune pour isoler le plancher des masures, les soldats romains s'en faisaient des grabats et, encore au siècle dernier, les Français s'en servaient pour bourrer les matelas. En outre, les frondes servirent de chaume pour le toit des cabanes, de litière pour le bétail et de paillis dans les jardins.

Ce n'est pas tout: des grosses fibres de la tige et du rhizome on fabriqua du papier (Angleterre, Bornéo, Malaisie), des cordages (Japon) et même, à Bornéo, des cordes de violon! Et le rhizome? Il servit de succédané au houblon dans la fabrication de bière en Norvège et en Sibérie; gardé dans une barrique, il empêcherait le vin de surir. À l'état naturel, les rhizomes constituaient pratiquement le seul matériau brun employé par les Amérindiens pour la vannerie. Et quoi encore? Crosses, frondes et rhizomes, combinés à différents mordants (chrome, alun, sulfates de fer) produisent des teintures variant du jaune foncé au noir, en passant par différents tons de vert. Ouf! Ne mérite-t-elle pas sa médaille d'honneur?

*La* ***fougère-aigle commune*** *forme des colonies presque pures; des toxines relâchées par les frondes et rapidement dissoutes dans le sol limiteraient la croissance des autres espèces.*

Photo: Roger Larose

et l'apparition des symptômes d'intoxication (surtout de l'incoordination) ne survient qu'après l'ingestion d'une grande quantité (par exemple, ingestion pendant un mois d'un fourrage en contenant plus de 20 %); l'injection de thiamine et le changement de diète réussissent à guérir l'animal. Apparemment, les porcs ne seraient pas à l'abri d'une intoxication analogue. Chez les ruminants, particulièrement chez les bovins, l'empoisonnement aigu se manifeste par des symptômes différents, marqués surtout par des températures élevées et diverses hémorragies, qui apparaissent brusquement après l'ingestion d'une grande quantité de fougère-aigle commune (environ le poids de l'animal, étalé sur trois ou quatre mois) et aboutissent à la mort en moins d'un à quatre jours; l'ingestion de fougère fraîche, plus toxique, provoque des symptômes en moins d'un mois. Les ruminants requièrent peu de thiamine dans leur métabolisme, et leur estomac composé, de même que les microorganismes qui l'habitent, inactiveraient les effets de la thiaminase; les chercheurs soupçonnent qu'une substance capable de causer le cancer provoquerait aussi les violents symptômes d'empoisonnement observés chez ces animaux. Les moutons semblent plus résistants que les bovins et leur intoxication reste rare. Le rhizome apparaît cinq fois plus toxique que les frondes; des bovins périrent d'en avoir brouté certains, déterrés par les labours! Puisque la chaleur détruit la thiaminase, l'exposition de la fougère à la vapeur, pendant au moins une heure, élimine la toxicité pour les chevaux et les autres non-ruminants; mais bien que ce même procédé rende la fougère moins nocive pour les ruminants, l'eau dans laquelle a bouilli de la fougère-aigle fraîche et hachée, les intoxique encore. Plusieurs recommandent de manger les crosses de cette fougère, alléguant qu'elle ne présente aucun danger à ce stade, mais en Californie, par exemple, on rapporte des cas fréquents d'empoisonnement de bovins dans les pâturages, juste au moment où la fougère-aigle commune commence à pousser, avant l'apparition des autres plantes dont se nourrissent les bêtes; mieux vaut se contenter d'y goûter du bout des lèvres, par curiosité plutôt que par faim!

 La fougère-aigle commune, grâce aux dérivés du phloroglucinol qu'elle con-

*Toxique la* ***fougère-aigle commune****? Oui, mais les fourmis s'en délectent: la base des premières ramifications cache de petites glandes appelées nectaires, qui exsudent une substance qui les attire.*

Photo: Gisèle Lamoureux

reusement, la fougère-aigle commune est très toxique (voir la rubrique ☒): les animaux qui en broutent s'empoisonnent et même leur lait s'en trouve contaminé.

tient (voir dryoptère spinuleuse*), aurait servi, en infusion, à combattre les vers parasites; les Amérindiens connaissaient cet usage; d'ailleurs, le philosophe et botaniste Théophraste recommandait l'emploi d'extraits de fougères à cette fin déjà 300 ans avant Jésus-Christ! Elle contient aussi un agent efficace contre les spasmes (un hétéroside cyanogène: le prunasoside, présent aussi dans le laurier-cerise); les Amérindiens s'en servaient d'ailleurs contre les crampes d'estomac. On signale aussi un effet anticoagulant (antivitamine K) et l'action de son jus contre les bactéries gram-positives. Malheu-

# Gymnocarpe fougère-du-chêne

oak-fern

Dryoptéride disjointe, du chêne; dryoptéris commun; polypode dryoptère, du chêne, terné. *Moss-fern; pale mountain-polypody; tender three-branched-polypody.*
Famille de la dryoptère; *Dryopteridaceae.*

**Gymnocarpium dryopteris** (Linné) Newman. Synonymes: *Carpogymnia dryopteris* (Linné) Löve & Löve, *Currania dryopteris* (Linné) Wherry; *Dryopteris linnaeana* C. Christensen; *Phegopteris dryopteris* (Linné) Fée, *Polypodium dryopteris* Linné, *Thelypteris dryopteris* (Linné) Slosson; synonymes partiels: *Dryopteris disjuncta* (Ledebour) Morton, *D. disjuncta* (Ruprecht) Morton. Du grec *gymnos*: nu, non vêtu, non couvert, et *karpos*: fruit, grain, graine, semence, allusion probable à l'absence d'indusie, qui, chez d'autres fougères, protège les sporanges (fructifications de la plante); *dryopteris*: nom d'un autre genre de fougère: ancien nom latin utilisé par Pline l'Ancien (23-79) pour désigner «une plante à allure de fougère qui pousse sous les arbres» et par le Grec Discoride (1er siècle après Jésus-Christ) pour «une plante à allure de mousse qui pousse près des chênes», du grec *drys*: chêne, et *pteris*: fougère.

Herbacée vivace à rhizome ne portant qu'une sorte de frondes qui ne persistent pas l'hiver. De très petite taille (0,15 m), les frondes isolées ou groupées par deux ou trois du gymnocarpe fougère-du-chêne forment de petites colonies, souvent denses et pures. C'est peut-être sa petitesse, alliée à la délicatesse du vert qu'il affiche, qui attire l'oeil. Son limbe triangulaire, ou plutôt pentagonal, ramifié en 3 petits triangles, s'étale presque à l'horizontale au bout d'un stipe fin (on dirait une copie miniature de la fougère-aigle commune*).

*Frondes* minces et fragiles, ramifiées en 3 puis divisées à 2 reprises sauf aux sommets; en forme de triangle (15 X 12 cm). Segments primaires généralement opposés ou presque, à tendance alterne vers le sommet; sans queue; première paire à la base des ramifications latérales fortement asymétrique: le segment dirigé vers l'extérieur du triangle nettement plus long que celui qui lui fait face et que celui qui le suit sur la ramification. Segments secondaires reliés par la base, à sommet souvent arrondi; quelques-uns, à la base des trois triangles, bordés de quelques dents rondes. Frondes généralement dépourvues de poils, mais portant quelques petites écailles beiges à la base du stipe. Celui-ci délicat, creusé d'un faible sillon, environ 2 fois aussi long que le limbe et responsable de presque toute la hauteur de la plante; les trois rachis très foncés et luisants, comme les nervures principales d'ailleurs.

*Sores* petits, ronds, plutôt rapprochés et bordant le limbe; dépourvus d'indusie. Sporanges brun pâle.

≠ L'autre gymnocarpe présent dans nos contrées, le gymnocarpe de robert (*Gymnocarpium robertianum*), figure sur la liste des plantes rares du Québec; il pousse dans les lieux calcaires (Abitibi, Mistassini, Saguenay, Côte-Nord, Gaspésie, Anticosti). Contrairement au gymnocarpe fougère-du-chêne, le gymnocarpe de robert porte des poils glanduleux en abondance sur les deux faces du limbe, et la deuxième paire de segments primaires (à partir du bas du limbe) est généralement unie au rachis principal par une queue, ce qui lui donne une forme plus régulière de triangle, non à tendance pentagonale; la division en trois petits triangles ressort beaucoup moins clairement chez cette espèce, les segments primaires à la base

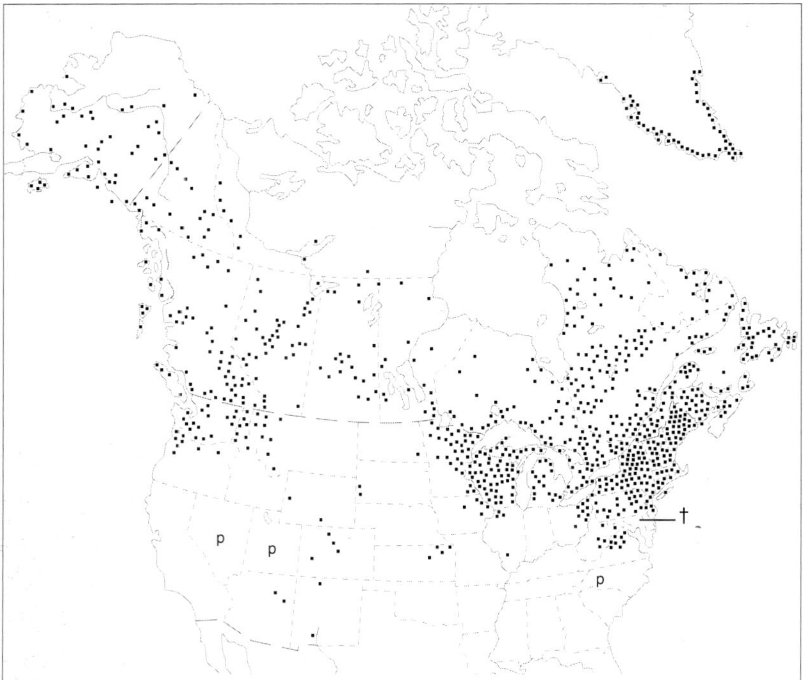


Circumboréal, le genre gymnocarpe comprend de 3 à 8 espèces et se répartit largement en Amérique du Nord et en Eurasie. Également circumboréal, le **gymnocarpe fougère-du-chêne** semble très répandu tout autour de l'hémisphère nord, sauf peut-être dans l'est de l'Asie.

En Amérique du Nord, il traverse le continent, principalement aux latitudes boréales et tempérées, mais reste pratiquement absent des Grandes Plaines et rare au sud de la région des Grands Lacs. Son aire de répartition, large sur notre continent puisqu'elle occupe 37 degrés de latitude, correspond à peu près aux domaines boréal (forêt coniférienne), tempéré mixte (érablières et forêts mixtes) et montagnards. À noter: sauf au Groenland, il transgresse rarement la limite nordique des arbres.

Limites en Amérique du Nord: Groenland (Godhavn, 69°25'N) et Nouveau-Mexique (comté de Dona Ana, 32°20'N); au Québec: péninsule d'Ungava (embouchure de la rivière Kogaluk, 59°30'N).

du limbe étant moins grands (env. 2/3 de la longueur totale du limbe) que ceux du gymnocarpe fougère-du-chêne (env. 4/5 de la longueur totale du limbe). Certains botanistes réduisent le gymnocarpe de robert à une variété du gymnocarpe fougère-du-chêne. Même si la division du limbe du gymnocarpe fougère-du-chêne rappelle celle de la fougère-aigle commune*, les différences de taille et de robustesse (0,15 m et 1 m) ne laissent planer aucune hésitation quant à l'identification!

*Le royaume du triangle: trois petits, inclus dans un plus grand, voilà le* ***gymnocarpe fougère-du-chêne****.*



Photo: Gisèle Lamoureux

*Quel bel agencement de couleurs cache le revers de la fronde du* ***gymnocarpe fougère-du-chêne****. À noter, le noir bleuté du rachis et des nervures principales. Les sores, bien ronds et tassés, soulignent la marge des segments.*

Photo: Roger Larose

Finalement, notons l'existence d'un troisième gymnocarpe au Québec, le gymnocarpe du japon (*G. jessoense*), connu actuellement d'une seule localité; il ressemble beaucoup au gymnocarpe de robert, mais avec les segments primaires à la base du limbe très courbés vers le haut de la fronde.

Tout comme la thélyptère fougère-du-hêtre*, le gymnocarpe fougère-du-chêne forme des colonies plus luxuriantes à l'ombre des forêts, mais il n'en pousse pas moins en milieux ouverts: il croît, par exemple, sur des talus d'éboulis, des escarpements rocheux et même dans les fissures des falaises… mais de préférence dans les microhabitats ombragés de ces milieux. Le gymnocarpe fougère-du-chêne pousse dans une grande variété de forêts: feuillues, mixtes ou conifériennes; il croît aussi dans les forêts subalpines et les krummholz de montagnes (forêts rabougries, à la limite des arbres) et se trouve même dans certaines tourbières boisées, en compagnie du cèdre-thuya occidental, du mélèze laricin ou de l'épinette noire. Le gymnocarpe fougère-du-chêne apprécie la proximité des ruisseaux où poussent le frêne noir, le peuplier baumier, l'aulne rugueux° et différents saules; en milieu nordique, il fréquente surtout cet habitat, probablement parce qu'il y trouve plus de protection et plus d'ombrage. Dans les forêts feuillues (principalement des érablières), il recherche surtout les secteurs frais et humides, tout comme la thélyptère de new york* (bien moins répandue) et la thélyptère fougère-du-hêtre*. Contrairement à ce que laisse sous-entendre son nom, il faut l'associer non pas aux forêts de chêne, mais plutôt aux forêts dominées ou codominées par le bouleau jaune.

La racine grecque *drys* ou *dryos,* à l'origine du nom latin de cette fougère, désignait les arbres, en général, et les chênes, en particulier. Le nom de genre, en latin: *Gymnocarpium*, signifie la même chose que le mot français gymnosperme (semence nue), qui désigne l'ensemble des conifères; chez ces derniers, la graine nue repose sur une écaille du cône, sans les enveloppes dont s'entourent ordinairement les graines des autres plantes à fleurs. Une autre fougère qui s'est fait «barouetter» d'un genre à l'autre: voyez la liste des synonymes latins! Dans la croyance populaire, cette fougère passait pour guérir les troubles du sommeil et, lorsque cultivée sur le toit d'une maison, protégeait du tonnerre et des éclairs la demeure et ses occupants.

Le gymnocarpe fougère-du-chêne s'hybride-t-il avec son cousin, le gymnocarpe de robert? Un botaniste rapportait, en tout cas, l'existence d'un tel hybride en Pennsylvanie: *Gymnocarpium* X *heterosporum*, que certains reconnaissent comme une espèce à part entière (*G. heterosporum*) puisqu'il se multiplie sans recours à la fécondation, c'est-à-dire par la fragmentation du rhizome ou à l'aide de spores dont le nombre de chromosomes n'a pas été réduit. L'origine de cet hybride suscita une véritable enquête à la «Sherlock Holmes»: comment les gymnocarpes fougère-du-chêne et de robert, deux espèces possédant quatre copies de leurs chromosomes (ou «tétraploïdes», voir le texte sur le polypode de virginie* pour l'explication de ce terme), produisent-ils un hybride comptant trois jeux de ses chromosomes (triploïde)? Solution: dénicher un parent comportant deux jeux de ses chromosomes (diploïde). Des botanistes avancèrent la possibilité que la variété disjointe du gymnocarpe fougère-du-chêne (var. *disjunctum* = *G. disjunctum*), une variété diploïde à grande fronde, constituait l'un des deux parents; supposition vraisemblable sur le plan biologique, mais qu'en est-il du point de vue géographique? Cette variété ne pousse que... dans le nord-ouest du continent, bien loin de la Pennsylvanie, patrie de notre hybride! Seule l'existence d'une espèce diploïde pous-

Photo: Sylvain Lamoureux

*Beauté fragile, à l'image de la vie (crosses du* ***gymnocarpe fougère-du-chêne****).*

sant dans l'est de notre continent permettrait d'écarter la participation de ce supposé parent trop éloigné. Eurêka! Le gymnocarpe des appalaches (*G. appalachianum*), découvert récemment dans les montagnes du même nom, croît de l'Ohio à la Caroline du Nord et rassemble des individus diploïdes jusque-là associés à la variété typique du gymnocarpe fougère-du-chêne (tétraploïde). Cette nouvelle espèce cons-

Photos: Gisèle Lamoureux

*Une plante rare au Québec: le **gymnocarpe de robert**, présent uniquement dans les lieux calcaires. Contrairement au gymnocarpe fougère-du-chêne, la deuxième paire de segments primaires (à partir du bas) est généralement unie au rachis par une queue, ce qui lui donne une forme plus régulière de triangle. La division en trois petits triangles ressort moins clairement chez cette espèce.*

*Quelle ambiance! Noter les poils glanduleux abondants sur le limbe et sur le rachis du **gymnocarpe de robert**: le gymnocarpe fougère-du-chêne, beaucoup plus répandu, en est généralement dépourvu.*

*Le* ***gymnocarpe fougère-du-chêne*** *adolescent: ni une crosse, ni adulte. Gracieux et d'un vert tendre, ne vous inspire-t-il pas la gaieté?*

Photo: Gisèle Lamoureux

titue-t-elle, avec le gymnocarpe de robert, l'un des parents de *G. heterosporum*? Les aires de répartition actuelles des deux parents présumés ne se recoupent pas, mais se voisinent (le gymnocarpe de robert pousse juste au nord du gymnocarpe des appalaches); elles se chevauchèrent probablement à la faveur de la dernière glaciation, pendant laquelle le gymnocarpe de robert migra vraisemblablement vers le sud, à l'écart du glacier qui recouvrait alors la majeure partie de son aire de répartition actuelle. L'hybride apparut probablement à cette époque, puis persista jusqu'à nos jours en se multipliant sans fécondation; mais en saurons-nous jamais davantage sur le *Gymnocarpium heterosporum*? La construction d'une autoroute en Pennsylvanie détruisit ce qui constituait la dernière population connue de cette espèce d'origine hybride... Comme quoi la disparition précoce de plantes méconnues ne constitue pas l'apanage des lointaines contrées exotiques de la planète; la protection de la biodiversité s'avère nécessaire aussi bien chez nous qu'en Amazonie.

G Gracieuses, d'un vert tendre, même au cours de l'été, et de culture facile, ses petites colonies égaient l'ombre des jardins boisés; elles garnissent aussi les rocailles ombragées ou semi-ombragées. Sans devenir envahissant, le gymnocarpe fougère-du-chêne s'étend un peu, grâce à ses rhizomes, et ses colonies migrent ainsi, à mesure que la partie la plus ancienne du rhizome meurt. L'installer sur un substrat riche en humus ou en terreau de feuilles, humide mais bien drainé (sans eau stagnante); la présence de cailloux ne le rebute pas. Le propager par spores ou par division des rhizomes; prendre garde de ne pas trop perturber les colonies en ne prélevant qu'une petite partie des rhizomes.

# Adiante du canada

## american maidenhair-fern

Adiante pédalé; **capillaire du canada**, pédalée. *Canada, canadian or common maidenhair; venus-hair.*
Famille de l'adiante; *Pteridaceae.*

**Adiantum pedatum** Linné.
Très ancien nom utilisé par le Latin Pline l'Ancien (23-79) pour désigner une espèce voisine (*Adiantum capillus-veneris*), et apparenté au grec *Adianton* que Théophraste (372-287 avant Jésus-Christ) appliquait à une toute autre plante (*Callitriche*), venant de *a*: sans et *diaino*: mouiller, l'eau glissant sur la surface des feuilles des adiantes (tout comme sur celles des callitriches, d'ailleurs); *pedatum*: du latin *pedatus*, de *pes:* pied et du grec *pous:* pied, de signification confuse, allusion possible aux ramifications des parties souterraines selon certains, à la division des frondes rayonnant et diminuant de taille comme des orteils selon d'autres, ou encore à une division particulière de la fronde, dite pédalée: terme botanique qualifiant une feuille dont les segments s'articulent les uns sur les autres (en réalité, les frondes de cet adiante sont pseudo-pédalées: voir plus loin dans le texte pour l'explication de ce terme).

Herbacée vivace à rhizome ne portant qu'une sorte de frondes qui ne persistent pas l'hiver. De taille moyenne (0,5 m), l'adiante du canada pousse en colonies denses, parfois étendues et formées de touffes d'individus de hauteur variée qui lui donnent un aspect étagé. Magnifique et unique, son limbe en éventail s'étale horizontalement au bout du stipe très foncé; son rachis et ses rameaux, également foncés et presque invisibles, confèrent à la plante un aspect aérien, presque surnaturel, comme si les segments flottaient dans l'air!

*Frondes* dressées, ses deux premières ramifications très dominantes et redivisées plusieurs fois, avec tous les rameaux étalés en cercle, projetés d'un seul côté; chacune des deux premières ramifications porte le plus souvent 5 ou 6 rameaux, mais ce nombre varie proportionnellement avec l'âge de la fougère. Chaque rameau, de largeur constante, est porté par une queue et divisé une fois, en segments minces et doux au toucher. Segments en forme d'aile d'oiseau; alternes, avec une petite queue fine; incisés sur un côté pour former des dents carrées; les 2 côtés non incisés, de longueurs inégales, donnent aux segments une allure de triangle rectangle, sauf dans le cas du segment au sommet et de celui à la base de chaque rameau auxquels les 2 côtés non incisés, presque égaux, confèrent une allure d'éventail. Sans poils mais couvertes, à la base du stipe, d'écailles brun pâle, à pointe longue et fine, devenant plus rares et plus fines vers le haut et disparaissant au cours de l'été. Stipe de brun rougeâtre foncé à noir ébène, luisant (tout comme le rachis) mais souvent couvert d'une mince couche cireuse (pruine); coupe transversale imparfaitement arrondie. Rachis détourné, décrivant un zigzag à la base en raison de la prépondérance des deux premières ramifications, elles-mêmes découpées plusieurs fois d'un même côté et s'incurvant comme les cornes d'un bélier. Revers des segments portant les sores. Frondes stériles peu fréquentes, plus petites.

*Sores* allongés, tout à fait en bordure du côté incisé, ressemblant à une petite chenille; absents chez les segments du sommet de chaque rameau. Présence d'une

*«La plus belle de nos Fougères.» selon Marie-Victorin. L'***adiante du canada** *se distingue de toutes les autres fougères de nos contrées par la structure unique, en forme de rein, de sa fronde dite «pseudo-pédalée»*



Photo: Gisèle Lamoureux

fausse indusie, formée par la marge du limbe incisée et repliée. Sporanges transparents, ceinturés d'un anneau brun pâle, laissant voir les spores jaunes.

≠ L'adiante du canada variété des aléoutiennes (ou adiante des aléoutiennes) se distingue, dans l'est du continent, par sa taille réduite, son limbe d'un vert-

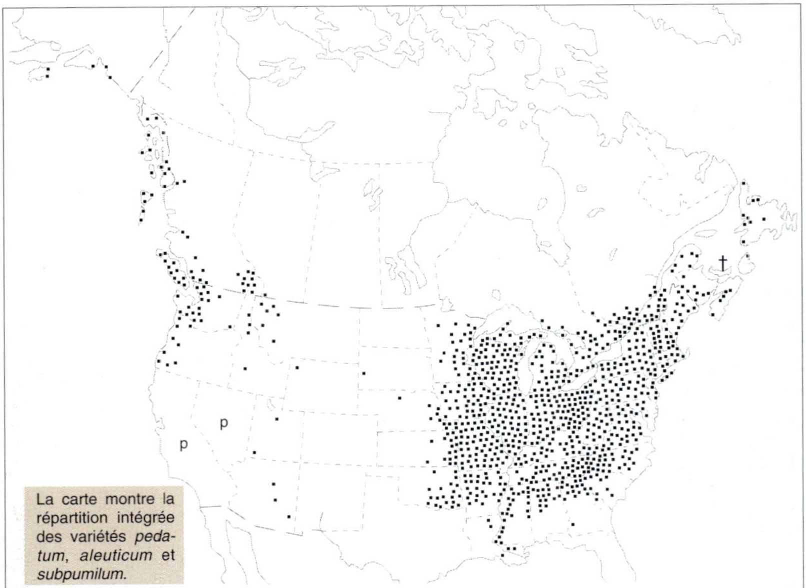


La carte montre la répartition intégrée des variétés *pedatum*, *aleuticum* et *subpumilum*.

Le genre adiante compte de 150 à 200 espèces, largement réparties dans les régions tropicales et tempérées, particulièrement en Amérique du Sud, mais peu présentes sous des climats très froids ou très secs. Fort riches en adiantes, les Andes, de la Colombie au Pérou, ne comprennent pas moins de 42 espèces tandis que l'Europe n'en compte qu'une seule. Il s'agit d'un genre à part, dans le monde des fougères, et sans doute très ancien. Espèce la plus nordique du genre, l'**adiante du canada**, entendu au sens large, présente une aire disjointe, propre aux régions tempérées de l'hémisphère nord: l'Himalaya et le nord-est de l'Asie, l'ouest et l'est de l'Amérique du Nord.

Sur notre continent, l'aire principale de l'adiante du canada, se situe dans l'est, couvre presque tout le domaine tempéré (forêt décidue), mais s'arrête aux régions sèches que constituent les Grandes Plaines et les déserts (domaines prairial et désertique). Une population moins importante et plus dispersée se trouve dans les montagnes de l'ouest.

Limites en Amérique du Nord (de l'espèce entendue au sens large): Alaska (Valdez, 61°30'N) et Louisiane (Avery Island, comté d'Iberia, 29°55'N); au Québec: mont Albert (48°55'N) et comté de Rimouski (Sainte-Angèle-de-Mérici, 48°35'N). L'adiante du canada figure sur la liste des plantes rares de la Louisiane, du Rhode Island, de la Nouvelle-Écosse et une loi de l'État de New York la protège. D'anciennes publications (1806 et 1891) rapportent la présence de l'adiante du canada dans l'Île-du-Prince-Édouard; toutefois, aucun habitat propice ni aucune colonie actuellement vivante n'y sont connus.

bleu et surtout par ses branches et leurs segments qui se dressent au lieu de s'étaler à l'horizontale. Au Vermont, sur de la serpentine en condition de faible ombrage, des botanistes rapportent l'existence d'individus d'adiante des aléoutiennes montrant un port étalé se rapprochant de celui de la variété typique de l'adiante du canada; d'ailleurs, dans l'ouest du continent où l'habitat de l'adiante des aléoutiennes varie beaucoup plus que dans l'est, son port va de dressé à étalé selon qu'il pousse en pleine lumière ou à l'ombre. L'adiante des montagnes vertes (présente seulement au Vermont) montre des ramifications dressées et pousse en milieu ouvert, comme l'adiante des aléoutiennes, mais les segments du milieu de la fronde ont une queue généralement de plus de 0,9 mm et les plus longues de leurs fausses indusies excèdent 3,5 mm, soit une taille légèrement plus grande que chez l'adiante des aléoutiennes (moins de 0,9 mm et moins de 3,5 mm respectivement).

### Adiante et serpentine

Depuis longtemps, les botanistes reconnaissent, en Amérique, deux variétés d'adiante du canada qui occupent des aires différentes: la variété *pedatum* (aussi appelée variété du canada ou variété typique), propre à l'est de l'Amérique du Nord, et la variété *aleuticum*, que certains botanistes élèvent maintenant au rang d'espèce sous le nom d'adiante des aléoutiennes (*Adiantum aleuticum*). Celle-ci se trouve en Asie et forme aussi la population disjointe de l'ouest de l'Amérique du Nord. L'est de notre continent l'abrite également, mais très localisée, elle y pousse uniquement sur des massifs de serpentine (mont Albert en Gaspésie, région de Coleraine en Estrie, ouest de Terre-Neuve, est du Maine et nord du Vermont).

Mais ce n'est pas tout: des techniques modernes permirent de reconnaître une autre entité, nommée l'adiante des montagnes vertes (*A. viridimontanum*), issu d'un hybride stérile entre les deux premières espèces (*A. pedatum* X *aleuticum*) et connu seulement de cinq localités du Vermont, toutes sur de la serpentine.

Par ailleurs, la variété *subpumilum* de l'adiante du canada, que des recherches récentes rattachent à l'adiante des aléoutiennes, est connue au Canada uniquement de trois localités sur l'île de Vancouver (falaises de nature métamorphique, exposées à la mer) et figure sur la liste des plantes rares de la Colombie-Britannique. L'adiante des aléoutiennes compte parmi les plantes rares ou menacées du Québec, de l'Alberta, du Wyoming, du Colorado, du Maine et du Vermont.

La variété typique de l'adiante du canada ne pousse que dans les érablières. Et encore, pas dans toutes les érablières: elle demande un sol humide et riche en humus, tel qu'il s'en trouve dans l'érablière à caryer, dans l'érablière à tilleul... et même là, de préférence (sans que ce soit essentiel) dans des creux ou sur des sites suffisamment humides pour y trouver de l'orme d'amérique ou des frênes, comme sur les berges des cours d'eau. Ces préférences écologiques ressemblent à celles de la dryoptère de goldie* et de l'athyrie fausse-thélyptère* avec lesquelles elle pousse fréquemment, souvent en compagnie du botryche de virginie*. Dans certaines régions (l'ouest du Québec, par exemple), l'adiante du canada fréquente aussi l'érablière à bouleau jaune. Par contre, la variété des aléoutiennes ou adiante des aléoutiennes (présente dans l'ouest du continent sur des sols riches en humus et ombragés) se classe, dans l'est, parmi les plantes qui ne croissent que sur la serpentine; sur un tel substrat, elle pousse autant au soleil qu'à l'ombre, dans diverses conditions d'humidité (depuis les sols imparfaitement drainés jusqu'aux rochers dénudés et secs) et constitue probablement la plante caractéristique des sols serpentiniques la plus abondante et la plus largement répartie. En comparaison, bien des adiantes de l'Amérique tropicale montrent un comportement rupestre, c'est-à-dire qu'ils colonisent les rochers, les falaises, les abords des chutes, les parvis ou les murs de maçonnerie; ainsi, l'*Adiantum braunii* se trouve fréquemment sur les plafonds des constructions mayas du Yucatan (Mexique).

Sous la pluie, bien des plantes s'affaissent sous le poids de l'eau… mais pas l'adiante du canada! Telles des perles, les gouttelettes d'eau roulent sur la surface de son limbe, parfaitement imperméable. À première vue, le rachis semble se diviser en deux branches, qui divergent à la manière d'un «Y», mais en réalité, le rachis demeure simple comme chez la plupart des autres fougères, cependant, l'axe principal de la première ramification prend tellement d'importance qu'il apparaît comme une bifurcation du rachis; une deuxième ramification naît en position alterne puis, comme la première, elle se recourbe en projetant d'un seul côté une série de rameaux qui deviennent de plus en plus courts en progressant vers l'extrémité des ramifications. Bien remarquer: sauf pour le rachis (ce qui semble être la ramification au centre de l'ensemble), à chacun de ces rameaux correspond, sur l'axe, un segment alterne, non ramifié, rappelant un éventail symétrique, soit une forme sensiblement différente de celle des autres segments, plutôt asymétriques et suggérant des ailes d'oiseau. Sauf exception, seules les deux premières ramifications à la base du rachis se redivisent; le reste du rachis se distingue peu des autres rameaux puisqu'il ne porte que de simples segments (pas facile à expliquer… une observation attentive sur le terrain s'impose!). Les écailles lustrées recouvrant ses rhizomes tiennent lieu de feuilles souterraines; cela nous rappelle que les rhizomes, malgré leur position, répondent bien à la définition d'une tige: un organe qui porte les feuilles et les fleurs.

Photo: Gisèle Lamoureux

*La **variété des aléoutiennes** de l'**adiante du canada** affecte une allure bien différente, à cause de ses rameaux dressés plutôt qu'étalés.*

Air bien connu: les activités humaines menacent l'existence de plantes vulnérables et, parfois, en provoquent la disparition... mais pas toujours! Même que, à l'inverse, l'exploitation de mines d'amiante (fibre extraite d'un minéral, la chrysotile, sorte de serpentine) dans le sud-est du Québec et au Vermont entraîne la création d'habitats favorables à l'établissement de plantes peu communes, dont la variété des aléoutiennes de l'adiante du canada (ou adiante des aléoutiennes), reconnue pour sa rareté dans le nord-est de l'Amérique du Nord où la serpentine se présente comme une étroite ceinture d'environ 15 km de largeur, sur le flanc est des Appalaches depuis Terre-Neuve jusqu'en Alabama. La serpentine n'affleure pas toujours à la surface du sol; lorsque recouverte de matériel d'une autre nature, elle n'influence pas la croissance des plantes en surface; par contre, sa mise à nu, par exemple lors d'activités minières, permet l'établissement des quelques espèces s'en accommodant comme substrat, tel l'adiante des aléoutiennes. Également exclusif à la serpentine, mais

*Toute une volée d'oiseaux qui battent des ailes. Les sores bruns de l'***adiante du canada***, sous la fausse indusie hyaline, évoquent des chenilles.*

Photo: Gisèle Lamoureux

seulement au Vermont, l'adiante des montagnes vertes tire son origine d'un hybride stérile entre l'adiante du canada et l'adiante des aléoutiennes. Dans la nature, certains hybrides stériles deviennent fertiles par le dédoublement spontané de leurs chromosomes donnant ainsi naissance à des espèces à part entière; mais bien que les mécanismes demeurent obscurs, ce phénomène observé depuis longtemps se reproduit couramment en laboratoire lors de la création de nouvelles espèces ou de nouveaux cultivars destinés à l'agriculture ou à l'ornementation.

De deux variétés au tournant du siècle, l'adiante du canada passa à trois variétés, puis à trois variétés et une sous-espèce et enfin à trois espèces, selon différents points de vue envisagés par les botanistes. Tout ça sans que, sur le terrain, le bon vieil adiante, lui, ne change d'un iota.

D'accord, identifier ces trois ou quatre entités dans la nature pose parfois des problèmes: d'abord, cela demande de se référer non pas à un, mais à un ensemble de critères qui, de plus, montrent des amplitudes qui se recoupent; par exemple, les ramifications dressées de l'adiante des aléoutiennes se distinguent bien des ramifications étalées de l'adiante du canada... mais voilà qu'à l'ombre, ces ramifications s'étalent comme celles de l'adiante du canada. Par ailleurs, est-ce convenable de définir une entité par sa présence sur un substrat? À la limite de l'affleurement de serpentine, dans les régions où les aires de nos deux plantes se recoupent (Estrie et Nouvelle-Angleterre), voilà un adiante qui présente des rameaux étalés: est-ce un adiante du canada qui se permet une incursion sur de la serpentine recouverte d'une bonne couche de sol ou un adiante des aléoutiennes qui décide de s'installer à l'ombre, et même ailleurs que sur de la serpentine, comme il le fait dans l'ouest du continent? Et comme ces deux «espèces» s'hybrident, attendons-nous à des individus intermédiaires! La plupart du temps, ces espèces ou variétés se démarqueront assez facilement, mais ne perdez pas le sourire si l'identification de certains adiantes aux caractères intermédiaires vous embête: bien des botanistes ne reconnaissent encore qu'une seule et même espèce: l'adiante du canada... même Fernald et Marie-Victorin, à leur époque, ne voyaient qu'une espèce et deux variétés. Mais quel défi intéressant: distinguer, sur le terrain, des entités que seules permettent d'identifier, à coup sûr (pour le moment), des techniques de laboratoire sophistiquées telles qu'en demandent l'observation des chromosomes (cytotaxinomie) ou la caractérisation des protéines de chaque entité (chimiotaxinomie). Ces nouvelles techniques suscitent, en tous cas, la recherche de nouveaux caractères permettant l'identification à l'oeil nu; elles présentent aussi le grand avantage, sinon de faciliter l'identification sur le

### La première flore de l'Amérique du Nord

Marie-Victorin souligne que «L'Adiante est l'une des premières plantes de l'Amérique qui aient eu les honneurs de la description scientifique: il figure dans le célèbre ouvrage de Cornut (1635)». Même si, de toute évidence, Jacques-Philippe Cornut (en latin: *Cornuti*), botaniste et médecin parisien du XVIIe siècle, ne posa jamais les pieds en Amérique, son livre, *Canadensium Plantarum,* devint incontestablement la première flore publiée de l'Amérique du Nord.

Cornut basa ses descriptions sur les spécimens qu'il reçut du Nouveau Monde et sur le résultat de cultures réalisées à partir de graines et de fragments de plantes envoyées par des colons français, dont peut-être Louis Hébert, le célèbre apothicaire d'origine parisienne, alors établi à Stadaconé (ancien nom de Québec). Rappelons qu'à cette époque, la botanique commençait tout juste à se démarquer comme science distincte: elle faisait plutôt partie des activités normales des médecins et des apothicaires, question de s'approvisionner en plantes médicinales.

Quelle que fût leur origine, nous savons avec certitude que de nombreux spécimens d'espèces nord-américaines non décrites se trouvaient déjà à Paris dès le début du XVIIe siècle. De celles-ci, au moins une quarantaine héritèrent d'une toute première description grâce au travail de Cornut. Pour réaliser sa tâche, ce dernier bénéficia de la présence du Jardin Royal, fondé sous Henri IV (plus tard devenu le célèbre Jardin des Plantes, qui à son tour céda le pas au Muséum d'Histoire naturelle), où poussaient environ 1300 espèces, dont certaines issues du Nouveau Monde.

*L'oiseau est dans sa cage, maluron, maluré! Simplement les jeunes crosses de l'**adiante du canada**. Qui a dit que les fougères ne sont que vertes?*

Photo: Gisèle Lamoureux

terrain, du moins de comprendre les liens de parenté qui existent entre des entités semblables.

À propos de l'adiante du canada, Marie-Victorin relève aussi que «Sous la domination française, il s'est fait un commerce considérable de cette espèce, très employée (sous le nom de Capillaire du Canada) dans toutes les affections pulmonaires». Le botaniste finlandais Perh Kalm (1716-1779) écrivait, en 1761, que la connaissance de ses propriétés proviendrait des Amérindiens, qui partaient à la recherche de la précieuse plante à travers toute la Nouvelle-Angleterre et jusqu'au nord de Montréal. Mais, prudence! Combien de ces informations, en apparence issues de la culture amérindienne, s'avèrent en réalité des connaissances originaires du vieux continent, transmises aux Amérindiens, ensuite oubliées par les Canadiens, puis réapprises par ceux-ci auprès des premiers habitants de l'Amérique? Nous savons qu'une espèce proche, connue des Européens au moins depuis l'époque de Théophraste (avant l'ère chrétienne), servait dans la vieille Europe à des fins médicinales à peu près identiques à celles attribuées à l'adiante du canada par les Amérindiens: l'adiante cheveux-de-vénus (*Adiantum capillus-veneris*). Jadis considéré comme une panacée, il s'employait autant pour guérir toutes les maladies du poumon que pour empêcher la chute des cheveux (est-ce à cause de ses tiges fines, qui lui valurent le nom de capillaire?). Plante magique de la mythologie romaine, cette espèce (tout comme notre adiante) lorsque immergée dans l'eau, se revêt d'un reflet argenté, sans que l'eau ne l'affecte puisque, ramenée à l'air, elle s'avère parfaitement sèche, tout comme Vénus elle-même, issue de l'écume de la mer. Circumboréal des climats tempérés chauds, cet adiante se retrouve en Amérique du Nord; au Canada, il ne croît que près des sources chaudes de Fairmont, dans le sud de la Colombie-Britannique.

## Le mont Albert, Fernald et les nunataks

Le mont Albert! Pratiquement tous les botanistes québécois rêvent d'y séjourner, non seulement pour y jouir d'un paysage unique, à couper le souffle, mais pour y observer la variété des aléoutiennes de l'adiante du canada et quantité d'autres plantes, toutes plus rares les unes que les autres ou, du moins, affectées d'une répartition particulière, intéressante, plus ou moins restreinte aux affleurements de serpentine, un habitat lui-même rare.

En 1923, Marie-Victorin tente de séjourner sur cette montagne, mais l'ascension le fatigue à un point tel qu'il doit redescendre, laissant ses compagnons sur le haut plateau. Avant lui, Fernald, l'infatigable, explora ce mont en 1905, puis plusieurs autres hauts sommets des Chic-Chocs, les rendant célèbres dans le monde de la botanique. Une réserve écologique, en train de prendre naissance, portera son nom; elle protégera la «passe Fernald», un couloir situé entre les monts Fortin et Matawees, dans le massif du mont Logan; à proximité, se trouvent le bassin Fernald et le mont Collins, à la mémoire de son inséparable collaborateur, avec qui il herborisa pendant 32 ans. Même de nos jours, avec les moyens modernes de transport, cette région reste difficile d'accès et tout le monde se demande de quoi était fait Fernald, pour résister à pareilles conditions tout en herborisant aussi efficacement!

La carrière du botaniste le plus célèbre en Amérique du Nord débute en 1891, alors que l'un des deux botanistes qui publièrent la 6e édition du *Gray's Manual*, S. Watson, dirige le *Gray Herbarium* et engage un tout jeune homme de 18 ans, pour l'assister tout en continuant d'étudier. Doué d'une acuité visuelle exceptionnelle et d'une mémoire phénoménale, capable d'enregistrer tous les détails lui permettant de comparer les plantes et de se souvenir, même après bien des années, du site exact de récolte d'un spécimen, Fernald «vivait, pensait, parlait botanique» (d'après Griscom) et ce... pendant près de 60 ans, jusqu'à son décès survenu à l'âge de 76 ans, le 22 septembre 1950. Ce décès se produisit à peine quelques mois après la parution de la huitième édition du *Gray's Manual* à la révision de laquelle il consacra les dernières années de sa vie (au sujet de ce manuel, voir le texte concernant la dryoptère à sores marginaux*).

Et pourtant, Fernald n'obtint qu'un baccalauréat, convaincu que son travail à l'herbier et sur le terrain rapporteraient plus que des études de doctorat. Membre d'une quinzaine d'associations et sociétés, auteur d'environ 800 publications, il se vit décerner deux doctorats honorifiques et trois médailles pour l'importance et la qualité de son travail.

Cet homme de terrain herborisa au Québec et en Nouvelle-Angleterre pendant quelques dizaines d'années; affectionnant particulièrement le Bas-Saint-Laurent et la Gaspésie, il explora aussi Terre-Neuve, la Côte-Nord et les îles de la Madeleine. Ses explorations dans ces territoires l'amenèrent à élaborer la théorie des nunataks, expliquant la répartition géographique de certaines plantes peu fréquentes dans l'est de l'Amérique du Nord par leur persistance dans des endroits qui échappèrent à la dernière glaciation. C'est en 1925 qu'il publie *Persistence of plants in unglaciated areas of boreal America*, un mémoire qui fit époque, suscita bien des discussions et stimula la recherche sur le terrain. Marie-Victorin (1885-1944) vécut à la même époque que Fernald et entretint des contacts assidus avec lui; c'est aussi Fernald qui initia et encouragea le botaniste Ernest Rouleau (1916-1991) à poursui-

*Gaspésie: entre les monts Matawees (à gauche) et Fortin (à droite), la* ***passe Fernald*** *qui débouche dans le bassin du même nom. Des monuments naturels d'une grande beauté, dédiés à la mémoire d'un botaniste qui marqua sa discipline.*

vre des inventaires floristiques à Terre-Neuve, inventaires encore aujourd'hui menés par des botanistes de Montréal.

Fernald naquit à Orono (Maine) en 1873, un 5 octobre... le même quantième et le même mois que trois autres botanistes qui oeuvrent ou oeuvrèrent au Québec: Jacques Rousseau (1905-1962), Pierre Dansereau (1911) et... Gisèle Lamoureux, la coordonnatrice de Fleurbec; est-ce un hasard, si le 5 octobre célèbre sainte Fleur, nommée aussi sainte Flore, une religieuse hospitalière décédée en 1347 et sanctifiée à cause de sa grande charité?

Plusieurs noms d'espèces se réfèrent à Merritt Lyndon Fernald: *fernaldi* et *fernaldiana* respectivement pour les genres *Astralagus* et *Poa*; *fernaldii* pour *Amelanchier*, *Braya*, *Calamagrostis*, *Desmodium* et *Glyceria* ou encore pour certains hybrides comme *Viola* X *fernaldii* et *Quercus* X *fernaldii*.

Les Amérindiens de l'ouest du continent utilisaient l'adiante des aléoutiennes dans la fabrication de paniers; les chasseurs de certaines tribus portaient ses stipes noirs en guise d'amulettes propices à favoriser leurs chasses. Au Japon et chez les Amérindiens de l'État de Washington (ouest des États-Unis), les frondes de l'adiante des aléoutiennes s'employaient pour arrêter les saignements: fort utile d'en garder sur soi lors d'expéditions guerrières! Ces Amérindiens en utilisaient aussi l'infusion pour se laver les cheveux et mâchaient les frondes pour soulager les maux d'estomac. Les Amérindiens Ménomini (ouest du lac Michigan) en tiraient un sirop contre les «malaises féminins» et employaient les parties souterraines pour soigner des maux respiratoires.

Les adiantes figurent parmi les fougères les plus populaires auprès des

*Le nom* ***adiante*** *signifie «qui ne se mouille pas». L'eau glissant sur la feuille, la pare d'un reflet argenté.*

Photo: Gisèle Lamoureux

horticulteurs en raison de leurs élégantes frondes aux segments de formes et de teintes variées, contrastant agréablement avec le noir lustré ou le brun foncé des stipes. Au XIXe siècle, les horticulteurs s'adonnaient activement à l'introduction de nouvelles espèces et variétés si bien qu'en 1970, les adiantes cultivés comptaient déjà 28 espèces et de nombreux cultivars (variétés sélectionnées par la culture); *Adiantum raddianum,* la plus populaire d'entre toutes, remportait la palme avec ses 35 cultivars. Par contre, même s'il se classe parmi les fougères les plus décoratives, l'adiante du canada, cette grande plante d'aspect fragile, se cultive dans les jardins boisés et dans les serres, mais supporte plus difficilement la culture en pot à l'intérieur des maisons. Respecter les conditions du sol de son milieu naturel, généralement riche en humus (feuilles mortes décomposées) et au pH voisin de la neutralité. Ses rhizomes permettent à l'adiante du canada de s'étendre, sans pour autant le rendre envahissant. Ses frondes délicates ne persistent pas en hiver; attendre au printemps pour en enlever les débris. Le multiplier par séparation des touffes ou par culture des spores, qui mettent 2 semaines à produire le prothalle; celui-ci demande 22 semaines additionnelles pour former les premières frondes.

Les frondes de l'adiante du canada, récoltées en tout temps, s'utilisent pour leur pouvoir expectorant et pour calmer et adoucir les muqueuses des gorges irritées par la toux. Les enfants apprécient le goût du sirop suivant: infuser 10 g de frondes séchées dans 50 mL d'eau, pendant 6 h, dans un pot bien fermé; décanter, ajouter de 150 à 300 mL de sucre (voir sirop épais et très épais, p. 35 dans *Plantes sauvages au menu*), porter à ébullition puis filtrer à travers un coton à fromage. Les rhizomes de cette fougère possèdent peut-être les mêmes propriétés que ses frondes, mais en récolter fait mourir la plante et risque de nuire à la survie de l'espèce.

# Thélyptère de new york

new york-fern

Dryoptéride de new york. *Bear's-paw, tapering fern.*
Famille de la thélyptère; *Thelypteridaceae.*

**Thelypteris noveboracensis** (Linné) Nieuwland. Synonymes: *Dryopteris noveboracensis* (Linné) A. Gray; *Parathelypteris noveboracensis* (Linné) Ching; *Thelypteris thelypterioides* (Michaux) Holub. Ancien nom de genre utilisé par le Latin Pline l'Ancien (23-79) et par le Grec Dioscoride (premier siècle après Jésus-Christ) pour désigner une «fougère-femelle» (analogue au nom *filix-femina*), du grec *thelys*: tendre, délicat, femelle, et *pteris*: fougère; *noveboracensis*: New York, du latin *novum*, nouveau, et *Eboracum*, nom romain de la ville d'York, en Grande-Bretagne.

Herbacée vivace à rhizome ne portant qu'une sorte de frondes qui ne persistent pas l'hiver. De taille moyenne (0,35 m), la thélyptère de new york forme de petites touffes (1 à 4 frondes) réunies en colonies. Sa silhouette, nettement élargie au centre et rétrécie aux deux bouts, lui donne une allure ventripotente; peu de fougères montrent une base aussi longuement rétrécie, avec des segments aussi courts. Bien que peu découpée, elle présente un aspect délicat à cause du vert clair de son limbe, par ailleurs mince et fanant rapidement après la cueillette. Tout comme la dennstaedtie à lobules ponctués*, l'athyrie fausse-thélyptère* et les autres thélyptères, c'est une fougère très poilue, surtout sur le rachis.

*Frondes* non ramifiées, divisées à deux reprises; dressées et arquées au sommet. Limbe allongé (40 X 13 cm), longuement rétréci aux deux extrémités; segments primaires longuement rétrécis au sommet, sans queue, ceux de la base presque opposés, les autres alternes; les plus bas, très courts (0,5 cm). Segments secondaires découpés presque jusqu'à la nervure, alternes, à sommet plutôt arrondi; bordés de cils et de dents très peu prononcées, dessinant un contour légèrement sinueux. Rachis couvert de poils blancs très fins, de plus en plus rares vers le stipe, également présents sur les nervures et les 2 faces du limbe (visibles à la loupe). Stipe délicat et court (égalant environ le tiers du limbe), portant à peine quelques écailles brunes, peu remarquables (sauf sur les crosses); creusé d'un très faible sillon; vert mais plutôt brun rougeâtre à la base.

*Sores* petits, ronds, distancés (du moins ne se touchant pas); disposés très près du bord du limbe, généralement absents du sommet des segments. Couverts d'une indusie blanchâtre, en forme de fer à cheval et attachée par le centre (visible à la loupe lorsque le sore est très jeune), persistante mais difficile à observer à la maturité des sporanges. Sporanges beiges, spores noires.

*Crosse* vert tendre; le limbe formant une petite boule bien ronde et serrée (0,5 cm) qui se rejette vers l'arrière, face au ciel, pour se dérouler. Stipe très fin, muni d'écailles beiges.

Le plus souvent, la thélyptère de new york se trouve en forêt, souvent dans les érablières à tilleul, les érablières à bouleau jaune ou les hêtraies, mais aussi dans des forêts mixtes ou conifériennes. Tout comme le gymnocarpe fougère-du-chêne* et la thélyptère fougère-du-hêtre*, elle croît plus particulièrement dans les secteurs frais et humides de ces forêts, entre autres sur les sites où pousse l'orme d'amérique ou le frêne noir. On rapporte aussi sa présence dans des endroits plus secs et semi-ombragés, clairières et arbustaies par exemple, et même dans des sites plus ensoleillés mais au substrat mouillé, comme les pâturages

Le genre thélyptère comprend environ 800 espèces et se répartit pratiquement sur toute la planète, bien que les régions tempérées de l'hémisphère sud et les régions boréales comptent peu d'espèces.

Propre à l'est de l'Amérique du Nord, la **thélyptère de new york** ne se rend pas tout à fait au Mississippi, ce qui permet de la classer plus ou moins parmi les espèces appalachiennes. Elle s'étend de la Louisiane à Terre-Neuve, territoire qui correspond à la plus grande partie des domaines tempérés mixte et décidu avec une légère extension dans le domaine boréal (forêt coniférienne).

Limites en Amérique du Nord: Terre-Neuve (Parc national du Gros Morne, 49°30'N) et Louisiane (comté de Washington, 30°55'N); au Québec: lac Saint-Jean (île aux Couleuvres, 48°30'N).

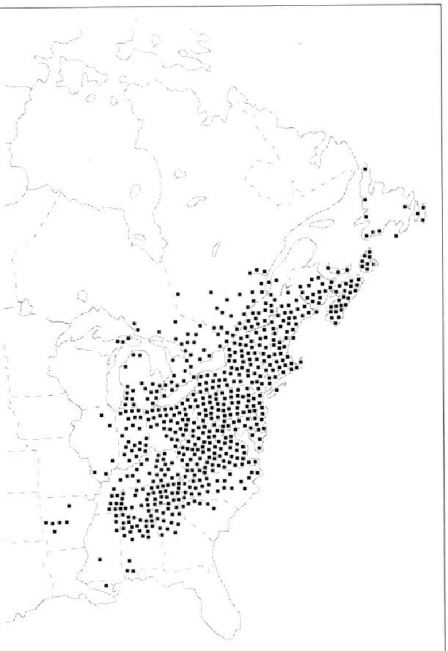

humides ou les bordures de marais. Elle tolérerait de rares inondations.

Les sombres rues de Harlem, les tonnes de béton de Manhattan et les lumières de Broadway... la délicate thélyptère de new york semble bien mal nommée! Linné ne justifia pas le nom choisi pour la fougère que lui transmit son disciple Pehr Kalm, en 1749, en mentionnant qu'elle provenait du Canada. Rappelons que Linné désigne sous le terme «Canada» le nord-est de l'Amérique du Nord exploré par Kalm, qui comprend, grosso modo, le territoire depuis Philadelphie et New York en remontant vers le nord par Albany, Montréal et Québec et, vers l'ouest, d'Albany jusqu'à la rivière Mohawk, le lac Ontario et les chutes du Niagara. Un nom anglais, *tapering fern*, signifie «fougère effilée» et décrit bien le long et gracieux rétrécissement des deux extrémités du limbe. La thélyptère de new york compte une forme nommée *fragrans* (du latin *fragrare*: parfumer), qui garderait longtemps, même après séchage, l'odeur agréable qu'exhalent les poils glanduleux qui garnissent le revers des frondes.

Une très grande similitude existe entre la thélyptère de new york, propre à l'est de l'Amérique du Nord, et la thélyptère du nevada (*Thelypteris nevadensis*), qui habite la côte ouest du continent depuis le sud de la Colombie-Britannique jusqu'au centre de la Californie. Les caractères qui associent la thélyptère de new york à sa contrepartie de l'ouest distinguent tellement ces deux plantes des autres thélyptères que certains botanistes les classent, avec d'autres espèces voisines, dans le genre *Parathelypteris*. Cette paire d'espèces confirme la «parenté», ou affinité floristique, entre la cordillière des Rocheuses et la région des Appalaches. Des exemples encore plus probants de cette affinité chez les fougères concernent des variétés différentes d'une même espèce, comme les variétés *alaskense*

*Une allure ventripotente, cette silhouette nettement élargie au centre et rétrécie au deux bouts. Peu de fougères montrent un base aussi longuement rétrécie que la* ***thélyptère de new york****, avec des segment aussi courts. La matteuccie fougère-à l'autruche, peut-être*



Photo: Sylvain Lamoureux

(ouest) et *purshii* (est) du polystic de braun* ou, encore mieux, les populations isolées d'une seule et même espèce comme la dryoptère à crêtes*; le cas classique de ce type de répartition implique tout particulièrement les espèces arctiques-alpines telle l'athyrie alpestre (*Athyrium alpestre*), retrouvée à la fois sur les hauts sommets des Appalaches (en Gaspésie par exemple) et dans les Rocheuses.

Tout de même curieux cette parenté entre la flore des Rocheuses et celle des Appalaches... mais quelle explication donner? Immuable la flore? Oh que non! Sur de longues périodes, elle modifie sa composition à la suite de catastrophes comme le feu et les éruptions volcaniques à grande échelle, de bouleversements géomorphologiques comme la formation de montagnes et de cours d'eau, ou encore le mouvement des plaques tectoniques, mais aussi à la suite de changements du climat comme ceux reliés aux glaciations. Depuis deux millions d'années, la terre connaît une succession de glaciations et de périodes plus clémentes, nommées interglaciaires, tel l'holocène que nous traversons présentement. Les envahissements et retraits successifs du glacier continental entraînent la migration de nombreuses espèces végétales vers le sud ou le nord selon que le glacier avance vers le sud ou retraite vers le nord du continent.

Peut-on formuler l'hypothèse que la thélyptère de new york et la thélyptère du nevada tirent leur origine d'une seule et même espèce? Comme nombre d'espèces de la végétation boréale de l'Amérique du Nord, celle-ci aurait migré à partir de l'est de l'Asie, où existent plusieurs thélyptères, pour envahir le continent nord-américain au cours d'une période interglaciaire. Avec l'avènement de la glaciation, l'espèce, tout comme l'ensemble de la végétation, migra au sud du glacier, mais surtout à l'est et à l'ouest des Grandes Plaines, provoquant la création de deux populations isolées. Plus tard, le glacier retraita, mais voilà, seules les espèces particulièrement bien adaptées au froid mi-

Photo: Roger Larose

*Les crosses de la* ***thélyptère de new york****: le limbe forme une petite boule bien ronde et serrée qui se rejette vers l'arrière, face au ciel, pour se dérouler. À la base de la fronde mature, noter comme la première paire de segments est petite et bien distancée de la seconde. Et les écailles fanent vite!*

*Vous avez dit «vert fougère»? Pourtant, ici, deux verts pour la* ***thélyptère de new york****: un vert bleuté pour le revers de la fronde, un vert tendre pour le dessus. Le revers porte les sores, petits, ronds, bien alignés très près du bord du limbe. À noter également, l'abondance de poils.*

Photo: Roger Larose

grèrent rapidement vers le nord et envahirent le continent pour rétablir la continuité dans leur répartition; les espèces les moins bien adaptées aux conditions froides migrèrent peu ou pas du tout, et persistèrent en deux populations isolées durant de longues périodes, suffisamment longues dans certains cas pour provoquer l'apparition de différences entre elles, tel que chez nos deux thélyptères. La similarité paraît tellement grande entre les deux espèces qu'elle suppose un isolement géographique récent, du moins à l'échelle géologique. Chose certaine, notre connaissance de ce couple reste incomplète... personne encore n'a hybridé ces deux plantes, et les résultats pourraient bien surprendre.

Prévoir un espace assez grand pour la culture de la thélyptère de new york, car elle se répand facilement et forme des massifs délicats mais de bonne étendue. Elle pousse de préférence dans des lieux semi-ombragés, dans un sol légèrement acide, riche en humus, profond et humide mais bien drainé (sans eau stagnante); elle s'accommode toutefois de bien des situations et c'est une des rares fougères qui tolèrent des sols relativement secs. Ses spores demandent 2 semaines pour produire un prothalle et 6 semaines additionnelles pour former une jeune fronde.

# Thélyptère des marais

## marsh-fern

Dryoptéride thélyptéride; thelyptéris des marais. *Ground-, lady-, meadow-, quill-, snuffbox-, swamp- or wood-fern; marsh shield-fern.* Famille de la thélyptère; *Thelypteridaceae.*

**Thelypteris palustris** (Salisbury) Schott. Synonymes: *Dryopteris thelypteris* (Linné) A. Gray. Ancien nom de genre utilisé par le Latin Pline l'Ancien (23-79) et par le Grec Dioscoride (premier siècle après Jésus-Christ) pour désigner une «fougère-femelle» (analogue au nom *filix-femina*), du grec *thelys*: tendre, délicat, femelle, et *pteris*: fougère; *palustris*: du latin *palus*: marais, marécage, étang, à cause de son habitat.

Herbacée vivace à rhizome portant deux sortes de frondes qui ne persistent pas l'hiver. De taille moyenne (0,6 m), la thélyptère des marais pousse en colonies enchevêtrées, denses et pures, parfois d'une grande étendue, d'un vert pâle et tendre tranchant sur les végétaux environnants. Cette couleur, ajoutée aux orientations diverses que prennent les frondes et à la finesse des rachis, donnent une apparence légère et vaporeuse à la colonie. La forme en dents de scie des segments de la fronde fertile (segments secondaires triangulaires, à sommets bien distancés les uns des autres) permet de reconnaître cette fougère entre toutes; ne rappelle-t-elle pas le ruban zigzag qui, anciennement, décorait certains vêtements? Noter aussi le stipe très long, plus long que le limbe.

*Frondes fertiles* non ramifiées, divisées à deux reprises, dressées. Limbe allongé (33 X 14 cm), plus large au-dessous du milieu; sommet effilé, base peu ou non rétrécie; vert un peu plus foncé que celui des frondes stériles. Segments primaires à sommet effilé, généralement arqués vers le bas; alternes ou à tendance opposée; dernières paires de segments projetées vers l'avant, formant ainsi un léger «V». Segments secondaires aigus, sans dents, mais à bordure nettement repliée par en dessous, de sorte que les segments paraissent distancés, le côté de l'un ne touchant pas le côté du segment voisin; cela donne à l'ensemble du limbe une texture gaufrée. Présence de rares écailles triangulaires, beige pâle à brunes, sur le stipe. Celui-ci grêle, noir ou brun rougeâtre à la base, vert clair dans le haut; à coupe transversale arrondie, aplatie sur le dessus. Rachis vert clair, devenant beige rosé, tranchant sur le limbe; garni, tout comme le revers du limbe, de poils très fins (visibles à la loupe).

*Sores* au revers de la fronde, d'abord petits et cachés par le bord enroulé du limbe, devenant gros et bien ronds à maturité, se touchant les uns les autres et disposés de chaque coté de la nervure centrale des segments secondaires. Présence d'une belle indusie blanche et brillante, attachée par son centre, ce qui lui donne une forme de beigne, bien visible à l'oeil nu; persistante après l'éclatement des sporanges. Sporanges débordant de l'indusie; transparents et laissant voir les spores noires.

*Frondes stériles* paraissant très différentes des frondes fertiles. En réalité très semblables, elles diffèrent surtout en ce que la bordure des segments secondaires reste plane, non repliée par en dessous; de ce fait, les segments se touchent et ne

*Au centre de la photo, une fronde plus foncée, aux segments maigrichons; c'est une fronde fertile de la* ***thélyptère des marais****. Les frondes stériles qui l'entourent paraissent très différentes mais lui ressemblent beaucoup, en réalité. Elles diffèrent surtout en ce que la bordure des segments reste plane*



Photo: Gisèle Lamoureux

ressemblent pas du tout à des dents de scie, la fougère en perd son aspect gaufré et sa rigidité: les frondes sont arquées. À l'intérieur d'une colonie, les frondes stériles s'arquent qui dans un sens qui dans l'autre, ce qui donne un enchevêtrement remarquable. De texture mince et molle, la fougère fane sitôt cueillie.

≠ Trois espèces de thélyptères de l'est de l'Amérique du Nord se ressemblent. Parfois, lorsque les segments du bas s'atténuent, la thélyptère des marais rappelle la thélyptère de new york*; celle-ci s'en distingue par son stipe plus court et ses segments du bas toujours très réduits, beaucoup plus que ceux de la thé-

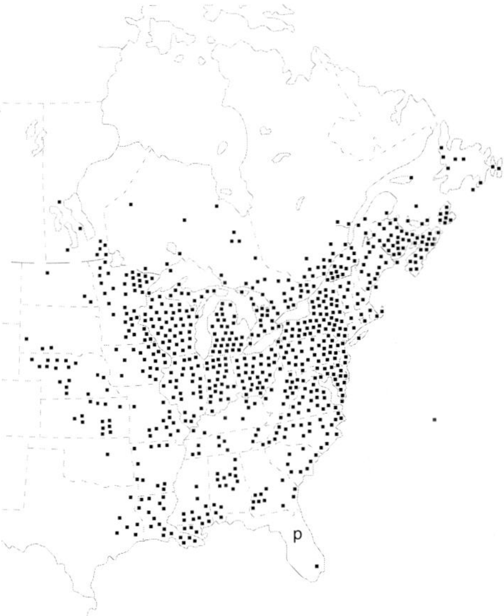


Le genre thélyptère comprend environ 800 espèces et se répartit pratiquement sur toute la planète; les régions tempérées de l'hémisphère sud et les régions boréales comptent peu d'espèces et la plus grande concentration se trouve dans le sud-est de l'Asie. Des études récentes (1969) permirent de scinder en deux espèces ce qui constituait autrefois la thélyptère des marais, alors classée parmi les rares fougères cosmopolites: une espèce propre à l'hémisphère sud (*T. confluens*: Amérique du Sud, Afrique, puis de l'Inde à la Nouvelle-Zélande et à la Nouvelle-Guinée) et notre **thélyptère des marais**, circumboréale mais à répartition un peu particulière. Des deux variétés que comprend cette dernière, l'une s'étend de l'Europe jusqu'au centre de l'Asie et l'autre (var. *pubescens*) montre une aire disjointe: dans l'est de l'Asie et dans l'est de l'Amérique du Nord, patron de disjonction que la thélyptère des marais partage avec tout un groupe de plantes, dont le bien connu ginseng (*Panax quinquefolius*) et environ 20 % des fougères de l'est de l'Amérique du Nord (à l'exception des fougères tropicales de la Floride). Certains divisent la variété *pubescens* en deux et reconnaissent la variété *haleana*, propre au sud des États-Unis et aux Bermudes.

Sur notre continent, l'aire de la thélyptère des marais rappelle celle de l'onoclée sensible*. Quoique apparemment moins fréquente dans le sud, la thélyptère des marais se trouve pratiquement dans tout le domaine tempéré (forêt décidue), depuis le sud de la Floride jusqu'à l'île du Cap-Breton; son aire déborde un peu dans le sud-est du domaine boréal (forêt coniférienne) jusqu'au nord du lac Winnipeg, de l'Ontario et de l'île de Terre-Neuve, et, de manière remarquable pour une fougère de l'est, elle déborde aussi dans les Grandes Plaines (domaine prairial), particulièrement au Kansas, au Nebraska et au Dakota du Sud où elle se rend pratiquement aux contreforts des Rocheuses.

Limites en Amérique du Nord: Manitoba (Grand Rapids, 53°15'N) et Floride (comté de Dade, 25°30'N); au Québec: île d'Anticosti (Pointe Heath, 49°05'N).

*Deux couleurs de sporanges. Les sores de la* ***thélyptère des marais****, comme ceux de bien d'autres espèces, changent d'aspect à mesure que la saison avance: à gauche, des sporanges blanchâtres, se distinguant à peine de l'indusie blanche; à droite, des sporanges noirs, bien mûrs, débordant de l'indusie.*

Photo: Gisèle Lamoureux

lyptère des marais, sans compter que ses frondes stériles et ses frondes fertiles sont identiques et qu'elle fréquente des habitats plus secs. La thélyptère simulatrice (*Thelypteris simulata*), très rare au Québec (lac Champlain), ressemble beaucoup à la thélyptère des marais; cependant, ses segments fructifères ne s'enroulent que peu ou pas par en dessous; en présence des seules frondes stériles, observer les nervures: en majorité fourchues chez la thélyptère des marais, non fourchues chez la thélyptère simulatrice. Malgré plusieurs recherches menées tant sur le terrain que dans les herbiers, aucun hybride ne semble exister entre ces trois espèces de thélyptères, même si leurs trois aires de répartition se recouvrent largement; leurs nombres chromosomiques disparates, $n = 27, 35$ et 64, laissent également supposer des entités bien distinctes (à l'intérieur d'un genre, des nombres chromosomiques qui sont des multiples ou des sous-multiples les uns des autres indiquent des filiations).

↓ Peu fréquente, la thélyptère des marais, mais formant des massifs remarquables, qui ravissent celui qui les découvre au hasard d'une promenade. Généralement, elle pousse dans des endroits très humides, inondés non seulement au printemps, mais pendant une bonne partie de l'année. Elle croît en particulier autour d'étangs ou d'élargissements de cours d'eau très tranquilles, souvent en forêt. On rapporte aussi sa présence dans les fossés et en bordure de tourbières.

Que peut bien vouloir dire *suaveolens*? Le mot vient de suave, signifiant «qui a une douceur délicieuse», et désigne, entre autres, une forme odoriférante de la thélyptère des marais connue, au Canada, à l'île du Cap-Breton. Rondes comme des petites balles, les crosses de la thélyptère

Sylvain Lamoureux

*Encore un doute sur l'identité d'une thélyptère? Les segments de la **thélyptère des marais** présentent une nervation fourchue, bien visible à contre-jour.*

*De quelle thélyptère s'agit-il? De la **thélyptère des marais**. Les segments de la base du limbe aident à différencier les trois thélyptères. Ceux de la thélyptère de new york sont extrêmement réduits, ceux de la thélyptère des marais sont plutôt allongés et adoptent une silhouette aux bords à peu près parallèles, contrairement aux segments basaux de la thélyptère simulatrice (page suivante) dont la silhouette se rétrécit à chaque extrémité.*

Gisèle Lamoureux

des marais se distinguent de celles de la plupart des autres espèces de fougères, qui présentent une forme plus aplatie. Ajustant leur hauteur en fonction de la végétation qui les entoure, les frondes se frayent un chemin vers la source de lumière; aussi, lorsqu'elles poussent en colonies très denses, elles atteignent parfois une taille de plus de 1,2 m avec des stipes de plus de 0,75 m!

Quels beaux massifs vert clair dans l'eau, en bordure d'étangs ou de ruisseaux très paresseux! Malheureusement, un petit terrain ne résiste pas à son agressivité: la thélyptère des marais envahit facilement toute la place à sa disposition et trompe la vigilance de l'horticulteur qui ne lui pose pas de barrières suffisantes. Idéalement, elle pousse dans un sol marécageux (terre noire et non tourbe de sphaignes), mi-liquide, plutôt acide, sans calcaires, et à l'ombre de grands arbres qui répandent une lumière filtrée... ou même en plein soleil. Ses spores demandent environ 2 semaines pour produire un prothalle et 6 semaines additionnelles pour former la jeune fronde.

Sylvain Lamoureux

*Pas si sûr qu'il s'agisse d'une **thélyptère simulatrice**? La nervation des segments, simple, non fourchue, le confirme.*

Sylvain Lamoureux

*Une fougère très rare au Québec: la **thélyptère simulatrice**, qui pousse dans la région du lac Champlain. Remarquer comme les segments de la base du limbe ont une silhouette fort atténuée aux deux extrémités. Son mode de croissance la distingue aussi de la thélyptère des marais: elle forme des couronnes denses et très touffues (contrairement à la thélyptère des marais dont les petites touffes, non en couronne, donnent un tapis continu).*

# Thélyptère fougère-du-hêtre

## long beech-fern

Dryoptéride du hêtre; **fougère-à-moustache**; phégoptéris faux-polypode; polypode cilié, connectile, du hêtre, phégoptère, triangulaire. *Mountain- or sun-fern; common, narrow or northern beech-fern.*
Famille de la thélyptère; *Thelypteridaceae.*

**Thelypteris phegopteris** (Linné) Slosson. Synonymes: *Dryopteris phegopteris* (Linné) C. Christensen; *Phegopteris connectilis* (Michaux) Watt; *P. polypodioides* Fée. Du grec *thelys*: tendre, délicat, femelle, et *pteris*: fougère; ancien nom de genre utilisé par le Latin Pline l'Ancien (23-79) et par le Grec Dioscoride (premier siècle après Jésus-Christ) pour désigner une «fougère-femelle» (analogue au nom *filix-femina*); du grec *phegos*: désignant une espèce de chêne à glands comestibles et, par ailleurs, apparenté au latin *Fagus*, que déjà Pline l'Ancien utilisait pour désigner le hêtre, aussi de *pteris*: fougère.

Herbacée vivace à rhizome ne portant qu'une sorte de frondes qui ne persistent pas l'hiver. De taille petite ou moyenne (0,2 à 0,4 m), la thélyptère fougère-du-hêtre forme des colonies denses, parfois pures, et d'un vert franc. Remarquable par sa forme triangulaire, à sommet très effilé, et surtout par ses deux derniers segments à la base du limbe: plus longs et orientés dans un axe différent, de manière à former un «V» (certains disent une moustache) à peu près perpendiculaire au reste de la fronde.

*Frondes* arquées, non ramifiées, divisées à deux reprises, fragiles, minces, molles. Limbe en forme de triangle isocèle allongé (beaucoup plus long que large: 20 X 15 cm); plus large à la base. Segments primaires alternes, ceux du bas à tendance opposée; allongés, non découpés jusqu'au rachis, à pointe effilée; base décurrente formant une aile le long du rachis, sauf entre les 2 dernières paires de segments à la base du limbe. Segments secondaires alternes, arrondis au sommet, pratiquement sans dents. De longs poils blancs, ramifiés pour certains (visibles à la loupe), garnissent toutes les parties mais surtout les nervures et les bords des segments, en particulier sur le revers. Écailles fragiles, d'un brun clair, dispersées le long du rachis, du stipe et au revers du limbe (sur la nervure principale des segments primaires); plus grandes à la base du stipe. Stipe de taille moyenne (30 cm), plus foncé, parfois teinté de rouge vers le haut et au début du rachis; légèrement courbé et noir à la base (sur 2 ou 3 cm). Revers portant les sores; certaines frondes restent cependant stériles ou comprennent des segments stériles.

*Sores* nombreux, petits, ronds, alignés en bordure des segments secondaires, à l'extrémité des nervures; d'un vert jaune au début, devenant brun pâle par la suite; sans indusie. Sporanges incolores, avec un anneau brun pâle (visible à la loupe).

≠ La thélyptère à hexagones (*Thelypteris hexagonoptera*) ressemble à la thélyptère fougère-du-hêtre à s'y méprendre. Présente surtout dans le nord-est des États-Unis, elle figure sur la liste des plantes rares du Canada, où elle se trouve uniquement dans le sud de l'Ontario et du Québec (Montérégiennes). Elle atteint une plus grande taille (haut.: 0,5 m; long. du

*La fougère-à-moustache, c'est elle! Remar- quer la première paire de segments à la base du limbe: elle dessine un «V» caracté- ristique. La **thélyptère fougère-du-hêtre** forme des colonies denses, parfois pures, et d'un vert franc*

Photo: Gisèle Lamoureux

limbe: 0,2 à 0,4 m) et dégage, seulement à l'état frais, une odeur très forte et agréable que ne possède pas la thélyptère fougère-du-hêtre et qui rappelle la coriandre (*Coriandrum sativum*) ou le gingembre sauvage° (*Asarum canadense*). Par ailleurs, contrairement à celui de la thélyptère fougère-du-hêtre, son limbe, généralement aussi large que long, forme une aile le long du rachis entre toutes les paires de segments primaires, même celles du bas. Chez la thélyptère fougère-du-hêtre, remarquer l'absence de cette aile entre les deux paires de segments du bas et la plus grande abondance de poils sur les deux faces.

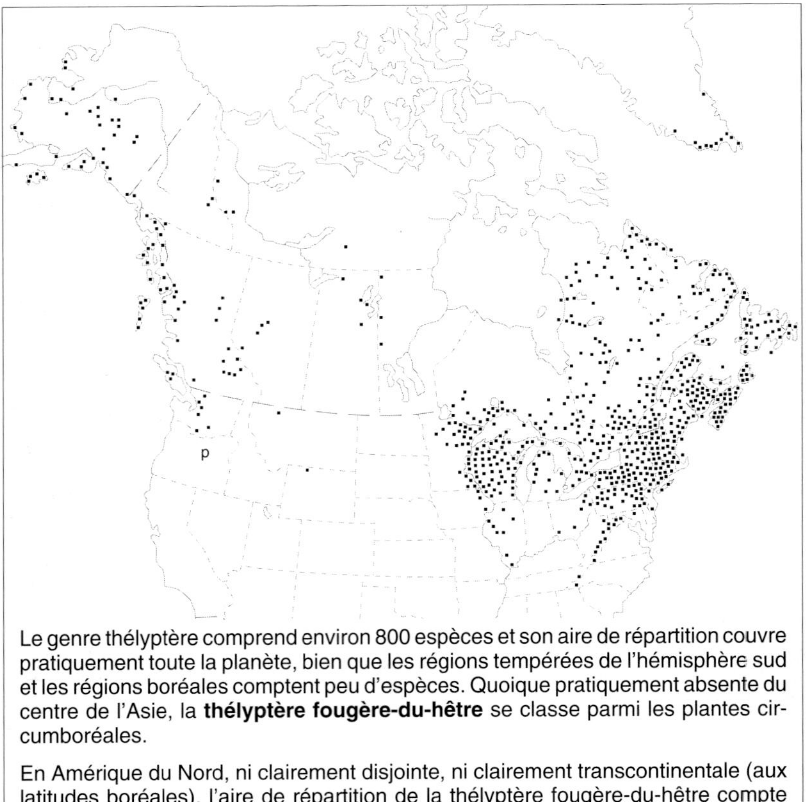


Le genre thélyptère comprend environ 800 espèces et son aire de répartition couvre pratiquement toute la planète, bien que les régions tempérées de l'hémisphère sud et les régions boréales comptent peu d'espèces. Quoique pratiquement absente du centre de l'Asie, la **thélyptère fougère-du-hêtre** se classe parmi les plantes circumboréales.

En Amérique du Nord, ni clairement disjointe, ni clairement transcontinentale (aux latitudes boréales), l'aire de répartition de la thélyptère fougère-du-hêtre compte des stations beaucoup plus clairsemées dans l'ouest que dans l'est, où la plante se trouve essentiellement dans les domaines tempéré mixte (érablières et forêts mixtes) et boréal (forêt coniférienne).

Limites en Amérique du Nord: Alaska (Menley Hot Springs, 65°N) et Caroline du Nord (comté de Macon, 35°10'N); au Québec: baie d'Ungava (fjord Alluviak, 59°30'N). La thélyptère fougère-du-hêtre figure sur la liste des plantes rares du Yukon, de la partie continentale des Territoires du Nord-Ouest, de l'Alberta, de la Saskatchewan, du Manitoba, du Tennessee, de l'Illinois et de l'Oregon, de même que sur la liste des espèces menacées de la Caroline du Nord et du Rhode Island.

*Des chenilles contorsionnistes! Les crosses de la* ***thélyptère fougère-du-hêtre****, comme celles de l'athyrie fougère-femelle, se plient en deux au moment de leur déroulement, mais cette fois, par en arrière.*

Photo: Gisèle Lamoureux

Tout comme le gymnocarpe fougère-du-chêne*, la thélyptère fougère-du-hêtre forme des colonies plus luxuriantes à l'ombre des forêts, mais elle n'en pousse pas moins en milieux ouverts: elle croît, par exemple, sur des talus d'éboulis, des escarpements rocheux et même dans les crevasses des falaises… mais de préférence dans les microhabitats ombragés de ces milieux. La thélyptère fougère-du-hêtre pousse dans une grande variété de forêts: feuillues, mixtes ou conifériennes; elle croît aussi dans les forêts subalpines et les krummholz de montagnes (forêts rabougries, à la limite des arbres). Elle semble cependant beaucoup moins fréquente dans les tourbières boisées que le gymnocarpe fougère-du-chêne, sauf peut-être là où domine le cèdre-thuya occidental. La thélyptère fougère-du-hêtre apprécie la proximité des ruisseaux où poussent le frêne noir, le peuplier baumier, l'aulne rugueux° et différents saules; en milieu nordique, elle fréquente surtout cet habitat, probablement parce qu'il offre plus de protection et plus d'ombrage. Dans les forêts feuillues (principalement des érablières), elle recherche surtout les secteurs frais et humides, tout comme la thélyptère de new york* (bien moins répandue) et le gymnocarpe fougère-du-chêne; contrairement à ce que laisse sous-entendre son nom, il faut l'associer non pas aux forêts de hêtre, mais plutôt aux forêts dominées ou codominées par le bouleau jaune.

Au printemps, les jeunes crosses se déroulent et laissent tomber l'épais manteau d'écailles brun foncé les protégeant des rigueurs de l'hiver; les écailles, qui couvrent également les jeunes stipes et le rachis, deviennent plus dispersées à mesure que ceux-ci s'allongent. Les frondes fertiles apparaissent plus tard que celles qui demeurent stériles. Autre bel exemple de chaos taxinomique, la thélyptère fougère-du-hêtre affiche une quanti-

*Une fougère sertie de diamants. Les têtes blanches, en réalité incolores, des sporanges de la* ***thélyptère fougère-du-hêtre*** *tranchent avec le vert du limbe.*

té impressionnante de synonymes: d'abord nommée *Polypodium phegopteris* par Linné, renommée *Polypodium connectile* par Michaux, l'espèce porta tour à tour les noms de *Gymnocarpium phegopteris*, *Phegopteris polypodioides*, *Phegopteris connectilis* et *Dryopteris phegopteris*; on l'aurait aussi associée, à la fin du siècle dernier, au genre *Aspidium*. Elle fut désignée comme l'espèce-type (pour l'explication de ce terme, voir le texte sur la matteuccie fougère-à-l'autruche*) pour la description de deux genres différents: *Gymnocarpium*, publiée par Newman en 1851, et *Phegopteris*, publiée par Fée en 1852. L'application stricte du *Code international de la nomenclature botanique* aurait dû conduire à l'adoption du nom *Gymnocarpium*, mais l'usage courant consacra le nom *Phegopteris*. Favori des botanistes, comme nom de genre pour les uns, comme épithète spécifique pour les autres, ce mot se retrouva à la fois dans les noms *Dryopteris phegopteris* et *Phegopteris connectilis*, quasi universellement utilisés; le premier tomba en désuétude au cours des années 1950 et plusieurs botanistes favorisent encore le second, mais des travaux récents classent cette fougère dans le genre thélyptère.

Chaque cellule d'un être vivant comprend des chromosomes, présents en nombre identique chez tous les individus normaux d'une même espèce; c'est par les chromosomes que se transmettent les caractères héréditaires. Ça, c'est simple. Par convention, le symbole $2n$ représente le nombre de chromosomes d'une espèce; par exemple, chez l'humain $2n = 46$, ce qui veut dire que toutes ses cellules comptent 46 chromosomes, sauf ses cellules sexuelles qui en comptent la moitié, soit $n = 23$; ainsi, lorsqu'une cellule sexuelle mâle (spermatozoïde: $n = 23$) féconde un ovule ($n = 23$), cela donne un embryon qui revient au nombre $2n = 46$ et la boucle est bouclée. Le *nombre de base* de chromosomes (symbolisé par *x* ) chez l'humain s'élève à 23, car il possède 23 chromosomes très différents, et comme ses cellules ordinaires comptent 2 jeux de ces 23 chromosomes, il s'agit d'une espèce diploïde (du grec *diplous*: double, et *eides*: semblable à); c'est, semble-t-il, le cas courant, ce qui se passe le plus souvent chez les êtres vivants.

Chez certaines plantes, les cellules comprennent 3 ou 4 ou 6 ou 8 fois le *nombre de base* de chromosomes, ce qui en fait des plantes triploïdes, tétraploïdes, hexaploïdes ou octoploïdes. Dans le cas de ces plantes, le *nombre de base* diffère du nombre de chromosomes des cellules sexuelles; par exemple, si le *nombre de base* s'élève à 30 pour une plante tétraploïde, les cellules ordinaires comptent $2n = (30 \times 4) = 120$ chromosomes et les cellules sexuelles (ou les spores et le prothalle chez les fougères) comptent $n = 60$ chromosomes. Chez les thélyptères fougère-du-hêtre et à hexagones, le *nombre de base* de chromosomes s'élève à 30, tout comme chez les phégoptères, et selon certains botanistes, il vaudrait mieux rattacher ces deux thélyptères à ce genre (d'autres thélyptères comptent des *nombres de base* différents).

La thélyptère fougère-du-hêtre possède 3 copies du *nombre de base*, soit $2n = 3x = 90$ et il s'agit donc d'une espèce... vous devinez?... triploïde, tandis que sa plus proche parente, la thélyptère à hexagones s'avère diploïde et compte donc 2 copies du *nombre de base*, soit $2n = 2x = 60$. Comme la plupart des fougères, la thélyptère à hexagones se reproduit de façon sexuée: les spores comptent *n* chromosomes et donnent naissance à un prothalle (*n* chromosomes) sur lequel se développeront les organes de reproduction (*n* chromosomes) qui donnent une jeune fronde (2*n* chromosomes) (voir le chapitre *Les ptéridophytes et leur cycle de vie*).

Photo: Sylvain Lamoureux

*Qu'a-t-elle de si différent de la thélyptère fougère-du-hêtre? Rare au Canada, la* ***thélyptère à hexagones*** *se différencie par la présence d'une «aile» accolée au rachis entre les deux premières paires de segments à la base du limbe.*

Mais ce n'est pas le cas de la thélyptère fougère-du-hêtre: elle serait apogame (du grec *apo*: loin et *gamos*: mariage) c'est-à-dire qu'elle se reproduit de façon non sexuée, par l'intermédiaire d'une spore et d'un prothalle qui, contrairement au cas courant, comptent le même nombre de chromosomes que les cellules ordinaires de la fronde: $2n = 90$; dans ce cas, une jeune fronde naîtrait directement des tissus du prothalle sans aucune fécondation. Nous voici donc avec la thélyptère fougère-du-hêtre, triploïde et apogame, et des études portant sur d'autres fougères triploïdes et apogames démontrent que leurs prothalles produisent malgré tout des cellules sexuelles mâles, possédant elles aussi le même nombre de chromosomes que le prothalle et la fronde; ce serait possiblement le cas de la thélyptère fougère-du-hêtre, dont les cellules sexuelles mâles posséderaient alors $2n = 90$ chromosomes.

Donc, d'une part la thélyptère fougère-du-hêtre triploïde et apogame et d'autre part, la thélyptère à hexagones, diploïde et à reproduction sexuée. Croiriez-vous qu'elles s'hybrident? Voilà où nous voulions en venir! À la limite nord de l'aire de répartition de la thélyptère à hexagones, dans une localité du sud du Québec où les deux espèces se côtoient, certaines frondes s'avèrent plus grandes et plus larges que les frondes typiques de la thélyptère fougère-du-hêtre, et leurs deux derniers segments ne pointent pas autant vers le bas. Ces frondes résulteraient de l'hybridation des deux espèces: une cellule mâle de l'espèce apogame ($2n = 90$ chromosomes) féconderait une cellule femelle de l'espèce sexuée ($n = 30$ chromosomes) pour produire un individu tétraploïde, également apogame (120 chromosomes).

Cet hybride reste à trouver dans d'autres endroits où les aires de répartition de ses deux parents présumés se recoupent (sud de l'Ontario, du Québec et nord-est des États-Unis); sa présence au Nouveau-Brunswick et en Nouvelle-Écosse, dans six localités situées en dehors de l'aire de répartition actuelle de la thélyptère à hexagones, laisse supposer que cette espèce rare occupa autrefois une aire plus vaste. Actuellement, les botanistes considèrent cet hybride comme une simple forme (ou race chromosomique) de la thélyptère fougère-du-hêtre, à laquelle il ressemble plus qu'à la thélyptère à hexagones.

Quels spectaculaires tapis offrent aux jardins boisés les colonies denses de la thélyptère fougère-du-hêtre! Elle se cultive facilement, à condition de toujours lui fournir une ombre épaisse, un substrat riche en humus, humide et plutôt acide mais bien drainé (sans eau stagnante). Dans les rocailles ombragées, lui fournir des roches acides, non calcaires. La proximité d'un jet de fontaine et les serres humides lui conviennent bien, de même que la culture en pot, à condition de garder la soucoupe sous le pot pleine d'eau fraîche, non stagnante. Son rhizome s'étend facilement: lui poser des barrières pour éviter qu'elle envahisse les voisines. La propager par division des rhizomes ou par culture des spores: le prothalle demande 3 semaines pour apparaître, et la jeune fronde, plus de 8 semaines, peut-être même beaucoup plus.

# Polystic faux-acrostic

## christmas-fern

Aspidie acrostic; fougère-à-faucilles; polystic de noël. *Canker-brake; dagger-fern.*
Famille de la dryoptère; *Dryopteridaceae.*

**Polystichum acrostichoides** (Michaux) Schott. Du grec *polus*: plusieurs, et *stichos*: rang, les sores de certaines espèces formant plusieurs rangées; *acrostichoides*: qui ressemble à l'*Acrostichum*, un genre de fougère dont la disposition des sores, chez certaines espèces, rappelle un acrostiche, du grec *akros*: extrémité, marge, sommet, de *stichos*: rang, ligne, et de *-oides*: semblable.

Herbacée vivace à rhizome ne portant qu'une sorte de frondes qui persistent l'hiver. De taille moyenne (long. 0,4 m), le polystic faux-acrostic pousse en colonies très clairsemées. Ses frondes, d'un vert foncé teinté de bleu, se découpent en segments qui portent, à la base, une excroissance évoquant un pouce levé, pointant vers le haut. La fonte des neiges laisse à découvert, étalée sur le sol, sa grande couronne de frondes à texture très coriace que d'aucuns comparent à du plastique (!). Au milieu de cette couronne aux feuilles couchées, pointent des crosses, parmi les premières à se montrer le bout du nez, couvertes de longues écailles blanc argenté.

*Frondes* non ramifiées, divisées une seule fois, dressées durant l'été, puis s'étalant sur le sol à l'automne. Limbe allongé (40 X 9 cm); de largeur presque constante, rétréci au sommet et un peu à la base, dans le cas des frondes stériles, ou brusquement rétréci au niveau de la partie fertile et donnant à cette portion une allure rachitique; revers plus pâle. Segments alternes, bien distancés les uns des autres, munis d'une très petite queue et bordés de dents à peine ébauchées, chacune terminée par un long cil raide. Segments fertiles réduits, comme si la présence de sores contractait le limbe; ces segments occupent environ le tiers supérieur du limbe, parfois plus. Écailles nombreuses, brun pâle, bordées de minuscules dents visibles à la loupe; recouvrant le stipe, devenant plus clairsemées et plus fines sur le rachis et presque aussi minces que des poils au revers du limbe. Stipe robuste, habituellement court (1/5 de la longueur totale); légèrement aplati du côté ventral, creusé d'un sillon. Revers du limbe portant les sores. Frondes stériles généralement plus courtes.

*Sores* gros et ronds, se touchant et couvrant pratiquement tout le segment, mais quand même disposés en une rangée (ou deux) de chaque côté de la nervure; formant un remarquable coussin brun orangé à maturité. Indusie beige, retenue par son centre noir, visible en début de saison mais disparaissant par la suite ou cachée par la masse des sporanges.

≠ L'athyrie à sores denses (*Athyrium pycnocarpon = Diplazium pycnocarpon*), très rare au Québec, présente une forme et une découpure semblables, mais sans excroissances en forme de pouce levé; non coriace et d'un vert plus clair, non bleuté, elle possède moins d'écailles et ne porte pas de cils. Les autres espèces de polystics de l'est de l'Amérique du Nord montrent des frondes divisées deux fois, sauf le polystic faux-lonchitis (*Polystichum lonchitis*): peu fréquent en Amérique du Nord et reconnu rare au Yukon, en Nouvelle-Écosse, dans l'État de New York et au Québec (Bas-Saint-Laurent, Gaspésie, Charlevoix et régions nordiques: lac Guillaume-Delisle et Schefferville); il colonise les lieux rocheux et se distingue des autres polystics par sa petite taille (long. env. 0,25 m), ses frondes raides aux segments plus courbés,

Le genre polystic comprend entre 160 et 225 espèces et se trouve sur tous les continents, principalement dans les régions tempérées des deux hémisphères et dans les régions montagneuses des tropiques.

Propre à l'est de l'Amérique du Nord et comptant parmi les fougères les plus fréquentes aux États-Unis, le **polystic faux-acrostic** se trouve pratiquement dans tout le domaine tempéré (forêt décidue), du golfe du Mexique jusqu'à l'estuaire du Saint-Laurent et à l'île du Cap-Breton; son aire déborde un peu dans les premiers États des Grandes Plaines (Missouri, Kansas et Oklahoma), de même qu'au Mexique.

Limites en Amérique du Nord: Charlevoix (Petite-Rivière-Saint-François, 47°20'N) et Louisiane (comté de Saint Mary, 29°40'N).

les fertiles non modifiés, et par ses stipes très très courts (1/10 de la longueur totale). Dans la péninsule de Bruce en Ontario, des botanistes rapportent un hybride rare entre les polystics faux-acrostic et faux-lonchitis, *P.* X *hagenahii*, possédant des caractéristiques intermédiaires, outre la taille des frondes qui surpasse celle des deux parents. Il existe aussi un hybride entre les polystics faux-acrostic et de braun, rapporté en Nouvelle-Écosse et à Waterloo, au Québec.

Tout comme l'adiante du canada*, la dryoptère de goldie* et l'athyrie fausse-thélyptère*, le polystic faux-acrostic croît dans des érablières au sol riche en humus, soit dans l'érablière à caryer et dans l'érablière à tilleul; il se trouve aussi, quoique moins fréquemment, dans l'érablière à bouleau jaune, au sol moins riche. Cependant, il ne se rencontre pas tout à fait sur les même sites que les autres fougères précitées, car il préfère des sols mieux drainés et pousse souvent dans ces érablières lorsqu'elles se situent sur des pentes rocheuses. Somme toute, c'est une fougère qui pousse à l'ombre, sur des sols riches mais bien drainés.

Le polystic faux-acrostic varie beaucoup, c'est pourquoi certains y reconnaissent plusieurs formes botaniques. Que voilà un beau défi pour le botaniste amateur! Bien noter: les différences se situent dans la densité de la couleur, qui varie considérablement d'un individu à l'autre, la forme des segments, particulièrement les rebords, mais aussi leurs degrés d'amincissement et de torsion, ainsi que la présence ou l'absence de fines soies à l'extrémité des dents. Sur les

*Le **polystic faux-acrostic** ne rappelle-t-il pas certaines décorations de Noël? Le sommet «rachitique» de certaines de ses frondes constitue en fait la portion fertile: comme si la présence de sores contractait le limbe.*



Photo: Gisèle Lamoureux

*Surprise! Le* ***polystic faux-acrostic*** *reste vert, même en hiver. Au printemps, la fonte des neiges laisse à découvert, étalée sur le sol, sa grande couronne de frondes à texture très coriace que d'aucuns comparent à du plastique.*

Photo: Roger Larose

acrostic. Aujourd'hui, les taxinomistes subdivisent le genre acrostic (*Acrostichum*) en plusieurs genres distincts (woodsie*, thélyptère*, etc.); certains botanistes reconnaissent encore le genre acrostic et lui attribuent quelques espèces qui croissent dans le sud des États-Unis.

Similaires aux fructifications des *Acrostichum*, les sores du polystic faux-acrostic, confluant sur le revers des segments fertiles, en viennent à former une seule masse continue; cette ressemblance a-t-elle inspiré Michaux dans le choix de l'épithète spécifique, *acrostichoides*? Faciles à reconnaître, ses frondes portent des sores disposés en plusieurs rangées alignées bien parallèlement et possèdent au début de chaque segment, près du rachis, une sorte d'excroissance pointée vers le haut, rappelant le «V» de l'alphabet, le pouce dressé de la main ou le manche d'une faucille (d'où, vraisemblablement, le nom fougère-à-faucilles). Cette excroissance s'aligne verticalement avec chacune de ses voisines et confère au revers de la partie fertile de la fronde une ressemblance marquée avec l'acrostiche, poème où les initiales de chaque vers, en lettres capitales, se lisent dans le sens vertical pour composer un nom (auteur, dédicataire) ou un mot-clef.

plantes matures, les frondes fertiles poussent généralement d'abord et portent jusqu'à 26 segments fertiles à partir du sommet; les frondes stériles suivent ensuite et, bien que la majorité sorte tôt au printemps, quelques-unes apparaissent tout au long de l'été. Ne pas se méprendre: l'assèchement des indusies durant la saison de croissance pourrait faire croire que cette espèce n'en forme pas du tout, ce qui n'est pas le cas. Bien des épithètes spécifiques suggèrent, par leur sens, un rapprochement avec d'autres genres; il en existe au moins deux cas chez les polystics: faux-lonchitis et faux-

*Volent-elles? Les fines écailles blanchâtres et les jeunes segments retroussés donnent un air léger aux crosses du* ***polystic faux-acrostic****. Elles figurent parmi les premières à sortir au printemps, au centre des couronnes de frondes de l'année précédente.* ▶

Roger Larose

*Une forme remarquable parmi les fougères, que celle des segments du* ***polystic faux-acrostic****. Ils portent, à la base, une excroissance évoquant un pouce levé qui s'aligne verticalement avec chacune de ses voisines, créant une ressemblance avec l'acrostiche, ce poème où les initiales de chaque vers, en lettres capitales, se lisent dans le sens vertical pour composer un nom ou un mot-clef.* ▼

Roger Larose

Tard à l'automne, juste avant l'apparition de la neige, rechercher dans les sous-bois les rares taches de vert qui subsistent encore au sol; le polystic faux-acrostic se veut l'une des fougères persistantes les plus remarquables à cette période, bien que la dryoptère spinuleuse* s'avère plus fréquente et plus répandue. Les frondes persistantes de ce polystic constituent, depuis longtemps, des éléments de choix dans les arrangements floraux, en particulier dans le temps de Noël; encore aujourd'hui, sur la côte est des États-Unis, des milliers de frondes se vendent chaque année dans les marchés durant

Gisèle Lamoureux

Sylvain Lamoureux

*Une ambiance de fond des bois… Le* ***polystic faux-lonchitis*** *(*P. lonchitis*) figure parmi les plantes rares du Québec (Bas-Saint-Laurent, Gaspésie, Charlevoix et régions nordiques). Il se distingue du polystic faux-acrostic par ses frondes beaucoup plus petites, aux segments plus courbés, les stériles de même forme que les fertiles, et par son stipe très court. Une description bien sèche pour une fougère aussi remarquable, flairant l'exotisme.*

*Un polystic à n'en pas douter: noter les segments dont l'excroissance pointe vers le haut comme un pouce levé. Les sores du* ***polystic faux-lonchitis*** *apparaissent au revers de segments non modifiés, contrairement à ceux du polystic faux-acrostic.*

Gisèle Lamoureux

le temps des fêtes, d'où les noms polystic de noël et *christmas-fern.* D'aucuns relient plutôt l'origine de ces noms à la forme des segments dont les excroissances les font ressembler au traîneau du père Noël ou encore à des bas de Noël. Autrefois, les racines du polystic faux-acrostic servaient aux Cherokee dans la préparation d'un vomitif ou en usage externe contre les rhumatismes ou encore en décoction contre le mal de dents, les frissonnements et les douleurs de l'estomac ou de l'intestin.

De quoi enorgueillir un jardin boisé durant toute la période sans neige au sol. Facile à cultiver, s'étendant peu, le polystic faux-acrostic pousse bien à l'ombre mais tolère la lumière tamisée; l'installer sur un sol humide mais non détrempé, riche en humus, mêlé de petits cailloux, et dans un lieu permettant d'admirer ses crosses argentées, au printemps. Il se cultive aussi en pots; transporter le pot à l'extérieur, à l'ombre, durant l'été. Propager ce polystic par culture des spores: l'apparition des prothalles demande près de 5 semaines et celle de la jeune fronde requiert 11 semaines supplémentaires.

*Regardez-le bien: le* **polystic des rochers** *(*P. scopulinum*) est extrêmement rare au Canada. Sa répartition singulière fascine les botanistes; présent à quelques rares endroits en Colombie-Britannique et dans certains États de l'ouest, il ne réapparaît, dans l'est, qu'au mont Albert (Gaspésie) et à Gros Morne (Terre-Neuve). Quel bond! Comment expliquer cette répartition bizarre? Dispersion à longue distance? Introduction accidentelle de spores par des humains? Une répartition d'autant plus remarquable que les espèces «mères», qui donnèrent naissance par hybridation à cette espèce, ne poussent que dans les régions bordant le Pacifique.*

# Polystic de braun

## braun's holly-fern

Fougère-à-faucilles. *Prickly shield-fern; pursh's holly-fern.*
Famille de la dryoptère; *Dryopteridaceae.*

**Polystichum braunii** (Spenner) Fée. Du grec *polus*: plusieurs, et *stichos*: rang, les sores de certaines espèces formant de nombreuses rangées; *braunii*: en l'honneur d'Alexander Carl Heinrich Braun, un taxinomiste allemand (1805-1877).

Herbacée vivace à rhizome ne portant qu'une sorte de frondes qui ne persistent pas durant l'hiver. De taille moyenne (0,75 m), les frondes du polystic de braun croissent en couronne et forment des colonies, parfois denses. Son élégance et sa luxuriance attirent l'attention; à nos yeux de Nordiques, le polystic de braun évoque les fougères tropicales, d'autant plus qu'il pousse généralement dans des endroits humides et très ombragés. Remarquez l'abondance des poils et des écailles qui couvrent le stipe et le rachis, les colorant de roux; sa silhouette longuement rétrécie aux deux extrémités et ne comprenant qu'un très court stipe; les dents toutes terminées par une spinule blanche (petite épine); l'abondance de long poils (visibles à la loupe) sur le dessus et le dessous du limbe.

*Frondes* non ramifiées, divisées à deux reprises; dressées, mais à pointes retombantes. Limbe allongé et relativement étroit (75 X 23 cm), plus large vers le milieu et longuement rétréci aux deux extrémités. Segments alternes, parfois opposés. Segments primaires sans queue, ceux de la partie moyenne du limbe à sommet effilé; les autres brusquement terminés. Segments secondaires rapprochés, se touchant, tendant à être rectangulaires, munis d'une très courte queue; bordées de dents aiguës terminées par une spinule; asymétriques, avec une dent plus développée à la base du segment, rappelant l'excroissance à la base des segments du polystic faux-acrostic*, mais à un degré moindre. Écailles bien développées, d'un beau brun cannelle; très nombreuses et mêlées à de longs poils plus fins (à tendance écailleuse) mais de même couleur, de manière à colorer remarquablement le stipe, le rachis et ses divisions; présence, sur les deux faces du limbe, de longs poils entremêlés. Stipe court (1/6 à 1/7 de la longueur de la fronde), entièrement couvert de larges écailles et de longs poils. Revers du limbe portant les sores. Frondes stériles généralement plus courtes.

*Sores* gros (plus de 0,1 cm) et bien ronds, se touchant à maturité pour former deux larges lignes pointillées et brunes, sous chaque segment secondaire. Indusie circulaire et attachée par son centre; persistante, mais réduite à la maturité du sore.

≠ Outre le polystic de braun, la flore de l'est de l'Amérique du Nord recèle d'autres polystics, dont deux espèces à frondes divisées une seule fois (photos pages 181, 184): le polystic faux-acrostic* (le plus répandu des polystics de l'est) et le polystic faux-lonchitis (rare dans l'est); pour sa part, le polystic des rochers (*P. scopulinum*, page 185) présente des frondes divisées à 2 reprises, mais c'est une fougère de plus petite taille (moins de 0,4 m), rare au Canada, ne poussant que sur des roches ultrabasiques (telle la serpentine) et connue dans l'est seulement au mont Albert (Gaspésie) et au mont Table (Trout River, Terre-Neuve).

*Élégant et luxuriant, le* ***polystic de braun*** *attire l'attention par son allure vaguement tropicale... sauf qu'il pousse sous nos latitudes, bien nordiques, dans des endroits ombragés et humides. Notez sa silhouette, rétrécie aux deux bouts, et l'abondance de poils et d'écailles couvrant le stipe et le rachis.*



Photo: Sylvain Lamoureux

Sans être rare, le polystic de braun n'est pas très fréquent; quel plaisir de l'apercevoir dans les lieux très ombragés où il se réfugie, souvent en bordure de ruisseaux occupant le fond de petits ravins. Les pentes abruptes, qui encaissent ces étroites vallées où il se plaît, lui assurent fraîcheur et ombrage presque en permanence. La présence d'un ruisseau, qui déborde au printemps sur un substrat capable de retenir les alluvions, lui garantit un sol riche; sa préférence pour un tel sol, il la partage avec la matteuccie fougère-à-l'autruche* qui l'accompagne souvent. Le polystic de braun recherche donc l'ombre épaisse et les sols riches et humides, que ce soit dans les parties basses des forêts feuillues, mixtes ou coniférien-

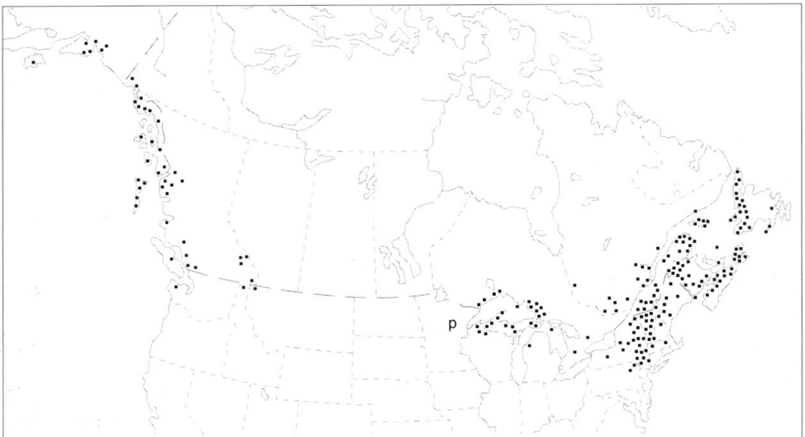


Le genre polystic comprend entre 160 et 225 espèces et se trouve sur tous les continents, principalement dans les régions tempérées des deux hémisphères et dans les régions montagneuses des tropiques. Peu répandu, même à l'échelle de la planète, le **polystic de braun** se classe parmi les plantes circumboréales; il présente cependant une aire fortement disjointe composée de petites populations dispersées tout autour de l'hémisphère nord, principalement dans l'est de l'Asie et en Amérique du Nord.

Sur notre continent, son aire principale de répartition se situe dans l'est, surtout dans les Appalaches et autour du lac Supérieur, soit dans le domaine tempéré mixte, mais certains mentionnent sa préférence pour des sols calcaires, ce qui expliquerait, dans bien des cas, sa présence dans le domaine boréal (par exemple: Gaspésie, Anticosti, îles de Mingan, île de Terre-Neuve). Certains botanistes subdivisent le polystic de braun en quatre variétés: la variété *purshii*, présente dans l'est, et les variétés *braunii*, *alaskense* et *andersonii*, présentes dans l'ouest seulement. Bien sûr, il se trouve des botanistes pour reconnaître trois espèces au lieu de quatre variétés: le *P. braunii* (comprenant les variétés *braunii* et *purshii*, présentes dans l'est et dans l'ouest) le *P. andersonii* et le *P. setigerum* (synonyme de var. *alaskense*).

Limites en Amérique du Nord: Alaska (Valdez, 61°N) et Pennsylvanie (comté de Sullivan, 41°20'N); au Québec: îles de Mingan (50°15'N). Le polystic de braun figure sur la liste des plantes rares de l'Ontario et du Massachusetts, de même que sur la liste des plantes menacées d'extinction du Wisconsin. Sa présence sur l'île du Prince-Édouard et dans l'État de Washington reste à confirmer.

*En y regardant bien, les sporanges formant les sores du* ***polystic de braun*** *sont bien visibles. Remarquez aussi la silhouette des segments secondaires, rappelant celle des segments primaires du polystic faux-acrostic, celui-ci divisé une fois seulement.*

Photo: Gisèle Lamoureux

nes, ou à proximité d'un ruisseau. Selon certains, le polystic de braun marque une préférence pour les sols calcaires, sans toutefois leur vouer l'exclusivité.

Peut-on parler d'enfant prodige de la botanique pour désigner Alexander Braun? Dès son jeune âge, ses parents encouragèrent son goût pour la botanique; son herbier compte des plantes récoltées à l'âge de six ans et, à peine âgé de 14 ans, il connaît suffisamment les plantes à fleurs pour commencer à s'intéresser aux mousses, aux lichens et aux champignons. Deux ans plus tard, encore écolier, il publie un premier article en botanique, mais c'est en 1831 que paraît son premier ouvrage d'importance portant sur la morphologie de l'insertion des feuilles. Ses publications sur les familles de la prêle, de l'isoète, de la sélaginelle, du marsiléa, du botryche et surtout sur la famille du *Chara* (algues), le rendirent célèbre. Durant les 26 dernières années de sa vie, il enseigna à Berlin, dont il dirigea l'Herbier et le Jardin botanique (aujourd'hui le troisième en importance au monde). Bien des sujets reliés ou non à la botanique l'intéressèrent: le darwinisme, la parthénogénèse (reproduction sans fécondation chez une espèce sexuée), les plantes fossiles, etc. D'ailleurs, il devint familier avec les fossiles dès son jeune âge et plus tard, lorsqu'à la tête de la chaire de botanique à l'université de Giessen, ses recherches en ce domaine portèrent surtout sur les fruits et les graines... qu'il recherchait jusque dans le charbon utilisé pour chauffer sa maison! Il existe deux genres *Braunia*, nommés en son honneur: un genre de mousse (*Hedwigiaceae*) et un genre de dicotylédones fossiles de l'époque tertiaire; en plus du *Polystichum braunii*, les plantes suivantes portent aussi son nom: *Selaginella braunii, Polygonum braunianus, Craspedoneuron braunii* et *Leptocionium braunii.*

Le bord d'un ruisseau, l'ombre épaisse d'un boisé et un sol riche en humus lui conserveront fraîcheur et humidité, les clefs du succès pour cultiver le polystic de braun. Il supporte peu la sécheresse ou la chaleur et requiert une vaporisation des frondes durant les très grandes chaleurs... à moins que la proximité d'un ruisseau ne procure une humidité suffisante à l'air environnant; il risque alors de devenir luxuriant! De grande taille, sa couronne demande beaucoup d'espace, mais le polystic de braun s'étend peu, tout comme son cousin, le polystic faux-acrostic.

# Athyrie fausse-thélyptère

## silvery glade-fern

Athyrie argentée; athyrium fausse-thélyptéride. *Silvery athyrium or spleenwort.*
Famille de la dryoptère; *Dryopteridaceae.*

**Athyrium thelypteridoides** (Michaux) Desvaux. Synonymes: *Athyrium acrostichoides* (Swartz) Diels, *Diplazium thelypterioides* (Michaux) Presl, *D. acrostichoides* (Swartz) Butters, *Lunathyrium acrostichoides* (Swartz) Ching; variantes orthographiques: *Athyrium thelypteroides* (Michaux) Desvaux, *A. thelypterioides* (Michaux) Desvaux. Du grec *a*: sans et *thyreos:* bouclier, ou *thyra*: porte, ou *thyrion:* petite porte, à rapprocher du grec *athyros*: sans porte, l'indusie des fougères de ce genre, rattachée d'un seul coté, couvrant mal les sporanges, laissant, en quelque sorte, une porte ouverte; de *thelypteris*: nom latin d'un genre de fougère et du grec *oides*: semblable, cette fougère ressemble, selon certains, à la thélyptère des marais* (par la découpure du limbe).

Herbacée vivace à rhizome ne portant qu'une sorte de frondes qui ne persistent pas l'hiver. De taille moyenne (1 m), l'athyrie fausse-thélyptère pousse en couronne et forme des colonies généralement peu étendues. Ses frondes élancées, découpées à 2 reprises, ressemblent à de petites frondes stériles d'osmonde cannelle* ou de matteuccie fougère-à-l'autruche*; elles s'en distinguent par leurs gros sores allongés, placés au revers mais généralement visibles même sur le dessus, par le relief qu'ils impriment au limbe.

*Frondes* non ramifiées mais divisées à 2 reprises, dressées et arquées au sommet, assez robustes et coriaces, les fertiles se développant un peu après les stériles. Limbe en forme de plume (50 X 20 cm); plus large vers le milieu et le bas, longuement rétréci au sommet et, à un degré moindre, à la base; les dernières paires de segments tendent à former un «V» dirigé vers l'intérieur de la couronne. Segments primaires alternes, ceux de la base à tendance opposée; sans queue, longuement effilés au sommet. Segments secondaires bien espacés, à sommet tronqué, réunis par la base; avec ou sans petites dents; les sores dessinent une broderie en relief (boursouflure) sur la face supérieure des segments. Poils grisâtres abondants, denses et bien visibles sur le stipe, plus courts sur le rachis; poils minuscules, plus raides, sur le dessus du limbe. Présence de quelques petites écailles blanchâtres ou brunes sur le stipe. Celui-ci plus court que le limbe (moins de la moitié), creusé d'un faible sillon; vert, à base brun-rouge foncé. Revers portant les sores. Plus petites, les frondes stériles revêtent une apparence à peine différente: l'absence de sores laisse le limbe plus plat et les segments un peu plus larges.

*Sores* bien visibles, recouvrant la plus grande partie du limbe; épais, allongés et droits, posés en diagonale de part et d'autre de la nervure centrale des segments secondaires, formant de petits «V», ne se touchant pas. Indusies de couleur crème, devenant argentées puis beiges. Sporanges apparemment bruns, en réalité incolores, ceinturés d'un anneau brun,

*Banale, vue de loin, l'**athyrie fausse-thélyp tère**: rien dans sa forme ne frappe l'imagi nation. Ses frondes élancées, découpées deux reprises, ressemblent à de petites fron des stériles d'osmonde cannelle ou de mat teuccie fougère-à-l'autruche; y regarder d plus près pour l'identifier avec certitude. l'arrière-plan, l'athyrie fougère-femelle, au frondes divisées trois fois et d'un vert plu sombre*

Photo: Gisèle Lamoureux

laissant voir par transparence les spores brunes.

Lorsque stériles, les frondes de l'athyrie fausse-thélyptère se distinguent des osmondes* par leur taille plus petite, de même que par leur stipe marqué d'un léger sillon et garni de quelques écailles et de poils courts, denses et gris (au lieu de poils laineux et bruns qui s'enlèvent facilement); notons, par ailleurs, que les osmondes* sont beaucoup plus fréquentes et abondantes dans nos contrées. L'abondance des poils courts sur le rachis et sur le stipe permet aussi de distinguer cette athyrie de la matteuccie fougère-à-l'autruche*, dénuée de poils; le sillon du stipe est beaucoup plus prononcé chez cette dernière et le rétrécissement brusque du sommet de sa fronde permet de la reconnaître à distance. Les deux autres espèces d'athyrie qui poussent dans nos régions présentent des frondes découpées bien différemment: à trois reprises chez l'athyrie fougère-femelle* et une seule fois chez l'athyrie à sores denses (*Athyrium pycnocarpon*), une espèce rare au Québec.

Tout comme l'adiante du canada* et la dryoptère de goldie*, l'athyrie fausse-thélyptère ne pousse pratiquement que dans les érablières. Et encore, pas dans toutes les érablières: il lui faut un sol humide et riche en humus, tel qu'il s'en trouve dans l'érablière à caryer et dans l'érablière à tilleul et même là… de préférence (mais sans que ce soit essentiel) dans des creux ou sur des sites suffisamment humides pour y trouver de l'orme d'amérique, telles les berges des cours d'eau; à l'occasion, elle pousse aussi sous un couvert d'aulne rugueux°.

Certains des noms français et anglais de l'athyrie fausse-thélyptère, tels athyrie argentée, *silvery athyrium* et *silvery spleenwort*, se réfèrent à la couleur des jeunes indusies qui, par la suite, deviennent plutôt beiges. Quant à son épi-

Le genre athyrie comprend au moins une centaine d'espèces, beaucoup plus selon certains, et se retrouve principalement dans les régions tempérées de l'hémisphère nord. Tout comme le ginseng (*Panax quinquefolius*) et plusieurs autres fougères, l'**athyrie fausse-thélyptère** fait partie d'un groupe de plantes à répartition fort curieuse: leur aire s'étend dans l'est de l'Asie et dans l'est de l'Amérique du Nord, deux territoires très éloignés l'un de l'autre.

Sur notre continent, propre à l'est, l'athyrie fausse-thélyptère se rend jusqu'aux États bordant le Mississippi et s'étend du nord de l'Alabama à la Gaspésie, avec une station isolée en Louisiane. Cette aire correspond à peu près aux domaines tempérés mixte et décidu.

Limites en Amérique du Nord: Gaspésie (mont Saint-Pierre, 49°15'N) et Louisiane (comté de West Filiciano, 30°55'N).

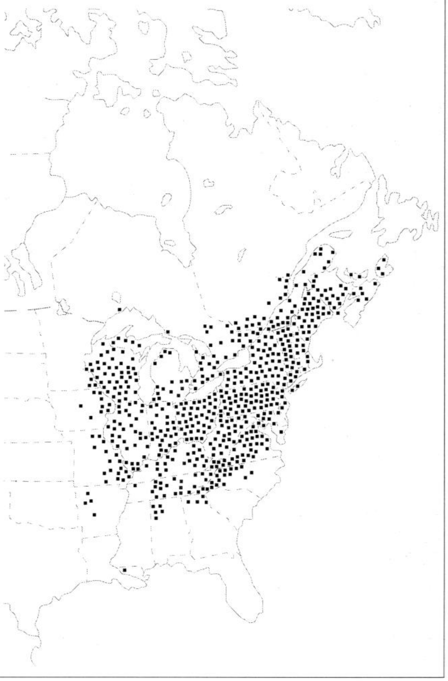

*L'**athyrie fausse-thélyptère**, beaucoup moins banale lors du déroulement des crosses. Quelle bizarre façon de se défroisser: prendre la forme d'un hippocampe!*

Photo: Gisèle Lamoureux

thète latine, *thelypteridoides*, elle s'écrivit *thelypteroides* et *thelypterioides*. Tout ça, après qu'André Michaux, en tout premier lieu, nomma cette espèce nouvelle à l'époque: *thelypterioides*. Alors, pourquoi ne pas conserver ce nom initial? Les règles de la formation des noms d'origine grecque entraînent parfois l'utilisation d'un «d» intercalé entre deux racines, lorsque la première se termine en «is» comme dans *pteris* et *thelypteris*; en y accolant *oides*, un suffixe grec, le nom devient *thelypteridoides*, d'où le changement proposé par Bernard Boivin, un botaniste québécois (1917-1985), qui substitua ce terme à celui de Michaux. Ne surtout pas s'étonner de trouver, dans des ouvrages botaniques courants, les variantes orthographiques mentionnées ci-haut pour désigner cette athyrie: il s'agit bien de la même fougère.

Dans l'histoire de la botanique américaine, il y a *avant* et il y a *après* André Michaux, celui qui le premier décrivit l'athyrie fausse-thélyptère et dont le nom se trouve entre parenthèses, à la suite du nom latin de cette plante. Né le 7 mars 1746 au sud de Versailles, André Michaux étudia auprès de Bernard de Jussieu (1699-1777), principal artisan de la *Méthode naturelle*, un système de classification différent de celui de Linné. Puis il voyagea! D'abord un court séjour en Perse, suivi d'une longue exploration qui dura 11 ans en Amérique du Nord (1785-1796), avec mandat d'alimenter la France en plantes exotiques utiles, agréables ou curieuses. Dès son arrivée, accompagné par son fils (François-André) et par un jardinier, Michaux ouvrit un premier jardin d'essai dans le nord du New Jersey, quelque chose d'intermédiaire entre une pépinière commerciale et un jardin botanique, puis il créa un véritable jardin d'acclimatation, l'année suivante, près de Charleston (Virginie). À partir de ce point, ses excursions se multiplièrent en quête de plantes nouvelles pour les jardins royaux: Floride,

Bahamas, montagnes de la Caroline, Kentucky, recherche du passage vers l'ouest par le Mississippi et le Missouri et, ce qui nous intéresse davantage, un voyage en direction de la baie James (en 1792, ce n'est pas de tout repos) qu'il n'atteindra pas, à cause de l'approche de l'hiver, mais qui lui permit d'explorer le lac Mistassini et de passer à Tadoussac et à Québec. Amical et généreux, mais taciturne et peu porté sur les conversations de salon, la légende le décrit comme un voyageur infatigable, parcourant à pied une étape d'une cinquantaine de kilomètres, tout en notant les plantes rencontrées! Selon ses comptes, il envoya en France 60 000 plantes et 90 caisses de graines. Le bateau qui le ramène en Europe fait naufrage près des côtes de Hollande, mais il récupère la plus grande partie de ses collections. En 1800, il repart, cette fois en Tasmanie, pendant que son fils, devenu également botaniste à force de le côtoyer, s'occupe de la publication de l'un de ses deux plus grands ouvrages, *Histoire des chênes d'Amérique*, paru en 1801. André Michaux quitte l'expédition de Tasmanie et rejoint Madagascar où il meurt en 1802, des fièvres du pays. Mais son oeuvre la plus importante, *Flora boreali-americana*, parut en 1803, à titre posthume, ici aussi sous la direction de son fils mais assisté dans la rédaction par Claude Richard (1754-1821). Cette flore décrit les plantes récoltées par Michaux, suivant le système de Linné et non celui de de Jussieu, et son principal intérêt réside dans la grande étendue de l'aire géographique couverte: depuis les Bahamas et la Floride jusqu'à la baie James, et de l'Atlantique au Mississippi (Illinois); elle constitue aussi le premier inventaire de plantes introduites. À cette époque, cet

Photo: Gisèle Lamoureux

*À l'avant-plan, l'**athyrie fausse-thélyptère**, et à l'arrière, l'autre, l'athyrie fougère-femelle. Les deux portent des sores allongés, recouverts d'une indusie argentée, mais ceux de la fougère-femelle se courbent plus, comme des virgules. Le limbe de l'une se divise à deux reprises, celui de l'autre, à trois reprises. La photo ne permet pas de voir les poils abondants de la fausse-thélyptère.*

*L'**athyrie à sores denses**, aussi appelée diplazie à sores denses, figure sur la liste des plantes rares du Québec (Outaouais, Montérégie et Estrie). Elle complète le trio des athyries de nos contrées: les frondes des autres se divisent à deux et à trois reprises, et celles-ci, une seule fois.*

Photo: Gisèle Lamoureux

ouvrage représente donc la plus importante flore du nord de l'Amérique. Le fils d'André Michaux poursuivit son oeuvre aux États-Unis et publia un important ouvrage: *Histoire des arbres forestiers de l'Amérique septentrionale* (1810 et 1813). André Michaux décrivit les genres *Arundinaria*, *Erianthus* et *Oryzopsis* et on lui dédia plusieurs espèces dont *Carex* et *Jussiaea michauxiana*, de même que *Betula, Breweria, Lilium* et *Saxifraga michauxii*, tandis que *Quercus michauxii* fut dédié à son fils François-André.

Quoique assez décorative, surtout au printemps, l'athyrie fausse-thélyptère tend cependant à s'étendre rapidement et à empiéter sur les plantes plus délicates. La cultiver de préférence en sous-bois, sur un sol acide, légèrement humide et riche en humus.

# Athyrie fougère-femelle

lady-fern

Athyrie étroite, femelle; athyrium à segments étroits, fougère-femelle; doradille fougère-femelle; filipode; **fougère-femelle** commune; petite fougère-femelle; polypode femelle. *Backache- or female-fern; brake.* Famille de la dryoptère; *Dryopteridaceae.*

**Athyrium filix-femina** (Linné) Roth. Synonymes partiels: *Athyrium angustum* (Willdenow) Presl, *A. asplenioides* (Michaux) A.A. Eaton, *A. cyclosporum* Ruprecht. Du grec *a*: sans et *thyreos*: bouclier, ou *thyra*: porte, ou *thyrion*: petite porte, à rapprocher du grec *athyros*: sans porte, l'indusie des fougères de ce genre, rattachée d'un seul coté, couvrant mal les sporanges, laissant, en quelque sorte, une porte ouverte; *filix*: fougère, très ancien nom latin utilisé par Pline l'Ancien (23-79) et Virgile (env. 70-19 avant Jésus-Christ), et *femina*: femme ou femelle, de provenance incertaine, peut-être parce que la fragilité et la délicate découpure de ses frondes l'opposent à la fougère-mâle (*Dryopteris filix-mas*), mais il faut rappeler que c'est Linné qui la nomma ainsi: auparavant *filix-femina* désignait la fougère-aigle commune*, pas particulièrement délicate!

Herbacée vivace à rhizome ne portant qu'une sorte de frondes qui ne persistent pas l'hiver. De taille moyenne (0,5 m), l'athyrie fougère-femelle forme des couronnes et pousse en colonies clairsemées. Bien que robustes, ses frondes plusieurs fois découpées évoquent une fine dentelle. Ses sores allongés, en forme de virgule, permettent de la distinguer à coup sûr des autres fougères à frondes aussi découpées, telle la dryoptère spinuleuse* ou la dennstaedtie à lobules ponctués*.

*Frondes* non ramifiées mais divisées trois fois, les deux premières fois jusqu'à la nervure; dressées et arquées au sommet; silhouette en losange. Limbe (48 X 23 cm) ni épais ni mince; d'un vert franc, plus large vers le milieu et nettement rétréci aux deux extrémités; les dernières paires de segments du bas, plus courts, forment souvent un «V» dirigé vers le centre de la couronne. Segments primaires alternes, effilés au sommet; à courte queue ou sans queue. Segments secondaires alternes, aigus; très légèrement décurrents (prolongés le long de la ramification du rachis); incisés, au moins à la base, en segments tertiaires non complètement distincts qui sont bordés de dents aiguës, mais non prolongées par la minuscule pointe (spinule) que porte la dryoptère spinuleuse*. La loupe permet de voir des poils très courts, blancs, dispersés sur le stipe et sur le rachis. Écailles brun très foncé (presque noires), effilées et ondulées, plus longues et plus nombreuses à la base du stipe, très peu abondantes sur le rachis. Revers du limbe portant les sores. Stipe délicat (diam. 0,2 cm), de section arrondie, les plus gros creusés d'un sillon; mesurant environ le quart du limbe (haut. 20 cm); vert jaune. Certaines couronnes de frondes identiques mais plus petites (0,25 m) restent stériles (sans sores). S'agit-il d'individus non matures?

*Sores* petits (0, 1 cm), allongés, en forme de virgule. Distancés et alignés à la base des segments tertiaires; généralement absents du sommet des segments primaires ou secondaires. Beige pâle, devenant bruns. Indusie allongée, fixée sur un côté du sore, persistante. Spores brunes (visibles à la loupe).

*Bien que robustes, les frondes divisées trois reprises de l'**athyrie fougère-femell** évoquent une fine dentelle. Remarquer le petits segments au limbe légèrement convex (bombé); chez la dryoptère spinuleuse, il es un peu concave (en creux*



Photo: Gisèle Lamoureux

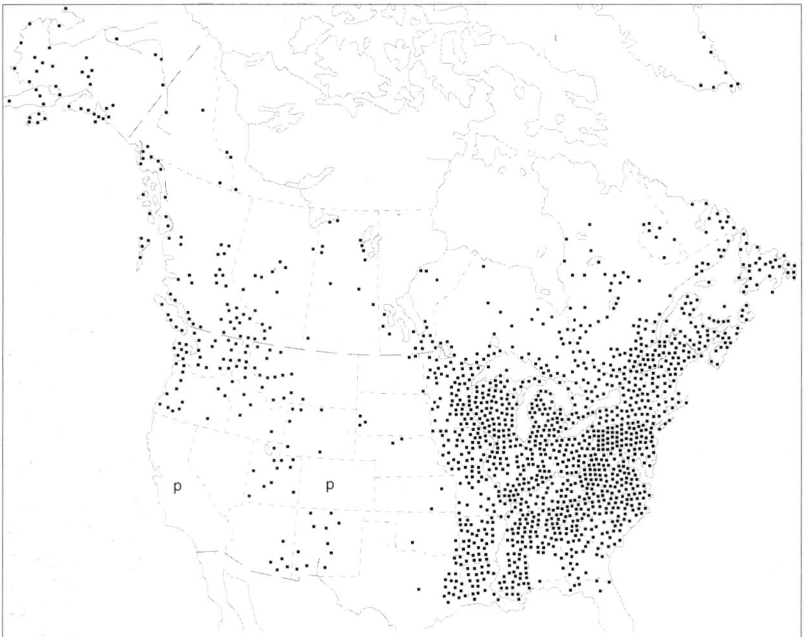


Le genre athyrie comprend au moins une centaine d'espèces, beaucoup plus selon certains, et se retrouve principalement dans les régions tempérées de l'hémisphère nord. L'**athyrie fougère-femelle**, entendue au sens large, se classe parmi les plantes circumboréales; elle se répartit principalement dans toute l'Europe, dans l'ouest de l'Asie et en Amérique du Nord.

Bien que plus fréquente dans l'est que dans l'ouest, l'athyrie fougère-femelle traverse notre continent aux latitudes boréales et tempérées. Les Grandes Plaines comptent cependant peu de localités, ce qui associe l'athyrie fougère-femelle aux espèces à aire disjointe. Cette apparence d'aire disjointe se confirme, en quelque sorte, par l'existence de plusieurs variétés, assez bien localisées géographiquement (variétés que certains botanistes considèrent comme des espèces à part entière): var. *michauxii* au nord-est, var. *asplenioides* au sud-est, var. *californicum* au sud-ouest et var. *cyclosorum* (syn. *sitchense*) au nord-ouest. Les populations isolées de l'Alaska, du Yukon et des Territoires du Nord-Ouest se rapportent à la variété *cyclosorum*, tout comme la plupart de celles de la Saskatchewan, laquelle compte cependant quelques populations de la variété *michauxii* et certains individus intermédiaires entre les deux. Très large, son aire couvre 35 degrés de latitude et s'étend dans tous les domaines, sauf l'arctique.

Limites en Amérique du Nord: Alaska (Fairbanks, 65°N) et Floride (comté d'Alachua, 29°40'N), à noter cependant que l'espèce occupe aussi de petites aires en Amérique centrale et en Amérique du Sud; au Québec: péninsule d'Ungava (rivière aux Mélèzes, 57°N). La variété *cyclosorum* de l'athyrie fougère-femelle figure sur la liste des plantes rares du Yukon et de la partie continentale des Territoires du Nord-Ouest; la variété *michauxii*, pour sa part, paraît sur la liste des plantes rares de la Saskatchewan.

*De véritables virgules, les sores de l'**athyrie fougère-femelle**. L'indusie, fixée sur un côté du sore, se pare d'argent. À maturité, les sporanges la repoussent et les sores deviennent bruns.*

Photo: Roger Larose

*Crosses* recouvertes d'écailles brun foncé (presque noires). Au début de sa croissance, la crosse se renverse sur le dos avant de se dresser.

≠ Parmi les fougères communes, c'est la dryoptère spinuleuse* qui ressemble le plus à l'athyrie fougère-femelle, à cause de la découpure similaire du limbe, par ailleurs un peu plus lustré; outre ses sores arrondis, noter la présence d'une petite pointe (spinule), qui termine chaque dent, et des écailles brun pâle, au lieu de brun noir; de plus, les dernières paires de segments à la base du limbe esquissent à peine ou ne forment pas un «V», comme c'est le cas chez l'athyrie fougère-femelle, et dessinent une silhouette ventrue ou rectangulaire plutôt qu'en losange. Difficile de distinguer l'athyrie fougère-femelle de la dryoptère spinuleuse au printemps, au stade des crosses? Pas du tout! Bien qu'étendues sur le sol, les frondes de la dryoptère spinuleuse restent vertes tout l'hiver (sauf dans le cas de certaines variétés particulières) et se reconnaissent tout aussi facilement qu'en été. Il n'en est rien pour l'athyrie fougère-femelle: séchées et effritées, ses frondes s'identifient difficilement; à un endroit donné, le déroulement des crosses de cette athyrie s'effectue quelques jours plus tôt que celui des dryoptères spinuleuses. L'athyrie alpestre (*Athyrium alpestre* = *A. distentifolium*), une fougère rare au Québec, ressemble beaucoup à l'athyrie fougère-femelle, mais aucune indusie ne recouvre ses sores ronds. Les autres espèces d'athyrie qui poussent dans nos contrées, portent un limbe découpé à une ou deux reprises, non à trois reprises, et se distinguent donc facilement de l'athyrie fougère-femelle (voir athyrie fausse-thélyptère*).

↓ En forêt, tout comme la dryoptère spinuleuse*, l'athyrie fougère-femelle pousse presque partout et très abondamment. Plus méridionale que la dryoptère

*Crosse deviendra fronde, et très rapidement à part ça! Une journée ou deux seulement séparent ce stade de celui montré sur la photo de la page suivante. Spectacle éphémère que celui du déploiement des crosses de l'**athyrie fougère-femelle**. De quoi tenir un photographe sur le qui-vive…*

Photo: Sylvain Lamoureux

spinuleuse et fréquente surtout dans les forêts décidues, c'est-à-dire dans tous les types d'érablières, elle abonde aussi dans la forêt mixte et la forêt boréale (coniférienne) jusque dans les forêts ouvertes de l'étage subalpin et croît même, à l'occasion, dans des krummholz (forêt rabougrie, à la limite des arbres), tout en s'y révélant généralement moins fréquente que la dryoptère spinuleuse. L'athyrie fougère-femelle tolère moins bien les sites secs que la dryoptère spinuleuse et se trouve surtout dans les endroits frais et humides des forêts, en particulier dans les creux humides ou le long des cours d'eau, en compagnie de l'orme d'amérique, de différents frênes et du peuplier baumier. Occasionnellement, elle fréquente les tourbières, mais surtout leurs bordures boisées où poussent l'érable rouge°, le cèdre-thuya occidental (*Thuja occidentalis*) et l'épinette noire. L'athyrie fougère-femelle ne pousse pas qu'en forêt: elle croît aussi dans les aulnaies, dans certains prés humides et dans les fossés; elle envahit parfois ces deux derniers habitats.

Découvertes récemment, les populations isolées d'athyrie fougère-femelle de la Saskatchewan représentent-elles les reliques d'une répartition est-ouest jadis continue à travers tout le continent nord-américain? Pour la plupart, ces populations appartiennent à la variété *cyclosorum*, celle du nord-ouest, et ce, même si elles poussent plus près des populations de la variété *mi-*

*Un caucus de bébés dragons ou des chevau qui se cabrent? D'abord, la crosse d l'**athyrie fougère-femelle** se gonfle, puis s tord pour extirper d'abord la tête, tout e gardant le dos plié contre le ventre; enfir elle se dresse, en commençant par la tête Noter les écailles bien noires; celles de l dryoptère spinuleuse sont brune.*

Photo: Gisèle Lamoureux

*chauxii*, celle du nord-est; est-ce un indice que la variété commune du nord-ouest s'étendait plus loin vers l'est dans le passé?

Pourquoi ce nom, fougère-femelle? Outre la raison incertaine mentionnée dans la rubrique sur l'étymologie, un botaniste (mâle), voyant une «décourageante variabilité» chez cette fougère, suggéra que Linné, en la nommant, se rappelait le «souvent femme varie»... Mais tout le monde sait maintenant qu'il n'y a pas que les femmes qui varient!

L'athyrie fougère-femelle entre bien sûr dans la panoplie des plantes médicinales et posséderait les mêmes propriétés vermifuges que la dryoptère fougère-mâle (voir le texte sur la dryoptère spinuleuse*), avec, par contre, un pouvoir curatif bien inférieur à cette dernière (à moins que ce soit là, encore, l'affirmation d'un mâle chauvin!); cette utilisation comme vermifuge, avancée par certains auteurs, constituerait une méprise et résulterait d'une confusion avec la dryoptère fougère-mâle ou de ce que certains, pour réduire les coûts, la mêlaient à la dryoptère fougère-mâle dont la forte demande entraînait un prix élevé. Une raison de plus pour se méfier des propriétés médicinales de l'athyrie fougère-femelle: en excès, elle s'avérerait un poison irritant, causant des faiblesses musculaires, le coma et peut-être même la cécité. Les anciens herboristes réduisaient en poudre les racines qu'ils utilisaient pour combattre le rachitisme chez l'enfant; ils fabriquaient aussi un onguent pour guérir les blessures, à partir des racines écrasées et bouillies dans l'huile ou le saindoux. Les Amérindiens de l'État de Washington employaient une décoction de stipes pour soulager les douleurs de l'accouchement, ou de rhizomes pour apaiser les autres types de douleur. Au Canada, la plante s'utilisait contre la rétention d'urine.

Facile à cultiver, l'athyrie fougère-femelle tolère différents habitats, du sol mouillé au bien drainé (mais non sec), du légèrement acide au neutre; toutefois, elle préfère l'ombre. Dans les jardins ou les parterres, elle se répand peu, mais demande passablement d'espace pour étaler ses grandes frondes; la placer à l'abri des forts vents, car si ses parties souterraines résistent bien au froid, par contre ses frondes se fanent dès les premiers gels. Elle croît aussi en pot, à l'intérieur; certains recommandent de maintenir la soucoupe sous le pot constamment remplie d'eau. La propager par transplantation ou par culture de spores; le prothalle paraît au bout de 2 semaines et l'apparition de la jeune fronde demande 7 semaines supplémentaires. Le forçage de l'athyrie fougère-femelle, tout comme celui des bulbes printaniers, fait appel à une technique fort simple et permet de décorer la maison ou la serre avec des fougères, à Noël par exemple; voir le chapitre *La culture des fougères*.

L'athyrie fougère-femelle contiendrait peut-être des dérivés du phloroglucinol (voir dryoptère spinuleuse*); certains en doutent, car elle se montre peu active comme vermifuge.

*Ne cherchez pas l'**athyrie alpestre** autour du jardin... Rare au Québec, cette fougère n'y pousse que dans les grands espaces, dans les montagnes de la Gaspésie. Elle fréquente les prairies subalpines, en bordure de ruisseaux, des endroits où s'accumulent généralement de grandes quantités de neige.*

Sylvain Lamoureux

*Une athyrie avec des sores ronds, sans indusies. Ce caractère permet de distinguer l'**athyrie alpestre** de l'athyrie fougère-femelle et de la dryoptère spinuleuse. Comparez cette photo avec celle de la page 199.*

Sylvain Lamoureux

# Dennstaedtie à lobules ponctués

## hay-scented-fern

Dennstaedtia à lobules ponctués, ponctilobulée; dennstaedtie ponctilobulée; dicksonie velue; fougère-à-foin, -à-odeur-de-foin, -d'odeur, -foin, -odorante. *Boulder-, fine-haired-, gossamer- or pasture-fern; fine-haired mountain-fern; hairy dicksonia.*
Famille de la dennstaedtie; *Dennstaedtiaceae.*

**Dennstaedtia punctilobula** (Michaux) T. Moore. Synonymes: *Dicksonia pilosiuscula* Willdenow, *D. punctilobula* (Michaux) A.Gray. Du nom d'un botaniste allemand, August Wilhelm Dennstedt (1776-1826), qui publia des oeuvres de botanique entre 1800 et 1821; *punctilobula*: du latin *punctus*: point, et *lobulus*: lobule, allusion aux sores minuscules, imprimant un point sous les petits lobes de la fronde.

Herbacée vivace à rhizome ne portant qu'une sorte de frondes qui ne persistent pas l'hiver. De taille moyenne (0,5 m), la dennstaedtie à lobules ponctués croît en touffes et forme des colonies pures, très denses et parfois assez étendues. Ses longues frondes arquées, rassemblées pêle-mêle, s'enchevêtrent et voilent le sol d'une dentelle végétale très délicate, résultant de la rondeur des dents, d'une texture de papier mouchoir et bien sûr de la fine découpure des segments. En facilitent l'identification: les minuscules points blancs que forment ses sores juste en bordure du limbe, l'abondance de poils glanduleux et blancs sur son rachis et l'agréable et forte odeur de foin séché qu'elle dégage surtout à la fin de l'été, lorsqu'on marche dans ses colonies.

*Frondes* non ramifiées; divisées à 3 reprises. Limbe de forme triangulaire très allongée (45 X 20 cm), à base un peu rétrécie; très mince et léger; d'un vert jaune; se fanant tôt à l'automne et se teintant d'un beau rouille pâle. Segments primaires de la base presque opposés, les autres alternes; sommet rétréci; pratiquement sans queue. Segments secondaires à sommet arrondi; base un peu décurrente; distincts les uns des autres, sauf à l'extrémité des segments primaires. Segments tertiaires reliés par la base, munis de grosses dents rondes. Poils glanduleux très nombreux, fins, courts, blancs et serrés sur le stipe, sur le rachis, et dispersés près des nervures. Sans écailles. Stipe délicat, mesurant près de la moitié de la longueur du limbe; muni d'un sillon; vert, mais brun rougeâtre à la base. Revers du limbe portant les sores. Frondes stériles nombreuses, plus petites.

*Sores* très petits, blancs et ressemblant à de petits grains de sable bien visibles (devenant bruns lorsque l'indusie se rétracte); solitaires au bout des dents (appelées lobules, d'où le nom de la fougère) près de la base des segments tertiaires; absents de la base et du sommet du limbe. Sporanges peu nombreux, bruns, se logeant dans une petite coupe (visible à la loupe) formée par la fusion de l'indusie blanche et de la marge d'une dent recourbée par en dessous.

≠ En l'absence de sores, la dennstaedtie à lobules ponctués se distingue moins facilement des autres fougères à limbe très découpé (à trois reprises), telles la dryoptère spinuleuse*, l'athyrie fougère-femelle*, la cystoptère bulbifère* et la cystoptère fragile*. L'abondance de poils sur le rachis et sur les axes latéraux permet de l'identifier avec certitude.

*La **dennstaedtie à lobules ponctués** croît en touffes et forme des colonies pures, très denses et parfois très étendues. L'orientation des frondes laisse perplexe: à certains moments, toutes semblent orientées dans la même direction alors qu'en d'autres temps, elles se dirigent en tous sens.*

 Photo: Roger Larose

Bien que moins fréquente que la fougère-aigle commune*, la dennstaedtie à lobules ponctués montre des préférences écologiques semblables, du moins en partie. Chose certaine, elle préfère les lieux secs, bien drainés; deuxième remarque: elle pousse surtout dans des lieux semi-ombragés, mais elle s'accommode fort bien de sites ensoleillés, ce qui surprend étant donné la fragilité apparente de ses tissus. Elle se trouve donc fréquemment sur sols sablonneux, puisqu'en général ces sols retiennent peu l'eau, que ce soit dans les clairières, dans les anciens bûchés ou les anciens brûlis où elle forme des colonies particulièrement étendues et denses, comptant peu d'autres espèces végétales. Elle fréquente aussi les pâturages, les champs abandonnés, notamment les empilements de roches que les cultivateurs amoncellent au fil des ans à partir des pierres que le gel fait ressortir des sols; peu appréciée du bétail qui ne la broute guère, la dennstaedtie à lobules ponctués s'étend parfois dans ces habitats au point de devenir nuisible à l'agriculture (voir rubrique ). Occasionnellement, elle pousse en bordure de tourbières ou sur des rochers ou encore au bord des chemins.

Des observateurs rapportent que la dennstaedtie survit tout juste sous un couvert forestier dense, qui ne laisse passer que 1 % de la lumière; avec 10 % de lumière, la plante montre une certaine croissance mais ne produit pas de spores, ce qu'elle fait lorsque la lumière atteint 50 % du plein ensoleillement, dans des clairières, par exemple. En forêt, à la suite d'un feu ou d'une coupe, l'ensoleillement et la sécheresse d'un habitat augmentent; la dennstaedtie à lobules ponctués survit à ces perturbations grâce à son rhizome enfoui de 5 à 15 cm sous la surface, puis s'étend et s'empare parfois des lieux; alors bénéfique, elle prévient l'érosion du sol et contribue à l'accumulation de matière organique en formant un couvre-sol dense aux endroits où quelques frondes à peine existaient sous les grands arbres. Après une coupe forestière, suivie de deux incendies, le tout se déroulant sur une période de trois ans, un dénombrement des frondes sur une lisière mesurant environ 40 m X 1 m

Le genre dennstaedtie compte environ 45 espèces, dont une douzaine en Amérique, et se trouve particulièrement bien représenté dans les régions tropicales.

Propre à l'est de l'Amérique du Nord, la **dennstaedtie à lobules ponctués** se classe parmi les espèces appalachiennes: elle dépasse peu ces montagnes et s'étend de l'Alabama à la Côte-Nord et à Terre-Neuve, ce qui correspond à une légère extension au nord et à l'est du domaine tempéré mixte (forêts décidues et mixtes). Aucun facteur climatique particulier ne semble expliquer les limites de son aire.

Limites en Amérique du Nord: Haute-Côte-Nord (Les Escoumins, 48°20'N) et l'Alabama (comté de Bibb, 33°05'N). La dennstaedtie à lobules ponctués paraît sur la liste des espèces rares de l'île de Terre-Neuve.

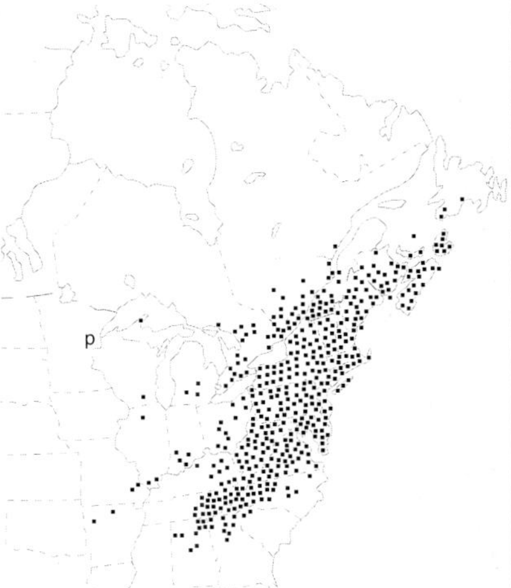

*Rondeur des dents et fine découpure des segments: voilà la très délicate* ***dennstaedtie à lobules ponctués****. Les sporanges logent dans une petite coupe, bien en relief, formée par la fusion de l'indusie blanche et de la marge d'une dent recourbée par en dessous. Noter l'abondance des poils glanduleux, blancs, et serrés.*

Photo: Jean-Maurice Jeanson

montra une croissance remarquable: le nombre de frondes passa de 144 (l'année de la coupe) à plus de 6 300, 4 ans plus tard. Une étude montre que lorsqu'elles croissent sous une longue photopériode (éclairement durant 15 à 16 h), les frondes restent stériles.

Les botanistes classèrent longtemps la dennstaedtie à lobules ponctués dans le genre dicksonie, à cause d'une ressemblance superficielle entre ses indusies et celles de ces fougères arborescentes tropicales; elle fut rattachée à six autres genres différents avant de se voir classée parmi les dennstaedties, vers 1850. Mise à part la longueur des frondes, l'espèce varie très peu et ne produit aucun hybride.

Remarquer le stipe droit et le limbe courbé légèrement vers l'arrière, faisant face à la principale source de lumière, ce qui, à certains moments et dans certaines circonstances, oriente toutes les frondes dans la même direction, alors qu'en d'autres temps, elles se dirigent en tous sens. Lorsque la dennstaedtie à lobules ponctués forme des colonies très denses, la lumière qui pénètre jusqu'au sol diminue beaucoup en quantité mais aussi en qualité: une étude en pépinière démontra que la lumière du soleil passe de 20 % juste au-dessus de la colonie, à environ 3 % en dessous des frondes (mais avec une concentration plus grande de rayons infrarouges), limitant considérablement la germination et la croissance des autres espèces. La dennstaedtie à lobules ponctués forme souvent des colonies pures, pratiquement sans autres plantes, et certains croient qu'elle assure sa suprématie par allélopathie, la capacité de nuire au développement de plantes voisines à l'aide de toxines excrétées par les racines ou libérées lors de la dégradation des parties mortes de la plante. De telles substances existent chez la dennstaedtie, dont des acides cinnamiques et des dérivés d'acide benzoïque, capables d'inhiber l'absorption du potassium, la synthèse des protéines et la croissance chez certaines plantes; l'analyse de 46 espèces de fougères, représentant 28 genres, révéla que seule la dennstaedtie à lobules ponctués produit de la coumarine, une autre substance allélopathique. Surtout documentés pour les espèces d'importance économique (plantes cultivées et plantes nuisibles), ces phénomènes restent très difficiles à prouver en raison de la multitude de facteurs qui entrent en jeu; actuellement, aucun résultat ne permet d'imputer directement à sa production de toxines, la faible croissance des autres espèces dans les colonies de cette dennstaedtie. Certaines études portant sur d'autres plantes précisent que la coumarine se révèle un puissant inhibiteur de germination, également capable de réduire la multiplication des cellules, la respiration et la photosynthèse.

Les nouveaux rhizomes proviennent de la ramification d'un plus vieux et chacune de ces ramifications produit de 2 à 5 frondes, tout au long de la saison de végétation. Dans la région d'Ottawa, après une dizaine d'années, un clone transplanté montra une croissance (en diamètre) d'environ 11 cm par année; par ailleurs, des observations sur une autre colonie révélèrent la naissance de sores vers le $1^{er}$ juin, qui devinrent bruns à la mi-juillet, puis noirs le 23 juillet alors qu'ils libérèrent leurs spores. Difficile à croire, mais une fronde porterait environ 11 000 sores produisant quelque 7 millions de spores! Cependant personne encore ne s'est prononcé sur la longévité et sur le pourcentage de germination de ces spores.

Imaginez, en bordure d'une route traversant une forêt, un talus à pente très forte non encore stabilisé par la végétation naturelle; on y plante de la dennstaedtie, de la thélyptère de new york* et une espèce de lysimaque: après deux saisons de végétation, qui sort vainqueur de l'épreuve? La dennstaedtie.

Bien qu'on ne lui associe généralement pas d'insectes, un ver gris, larve d'un papillon de nuit nommé légionnaire noire (*Actebia fennica*), se nourrit parfois du feuillage de la dennstaedtie; à l'occasion d'épidémies périodiques, cette larve attaque aussi des plantes fourragères, des céréales, plusieurs plantes nuisibles et très souvent les plants de bleuets. Une punaise, *Macrolophus tenuicornis*, au corps élancé, jaune très pâle et taché de noir, s'observe aussi sur la dennstaedtie à lobules ponctués, dont elle aspire la sève pour se nourrir. Les Cherokee, originaires du Tennessee et de la Caroline du Nord, arrêtaient les frissons convulsifs à l'aide d'une décoction des frondes.

Voilà une fougère jolie, facile à cultiver, qui répand une odeur agréable... mais qui envahit rapidement les

**Une odeur de foin...**

Une loupe permet d'observer les tout petits poils qui portent chacun une minuscule glande, responsable de l'agréable odeur que dégage la dennstaedtie à lobules ponctués. De toutes les sensations que l'on perçoit, les odeurs compteraient parmi celles dont le souvenir persiste le plus longtemps en mémoire et dont les récepteurs cérébraux se situent le plus près des centres émotifs. Ainsi, certains arômes particuliers ramènent des souvenirs si vivants qu'en fermant les paupières, la scène se déroule de nouveau sous nos yeux!

Aussi, le promeneur distrait qui se frotte aux frondes de la dennstaedtie humera dans l'air environnant des effluves de foin frais coupé, parfum aussi charmant qu'inattendu, au milieu des grands arbres, et qui le ramènera au temps agréable de la fenaison chez l'oncle ou le grand-père. Mais l'amant des fougères y reconnaîtra la fragrance typique de la dennstaedtie, qu'il cherchera de l'oeil.

Yves Boudreault

parterres. Ne l'introduire que dans de grands espaces et l'utiliser en couvre-sol, ou lorsqu'on dispose d'un sol léger et de suffisamment de patience pour couper le bout des rhizomes et l'empêcher ainsi de gagner du terrain. Contrairement à la plupart des fougères, mais à l'instar de la fougère-aigle commune*, la dennstaedtie à lobules ponctués s'accommode d'un fort ensoleillement, de sécheresse même, mais préfère toutefois un lieu semi-ombragé ou ombragé et un sol humide mais bien drainé (sans eau stagnante). Ses spores donnent un prothalle au bout de 5 semaines et une jeune fronde après 7 ou 8 semaines additionnelles; elle se propage facilement par transplantation. Abondante et fréquente, il n'y a pas lieu de s'inquiéter de sa disparition. La dennstaedtie à lobules ponctués représente un problème agricole d'importance dans les bleuetières naturelles récemment déboisées du Nouveau-Brunswick et de la Nouvelle-Écosse; elle entre en compétition pour l'espace, la lumière, l'eau et les éléments minéraux, en plus de rendre la récolte manuelle quasi impraticable. La

*Les longues frondes arquées de la* ***dennstaedtie à lobules ponctués*** *s'enchevêtrent et voilent le sol d'une dentelle végétale très vaporeuse, à texture de papier mouchoir. En automne, ce voile devient roux et dégage une agréable et forte odeur de foin coupé.*

façon la plus efficace de la contrôler reste encore l'emploi d'herbicides, moyennant certaines précautions, car la récolte ne doit contenir aucun résidu de ces produits. Elle nuit également dans les vieilles prairies: le bétail la dédaigne; conséquemment, les colonies s'étendent, remplacent graduellement les légumineuses (trèfles°, luzerne°) et les graminées fourragères (mil°, brome inerme°, etc.), entraînant une baisse d'ingestion de fourrage par les animaux en pâture. Elle semble résister à certains herbicides mais non au piétinement continu par le bétail; par ailleurs, sans totalement l'éliminer, des coupes répétées avant la maturation des spores assurent un certain contrôle.

# Dryoptère spinuleuse

## spinulose shield-fern or spinulose wood-fern

Aspédie à petits points; dryoptéride spinuleuse; dryoptéris dilaté, des chartreux, spinuleux. *Broad-buckler-, fancy-, narrow-buckler- or florist's-fern; narrow-spinulose shield-fern; broad prickly-toothed, common, spinulose or toothed wood-fern.*
Famille de la dryoptère; *Dryopteridaceae.*

**Dryopteris spinulosa** (O.F. Mueller) Watt. Synonymes partiels: *Aspidium spinulosum* (O.F. Mueller) Swartz, *Dryopteris assimilis* S. Walker, *D. austriaca* (Jacquin) Woymar, *D. campyloptera* Clarkson, *D. carthusiana* (Villars) H.P. Fuchs, *D. dilatata* (Hoffmann) A. Gray, *D. expansa* (Presl) Fraser-Jenkins & Jermy, *D. intermedia* (Mühlenberg) Gray, *Thelypteris spinulosa* (O.F. Mueller) Nieuwland. Du latin *dryopteris*: ancien nom latin utilisé par Pline l'Ancien (23-79) pour désigner «une plante à allure de fougère qui pousse sous les arbres» et par le Grec Dioscoride (1er siècle après Jésus-Christ) pour «une plante à allure de mousse qui pousse près des chênes», du grec *drys*: chêne, et *pteris*: fougère; *spinulosa*: du latin *spinula*: petite épine, chaque dent qui borde la fronde en portant une, retroussée et bien visible, permettant de distinguer cette espèce des autres dryoptères.

Herbacée vivace à rhizome ne portant qu'une sorte de frondes qui, selon la variété, restent vertes tout l'hiver ou disparaissent à l'automne. De taille moyenne (0,5 m), la dryoptère spinuleuse pousse en colonies clairsemées. Par sa couronne bien fournie de frondes arquées, sa couleur vert foncé (cependant plus jaune lorsqu'elle pousse au soleil, par exemple dans les régions nordiques) et sa fine découpure (à 3 reprises), elle répond à l'image populaire de la fougère, renforcée par l'emploi de cette espèce par les fleuristes. De plus près, remarquer la petite épine retroussée, appelée spinule, qui termine chaque dent et qui, même en l'absence de sores, permet de la distinguer des autres fougères finement découpées de nos régions (de l'athyrie fougère-femelle*, par exemple).

*Frondes* non ramifiées, comprenant des segments fertiles (vers le sommet) et des segments stériles (vers le bas), parfois entièrement stériles et alors plus petites et sur le pourtour de la couronne. Limbe épais ou mince selon la variété, lustré; en forme de triangle allongé (40 X 18 cm) et de largeur presque constante dans la moitié inférieure (à peine rétréci à la base), mais à sommet effilé. Segments primaires du bas presque opposés, les autres alternes, portés par une petite queue; sommet effilé. Segments secondaires aigus ou effilés, à base faiblement décurrente. Segments tertiaires plus ou moins reliés par la base, munis de dents fortes. Revers du rachis et du limbe portant ou non (selon la variété) de petits poils terminés par une glande (visible à la loupe) et de longs poils blancs, se détachant facilement et formant de petits amas laineux. Présence de plusieurs écailles brun pâle et translucides sur le stipe et à l'aisselle des segments primaires, plus petites et clairsemées sur le rachis et sur les nervures des segments primaires. Stipe robuste, mesurant près de la moitié de la longueur du limbe, creusé d'un sillon remarquable se continuant sur le rachis; vert pâle ou jaunâtre; base d'un brun foncé. Revers portant les sores.

*Par sa couronne bien fournie de frondes arquées, sa couleur vert foncé et sa fine découpure (à 3 reprises), la **dryoptère spinuleuse** répond à l'image populaire de la fougère, renforcée par l'emploi de cette espèce par les fleuristes.*

Photo: Claude Allard

*Sores* petits, ronds, disposés en 2 rangées. Indusie beige, en forme de rein, se rétractant et persistant à la base du sore. Sporanges transparents laissant voir les spores noires.

≠ C'est l'athyrie fougère-femelle* qui lui ressemble le plus, à cause de la découpure similaire du limbe, par ailleurs moins lustré; outre ses sores allongés, noter l'absence de spinules et des dents moins aiguës, les écailles d'un brun presque noir au lieu de brun pâle (faisant paraître noires les petites crosses au centre de la couronne), une silhouette en losange, plus longuement rétrécie au bas, la dernière paire de segments du bas formant souvent un «V» dirigé vers l'inté-

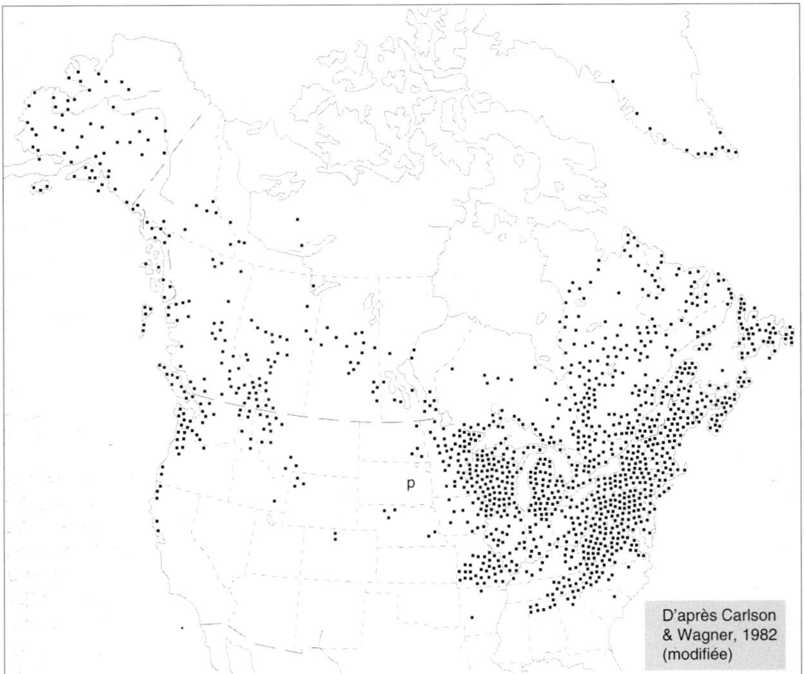


D'après Carlson & Wagner, 1982 (modifiée)

Le genre dryoptère comprend environ 150 espèces et se répartit sur tous les continents, plus particulièrement dans l'est de l'Asie où il se diversifie le plus. Entendue au sens large, la **dryoptère spinuleuse** compte parmi les espèces circumboréales, bien que pratiquement absente du centre de l'Asie.

En Amérique du Nord, quoique plus présente dans l'est que dans l'ouest, elle traverse le continent aux latitudes boréales et tempérées, mais se trouve pratiquement absente des Grandes Plaines. Son aire assez large couvre 34 degrés de latitude et s'étend depuis la limite nordique des forêts (domaine boréal) jusqu'à la limite sud du domaine tempéré décidu, et, dans l'ouest, dans les domaines montagnards.

Limites en Amérique du Nord: Groenland (Christianshaab, 68°45'N) et le nord de l'Alabama (34°10'N); au Québec: environs du fjord Alluviak (à proximité de la frontière du Labrador, 59°25'N).

*Remarquer la petite épine retroussée, appelée spinule, qui termine chaque dent de la* ***dryoptère spinuleuse****. Même en l'absence de sores, elle permet de la distinguer des autres fougères finement découpées de nos régions (de l'athyrie fougère-femelle, par exemple).*

*Une indusie recouvre les sores bien ronds de la* ***dryoptère spinuleuse****: vous rappelle-t-elle un beigne ou une fève? La plupart des autres dryoptères montrent une indusie semblable.*

Gisèle Lamoureux

Roger Larose

rieur de la couronne (ce «V» n'existe pas ou à peine chez la dryoptère spinuleuse). Difficile de distinguer l'athyrie fougère-femelle de la dryoptère spinuleuse au printemps, au stade des crosses? Pas du tout! Bien qu'étendues sur le sol, les frondes de la dryoptère spinuleuse restent vertes tout l'hiver (sauf dans le cas de certaines variétés moins fréquentes au Québec) et se reconnaissent tout aussi facilement qu'en été. Il n'en est rien pour l'athyrie fougère-femelle: séchées et effritées, ses frondes s'identifient difficilement; à un endroit donné, il semble que le déroulement des crosses de cette athyrie s'effectue quelques jours plus tôt que celui des dryoptères spinuleuses. La dennstaedtie à lobules ponctués* ressemble également à la dryoptère spinuleuse, du fait que son limbe est découpé à 3 reprises, que sa silhouette se rétrécit à peine à la base, que ses sores sont ronds. Pour la distinguer, remarquer l'abondance des poils sur le rachis, ses dents arrondies et sans spinules, ses sores tout à fait en bordure du limbe et en relief, ses frondes qui se fanent à l'automne et se désagrègent complètement; souvent elle forme des colonies très denses, avec des frondes dirigées en tous sens, contrairement à la dryoptère spinuleuse qui pousse toujours en belle couronne. Il existe plusieurs variétés de dryoptère spinuleuse, dont deux (var. *americana* et *spinulosa*), tel que mentionné ci-haut, à frondes ne persistant pas l'hiver; les variétés diffèrent par la longueur relative de certains segments, la présence ou l'absence de glandes sur la fronde et l'indusie, la largeur de cette dernière, l'orientation des segments. La fronde du *Dryopteris* X *boottii*, hybride entre la dryoptère spinuleuse (var. *intermedia*) et la dryoptère à crêtes*, hériterait de la taille et de la découpure de la première et de l'étroitesse de la seconde (voir photos page 56). Certains botanistes réunissent la dryoptère spinuleuse qui pousse en Amérique du Nord à l'espèce européenne *Dryopteris austriaca*, dont elle devient une variété; elle se nomme alors *Dryopteris austriaca* var. *spinulosa*. Par ailleurs, actuellement, au Canada, certains botanistes subdivisent la dryoptère spinuleuse en quatre espèces différentes:

- la dryoptère de cartheuser (*D. carthusiana*, anciennement *D. spinulosa*),
- la dryoptère intermédiaire (*D. intermedia*, anciennement *D. spinulosa* var. *intermedia*),
- la dryoptère arquée (*D. campyloptera*, anciennement *D. spinulosa* var. *americana*,
- la dryoptère dressée (*D. expansa*, anciennement *D. dilatata, D. assimilis* ou *D. austriaca*, en partie).

Jusqu'à quel point faut-il déplorer que les deux dernières espèces mentionnées soient pratiquement impossibles à différencier dans l'est de l'Amérique du Nord, sinon par l'examen des caractères des cellules? Ce n'est pas à la portée de Pierre, Jean, Jacques! En attendant que le dernier mot soit dit dans cette affaire, nous préférons conserver le seul nom de dryoptère spinuleuse, englobant toutes ces variations.

En forêt, la dryoptère spinuleuse pousse absolument partout, et très abondamment. Quelques nuances? Quoique très présente dans la forêt feuillue, c'est-à-dire dans tous les types d'érablières, c'est surtout

### Une espèce? Mais qu'est-ce une espèce?

Comment des botanistes arrivent-ils à diviser la dryoptère spinuleuse en quatre espèces formant, avec leurs hybrides, un continuum de formes parfois impossibles à distinguer sur le terrain? Les techniques ultramodernes qu'emploient maintenant les taxinomistes permettent d'explorer les caractères les plus secrets des plantes, ouvrant la voie à d'immenses progrès dans la connaissance de l'évolution et de l'origine des espèces végétales.

Cependant, jusqu'à quel point est-il pertinent que la détermination des espèces repose de plus en plus sur les différences entre les plantes au détriment de leurs ressemblances? Des différences qui, souvent, ne s'observent qu'au moyen de matériel hautement sophistiqué. Résultat: la tendance est à la multiplication des espèces.

Mais qu'est-ce donc qu'une espèce? Un peu tout le monde s'entend pour dire qu'à la base, une espèce se compose d'individus qui peuvent se reproduire entre eux et dont les rejetons s'avèrent à leur tour fertiles, excluant d'office les hybrides stériles. Appliqué seul, ce caractère justifie, pour plusieurs botanistes, la division de la dryoptère spinuleuse en quatre espèces, puisque l'interfécondation de ces quatre entités biologiques ne produit que des hybrides stériles. À ce caractère, d'autres botanistes ajoutent toutefois des conditions telles la nécessité de trouver un nombre raisonnable de ressemblances entre les individus d'une même espèce et, son corollaire, l'existence d'un nombre suffisant de différences entre des groupes d'individus identifiés à des espèces distinctes. Arrive le noeud du problème: tous les taxinomistes ne s'entendent pas quant au poids à donner aux mots «raisonnable» et «suffisant», d'où les divergences d'opinions sur la notion d'espèce.

*La silhouette de la fronde permet de distinguer la* ***dryoptère spinuleuse*** *de l'athyrie fougère-femelle: chez la dryoptère, la moitié inférieure est de largeur presque constante (silhouette ventrue), alors qu'elle se rétrécit notablement chez l'athyrie (silhouette en losange). Ici, c'est la variété la plus fréquente, la variété* ***intermédiaire****. Observer la première paire de segments primaires du bas: le premier segment secondaire pointé vers le bas est plus court que le segment voisin et plus près du premier que du deuxième segment pointé vers le haut.*

Photo: Sylvain Lamoureux

dans la forêt mixte (dominée en particulier par le bouleau jaune et le sapin) et dans la forêt boréale (coniférienne) que la dryoptère spinuleuse prolifère; dans ces deux types de forêt, elle fait partie d'un groupe d'espèces universellement répandues, jusqu'à la limite des arbres, et qui comprend, outre la dryoptère spinuleuse, l'huperzie brillante*, la clintonie boréale°, le maïanthème du canada°, la trientale boréale° et l'oxalide de montagne (*Oxalis montana*). La dryoptère spinuleuse abonde même dans les forêts ouvertes de l'étage subalpin et croît assez régulièrement dans les krummholz d'épinette blanche et de sapin (forêt rabougrie, à la limite des arbres). L'humidité du substrat ne constitue pas un facteur important pour la dryoptère spinuleuse, bien qu'elle semble plus à l'aise du côté humide que du côté sec. Mais elle ne croît pas qu'en forêt: elle fréquente des endroits aussi humides et aussi peu ombragés que certaines rives tourbeuses (fens riverains à carex raide (*Carex stricta*) ou à calamagrostide du canada°) et des arbustaies dominées par l'aulne rugueux°, le cornouiller stolonifère (hart rouge°) ou les saules° et le myrique baumier°; elle se retrouve aussi occasionnellement dans la toundra, dans les combes à neige. C'est tard à l'automne que se remarque son abondance dans les forêts mixtes et conifériennes: contrairement à sa principale compétitrice, l'athyrie fougère-femelle* qui gèle facilement, elle reste belle et verte jusqu'au printemps suivant, tout comme l'huperzie brillante qui l'accompagne très souvent.

Sa propriété de garder longtemps formes et couleurs, permet aux fleuristes de l'utiliser dans leurs arrangements floraux en hiver; cueillie l'été puis conservée dans des entrepôts froids, elle fait l'objet d'un certain commerce. Comme dans toute cueillette intensive de plantes sauvages en vue de la vente, la prudence s'impose: il importe de ne récolter qu'une partie des frondes d'une couronne, afin de permettre à la plante de continuer à vivre... et à fournir d'autres frondes les années qui suivent.

Une punaise, *Monalocoris spinulosa*, au corps plutôt ovale, souvent jaune-brun et parsemé de soies jaunes, suce la sève de la dryoptère spinuleuse et d'autres fougères comme l'osmonde cannelle* et la fougère aigle-commune*.

Botanistes amateurs perspicaces, voici une autre épreuve de taille: différencier, chez la dryoptère spinuleuse entendue au sens large, les quatre espèces que certains botanistes y reconnaissent. Dans la plupart des cas, tout se joue dans les divisions à la base de la fronde. Pour différencier les dryoptères intermédiaire (*D. intermedia*) et de cartheuser (*D. carthusiana*) des dryoptères dressée (*D. expansa*) et arquée (*D. campyloptera*), observer le premier segment primaire à la base du limbe: si le point d'insertion du premier segment secondaire (près du rachis) pointé vers le bas se trouve plus près du premier segment pointé vers le haut que du deuxième, il s'agit des dryoptères intermédiaire ou de cartheuser et, à l'inverse, s'il se rapproche davantage du deuxième segment pointé vers le haut que du premier, il s'agit de l'une des deux autres espèces.

Fréquentes dans nos contrées, les dryoptères intermédiaire et de cartheuser se différencient l'une de l'autre par l'observation, encore, des segments primaires à la base du limbe: le premier segment secondaire (près du rachis)

### Avez-vous des vers?

Déjà, au premier siècle après Jésus-Christ, les médecins romains employaient la dryoptère fougère-mâle (*Dryopteris filix-mas*, une plante rare au Québec), pour se débarrasser des ténias, vers parasites de l'intestin (dont le fameux ver solitaire), pratiquement impossibles à contrôler par d'autres vermifuges.

La plupart de nos espèces de dryoptère, surtout les dryoptères spinuleuse et à sores marginaux*, contiennent de la «filicine», constituée d'un ensemble de dérivés du phloroglucinol et localisée dans des poils sécréteurs à l'intérieur du rhizome et de la base du stipe, sauf chez la dryoptère fragrante* qui les porte à l'extérieur, sur l'épiderme. Toxique pour les animaux à sang froid et les invertébrés, la filicine paralyse les vers parasites tels les ascaris, les ankylostomes (nématodes), les douves (trématodes) et les ténias (cestodes).

Une fois paralysés, les vers s'expulsent à l'aide d'un purgatif adéquat: purgatif salin ou lait de magnésie; l'utilisation des purgatifs à base d'huile, de gras ou même d'alcool s'avère dangereuse, car ces substances permettent l'absorption, à travers notre système digestif, de la filicine qui devient alors toxique. Néanmoins, même avec toutes les précautions possibles, des effets secondaires désagréables se manifestent, tels des troubles digestifs (vomissements, diarrhées) et surtout des troubles nerveux (vertiges, crampes, problèmes visuels allant jusqu'à la cécité temporaire). Des doses excessives risquent de causer la mort. **Il est suggéré de ne l'utiliser que sous la surveillance d'un médecin.**

Certains Amérindiens du nord-ouest du Pacifique et les Inuit de l'Alaska consommaient les rhizomes cuits de la dryoptère spinuleuse (plus précisément la dryoptère dressée)... apparemment sans problèmes!

pointé vers le bas est plus court que le segment voisin chez la dryoptère intermédiaire, mais plus long chez la dryoptère de cartheuser; de plus, la dryoptère intermédiaire porte généralement, mais pas toujours, des petites glandes sur les indusies et sous la fronde (visibles à la loupe), absentes ou rares chez la dryoptère de cartheuser et, contrairement à la dryoptère de cartheuser, ses frondes, plus luisantes et plus épaisses, persistent tout l'hiver, de sorte qu'on les retrouve intactes au printemps

Gisèle Lamoureux

*Les frondes de cette fougère ne vous paraissent-elles pas plus coriaces, plus dressées, refermées le long du rachis et formant comme une coque de bateau? C'est la **dryoptère dressée**, assimilée à la dryoptère spinuleuse par certains botanistes, distinguée par d'autres.* ▶

Sylvain Lamoureux

◀ *Pour distinguer la **dryoptère dressée**, observer le premier segment primaire: le point d'insertion du premier segment secondaire pointé vers le bas se rapproche davantage du deuxième segment pointé vers le haut que du premier. Mais elle partage ce caractère avec la dryoptère arquée (une autre subdivision de la dryoptère spinuleuse) et pour distinguer ces deux plantes, les seuls caractères vraiment fiables se situent... aux confins de leurs cellules.*

*Plusieurs fougères présentent des crosses de ce type. Comment distinguer celles de la* ***dryoptère spinuleuse****? Des écailles brun pâle (noires chez l'athyrie fougère-femelle) et... en général, la présence, au pied de la couronne, de frondes encore vertes et facilement reconnaissables: voyez les spinules. Les frondes des espèces semblables sèchent et s'émiettent aux premières gelées.*

Photo: Gisèle Lamoureux

suivant ou durant l'été, séchées à la base de la couronne, mais non complètement désagrégées.

Quant à différencier les dryoptères dressée et arquée l'une de l'autre, outre les subtiles différences dans le port de la plante (d'ailleurs exprimées par les épithètes spécifiques), les seuls caractères vraiment fiables se situent... aux confins de leurs cellules, dans la variation de leur composition chimique et de leur nombre de chromosomes. Notons cependant l'aire de répartition plus nordique de la dryoptère dressée; au Québec, grosso modo elle s'étend vers le nord, depuis la baie James et le Saguenay, région également couverte par la dryoptère arquée qui pousse aussi dans le reste du Québec.

Que penser des plantes d'allure ambiguës, un peu «entre les deux» ou, pourquoi pas, «entre les quatre»? En réalité, chacune des quatre «espèces» dérivant de la dryoptère spinuleuse varie beaucoup, si bien que les individus situés à un extrême ou l'autre du spectre de variation d'une espèce donnée se confondent facilement avec ceux de l'espèce voisine. Bien plus: si une même couronne comporte, par exemple, des frondes possédant, les unes, les caractères de la dryoptère intermédiaire, les autres, les caractères de la dryoptère de cartheuser, et d'autres encore, des caractères intermédiaires, il s'agit peut-être bien d'un hybride, puisqu'il s'en trouve plusieurs entre ces quatre «espèces» (sur une possibilité théorique maximale de six, au moins quatre hybrides issus de ce groupe sont connus à ce jour). Dans tous les cas, un bon conseil: garder le sourire, car même les botanistes les plus chevronnés y perdent leur latin!

Chose rare dans le monde des plantes: l'hybride entre les dryoptères intermédiaire et de cartheuser (*D.* X *triploidea*) pousse souvent en plus grand nombre que les deux parents; comment s'explique ce phénomène? Les botanistes parlent de la «vigueur des hybrides», c'est-à-dire que les caractères intermédiaires s'exprimant chez l'hybride faciliteraient son adaptation à une plus vaste diversité des conditions de l'environnement que celle supportée par chacun des deux parents. L'hybride tolérerait-il à la fois sécheresses et fortes pluviosités, qui peuvent tour à tour nuire aux populations de la dryoptère de cartheuser, qui préfère des conditions humides, ou de la dryoptère intermédiaire, qui préfère des conditions plus sèches?

Apparemment, l'histoire de la nomenclature de la dryoptère spinuleuse comporte beaucoup d'erreurs et, suivant l'opinion la plus récente, bien des botanistes n'utilisent plus du tout le nom *Dryopteris spinulosa*, même pour désigner la variété typique (qui n'est pas la plus répandue); en vertu du *Code international de la nomenclature botanique*, ils emploient plutôt *D. carthusiana*.

Tellement fréquente en milieu naturel, qu'on en oublie ses attraits! Pourquoi ne pas exploiter sa romantique habitude de s'installer sur les vieilles souches ou au creux des troncs couchés et pourrissants? Normalement confortable dans un jardin boisé au sol un peu acide, humide mais bien drainé (sans eau stagnante), elle s'accommode de quantités de situations quant à l'ensoleillement, depuis l'ombre épaisse jusqu'à la pleine lumière. Elle se cultive aussi à l'intérieur ou en pots, comme les autres dryoptères persistantes, à condition de la tenir dans une pièce ou une serre froide. Ses spores mettent 2 semaines à former un prothalle et demandent une quinzaine de semaines additionnelles pour produire une jeune fronde.

Voir l'encadré, page 216.

# Dryoptère à sores marginaux

## marginal shield-fern or marginal wood-fern

Aspidie ou dryoptéride marginale. *Evergreen shield-fern or wood-fern; leatherleaf wood-fern; leather- or rock-fern.*
Famille de la dryoptère; *Dryopteridaceae.*

**Dryopteris marginalis** (Linné) A. Gray. Synonyme: *Thelypteris marginalis* (Linné) Nieuwland. Du latin *dryopteris*: ancien nom latin utilisé par Pline l'Ancien (23-79) pour désigner «une plante à allure de fougère qui pousse sous les arbres» et par le Grec Dioscoride (1er siècle après Jésus-Christ) pour «une plante à allure de mousse qui pousse près des chênes», du grec *drys*: chêne, et *pteris*: fougère; *marginalis*: du latin *margo*: bord, bordure, à cause de la position des sores.

Herbacée vivace à rhizome ne portant qu'une sorte de frondes qui persistent l'hiver. De taille moyenne (0,6 m), parfois petites, surtout quand elles poussent sur les roches (0,25 m), les frondes de la dryoptère à sores marginaux forment des couronnes remarquables, réunies en colonies plutôt dispersées. Son aspect particulier lui vient de sa robustesse, alliée à sa douce couleur bleutée et à la légère torsion des segments qui les oriente face au ciel. Un coup d'oeil aux sores permet de la reconnaître facilement: ils sont bien ronds, distancés les uns des autres et, surtout, disposés très près de la marge.

*Fronde* non ramifiée mais divisée à deux reprises; dressée et légèrement arquée au sommet. Limbe (40 X 20 cm) plus large au milieu et vers le bas, à pointe longuement effilée et à base à peine rétrécie; texture coriace; revers vert pâle, presque grisâtre. Segments primaires allongés, à sommet très effilé; ceux du bas presque opposés, les autres alternes; à courte queue. Segments secondaires à sommet arrondi; distancés, au moins ceux du bas des segments primaires; bordés de dents irrégulières, arrondies; présence d'une soie brune entre chaque dent (visible à la loupe). Abondance de grandes écailles brun cannelle (1 cm) sur le stipe, surtout à la base où elles se recouvrent, plus dispersées sur le rachis; présence de longs poils roux, surtout sur la nervure des segments primaires. Stipe vert clair, robuste, assez court (égalant environ le tiers du limbe); creusé d'un faible sillon s'accentuant sur le rachis. Fronde stérile peu fréquente. Les frondes séchées des années précédentes persistent longtemps au pied des couronnes.

*Sores* proéminents, gros (0,15 cm); distancés, ne se touchant pas, alignés à la marge du limbe et rappelant une ligne pointillée; formés très tôt au printemps, dès le déroulement des crosses. Indusie en forme de rein; d'abord de couleur crème, devenant grise ou brune avec la maturité des spores; persistante.

≠ Les sores de la dryoptère fougère-mâle (*Dryopteris filix-mas*) paraissent disposés à la marge du limbe, mais, beaucoup plus gros, ils tapissent pratiquement toute la surface du limbe; commune en Eurasie, la dryoptère fougère-mâle figure sur la liste des plantes rares du Québec (Gaspésie, Anticosti, Îles-de-la-Madeleine) et reste peu fréquente ailleurs dans l'est du Canada (région des Grands Lacs, Nouvelle-Écosse et Terre-Neuve). La dryoptère à sores marginaux hybride facilement avec d'autres espèces de dryoptère: rechercher des fougères un

*Couronnes spectaculaires, bleutées, allure vigoureuse, frondes séchées des années précédentes qui persistent longtemps au pied de la plante, telle est la* ***dryoptère à sores marginaux.*** *À l'état sauvage, elle pousse souvent sur des pentes fortes, dans des endroits ombragés.*



Photo: Yves Boudreault

peu «entre les deux» lorsqu'elle côtoie la dryoptère spinuleuse* (hybride: *D.* X *pittsfordensis*), la dryoptère à crêtes* (hybride *D.* X *slossonae* ou *D.* X *burgessii* selon la variété qui intervient), la dryoptère de goldie* (hybride: *D.* X *neowherryi* ou *D.* X *leedsii*) ou la dryoptère fragrante* (*D.* X *algonquinensis*).

Bien des fougères aiment l'ombre et l'humidité... la dryoptère à sores marginaux se rallie à cette préférence pour les lieux ombragés mais opte plutôt pour les sites plus secs. Elle fréquente surtout les bois sur pentes raides et rocheuses, où le sol mince retient peu l'humidité: talus d'éboulis, escarpements rocheux, ravins, crevasses ou corniches ombragées des falaises. Le plus souvent, les forêts qui l'abritent sont des chênaies boréales ou encore des érablières à caryer et des érablières laurentiennes sur sites secs, où le chêne est souvent présent; parfois, il s'agit de forêts dominées ou codominées par des essences typiquement de lieux secs: pin gris ou pin rouge et, dans les falaises, cèdre-thuya occidental.

La texture épaisse et rigide du limbe de la dryoptère à sores marginaux n'est pas sans rappeler celle du polypode de virginie*, dont elle partage d'ailleurs souvent l'habitat. Ses nombreuses racines s'étendent superficiellement à partir des couronnes et plusieurs d'entre elles restent en surface et courent sur le sol. La plante forme, au centre de la couronne, un amas très serré d'une douzaine de crosses, qui demeurent exposées juste au-dessus du sol, chacune protégée par un épais manteau de grosses écailles brunes qui les protègent en hiver. Au printemps suivant, les crosses se déroulent, seulement alors les feuilles de l'année précédente commencent-elles à se faner et, à mesure que la saison avance, les nouvelles frondes prennent le ton vert-gris ou vert bleuté qui les caractérise. Les

Le genre dryoptère comprend environ 150 espèces et se répartit sur tous les continents, plus particulièrement dans l'est de l'Asie où il se diversifie le plus.

Propre à l'est de l'Amérique du Nord, la **dryoptère à sores marginaux** dépasse notablement les États bordant le Mississippi puisqu'elle se rend jusque dans les premiers États des Grandes Plaines (Missouri, Kansas, Oklahoma et Arkansas); elle s'étend depuis l'Alabama jusqu'à l'île de Terre-Neuve, soit principalement dans les domaines tempérés mixte et décidu, avec une extension remarquable dans le domaine prairial, sans doute due à sa tolérance pour les habitats un peu secs, caractère peu fréquent chez les fougères.

D'après Carlson & Wagner 1982 (modifiée)

Limites en Amérique du Nord: Terre-Neuve (comté de Saint Barbe South, 50°45'N) et Mississippi (comté de Hinds, 32°15'N); au Québec: Gaspésie (49°15'N). La dryoptère à sores marginaux paraît sur la liste des plantes rares de l'île de Terre-Neuve.

*Chez les fougères, même les revers sont beaux! La couleur bleutée du limbe contraste harmonieusement avec le beige des sores. La* ***dryoptère à sores marginaux*** *les aligne sur la marge du limbe, dessinant une ligne pointillée. À remarquer aussi, l'élégance des segments primaires longuement rétrécis et aux sommets courbés comme une faux.*

Photo: Gisèle Lamoureux

minces indusies attachées au centre des sores ressemblent à des petits parapluies; selon l'estimé d'un botaniste, elles protègent les quelque 52 millions de spores qu'une couronne de dryoptère à sores marginaux produit: chaque segment secondaire comprend une douzaine de sores, qui comprennent plusieurs sporanges, qui comprennent chacun 64 spores.

D'abord nommée *Polypodium marginale* par Linné, la dryoptère à sores marginaux reçut son nom latin actuel d'Asa Gray. Cet homme influença grandement la botanique nord-américaine; plus d'un siècle après son décès (30 janvier 1888), son nom se perpétue dans le titre d'une importante flore de l'est de l'Amérique du Nord, le *Gray's Manual of Botany*, universellement utilisé par les botanistes professionnels qui s'intéressent à nos contrées. Aîné de huit enfants, Asa Gray naquit le 18 novembre 1810, à Sauquoit Valley, État de New York; il fit des études ni exceptionnelles ni particulièrement orientées vers l'histoire naturelle. En 1828, comme il étudie la médecine selon le désir de son père (tanneur et cultivateur prospère), il s'intéresse aux sciences et se procure la flore d'Amos Eaton (1776-1842): *Manual of botany for the northern states*. Le printemps suivant, il identifie sa première plante: *Claytonia virginica*... puis consacre sa vie à la botanique!

Âgé seulement de 23 ans, il devient l'assistant d'un grand botaniste de l'époque, John Torrey (1796-1873), mais cette relation hiérarchique cède bientôt la place à une solide collaboration, qui engendre une série de travaux et de publications. Ainsi, Gray publie son premier mémoire en 1835: *A monograph of the North American species of Rhynchospora*, une contribution significative à la taxinomie. Les deux hommes signent conjointement deux grands ouvrages: une série de rapports (*Pacific Railroad reports*, 1855 à 1860 ou 61), concernant des explorations liées à l'établissement d'un chemin de fer depuis le Mississippi jusqu'au Pacifique, et, surtout, une flore décrivant les plantes qui poussent au nord de la frontière du Mexique: *A flora of North America* (2 volumes), parue en plusieurs tomes, entre 1838 et 1843. La réalisation de cette flore exige la consultation des grands herbiers européens; Gray y consacre toute une année, rencontrant plusieurs grands botanistes, dont Francis Boott, auteur d'un livre synthèse sur le genre *Carex*, Hooker père, fondateur du plus grand jardin botanique, celui de Londres, ainsi que Hooker fils, explorateur de la flore de la Nouvelle-Zélande, DeCandolle père et fils, qui figurent parmi les fondateurs de la géographie botanique, et le célèbre Charles Darwin, père de la théorie de l'évolution par la sélection naturelle. Par la suite, Gray entretient une correspondance privilégiée avec Darwin; en 1857, soit avant la parution de son fameux ouvrage *De l'origine des espèces au moyen de la sélection naturelle* (1859), Darwin explique sa théorie dans une lettre à Gray, et c'est la première fois qu'il le fait par écrit.

En 1842, Gray accepte une chaire d'enseignement supérieur à l'université Harvard, près de Boston; il y enseigne pendant 30 ans, s'occupant aussi d'un jardin botanique, mettant sur pied une bibliothèque de botanique et le *Gray Herbarium* qui devint le plus grand herbier en Amérique du Nord.

C'est pendant ces années d'enseignement, en 1848, qu'il publie *A manual of the botany of the Northern United States*, l'ancêtre de l'actuelle 8e édition du *Gray's Manual of Botany*. Comme le note Fernald, dans cette 8e édition qu'il a pratiquement réécrite, Gray consacrait peu de temps à l'herborisation sur le terrain, occupé qu'il était par l'examen critique de collections importantes de spécimens séchés provenant des expéditions de tout un chacun, par l'enseignement, par le jardin botanique, par ses écrits éditoriaux, philosophiques ou biographiques... un rat d'herbier plutôt qu'un rat des champs, quoi! À l'opposé, Fernald travailla beaucoup sur le terrain, ce qui lui permit de porter le contenu de la 8e édition à plus de 8000 taxons de plantes vasculaires, alors que la 6e, celle qui suivit le décès de Gray, n'en comptait que 3138. Et pourtant, en 1829, Amos Eaton croyait que, parmi les plantes à fleurs, il restait peut-être 50 plantes à découvrir sur le territoire des États-Unis d'alors... et peut-être même pas une à l'est du Mississippi! Gray s'intéressa particulièrement à la répartition géographique des plantes et s'avère un pionnier dans le domaine de la

Photo: Roger Larose

*Comment distinguer les crosses de la dryoptère à sores marginaux de celles de la dryoptère spinuleuse... elles se ressemblent tellement! Les sores marginaux de la* ***dryoptère à sores marginaux****, voyons! Plus facile à voir? Les frondes des deux fougères passent l'hiver sous la neige et sont intactes, lorsque paraissent les crosses.*

*Après la fonte des neiges, le tapis de feuilles mortes revêt des couleurs bien ternes. Une touche de vert l'égaie parfois: les frondes de la* **dryoptère à sores marginaux**. *Difficile de croire que leur vert a résisté à l'hiver!*

Photo: Sylvain Lamoureux

phytogéographie. Étudiant une collection de plantes du Japon, il réalise que la flore japonaise s'apparente plus à celle de l'Europe qu'à celle de l'ouest de l'Amérique du Nord pourtant géographiquement plus proche; pire, elle s'apparente plus à la flore de l'est de l'Amérique du Nord, encore plus éloignée! Tentant d'interpréter cette observation, il s'intéresse aux migrations des plantes, aux glaciations et aux changements climatiques qui pourraient expliquer certaines de ces migrations et réalise ainsi un premier aperçu historique de l'évolution de la flore des climats tempérés de l'hémisphère nord depuis le crétacé. La communauté scientifique reconnut sa contribution à l'avancement des connaissances en botanique par de nombreux doctorats honorifiques. Plusieurs plantes portent le nom de Gray, car on dénombre presque une trentaine de botanistes de ce nom dont plusieurs à qui des espèces furent dédiées, mais les plantes suivantes furent dédiées spécifiquement à Asa Gray: *Carex, Cyperus et Rhynchospora grayii, Lilium grayi, Salix grayi* (*S. argyrocarpa* X *S. planifolia*), *Crataegus flabellata* var. *grayana et Spiranthes tuberosa* var. *grayi*. Il avait apparemment, un caractère... particulier et certains se plaignaient de son intransigeance et du monopole qu'il exerçait sur le monde de la botanique américaine.

Cultivée non seulement à cause de ses couronnes spectaculaires, bleutées, et de son port vigoureux, mais aussi pour sa capacité de fixer les talus des jardins boisés: à l'état sauvage, la dryoptère à sores marginaux pousse souvent sur des pentes fortes, dans des endroits ombragés. En culture, elle s'accommode d'une ombre épaisse ou d'un lieu mi-ensoleillé; elle demande un substrat maintenu humide mais bien drainé (sans eau stagnante) et riche en feuilles décomposées, mêlées de cailloux. Bien respecter la position de sa couronne: prendre exemple sur les individus à l'état sauvage et ne pas l'enfouir complètement. Elle fait bon effet plantée autant isolément qu'en groupe ou mêlée à d'autres plantes, et reste vigoureuse même cultivée en pots, à l'intérieur (la sortir au printemps). Ses spores mettent 2 semaines à former un prothalle et 14 semaines additionnelles pour produire une jeune fronde.

Utile pour se débarrasser des vers intestinaux; voir dryoptère spinuleuse*.

# Dryoptère de goldie

## goldie's shield-fern or goldie's wood-fern

Aspidie de goldie; dryoptéride de goldie. *Giant wood-fern; goldie's-fern.*
Famille de la dryoptère; *Dryopteridaceae.*

**Dryopteris goldiana** (Hooker) A. Gray. Synonyme: *Thelypteris goldiana* (Hooker) Nieuwland. Du latin *dryopteris*: ancien nom latin utilisé par Pline l'Ancien (23-79) pour désigner «une plante à allure de fougère qui pousse sous les arbres» et par le Grec Dioscoride (1er siècle après Jésus-Christ) pour «une plante à allure de mousse qui pousse près des chênes», du grec *drys*: chêne, et *pteris*: fougère; *goldiana*: en l'honneur de John Goldie (né à Kirkoswold, en Écosse, le 21 mars 1793 et décédé en 1886) qui découvrit cette fougère près de Montréal, en 1818.

Herbacée vivace à rhizome ne portant qu'une sorte de frondes qui ne persistent pas l'hiver. De taille moyenne (0,7 m, atteignant parfois 1,5 m), la dryoptère de goldie croît en couronne et forme de grandes colonies clairsemées. La forte taille et surtout la largeur relative des frondes, leur vert foncé et leur port arqué lui confèrent une allure robuste et majestueuse, sans doute à l'origine du nom anglais *giant wood-fern*. L'abondance de ses écailles, larges et touffues à la base du stipe, se remarque aisément.

*Frondes* non ramifiées mais divisées à 2 reprises; épaisses et cireuses. Limbe allongé (50 X 30 cm), plus large au milieu et vers le bas, à sommet brusquement rétréci et effilé; la dernière paire de segments, un peu plus courte, forme un «V» pointant vers l'avant comme chez la thélyptère fougère-du-hêtre*. Segments primaires alternes mais à tendance opposée, allongés et à pointe très effilée et retroussée. Segments secondaires alternes, à tendance opposée, attachés les uns aux autres à la base; à sommet plutôt arrondi; nervures bien apparentes et foncées, surtout au revers; bordés de dents peu marquées, régulièrement espacées, terminées par une petite épine à peine retroussée; la loupe révèle une rangée de cils raides, non en marge du limbe, mais à peu de distance de la bordure. Écailles très abondantes, luisantes, d'un brun pâle; de taille remarquable (1 cm) sur le stipe, plus petites le long du rachis et au revers du limbe. Stipe robuste et long, égalant environ la moitié de la fronde; ceux de l'année précédente séchés et couchés au ras du sol; rachis marqué d'un sillon, apparent surtout vers le sommet. Revers portant les sores.

*Sores* nombreux, gros, ronds, distancés, en rangées collées sur la nervure centrale; presque sur tous les segments, sauf sur quelques-uns à la base du limbe; vert pâle au début devenant brun pâle par la suite. Indusie présente, jaunâtre ou brun pâle; attachée par le centre et donnant ainsi au sore l'allure d'un beigne. Sporanges incolores ceinturés d'un anneau incolore ou brun pâle. Spores libérées très tôt.

*Crosses* assez grosses à la fin de l'été (diam. 2 cm), disparaissant complètement sous une abondance d'écailles brunes, bordées de beige, qui lui donnent l'apparence d'une tête échevelée.

≠ Bien que les osmondes* et la matteuccie* surpassent en taille la dryoptère de goldie, cette espèce montre néanmoins la plus forte stature chez les dryoptères.

*Quelle splendeur! La forte taille et surto*
*la largeur relative des frondes de la* ***dryop-***
***tère de goldie****, leur vert foncé et leur po*
*arqué lui confèrent une allure robuste*
*majestueuse, sans doute à l'origine du no*
giant wood-fer



Photo: Gisèle Lamoureux

Autre caractéristique qui la distingue de ses cousines: sa couleur particulière; ses frondes, généralement d'un vert foncé teinté de bleu lorsqu'en pleine forêt, passent cependant au vert éclatant lorsqu'elles poussent sous une ombre plus légère. Au sein de son genre, c'est à la dryoptère à crêtes* qu'elle s'apparente le plus, sans pour autant qu'existe le risque de les confondre.

Tout comme l'adiante du canada* et l'athyrie fausse-thélyptère*, la dryoptère de goldie ne pousse pratiquement que dans les érablières. Et encore, pas dans toutes les érablières: il lui faut un sol humide et riche en humus, tel qu'il s'en trouve dans l'érablière à caryer, dans l'érablière à tilleul et même là... de préférence (mais sans que ce soit essentiel) dans des creux ou sur des sites suffisamment humides pour y trouver de l'orme d'amérique ou des frênes, telles les berges des cours d'eau. On rapporte aussi la présence de la dryoptère de goldie sur des talus rocheux et d'aucuns l'associent, dans ce cas, aux calcaires.

Que de tribulations dut traverser John Goldie dans sa carrière de botaniste! D'abord jardinier, il travaille au Jardin botanique de Glasgow, en Écosse, alors dirigé par sir William Hooker, le fondateur du plus grand jardin botanique, celui de Londres. À la suggestion de ce dernier, il traverse l'océan, en juin 1817, pour venir explorer la flore de l'Amérique... et devient l'un des pionniers de la botanique au Canada et aux États-Unis.

Le mauvais temps amène son vaisseau à Halifax plutôt qu'aux États-Unis; il herborise alors dans le nord du Nouveau-Brunswick, arrive à Québec, traînant toujours ses spécimens botaniques qu'il se décide à envoyer en Écosse par bateau. Il se rend ensuite à Montréal et y rencontre Frederick Pursh, l'auteur du *Flora Americae Septentrionalis* (1814) qui, projetant d'écrire une flore du Canada, était revenu en Amérique pour ce faire et explora Anticosti, la région de Montréal et l'Outaouais. Après cette rencontre avec Pursh, Goldie poursuit à pied jusqu'à Albany (environ 350 km), puis en bateau sur l'Hudson jusqu'à New York. Il explore l'est du New Jersey jusqu'à Philadelphie, retourne à New York et envoie un deuxième lot de trouvailles qui, comme le premier, n'atteindra jamais sa destination. En chemin vers Montréal, à court de ressources, il prend un emploi de maître d'école. L'été

Le genre dryoptère comprend environ 150 espèces et se répartit sur tous les continents, plus particulièrement dans l'est de l'Asie où il se diversifie le plus.

Propre à l'est de l'Amérique du Nord, et moins commune que les dryoptères spinuleuse* et à sores marginaux*, la **dryoptère de goldie** pousse jusqu'aux États bordant le Mississippi. Elle s'étend du nord de l'Alabama jusqu'aux Grands Lacs et à la baie des Chaleurs et cette aire de répartition correspond à peu près aux domaines tempérés mixte et décidu.

Limites en Amérique du Nord: Nouveau-Brunswick (Campbellton, 48°N) et Alabama (comté de Blount, 34°N).

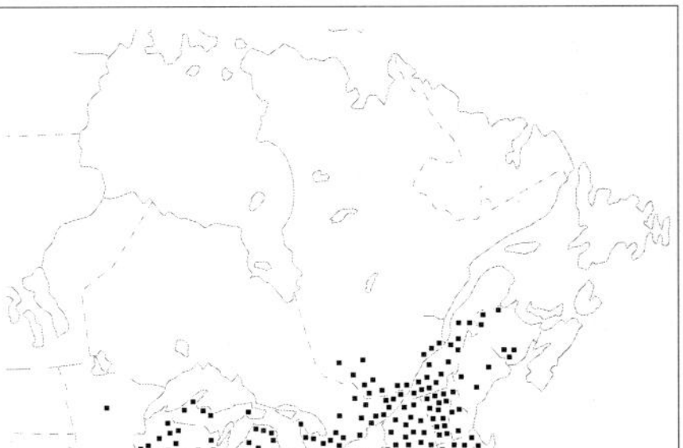

D'après Carlson & Wagner, 1982 (modifiée)

*Les sores bien ronds de la* ***dryoptère de goldie*** *s'alignent de chaque côté et bien près de la nervure principale de chaque segment secondaire. Avez-vous remarqué le bleuté de la nervation? (Autres photos, page 69)*

Photo: Gisèle Lamoureux

suivant, en 1818, lui et Pursh devaient se rencontrer à Montréal, pour organiser leur projet de voyage vers l'ouest, mais Pursh étant plutôt parti vers l'est, Goldie décide d'explorer la région de Montréal et un peu l'Outaouais; il travaille alors comme jardinier cinq jours par semaine, mais continue d'herboriser les deux autres jours. C'est probablement vers cette époque qu'il découvrit la dryoptère de goldie. De nouveau, il expédie sa collection de plantes en Écosse... jamais deux sans trois, cette fois le bateau fait naufrage dans le Saint-Laurent.

De Montréal, il parcourt à pied l'Ontario jusqu'à Niagara Falls, revient vers New York, continue au sud vers Pittsburgh et retourne à Montréal par Olean, Onondago, et Sackett's Harbor. Cette fois, il ne prend pas de chance: il appareille pour Greenock en Écosse, avec dans ses bagages la collection entière des plantes recueillies lors de son dernier voyage... et arrive à bon port! Des 23 espèces que Goldie rapporte, 15 sont considérées comme nouvelles par Hooker. En 1824, le gouvernement russe demande l'assistance de Goldie pour fonder le Jardin botanique de Saint-Petersbourg. En 1844, toujours favorablement impressionné par son voyage en Amérique, il décide de revenir au pays et s'installe avec sa famille à Ayr en Ontario, où il vécut durant 42 ans, jusqu'à son décès survenu à l'âge de 94 ans. En 1897, son fils, lui-même botaniste, publie le journal du voyage de son père en Amérique en 1819, sans la partie botanique puisque ses notes furent détruites par le feu! Beaucoup plus facile d'être botaniste de nos jours!

Croiriez-vous que cette splendeur, cultivée au bon endroit, peut atteindre deux mètres? Installer la dryoptère de goldie dans un jardin boisé qui lui procurera de la fraîcheur, une ombre épaisse et, surtout, un sol humide mais bien drai-

*Un beau manteau pour passer l'hiver! De combien de belles écailles brunes et beiges se compose-t-il, pour chacune des crosses de la* **dryoptère de goldie***?* *(Autre photo, page 61)*

Photo: Sylvain Lamoureux

né (sans eau stagnante), riche en humus et en feuilles décomposées; quelques roches (de la grosseur d'une pomme de terre) autour de ses racines ne lui nuiraient pas. Bien entretenue, elle réussirait aussi dans des terrains secs, sous des pins blancs par exemple. Par temps très chaud, vaporiser un peu d'eau sur ses frondes. Dans certaines régions, par exemple dans la région de Québec, elle requiert une protection hivernale; la recouvrir d'une bonne épaisseur de feuilles mortes retenues par un grillage.

Utile pour se débarrasser des vers intestinaux; voir dryoptère spinuleuse*.

# Dryoptère à crêtes

## crested shield-fern or crested wood-fern

Dryoptéride à crêtes, accrêtée; aspidie ou dryoptéris à crêtes.
*Bawsay-, crested- or darsham-fern; crested or fen buckler-fern.*
Famille de la dryoptère; *Dryopteridaceae.*

**Dryopteris cristata** (Linné) A. Gray. Synonyme: *Thelypteris cristata* (Linné) Nieuwland; synonyme partiel: *Dryopteris clintoniana* (D.C. Eaton) Dowell. Du latin *dryopteris*: ancien nom latin utilisé par Pline l'Ancien (23-79) pour désigner «une plante à allure de fougère qui pousse sous les arbres» et par le Grec Dioscoride (1er siècle après Jésus-Christ) pour «une plante à allure de mousse qui pousse près des chênes», du grec *drys*: chêne, et *pteris*: fougère; *cristata*: mot latin signifiant «qui a une crête», allusion probable à la forme et à l'orientation des segments de la fronde.

Herbacée vivace à rhizome portant deux sortes de frondes; seules les frondes stériles persistent l'hiver. Les petites touffes de la dryoptère à crêtes forment des colonies très clairsemées. De taille moyenne (0,55 m), ses quelques frondes fertiles, bien dressées, à sommet brusquement arqué, étonnent par leur étroitesse; remarquer les segments tordus à l'horizontale (perpendiculaires au rachis), faisant face au ciel comme les marches d'un escalier, ceux du bas plus trapus; observer aussi le vert foncé, un peu bleuté de son limbe. Les frondes stériles, plus petites (0,30 m) et arquées, s'étalent un peu plus, au pied de la touffe, cachant souvent les stipes des frondes fertiles. Voilà donc une fougère à deux étages: un rez-de-chaussée (les frondes stériles), flanqué d'une grande tour au milieu (les frondes fertiles).

*Frondes fertiles* non ramifiées, découpées à 2 reprises; à texture coriace. Limbe très allongé (34 X 8 cm); de largeur pratiquement constante, mais rétréci longuement au sommet et un peu à la base. Segments primaires bien distancés, ne se touchant pas; ceux du bas presque opposés, les autres alternes; munis d'une très petite queue; les segments de la base forment des triangles moins allongés, presque équilatéraux. Segments secondaires reliés entre eux par la base, serrés les uns contre les autres, bordés de plusieurs petites dents fines, rapprochées et terminées par une petite pointe aiguë (spinule); nervures très marquées, dessinant de longs plis. Écailles brun pâle, abondantes à la base du stipe, également présentes mais plus dispersées à l'aisselle des segments primaires, puis sur le rachis et au revers de la nervure principale. Stipe robuste, égalant environ le tiers de la longueur de la fronde; muni d'un sillon profond.

*Sores* gros, arrondis, se touchant presque, disposés en deux rangées entre la nervure centrale et la marge des segments secondaires; souvent absents des segments du bas. Indusie bien visible, attachée près d'un côté, ce qui lui donne une forme de rein (ou de beigne mal centré). Sporanges paraissant brun pâle, à cause de la couleur de l'anneau et des spores.

*Frondes stériles* semblables mais paraissant télescopées et à segments moins tordus. Limbe beaucoup plus court mais aussi large que celui de la fronde fertile (20 X 8 cm); à segments primaires plus rapprochés, se touchant presque. Écailles moins nombreuses et plus fines. Stipe très court (10 cm ou moins). Les frondes stériles se déroulent un peu après les frondes fertiles.

≠ Présente sur la liste des plantes rares du Québec, la variété *clintoniana* se distingue par ses frondes fertiles plus pla-

*Une autre dryoptère avec des sores bien ronds et une indusie en forme de beigne mal centré: la* **dryoptère à crêtes**. *À maturité, les sores se touchent presque et occupent tout le revers du limbe.*

Photo: Roger Larose

nes, à cause des segments primaires moins tordus, et à stipe pratiquement aussi long que le limbe; ses frondes stériles et fertiles moins différentes les unes des autres; le limbe de cette variété est aussi plus large (11 à 30 cm au lieu de 6 à 18 cm). Selon certains botanistes, la variété *clintoniana* serait plutôt un hybride entre la dryoptère à crêtes et la dryoptère de goldie*; d'autres la considèrent non pas comme une variété, mais comme une espèce distincte (*D. clintoniana*). Notons par ailleurs, que la dryoptère à crêtes (et sa var. *clintoniana*) montre une forte tendance à s'hybrider avec d'autres espèces du même genre, par exemple avec la dryoptère à sores marginaux* (*D.* X *slossonae*, *D.* X *burgessii*) et avec la dryoptère spinuleuse* (comme certains botanistes subdivisent cette dernière en 4 espèces et la dryoptère à crêtes en 2 espèces, ils reconnaissent 4 hybrides issus de ces espèces: *D.* X *boottii*, *D.* X *uliginosa*, *D.* X *dowellii* et *D.* X *benedictii*)... Il faut donc rechercher des fougères «un peu entre les deux» lorsque la dryoptère à crêtes côtoie la dryoptère spinuleuse ou la dryoptère à sores marginaux!

↓ Une des rares fougères à pousser typiquement dans les tourbières à sphaignes et dans les forêts qui les bordent, en particulier dans les forêts dominées par le cèdre-thuya occidental ou par l'érable rouge°, mais aussi dans les forêts d'épinette noire. Elle ne dédaigne pas les arbustaies à aulne rugueux° ou à cornouiller stolonifère° (hart rouge). Assez curieusement, elle croît aussi dans des habitats plutôt disparates: pacages

*Une fougère édifice à bureaux! La* **dryoptèr** **à crêtes** *présente un rez-de-chaussé, compo sé de frondes stériles, petites, arquées s'étalant au pied d'une grande tour repré sentée par les frondes fertiles bien dressée. Remarquer les segments tordus à l'horizon tale, la silhouette en losange allongé et vert un peu bleut*

Photo: Gisèle Lamoureux

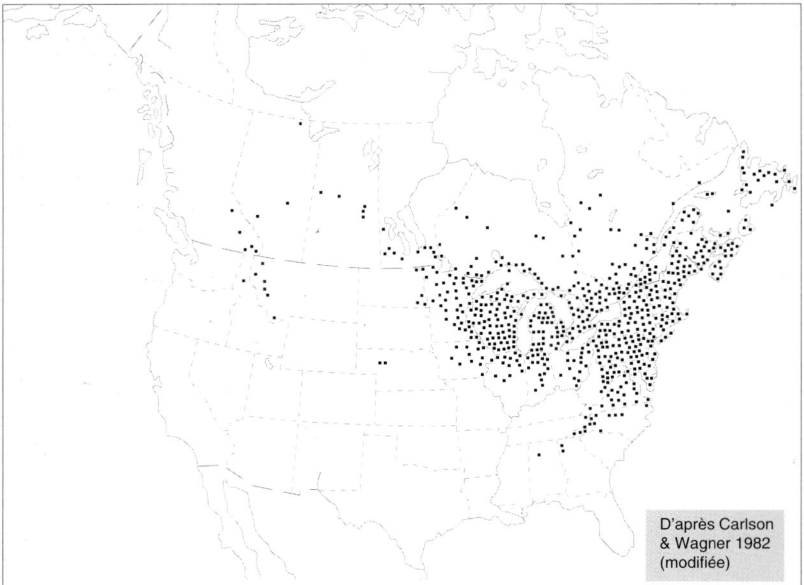


Le genre dryoptère comprend environ 150 espèces et se répartit sur tous les continents, plus particulièrement dans l'est de l'Asie où il se diversifie le plus. Amphi-atlantique et complètement absente de l'Asie, la **dryoptère à crêtes** se trouve surtout dans l'est de l'Amérique du Nord et dans le centre et l'est de l'Europe.

Elle ne traverse pas vraiment notre continent: fréquente surtout dans l'est, elle se raréfie à l'ouest de la région des Grands Lacs, sans atteindre la côte du Pacifique. Elle s'étend donc dans le domaine tempéré mixte (érablières et forêts mixtes), de même que dans l'est et le centre du domaine boréal et déborde un peu dans le domaine montagnard des Rocheuses.

Limites en Amérique du Nord: Alberta (Parc national de Wood Buffalo, 59°45'N); comme certains botanistes contestent cette station, la limite nordique revient alors soit en Saskatchewan (Meadow Lake, 54°N), soit au Québec (non loin du réservoir La Grande 4, territoire de la Baie-James, 53°55'N). Des botanistes mentionnent la présence de la dryoptère à crêtes en Louisiane, en Arkansas et au Texas (où elle serait disparue), mais des spécimens fiables manquent pour ces États (Thiéret 1980); par ailleurs, une mention pour le Missouri et probablement les mentions pour la Georgie se rapportent plutôt à *Dryopteris celsa,* qui ressemble beaucoup à la variété *clintoniana* de la dryoptère à crêtes; selon un ancien spécimen d'herbier, la limite sud se situe alors en Alabama (Bankhead Forest, comté de Floyd, 34°10'N), mais l'Alabama ne compte actuellement aucune population vivante, et la limite certaine actuelle se situerait plutôt en Caroline du Nord (comtés de Henderson et de Mecklenburg, 35°15'N).

La dryoptère à crêtes figure sur la liste des plantes rares de la Colombie-Britannique, de l'Alberta, de l'Iowa, de l'Illinois, du Tennessee et sur la liste des plantes menacées de la Caroline du Nord. La variété *clintoniana* de la dryoptère à crêtes paraît sur la liste des plantes rares du Québec et de l'Indiana.

humides, friches semi-boisées, hêtraies, plantations d'épinette, etc., mais c'est surtout au cèdre-thuya occidental et à l'érable rouge qu'on l'associe.

La racine grecque *drys* ou *dryos*, à l'origine du nom latin des dryoptères, désignait les arbres en général et les chênes en particulier; de là, il suffit sans doute d'un bien petit saut pour appliquer à ce genre le nom *wood-fern* (fougère-des-bois). Dans le même ordre d'idées, il faut citer les dryades, de la famille de la rose, qui portent le même nom que les nymphes protectrices de la forêt. Quant à

Roger Larose

*Déjà sur les crosses de la* ***dryoptère à crêtes****, les sores occupent pratiquement tout le limbe.*

Roger Larose

*Comment décrire la nervation si particulière de la* ***dryoptère à crêtes****? Très ramifiée? Enfoncée dans les tissus et donnant un aspect plissé? Chaque nervure aboutit dans un creux entre les dents fines et très pointues. Petit vert lime, le long de la nervure centrale, contrastant avec le moelleux vert bleu des segments.*

*La* ***dryoptère de clinton****, ou variété de clinton de la dryoptère à crêtes, une espèce rare au Québec (Outaouais, Montérégie et Estrie). Un stipe beaucoup plus long que celui de la dryoptère à crêtes, des segments moins tordus et des frondes stériles moins différentes des frondes fertiles.* ▶

Daniel F. Brunton

Sylvain Lamoureux

*Intéressant , lorsque la dryoptère à crêtes côtoie la dryoptère spinuleuse, de rechercher des «fougères entre les deux». L'hybride* ***dryoptère de boott*** *résulte du croisement de ces espèces; elle présente la découpure de la première, alliée à la torsion des segments de la seconde.* ◀

l'épithète spécifique *cristata*, elle signifie «qui a une crête», mais pourquoi Linné adopta-t-il ce nom? Mystère... Une piste cependant: dans l'héraldique anglaise, les armoiries portaient parfois des fougères comme emblême, surmontant l'écu ou le casque, formant une sorte de crête; pures spéculations, mais la figuration de cette espèce au cimier du casque d'une noble famille anglaise inspira-t-elle le travail de Linné? Aux États-Unis, certains classent la dryoptère à crêtes parmi les plantes qui cassent la fièvre; elle débarrasserait aussi les bronches de leurs sécrétions.

Son habitude de disposer ses segments à l'horizontale, telles des lames de stores vénitiens, ne manque pas d'attirer l'attention. La dryoptère à crêtes ne pose aucun problème de culture, si on prend soin de lui fournir ombre, fraîcheur et sol un peu acide et humide, marécageux même: terre noire et tourbe. Elle s'accommode d'une culture en pots, en serre ou à l'intérieur de la maison; veiller à ce que la soucoupe sous le pot reste toujours pleine d'eau. Ses spores mettent 4 semaines à produire un prothalle et 13 semaines additionnelles pour donner une jeune fronde.

Utile pour se débarrasser des vers intestinaux; voir le texte concernant la dryoptère spinuleuse*.

**Du vermifuge à la chimiotaxinomie**

L'utilisation séculaire de la dryoptère fougère-mâle en guise de vermifuge dans la pharmacopée populaire (voir dryoptère spinuleuse*), suscita une longue série de travaux sur les composés sécrétés par les dryoptères.

Un bon nombre des principes actifs de la dryoptère fougère-mâle, des phloroglucinols, existent aussi chez d'autres espèces de dryoptère. Ces substances permirent, dans certains cas, de préciser les liens de parenté entre les différentes espèces de ce genre, entre autres entre les dryoptères de goldie, à crêtes et les hybrides que forment ces espèces entre elles et avec d'autres dryoptères.

Par ailleurs, considérant principalement les caractères des sores, visibles sur le terrain, les botanistes rattachaient certaines espèces de gymnocarpe ou de thélyptère au genre dryoptère. Aujourd'hui, à l'heure de la cytotaxinomie, plusieurs d'entre eux classent ces espèces dans des genres à part, en s'appuyant sur les nombres de base de chromosomes: 41 chez toutes les espèces de dryoptère, 80 chez le gymnocarpe fougère-du-chêne* (anciennement *Dryopteris disjuncta*) et 35 chez la thélyptère des marais* (anciennement *Dryopteris thelypteris*).

# Dryoptère fragrante

## fragrant shield-fern or fragrant wood-fern

Dryoptéride odorante. *Fragrant cliff-fern; fragrant-fern.*
Famille de la dryoptère; *Dryopteridaceae.*

**Dryopteris fragrans** (Linné) Schott. Synonymes: *Aspidium fragrans* (Linné) Swartz; *Thelypteris fragrans* (Linné) Nieuwland. Du latin *dryopteris*: ancien nom latin utilisé par Pline l'Ancien (23-79) pour désigner «une plante à allure de fougère qui pousse sous les arbres» et par le Grec Dioscoride (1er siècle après Jésus-Christ) pour «une plante à allure de mousse qui pousse près des chênes», du grec *drys*: chêne, et *pteris*: fougère; *fragrans*: du latin *fragrare*: exhaler fortement une odeur suave, sentir bon, parfumer, embaumer.

Herbacée vivace à rhizome ne portant qu'une sorte de frondes qui persistent durant l'hiver. De petite taille (variant beaucoup: en moyenne entre 0,12 m et 0,18 m), en fait, bien petite pour une dryoptère, la dryoptère fragrante ressemble plutôt à la woodsie de l'île d'elbe*, sans en posséder les stipes articulés qui donnent à certaines woodsies une souche un peu piquante. La dryoptère fragrante forme de belles petites couronnes, isolées dans les anfractuosités des rochers, ne comptant généralement que quelques frondes vertes et, à la base, plusieurs anciennes frondes toutes séchées et recroquevillées, lui donnant un aspect bien particulier. Son limbe coriace la rend un peu raide. La plante porte bien son nom: dès qu'on la touche, elle dégage une odeur très agréable, due à de minuscules glandes qui couvrent toutes les parties de la fronde; visibles à la loupe, ces glandes rappellent des grains de sable. Malheureusement, la dryoptère fragrante perd son odeur en séchant.

*Frondes* non ramifiées, mais divisées à deux reprises; dressées bien droites, ou arquées et plus étalées; d'un vert sombre; épaisses, coriaces et plutôt raides. Limbe (12 X 3 cm) plus large vers le milieu, longuement et très graduellement rétréci aux deux extrémités. Segments primaires alternes, à queue très courte; très rapprochés les uns des autres, un peu tordus à l'horizontale et se chevauchant le plus souvent. Segments secondaires également proches les uns des autres; à sommet nettement arrondi; découpés pratiquement jusqu'à la nervure, sauf ceux du sommet des segments primaires; bordés de dents arrondies et régulièrement espacées. Les glandes se trouvent surtout sur le stipe et sur le rachis qui portent aussi de belles écailles rousses. Stipe vert, très court (env. 1/6 de la fronde); parcouru d'un sillon; presque entièrement couvert d'écailles.

*Sores* couverts de grandes indusies membraneuses, brun rouille, en forme de fer à cheval, se touchant les unes les autres, et colorant ainsi presque tout le revers du limbe d'une teinte rouille.

≠ L'identification sur le terrain de la dryoptère fragrante se fait par le nez: nul besoin d'arracher la fronde, simplement approcher son appendice nasal, car agiter ou effleurer les frondes permet à leur arôme agréable de fraise de s'exhaler. Les botanistes à l'odorat peu développé pourront se fier à la présence d'anciennes feuilles séchées et recroquevillées, persistant à la base de la plante, pour la distinguer de la woodsie de l'île d'elbe* ou de la cystoptère fragile*; ses grandes indusies en fer à cheval, presque circulaires, permettent aussi de la reconnaître

*La **dryoptère fragrante** forme de belles petites couronnes, isolées dans les anfractuosités des rochers. Son limbe coriace lui donne une allure un peu raide! À la base, persistent plusieurs anciennes frondes, toutes séchées et recroquevillées.*

Photo: Gisèle Lamoureux

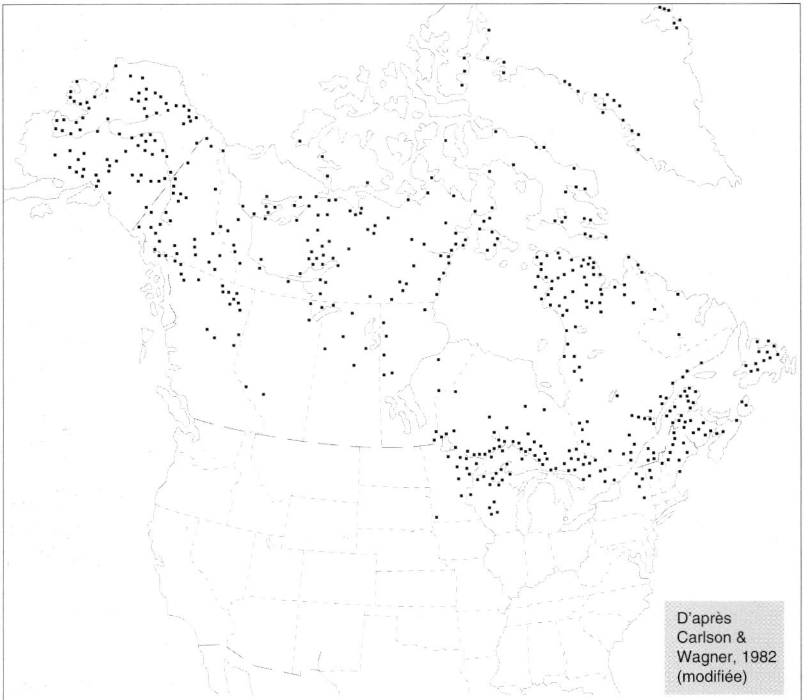


Le genre dryoptère comprend environ 150 espèces et se répartit sur tous les continents, plus particulièrement dans l'est de l'Asie où il se diversifie le plus. Circumboréale, la **dryoptère fragrante** présente une aire disjointe en Europe, qui ne compte que deux populations isolées (nord de la Finlande et monts Oural). Elle croît aux latitudes nordiques, dépasse largement le cercle arctique et, à certains endroits, se rend au 80e parallèle.

Traversant l'Amérique du Nord aux latitudes arctiques et boréales, l'aire de la dryoptère fragrante ressemble à celle de la woodsie glabre*: dans l'est, elle pousse peu au sud des Grands Lacs et du 45e parallèle (frontière Québec-Vermont), alors que dans l'ouest, elle croît surtout au-delà du 60e parallèle (limite nord des provinces). Son aire très large couvre 38 degrés de latitude et s'inscrit dans les domaines arctique et boréal (forêt coniférienne), mais déborde un peu dans le domaine tempéré mixte (érablières et forêts mixtes). Au Québec, assez curieusement, elle semble absente d'une bande qui s'étend de la baie James à la partie élargie du Labrador; son habitat y fait-il défaut?

Limites en Amérique du Nord: elle atteint pratiquement le 80e parallèle dans le bassin de Kane, au Groenland, et se rend dans l'État de New York (monts Catskill, comté de Greene, 42°15'N); au Québec: péninsule d'Ungava (Ivujivik, 62°25'N). La dryoptère fragrante figure sur la liste des plantes rares de l'Alberta, de la Nouvelle-Écosse et de l'État de New York, de même que sur la liste des espèces menacées d'extinction au Vermont et au Wisconsin; elle fait aussi partie des plantes protégées des États de New York et du Vermont.

*À première vue, la* ***dryoptère fragrante*** *(à droite) ressemble à la* ***woodsie de l'île d'elbe*** *(à gauche). Les segments et les dents diffèrent beaucoup, les sores aussi, même les poils et les écailles! Au fond, qu'est-ce qui fait qu'elles se ressemblent? La taille, l'allure et l'habitat, peut-être?*

Gisèle Lamoureux

Gisèle Lamoureux

facilement parmi les autres fougères de petite taille.

↘ La dryoptère fragrante pousse presque toujours sur les rochers, les escarpements rocheux et les falaises, les talus d'éboulis et les champs de blocs. Dans ces habitats, elle s'installe en particulier dans les anfractuosités des rochers, où ne se trouvent généralement qu'une très mince couche de sol minéral et un peu d'humus; il s'agit, le plus souvent, de microhabitats secs. Sans que ce soit constant, dans la partie sud de son aire de répartition, elle préférerait les substrats calcaires situés à l'ombre (par exemple, des escarpements sous couvert forestier), alors que dans la partie nordique de son aire, elle croît en milieux ouverts et non calcaires (granit, gneiss, etc.) et un peu plus fréquemment sur les rochers du littoral. Elle pousse régulièrement en association avec la woodsie de l'île d'elbe*, non particulièrement calcicole, et, dans le nord de son aire, s'associe souvent à des mousses, à des lichens et à diverses plantes vasculaires, dont la campanule à feuilles rondes°, la pyrole à grandes fleurs (*Pyrola grandiflora*) et la hiérochloé alpine (*Hierochloe alpina*).

Non, il ne s'agit pas d'une woodsie, mais bien, et de loin, de la plus petite dryoptère en Amérique du Nord. À notre avis, cette dryoptère ne doit pas s'appeler odorante (qui dégage une odeur), mais odoriférante (qui dégage une odeur agréable) ou fragrante (qui exhale une odeur suave). Le rapprochement entre *fragrans*, *fraga* (nom latin donné par les Romains aux fraises) et *Fragaria* (nom latin botanique du fraisier) s'impose à tout nez qui s'approche des frondes; d'autres comparent cette odeur à celle des primevères (*Primula*). Fraise, primevère, pas de chicane, car un fait demeure: l'exquis parfum! Pas étonnant que les Yakoutes, des habitants du nord-est de la Sibérie, préparent une infusion à partir des frondes de cette fougère... et dire que ce ne sont que les sécrétions de minuscules glandes qui produisent cet embaumement!

Les glandes, justement, contribuent à différencier les deux sous-genres de dryoptère: *Polystichopsis* et *Dryopteris*, ce dernier regroupant toutes les espèces de nos contrées. La plupart des espèces du premier sous-genre ne portent pas de glandes internes dans le stipe tandis que celles du second en possèdent, sauf... la dryoptère fragrante, aux poils glanduleux externes, sur le stipe, qui constituent un caractère remarquable vis-à-vis des autres fougères rupestres de petite taille... Plusieurs woodsies ont des poils, mais dégagent-elles une odeur?

En plus de la variété typique *fragrans*, certains botanistes reconnaissent la variété *remotiuscula*; celle-ci, de plus forte taille, pousserait plus au sud et posséderait des frondes aux segments primaires plus espacés les uns des autres et aux écailles plus dispersées. Pour d'autres, qui ne reconnaissent pas la variété *remotiuscula*, ces caractères ne sont pas fixes, mais expriment tout simplement le gradient des conditions environnementales s'établissant du nord au sud de l'aire de répartition de l'espèce; dans la partie sud de l'aire, une saison de croissance clémente favoriserait le développement des caractères que d'aucuns associent à la variété *remotiuscula*. D'ailleurs, dans l'est de l'Amérique du Nord, la transformation graduelle des formes de croissance observée du nord au sud empêche de tracer une démarcation géographique nette entre les aires couvertes par les deux variétés présumées. Mais rien n'est simple dans le monde de la taxinomie des fougères: dans le nord de l'Europe, des botanistes rapportent l'observation, dans un même site, de plantes avec les caractères de la variété *remotiuscula* poussant à l'ombre, et de plantes avec les caractères de la variété *fragrans* poussant en plein soleil (voir aussi le texte sur le botryche à feuille couchée*, expliquant un phénomène semblable).

Daniel F. Brunton

*Une petite ressemblance avec la dryoptère marginale? Ou avec la dryoptère fragrante? L'hybride entre les deux se nomme* **Dryopteris X algonquinensis**. *Très rare, il n'est connu que du parc Algonquin, en Ontario.*

*Quel être étrange, en provenance du château de la belle au bois dormant! Des sores de la* ***dryoptère fragrante****, encore protégés par leurs indusies moelleuses. Les points brillants? Sans doute les poils glanduleux qui confèrent son odeur à cette fougère.*

Photo: Sylvain Lamoureux

Malgré des tailles fort différentes, la dryoptère fragrante et la dryoptère à sores marginaux*, occupant parfois le même habitat, s'hybrideraient pour produire une plante d'allure intermédiaire entre les deux espèces: *D.* X *algonquinensis*. Cet hybride n'est signalé qu'au parc provincial Algonquin, en Ontario, et c'est le premier hybride connu impliquant la dryoptère fragrante comme espèce parentale.

Sans mettre sa beauté en doute, les horticulteurs jugent la dryoptère fragrante très difficile à cultiver: ses exigences quant à la température, à l'humidité et au substrat semblent très précises, tolérant peu d'écarts.

Utile pour se débarrasser des vers intestinaux; voir dryoptère spinuleuse*.

# Woodsie de l'île d'elbe

## rusty woodsia

Woodsie illinoise. *Fragrant or oblong woodsia; rusty cliff-fern; rusty-fern.* Famille de la dryoptère; *Dryopteridaceae.*

**Woodsia ilvensis** (Linné) R. Brown. Dédié à Joseph Woods, architecte et botaniste anglais (1776-1864); *ilvensis*: du latin *ilva*: île d'Elbe, en Italie.

Herbacée vivace à rhizome ne portant qu'une sorte de frondes qui ne persistent pas l'hiver. De petite taille (0,15 m), la woodsie de l'île d'elbe colore çà et là les anfractuosités des rochers du vert clair de ses touffes très denses. Son limbe poilu et écailleux, à revers blanc argenté au début de la saison, frappe l'oeil plus particulièrement en période de sécheresse ou à la fin de la saison, lorsque poils, écailles et sores tapissent le revers du limbe d'un épais feutre brun rouille. Phénomène particulier aux woodsies, la base du stipe se casse un peu au-dessus de la surface du sol et persiste durant plusieurs années, formant une sorte de souche, un peu piquante lorsqu'on la tâte du doigt. Chez la woodsie de l'île d'elbe, chez la woodsie glabre* et chez la woodsie alpine (*W. alpina*), cette base du stipe est articulée, de sorte qu'elle casse net à une hauteur fixe et constante (2 à 3 cm au-dessus du sol) pour tous les stipes d'un pied.

*Frondes* épaisses et plutôt coriaces; non ramifiées mais divisées à deux reprises; dressées mais à sommet arqué vers le bas; d'un vert clair devenant foncé en fin de saison. Limbe de largeur à peu près constante, rétréci au sommet (10 X 2,5 cm). Segments primaires alternes, ceux du bas presque opposés; sans queue; sommet plutôt arrondi. Segments secondaires aussi arrondis ou tronqués au sommet; découpés presque jusqu'à la nervure, bordés de longs cils et à contour sinueux ou munis de petites dents rondes et irrégulières. Abondance d'écailles et de poils écailleux couvrant toutes les parties de la fronde, plus fins sur le dessus du limbe. Stipe creux comme une paille; cassant et très luisant; de longueur variable mais court par rapport à l'ensemble de la fronde; creusé d'un sillon peu marqué; brun roux, passant au vert au niveau du limbe; une ligne foncée, rappelant une soudure, marque l'articulation.

*Sores* d'abord petits, ronds, placés en bordure des segments, se touchant à maturité pour former une masse continue sur tout le revers du limbe. Très particulière, l'indusie ne se voit bien qu'à la loupe: réduite à de longs filaments (rattachés à un petit disque caché sous les sporanges), elle se replie d'abord par dessus les sporanges puis s'étale dans toutes les directions (comme chez la woodsie glabre*).

*Crosses* en forme de tête de flamant rose, mais couvertes d'une fourrure blanche. De nouvelles crosses apparaissent tout au cours de l'été, rejetant leur tête un peu vers l'arrière avant de se dérouler.

≠ Plusieurs woodsies se retrouvent dans le nord-est de l'Amérique du Nord; la woodsie de l'île d'elbe s'y avère certainement la plus fréquente. Elle se distingue par l'ensemble des caractères suivants: stipes articulés, se cassant tous à la même hauteur (tout comme chez la woodsie glabre* et la woodsie alpine), frondes plus larges et plus robustes que les frondes étroites et délicates de la woodsie glabre, couvertes, sur les deux faces et sur le

*La **woodsie de l'île d'elbe** colore, ça et là, les anfractuosités des rochers du vert clair de ses touffes denses. Très poilues et coriaces, ses petites frondes raides affichent des revers blanc argenté dans leur jeunesse, bien visibles sur les crosses.*



Photo: Gisèle Lamoureux

stipe, d'écailles et de poils lui donnant sa couleur blanche ou rouille (absents chez la woodsie glabre; poils présents mais écailles presque absentes et tombant tôt chez la woodsie alpine), stipe brun (également brun chez la woodsie alpine, mais d'un vert jaune chez la woodsie glabre). À noter que la woodsie alpine, rare en Amérique du Nord, ressemble plutôt à la woodsie glabre et pousse habituellement,

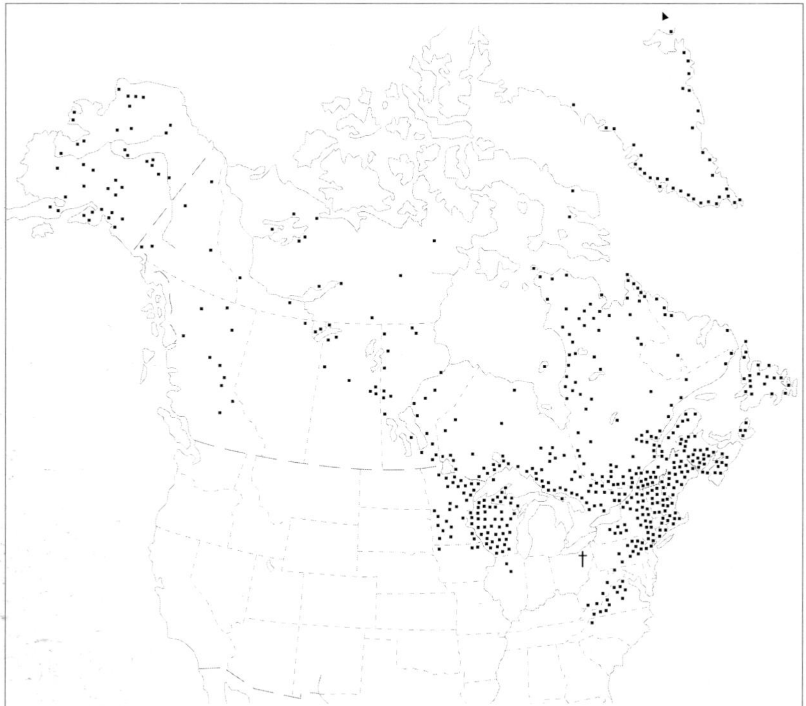

Le genre woodsie compte de 25 à 40 espèces et se répartit principalement dans les régions arctiques, boréales et tempérées de l'hémisphère nord, mais s'étend aussi en Amérique centrale et dans les Andes, jusqu'aux régions tempérées de l'Amérique du Sud; une aire isolée existe aussi dans le sud de l'Afrique. La **woodsie de l'île d'elbe** se classe parmi les plantes circumboréales, bien que presque absente de l'ouest de l'Asie et peu présente en Europe, sauf en Scandinavie.

Transcontinentale en Amérique du Nord, la woodsie de l'île d'elbe compte cependant des stations beaucoup plus clairsemées dans l'ouest que dans l'est, où la plante se trouve essentiellement dans les domaines tempéré mixte (érablières et forêts mixtes), boréal (forêt coniférienne) et arctique.

Limites en Amérique du Nord: Groenland (environ 75°N) et Caroline du Nord (comté d'Ashe, 36°30'N); au Québec: péninsule d'Ungava (Ivujiviq, 62°25'N). La woodsie de l'île d'elbe figure sur la liste des plantes rares du Yukon, de la Colombie-Britannique, de l'Alberta, de l'Iowa et de l'Illinois de même que sur la liste des espèces menacées de la Caroline du Nord et sur la liste des espèces disparues de l'Ohio et possiblement disparues du Rhode Island.

*Poils ou écailles? Poils écailleux, peut-être? Et tellement tassés, les sores, qu'ils cachent le limbe: la fronde de la* ***woodsie de l'île d'elbe*** *en devient rousse, en fin de saison.*

Photo: Sylvain Lamoureux

comme elle, sur les rochers calcaires. Certains botanistes croient que ces trois woodsies s'hybrident et que la woodsie de l'île d'elbe se croise aussi avec la woodsie de l'oregon (*W. oregana*) ou avec la woodsie des rochers (*W. scopulina*). Chez ces deux dernières, de même que chez la woodsie à lobes arrondis (*W. obtusa*), toutes trois rares dans l'est de l'Amérique du Nord, les bases des stipes d'une même souche, non articulées, se coupent à différentes hauteurs et les limbes portent de petites glandes; de manière générale, ces fougères atteignent une plus grande taille (plus de 0,2 m de hauteur pour la woodsie à lobes arrondis et la woodsie des rochers) ou la même taille que la woodsie de l'île d'elbe (env. 0,15 m pour la woodsie de l'oregon). La cystoptère fragile* ressemble parfois à la woodsie de l'île d'elbe; cependant, elle ne présente pas une souche garnie des restes de la base des stipes et ses sores, bien différents, présentent une indusie en capuchon, non filamenteuse comme celle des woodsies; son limbe se montre généralement plus mince et à segments primaires plus distancés.

↓ Dans l'est de l'Amérique du Nord, la woodsie de l'île d'elbe représente sans doute la première fougère confinée aux rochers (fougère rupestre ou rupicole) que les botanistes amateurs apercevront: c'est la fougère rupestre la plus fréquente parmi les espèces qui rejoignent les régions dites «habitées». Elle colonise les pentes rocheuses abruptes, les escarpements rocheux et les falaises, les rochers, les talus d'éboulis. Dans ces habitats, elle s'installe dans les anfractuosités, les fissures ou au sommet des rochers, souvent sur de petits tapis de mousses ou de lichens; elle s'accommode de peu de matériel meuble et d'humus. Ces microhabitats, elle les préfère secs et au soleil, mais le manque d'eau l'affecte: ses frondes s'enroulent, laissant mieux voir leur revers fortement teinté de roux; l'apport

**La woodsie de l'île d'elbe. Vraiment?**

Montagneuse et à côtes très échancrées, se prêtant à la culture de la vigne et de l'olivier, l'île d'Elbe possède une longue histoire et s'enorgueillit d'un séjour qu'y effectua Napoléon, peu après sa première abdication (1814-1815). Mais quel lien existe-t-il entre cette île et la petite woodsie qui porte son nom?

Comme l'indique Marie-Victorin, cette fougère ne pousse pas à l'île d'Elbe mais habite plutôt les régions froides de l'hémisphère boréal.

de pluie lui redonne sa vigueur. Cependant, dans les endroits très secs elle recherche les fentes un peu humides ou à l'ombre; dans ce dernier cas, ses touffes moins fournies montreront des frondes un peu différentes, plus allongées et à texture plus mince. Elle croît tellement fréquemment sur des rochers acides (non calcaires) que d'aucuns déclarèrent qu'elle «pousse sur toutes les sortes de roches, sauf le calcaire»; d'autres la considèrent calcicole en milieu nordique et on la trouva même sur des talus de serpentine, une roche encore plus alcaline que les calcaires. Somme toute, la woodsie de l'île d'elbe pousserait de préférence sur des rochers acides mais, dans certaines conditions, elle s'accommode d'un substrat alcalin; par exemple, à la rivière Shipshaw (Saguenay), elle croît sur un rocher acide où des eaux de ruissellement, provenant de couches calcaires situées au-dessus, modifient notablement l'acidité du rocher: le pH affiche 7,6 et la cryptogramme de steller*, une calcicole notoire, y accompagne la woodsie de l'île d'elbe.

En 1813, le botaniste Robert Brown nomma le genre *Woodsia* à la mémoire d'un contemporain: Joseph Woods, né et décédé en Angleterre (24 août 1776 - 9 janvier 1864). Woods exerça principalement la profession d'architecte et voyagea beaucoup, surtout en Europe, pour y étudier l'architecture et la botanique. Sa santé précaire l'obligea, encore jeune, à quitter l'école. Autodidacte, il devint polyglotte en apprenant le latin, le grec, l'hébreu et plusieurs langues modernes. Son état de santé nécessitant des soins constants, tout jeune adolescent il habitait en pension où, déjà, il accorda quelque attention à la botanique. Comme pour le frère Marie-Victorin, la maladie l'aiguilla vers la botanique. Toutefois, ce n'est que quelques années plus tard qu'il en reçut véritablement la piqûre: un ami lui présenta sir Joseph Banks, naturaliste de renom et grand voyageur, auprès de qui sa passion pour les sciences de la nature ne put que s'épanouir davantage. Sa santé s'améliorant, Woods décida de développer son penchant naturel pour l'architecture. En compagnie de quelques collègues, il fonda en 1806 la *London Architectural Society* et en devint le premier président.

Outre sa fructueuse carrière d'architecte, Woods trouva l'énergie nécessaire pour écrire une monographie détaillée du genre *Rosa* dans laquelle, pour la première fois, un botaniste démontre l'utilité des poils de la tige pour distinguer les espèces. À lui seul, cet ouvrage lui attira la reconnaissance de bien des botanistes. En 1816, après la chute de Napoléon, le continent européen devint plus aisément accessible aux touristes anglais et Woods en profita pour entamer une étude des trésors de l'architecture européenne. De retour en Angleterre, il consacra la plus grande partie de son temps à la préparation de publications sur ses observations en architecture; en outre, il s'occupa du montage de ses collections botaniques. Durant ses visites subséquentes sur le continent européen, Woods augmenta substantiellement sa collection de plantes. Sans délaisser tout à fait son intérêt pour l'architecture, désormais il considérait de plus en plus la botanique comme sa profession principale; cet emploi du temps ne lui procurait pas de revenu mais lui permettait, par contre, de travailler au rythme que lui dictait sa santé. Celle-ci l'empêchant de mener rondement ses affaires professionnelles, il abandonna pour de bon l'architecture et quitta Londres pour rejoindre sa soeur dans l'arrière-pays. Il y demeura les 30 dernières années de sa vie, consacrant la plus grande partie de son temps à la botanique. En 1850, parut son ouvrage de botanique le plus marquant, *The Tourist's Flora*, une flore de l'Angleterre, de la France, de l'Allemagne, de la Suisse et de l'Italie, couvrant, en Europe, un territoire plus vaste que tout autre travail du genre publié jusque-là. Pratiquement jusqu'au tout dernier jour de sa vie, Woods s'affaira à la préparation d'une seconde édition de ce travail. Au-delà de ses compétences largement reconnues en architecture et en botanique, Joseph Woods s'avéra un artiste accompli; il réalisa une imposante collection d'aquarelles, surtout des paysages, puis des croquis d'oeuvres architecturales et de spécimens botaniques. Parmi les derniers dessins qu'il effectua, plusieurs concernaient la révision du difficile genre *Rubus*, sujet de quelques publications antérieures. Cela devint son dernier travail en botanique. Depuis toujours, il occupait ses loisirs à jouer aux échecs, un jeu pour lequel son excellente mémoire lui conféra un immense avantage. Il y devint si habile que, même vers la fin de sa vie, peu de joueurs lui tinrent tête. Woods devint l'un des plus vieux membres de la *Linnean Society*; il fut également membre de la *Geological Society*, de la *Society of Antiquaries*, et membre honoraire de la *Royal Institute of British Architects*. Le nom de Woods, homme de vaste culture, se perpétue aujourd'hui par le genre *Woodsia,* bien sûr, mais aussi par un autre genre appartenant à la même famille, *Protowoodsia*, par une espèce de rosier, *Rosa woodsii,* et par une très belle hépatique irlandaise, *Jungermannia woodsii*, découverte par lui et nommée en son honneur par sir William Hooker. (Tiré d'une notice nécrologique, publiée dans les *Linnean Society's Proceedings*, 1864.)

Photo: Sylvain Lamoureux

*Chez la* ***woodsie de l'île d'elbe****, la base du stipe est articulée, de sorte qu'elle casse net à une hauteur fixe et constante pour tous les stipes d'une touffe. Les woodsies glabre et alpine montrent la même structure.*

Gildo Lavoie

Daniel F. Brunton

*La **woodsie des rochers** est probablement la plus grande des woodsies du Canada. Elle fréquente généralement les rochers calcaires; rare dans l'est, elle ne se trouve, au Québec, qu'en Gaspésie. Des écailles blanches et articulées, très caractéristiques, en garnissent le limbe et le rachis.*

*La **woodsie de l'oregon** ressemble beaucoup à la woodsie de l'île d'elbe, mais elle ne porte pas d'écailles et fréquente des lieux calcaires, plutôt qu'acides. Elle est rare dans l'est de l'Amérique, en particulier au Québec (Bas-Saint-Laurent). Ces trois woodsies rares (à lobes arrondis, des rochers et de l'oregon) ont des stipes non articulés, contrairement à ceux de la woodsie de l'île d'elbe.*

*Un peu plus grande que la woodsie de l'île d'elbe, au limbe tendre plutôt que coriace, garnie de fins poils blancs plutôt que de poils écailleux, voilà la* **woodsie à lobes arrondis**. *Très rare au Canada (Ontario et Québec), elle ne se trouve, au Québec, que dans les vallées de l'Outaouais et du Richelieu.*

Photo: Gisèle Lamoureux

Parfaite pour les murs, les rochers et les rocailles de roches acides quoique, dans son habitat naturel, la woodsie de l'île d'elbe s'accommode de roches calcaires. Malgré leur petite taille, ses touffes de frondes rousses produisent un effet saisissant. La woodsie de l'île d'elbe pousse mieux sur des sites frais, semi-ombragés ou ensoleillés, parfaitement drainés mais humides (rochers suintants, par exemple). Elle se cultive aussi en terrariums, par exemple dans une rocaille miniature, en pot ou en serre; mêler alors au terreau, une bonne proportion de sable et de petites pierres non calcaires. Comme, somme toute, il s'agit d'une plante peu fréquente, éviter de la déranger ou de la transplanter. Ses spores se cultiveraient facilement: elles mettent de deux à trois semaines pour former un prothalle et 21 semaines de plus pour produire la jeune fronde.

# Woodsie glabre

## smooth woodsia

*Smooth cliff-fern.*
Famille de la dryoptère; *Dryopteridaceae.*

**Woodsia glabella** R. Brown.
Dédié à Joseph Woods, architecte et botaniste anglais (1776-1864); *glabella*: diminutif latin de *glaber*: glabre, c'est-à-dire sans poils, allusion aux stipes pratiquement lisses, contrairement à ceux d'autres woodsies.

Herbacée vivace à rhizome ne portant qu'une sorte de frondes qui ne persistent pas durant l'hiver. De très petite taille (0,09 m) et très délicate, la woodsie glabre passe facilement inaperçue; il faut scruter attentivement les corniches des rochers calcaires pour découvrir ses mignonnes touffes. Sa petitesse, l'étroitesse de ses frondes et leur apparence fragile n'ont d'égales que celles de la doradille verte (*Asplenium viride*), une espèce plutôt rare dans l'est de l'Amérique du Nord, avec laquelle il est facile de la confondre; mais, phénomène particulier à certaines woodsies et permettant de les distinguer des autres fougères, la base des stipes est articulée, c'est-à-dire qu'elle se casse un peu au-dessus de la surface du sol (à env. 1 cm dans le cas de la woodsie glabre), persiste pendant plusieurs années, formant une sorte de souche un peu piquante lorsque tâtée du doigt.

*Fronde* non ramifiée mais divisée à une ou deux reprises; semblant jaillir de la paroi rocheuse et se dressant ou s'étalant à l'horizontale. Limbe mince, d'un vert clair; de largeur à peu près constante (7 X 1 cm); à peine rétréci aux deux extrémités; divisé en 10 à 15 paires de segments primaires, celles du bas distancées, les autres plus tassées. Segments primaires alternes, sans queue; en forme d'éventail, à base à peu près symétrique et arquée vers le bas; ceux de la base pratiquement opposés et de forme plus arrondie, les autres un peu plus allongés; ne comptant généralement que 3 ou 5 segments secondaires (ou lobes selon le cas). Segments secondaires aussi en forme d'éventail, à sommet tronqué ou arrondi; celui qui termine chaque segment primaire, plus développé; sans cils, mais bordés de 3, 4 ou 5 dents arrondies. Sans poils ni écailles sauf sur le stipe, mais en bas de l'articulation (point où se casse le stipe au moment de se faner), ou comptant quelques poils ou écailles sur le limbe et le stipe. Stipe d'un vert jaune, creux comme une paille; plutôt court (env. 1/4 de la longueur de la fronde); une ligne peu visible marque l'articulation du stipe.

*Sores* arrondis, d'un beau rouille à maturité; relativement gros, par rapport à la petitesse du limbe, et placés en bordure; semblent parfois hérissés à maturité, à cause de l'étalement des sporanges qui débordent du limbe. Indusie (visible à la loupe) réduite à de longs filaments (rattachés à un petit disque caché sous les sporanges), d'abord repliés par-dessus les sporanges puis s'étalant dans toutes les directions (comme chez la woodsie de l'île d'elbe*).

≠ Pour distinguer la woodsie glabre de la doradille verte qui lui ressemble beaucoup, se souvenir que les stipes de cette woodsie sont articulés (bases se coupant toutes à la même longueur; voir photo de la woodsie de l'île d'elbe*), mais non ceux de la doradille verte; par ailleurs,

*Quel enchantement que la découverte de la toute petite et délicate* ***woodsie glabre****: ses frondes semblent jaillir de la paroi rocheuse. Réduits, les segments primaires de la première paire ressemblent à une feuille de trèfle, ce qui la distingue de la woodsie alpine, tout comme la couleur paille ou verte de son stipe.*



Photo: Gisèle Lamoureux

cette dernière possède des sores allongés, tout comme les autres doradilles, et son limbe n'est segmenté qu'une fois (généralement 2 fois chez les woodsies); sans aucun poil ni écaille, ses segments se portent au bout d'une courte queue fine et leur base est asymétrique (du moins chez les segments du haut) avec un côté

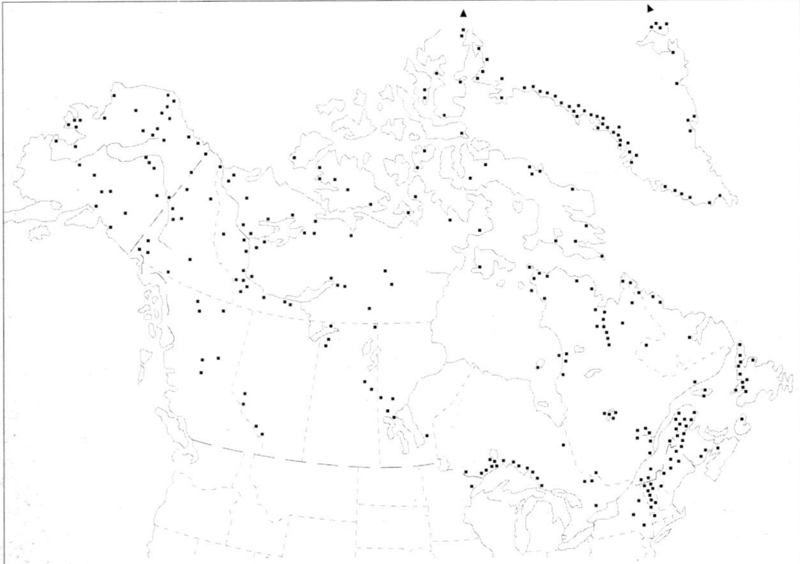

Le genre woodsie compte de 25 à 40 espèces et se répartit principalement dans les régions arctiques, boréales et tempérées de l'hémisphère nord, mais s'étend aussi en Amérique centrale et dans les Andes, jusqu'aux régions tempérées de l'Amérique du Sud; une aire isolée existe aussi dans le sud de l'Afrique. La **woodsie glabre** se classe parmi les plantes circumboréales, bien que peu présente dans l'ouest de l'Asie et en Europe. Elle croît aux latitudes nordiques, dépasse largement le cercle arctique et même le 80ᵉ parallèle.

Transcontinentale en Amérique du Nord aux latitudes arctiques et boréales, l'aire de la woodsie glabre ressemble à celle de la dryoptère fragrante*, mais avec des localités plus clairsemées: dans l'est, elle pousse peu au sud des Grands Lacs et du 45ᵉ parallèle (frontière Québec-Vermont), alors que dans l'ouest, elle croît surtout au-delà du 60ᵉ parallèle (limite nord des provinces). Son aire très large couvre 42 degrés de latitude et s'inscrit dans les domaines arctique et boréal (forêt coniférienne) et déborde un peu dans le domaine tempéré mixte (érablières et forêts mixtes).

Limites en Amérique du Nord: elle dépasse le 80ᵉ parallèle et pousse aux confins des terres canadiennes (île Ellesmere, vers 83°N) et du Groenland (vers 84°N); au sud, elle se rend dans l'État de New York (monts Catskill, comté de Greene, 42°15'N); au Québec: péninsule d'Ungava (Ivujivik, 62°25'N et cap Wolstenholme, 62°35'N). La woodsie glabre figure sur la liste des plantes rares de l'Alberta, de la Saskatchewan, du Manitoba, de la Nouvelle-Écosse, de l'île de Terre-Neuve, du Minnesota, de l'État de New York, du New Hampshire, du Vermont, du Maine, et sur la liste des espèces menacées d'extinction du Vermont, du Maine et du Minnesota. Elle fait partie des plantes protégées du Vermont et de l'État de New York.

*Les sores de la **woodsie glabre**, avec des sporanges jeunes et verts et d'autres plus mûrs, noirs. Cette woodsie ne porte à peu près pas d'autres poils que les poils écailleux qui composent l'indusie, d'où son nom. Le revers du stipe se teinte parfois de pourpre, sans prendre la teinte brune très nette de celui des woodsies alpine et de l'île d'elbe.*

Photo: Gisèle Lamoureux

plutôt droit, non arqué vers le bas comme chez les segments plutôt symétriques de la woodsie glabre; le stipe et le rachis de la doradille verte sont verts (jaune paille ou vert chez la woodsie glabre), ce qui lui a d'ailleurs valu son nom. Le port de ces deux plantes diffère: les touffes de la doradille verte portent des frondes plus raides, orientées en tous sens et plus étalées sur le rocher que les frondes de la woodsie glabre, plus minces, plus dressées et formant une couronne plus évidente. Plus petite et plus délicate que les autres woodsies de l'est de l'Amérique du Nord, la woodsie glabre s'apparente à la woodsie de l'île d'elbe*, beaucoup plus robuste, et à la woodsie alpine (*W. alpina*, rare au Québec), presque aussi délicate, par le fait que, sur une même souche, les bases des stipes se coupent toutes à la même longueur. Comme son nom l'indique, la woodsie glabre ne porte généralement (mais pas toujours) ni poils ni écailles (sauf sur la base des stipes) contrairement à la woodsie de l'île d'elbe, qui en est couverte, et à la woodsie alpine, qui porte des poils mais à peu près pas d'écailles. Certains botanistes croient que la woodsie alpine résulte d'une hybridation naturelle entre la woodsie glabre et la woodsie de l'île d'elbe et qu'elle se croiserait à répétition avec la woodsie de l'île d'elbe (rétrocroisement). Chez les autres espèces de woodsie, rares dans l'est de l'Amérique du Nord, les bases des stipes d'une même souche, non articulées, se coupent à différentes hauteurs et les frondes portent de petits poils glanduleux; de manière générale, ce sont des fougères de plus grande taille (plus de 0,2 m de hauteur pour la woodsie à lobes arrondis, *W. obtusa*, et la woodsie des rochers, *W. scopulina*) ou de la taille de la woodsie de l'île d'elbe (env. 0,15 m, pour la woodsie de l'oregon, *W. oregana*).

### À s'en arracher les cheveux

*Woodsia glabella*: *glabella* pour glabre, qui signifie sans poils, une référence aux stipes pratiquement lisses de cette espèce, contrairement à ceux d'autres woodsies. Les descriptions botaniques fourmillent de ces termes «au poil», qualifiant la pilosité (ou son absence) de l'une ou l'autre des parties d'une plante, quand ce n'est pas le nom de la plante lui-même qui y fait allusion: *barbatum*, *lanatum*, *hispida*, *hispidula*, *hirsutum*, *piliferum*, *pilosella*, *pilosiuscula*, *pubescens*, *canescens*, *villosa*, *glabescens*, *glaberrima*, *glabriuscula*, *tomentosa*.

Tout cela n'est pas sans intérêt pour le botaniste amateur, car nombre d'espèces voisines se distinguent grâce à la présence ou au manque de poils, et grâce au type de pilosité: douce, raide, éparse, souple, touffue... Un poil n'est qu'un poil? Sur une plante, il devient soie, cil, duvet, trichome ou paraphyse, porte barbes, barbules, se dit cotonneux, caduc, glanduleux, barbelé, hirsute, hérissé, hispide, hispidule, sétiforme, sétuleux, urticant, piquant, persistant... Encore un peu, et on accuserait les botanistes de couper les cheveux en quatre! Quant aux tiges, hampes, feuilles, fruits, pétales, sépales, ils apparaissent tour à tour canescents, duveteux, lanugineux, chauves, glabres, glabrescents, laineux, tomenteux, pileux, villeux, pubescents, pubérulents... poilus. Quel jargon! À s'en arracher les chev... Ah, la barbe!

Encore une fougère de rochers. «On peut trouver cette fougère dans les prairies herbeuses, au sommet de certains eskers [dépôts glaciaires formés de sables et de graviers laissés par les eaux de fonte s'écoulant en marge ou à l'intérieur du glacier], mais surtout sur des escarpements rocheux»: falaises maritimes, parois verticales qui surplombent des lacs, escarpements de rivières qui forment des canyons. «On la retrouve alors en surplomb sur ces murailles, sur le rebord de la paroi, dans des niches creusées dans le roc, sur des corniches ou près de certaines chutes. Dans tous ces habitats, elle se loge principalement dans les fissures de l'escarpement. On la retrouve enfin sur certaines pentes pierreuses, dans les endroits frais de certains talus» et dans certaines pessières escarpées. En général, la woodsie glabre se cache à l'ombre mais, à l'occasion, elle pousse en pleine lumière. Les escarpements rocheux riches en eaux de suintement, de ruissellement ou d'embruns de chute remportent sa faveur, mais on signale sa présence dans des microhabitats plus secs, avec des frondes plutôt rabougries et peu fructifiées. Des tapis serrés de mousses la supportent généralement, posés sur une couche mince de limon provenant de la désagrégation de la roche sous-jacente; à la rivière Shipshaw (Saguenay), par exemple, le sol minéral dans lequel elle s'enracine montre un pH de 7,4 à 8,2 et celui de l'humus varie entre 6,6 et 8,0. Rencontrée le plus souvent sur les rochers calcaires, elle fait l'objet d'une certaine controverse, certains affirmant que dans les régions nordiques elle pousse souvent sur des rochers non calcaires (tels des gneiss granitiques, du granit, du basalte, de la granulite). (Tiré et cité de Cayouette, 1979). En plus de plusieurs espèces de mousses, la cryptogramme de steller* et différentes saxifrages l'accompagnent souvent.

Robert Brown nomma le genre woodsie à la mémoire du botaniste et architecte anglais Joseph Woods (voir le texte sur la woodsie de l'île d'elbe*). Brown, un botaniste britannique du siècle dernier (1773-1858), fut le bibliothécaire de sir Joseph Banks et de la *Linnean Society*, de même que le conservateur de la section botanique au *British Museum*. Ses voyages l'amenèrent à explorer la flore de l'hémisphère sud, comme en témoignent ses collections botaniques: Australie, Tasmanie, Le Cap, Timor (une île de l'archipel indonésien) et autres. Il publia des ouvrages concernant divers groupes de plantes (asclépiades, composées) et pu-

Sylvain Lamoureux

*Les sores de la* ***woodsie alpine****, encore tout enveloppés des longs poils écailleux qui représentent l'indusie chez les woodsies.*

*La* ***woodsie alpine****, une espèce rare au Canada. On dirait bien que c'est encore la woodsie glabre, mais voyez le stipe brun et la forme des segments de la première paire: réduite, sans toutefois rappeler une feuille de trèfle. La woodsie de l'île d'elbe ressemble aussi à ces deux espèces, mais montre des segments plus longs que larges, comptant au moins de 4 à 6 paires de lobes (rarement plus de 3 paires chez les deux autres).*

Sylvain Lamoureux

blia également des listes de plantes récoltées par d'autres lors de voyages d'explorations en vue de la découverte du passage du Nord-Ouest dans l'archipel arctique canadien (baie de Baffin, île Melville). À l'heure actuelle, les botanistes ne connaissent aucun fossile de woodsie et ne peuvent qu'émettre des hypothèses plus ou moins fondées quant au lieu d'origine du genre et à l'explication de sa répartition actuelle.

Ses exigences particulières rendent sa culture à peu près impraticable.

# Doradille chevelue

## maidenhair spleenwort

Asplénie chevelue; capillaire polytric, rouge; cheveux-de-vénus; doradille polytric; faux (ou fausse) -capillaire; petit capillaire; polytric d'apulée, des boutiques, des officines, jaune, officinal; politrique. Certains noms s'appliquent à tout le genre doradille: belle perruque, fougère-folle, herbe-au-chancre, herbe-capillaire, scapulaire. *Baby-, bristle- or water-fern; black-, common-, english- or rock-maidenhair; black-stemmed, common, dwarf or wall spleenwort; venus'-golden-locks; waterwort-fern.*
Famille de la doradille; *Aspleniaceae.*

**Asplenium trichomanes** Linné.
Du grec *asplenon*: nom donné par Dioscoride (médecin, vers 50 après Jésus-Christ) au ceterach (*herba ceterachi: Ceterach officinarum,* autrefois *Asplenium ceterach*), une fougère de la famille de la doradille, réputée utile contre les maladies de la rate; ce nom vient de *a*: sans (ou, peut-être, un «a» euphonique) et *-splên*: rate; *trichomanes*: du grec *thrix*: cheveu, chevelure, et *manos*: fin, rare, clairsemé, ou de *trichoma*: chevelure épaisse, nom de genre auquel les botanistes d'avant Linné rattachaient cette plante, allusion aux tiges minces comme des cheveux.

Herbacée vivace à rhizome ne portant qu'une sorte de frondes qui persistent l'hiver. De très petite taille (0,15 m), la doradille chevelue croît en couronnes denses. Surgissant des rochers, ses frondes mignonnes ne manquent pas d'étonner, avec leurs petits segments distancés et leurs rachis luisants, presque noirs.

*Frondes* non ramifiées et divisées seulement une fois; arquées ou pendantes. Limbe épais, vert foncé; allongé et étroit (12 X 1,5 cm), de largeur pratiquement constante, rétréci vers le sommet. Segments alternes, presque opposés, portés par une courte queue; asymétriques et en forme d'éventail miniature, arrondis pour les segments du bas, rectangulaires pour les autres; bordés de dents arrondies et irrégulières. Stipe court, égalant environ le sixième de la fronde; brun rougeâtre, délicat mais raide, tout comme le rachis. Sans poils ni écailles, sauf parfois quelques poils au revers du limbe. Persistant tout l'hiver, couchées au ras du sol, les frondes de plus d'un an se reconnaissent à leurs sores bruns, au moment où les frondes nouvelles ne montrent que des sores vert pâle. Présence occasionnelle de frondes stériles, paraissant les premières au printemps.

*Sores* peu nombreux (1 à 7 ou 8 par segments), minces et allongés, placés en diagonale le long des nervures secondaires. Indusie présente, jaunâtre.

La doradille verte (*Asplenium viride = A. trichomanes-ramosum)* ressemble beaucoup à la doradille chevelue; c'est une plante à rachis vert (noir, chez la doradille chevelue), généralement un peu plus petite, moins fréquente et d'affinités plus nordiques. Trois autres doradilles très rares fréquentent le sud du Québec: la doradille ébène (*Asplenium platyneuron*, rachis noir, deux sortes de frondes: les fertiles dressées et à segments triangulaires, les stériles étalées sur le sol et à segments plus rectangulaires), la doradille des murailles (*Asplenium ruta-muraria*, rachis vert et limbe divisé à deux reprises) et la doradille ambulante

*Elle trône dans les anfractuosités des rochers, la* ***doradille chevelue****, et ses couronnes jaillissent comme des fontaines. Son rachis luisant, presque noir, contraste avec le vert du limbe*

Photo: Gisèle Lamoureux

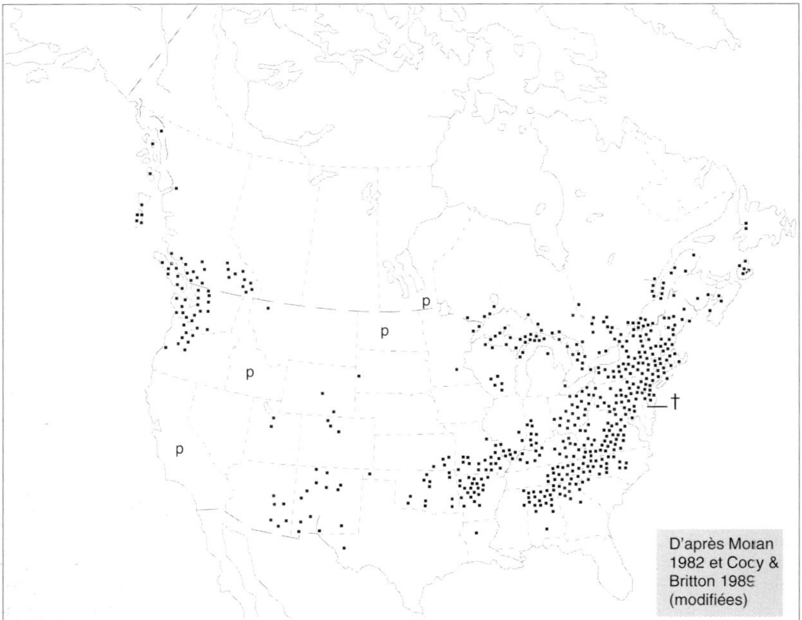

D'après Moran 1982 et Cody & Britton 1989 (modifiées)

Cosmopolite, parce que pratiquement répandu sur toute la planète, le genre doradille comprend de 650 à 700 espèces; il atteint la latitude 70°N en Europe et, au sud, se rend à la Terre de Feu, située à l'extrême pointe de l'Amérique. Tout au cours des siècles, plusieurs botanistes étudièrent ce grand genre mais, selon certains, la classification des espèces laisse encore à désirer. À noter: 150 espèces de doradille croissent en Amérique tropicale et le genre montre aussi une grande diversité dans les Andes, soit une centaine d'espèces de la Colombie à la Bolivie; à lui seul, le sud-est du Brésil compte 50 espèces. La **doradille chevelue** pousse surtout en Europe et dans l'est de l'Amérique du Nord, mais même si sa répartition montre des aires largement disjointes, les botanistes l'incluent parmi les plantes circumpolaires.

Sur notre continent, l'aire principale de la doradille chevelue se situe donc à l'est, depuis les Appalaches jusqu'un peu à l'ouest du Mississippi et correspond à peu près aux domaines tempérés mixte et décidu. L'ouest du continent compte une deuxième population, par ailleurs éparse et, dans le sud-ouest, principalement située à haute altitude sur de petites chaînes isolées de montagnes.

Limites en Amérique du Nord: Terre-Neuve (North Arm of Bay of Islands, 49°15'N) et Texas (comté de Jeff Davis, 30°45'N); au Québec: Gaspésie (parc national de Forillon, 48°45'N). Éliminée de l'État du Delaware, la doradille chevelue figure sur la liste des plantes rares de l'île de Terre-Neuve, de la Nouvelle-Écosse, du Nouveau-Brunswick, des États de Washington, du Colorado, de la Louisiane et du Rhode Island, de même que sur la liste des espèces menacées du Wisconsin, du Maine, du Rhode Island et sur la liste des espèces menacées d'extinction du Minnesota et du Texas; la loi la protège dans les États de New York et du Nouveau-Mexique.

*Les sores de la* ***doradille chevelue****, minces et allongés, placés en diagonale le long des nervures; d'abord jeunes et blanchâtres, devenant bruns à la maturité des spores alors que les sporanges repoussent l'indusie, retenue par un côté. À noter: la forme rectangulaire ou arrondie des segments et la toute petite queue fine qui les rattache au rachis.*

Photo: Gisèle Lamoureux

(*Asplenium rhizophyllum* = *Camptosorus rhizophyllus*, limbe non segmenté, s'enracinant à l'extrémité de son sommet longuement atténué). Certains confondent la doradille chevelue et la woodsie glabre*; celle-ci montre un rachis jaune paille ou brunâtre, un limbe plus mince, plus souple, moins coriace, et divisé à 2 reprises ou seulement une fois mais présentant des lobes bien découpés; se rappeler aussi que chez cette woodsie, les stipes se cassent tous à la même hauteur, donnant une souche un peu piquante (voir aussi la rubrique ≠ de la woodsie glabre).

↓ La doradille chevelue fréquente les rochers, les escarpements rocheux, les falaises et les talus d'éboulis. Dans ces habitats, elle pousse généralement dans les fentes et les anfractuosités humides et abritées du soleil. Elle se trouve sur des substrats calcaires ou non (granit, etc.), ce qui représente, pour une plante, deux mondes bien différents; assez curieusement, cette souplesse d'adaptation à des substrats de natures chimiques aussi différentes révéla l'existence de populations distinctes. De manière générale, bien que non constante, les doradilles chevelues trouvées sur des rochers calcaires possèdent deux fois plus de chromosomes (forme tétraploïde) que celles qui croissent dans des habitats non calcaires (forme diploïde); ces deux plantes, extérieurement très semblables et très difficiles à distinguer, furent identifiées comme des sous-espèces par certains botanistes travaillant sur des plantes européennes: *A. trichomanes* sous-espèce *trichomanes* (diploïde) ou sous-espèce *quadrivalens* (tétraploïde). D'autres botanistes, travaillant sur des plantes américaines, reconnaissent plutôt une sous-espèce (sous-espèce *trichomanes*, tétraploïde) et une espèce (*A. melanocaulon*, diploïde). Remarquer le beau méli-mélo: la plante diploïde européenne se nommerait sous-espèce *trichomanes* alors qu'en Amérique c'est la plante tétraploïde qui porterait ce nom! Heureusement, les botanistes de l'Amérique du Nord se rallient plutôt aux noms proposés en Europe. La sous-espèce des habitats calcaires, *quadrivalens*, ne montre pas de patron géographique particulier par rapport à l'autre sous-espèce; la question se pose cependant à savoir pourquoi elle se trouve si peu répandue: certains prétendent qu'elle n'occupe pas tous les lieux propices à l'intérieur de son aire de répartition (absente des monts Ozarks, au Missouri, par exemple). Par ailleurs, il existerait en Virginie une colonie regroupant une plante diploïde, trois triploïdes et 85 tétraploïdes, extérieurement toutes semblables; un beau cas pour les spécialistes, mais pour les botanistes ordinaires sans doute est-il préférable de se contenter d'un seul nom, doradille chevelue! Toutes menues et délicates, les frondes de la doradille

**Des cheveux partout**

Avec un tel nom latin, lourd d'allusions aux usages médicinaux, cette plante devait figurer dans nombre d'officines, sauf que... si «asplénie» indique un usage pour soulager la rate (même que la croyance voulait que son utilisation continue réduise cet organe), ce nom se rapportait plutôt, semble-t-il, à une fougère voisine (voir étymologie).

Quant à *trichomanes*, bien des chauves en devenir utilisèrent les fougères du même genre, ou d'autres leur ressemblant de quelque façon, pour lutter contre la chute des cheveux; en plus des doradilles, plusieurs fougères portaient d'ailleurs le nom français de capillaire, les adiantes par exemple. La doradille chevelue s'appela aussi *Polytrichum* (en latin) et polytrichon (en français), où se retrouve encore la racine *thrix*: cheveu. Décidément!

chevelue persistent pourtant durant plus d'une saison, du moins chez la sous-espèce *quadrivalens*, alors qu'habituellement les segments tombent et seul le rachis persiste chez l'autre sous-espèce; ainsi, une rosette compte parfois plusieurs dizaines de frondes vertes, plus ou moins affaissées contre le rocher.

Même flétries, les frondes de la doradille chevelue demeurent sur la plante encore quelque temps, après quoi, elles disparaissent pour ne laisser sur place que la base des stipes.

Tenue pour guérir la toux, cette fougère entrait dans la panoplie des plantes médicinales utilisées dans les campagnes. Elle servit de substitut pour l'adiante cheveux-de-vénus (*Adiantum capillus-veneris*) dans la préparation du sirop de capillaire (voir le texte sur l'adiante du canada*) et posséderait des propriétés mucilagineuses et astringentes. Les Chinois l'utilisent, macérée dans du vin, pour soigner les blessures et le lumbago; au Lesotho et en Inde, on fume les frondes pour soulager la grippe. En Inde, elle s'emploie aussi comme laxatif. Avis aux superstitieux: le folklore lui confère une certaine efficacité pour contrer les maléfices de la sorcellerie! Dans la croyance populaire, les jeunes filles pieuses portaient au cou un collier d'une quelconque doradille qu'elles nommaient «scapulaire», le croyant imbu des propriétés d'un vrai scapulaire; mais aussi, dit-on, «quand il en pousse beaucoup sur les parois du puits, c'est un signe de bonheur pour la maison». Dans la symbolique des plantes, les doradilles signifient «humilité». Toutes ces utilisations folkloriques ne doivent pas faire oublier que la relative rareté de la doradille chevelue, dans nos contrées, incite à ne pas la cueillir: mieux vaut se contenter de ne dévorer cette jolie fougère... que des yeux!

Que voilà l'élégante petite fougère parfaite pour les rocailles, les murs ou dalles de pierres calcaires, par exemple en bordure de pièces d'eau, mais à l'ombre s'il vous plaît! Le feuillage persistant de la doradille chevelue tolère un plein ensoleillement et de courtes périodes de sécheresse, mais pas ses racines. Elle change peu d'une année à l'autre et ne s'étend pratiquement pas. Respecter ses exigences quant au sol: forte alcalinité, haute teneur en matériel grossier (fragments de pierres calcaires) et jamais au grand jamais de substrat fin, porté à la compaction; on rapporte que, bien entretenue, elle pousse sur un humus même acide. La transplanter demande beaucoup de soins, les parties souterraines ancrées dans les fissures des rochers restent difficiles à dégager et doivent absolument demeurer intactes; le taux de réussite semble peu élevé. Peu fréquente ici, la doradille chevelue mérite d'être préservée; de préférence, la cultiver à partir des spores qui demanderont 7 semaines pour former des prothalles et 17 semaines supplémentaires pour produire les premières frondes.

La doradille chevelue servirait de succédané à l'adiante du canada.

Gisèle Lamoureux

*Les sores de la* ***doradille verte****. La photo révèle qu'après l'ouverture des sporanges, l'indusie ne se voit plus.*

Gisèle Lamoureux

*Une cascade de fontaines, la* ***doradille verte****, une espèce peu fréquente au Québec (surtout en Gaspésie et dans le Québec nordique). Son nom l'indique: son rachis est vert, cela suffit à la distinguer de la doradille chevelue; elle est aussi généralement plus petite et d'affinités plus nordiques.*

*Il n'y a pas si longtemps les botanistes nommaient la* ***doradille ambulante*** Camptosorus, *ce qui signifie «sores courbés, arqués». La seule de nos fougères avec un limbe entier, non segmenté.*

Gisèle Lamoureux

Gisèle Lamoureux

*Elle n'a pas l'air d'une fougère. Et marche-t-elle vraiment, la* ***doradille ambulante****? Elle bondit, plutôt: le sommet de sa fronde se prolonge très longuement, s'enracine et produit une rosette de nouvelles frondes. Au Québec, c'est une plante rare, trouvée uniquement dans l'Outaouais, les Montérégiennes, le Richelieu et l'Estrie. Elle fréquente les rochers calcaires, moussus et ombragés. Tout pour être une «fougère chouchou», et sa rareté commande le respect.*

Sylvain Lamoureux

*La **doradille ébène**. Un rachis noir comme l'ébène... ou comme celui de la doradille chevelue... ou d'autres doradilles! Remarquer les segments triangulaires et allongés, différents des segments rectangulaires ou arrondis de la doradille chevelue (voir page 261).*

Gisèle Lamoureux

*La **doradille ébène** est rare au Québec et connue seulement de quelques rochers calcaires dans l'Outaouais, le Richelieu et l'Estrie. Noter, à la base, quelques frondes stériles, plus petites.*

Sylvain Lamoureux

*Une fougère rare au Canada (Québec et Ontario). La **doradille des murailles** n'est connue, au Québec, que de quelques rochers secs et calcaires de la baie Missisquoi, à quelques pas de la frontière américaine... juste pour dire qu'elle est présente chez nous. Toute petite et divisée bien curieusement, elle ne ressemble à aucune autre de nos fougères.*

# Cryptogramme de steller

slender cliff-brake

*Fragile or slender rock-brake.*
Famille de l'adiante; *Pteridaceae.*

**Cryptogramma stelleri** (S.G. Gmelin) Prantl. Du grec *kryptos*: caché, et *gramme*: ligne, à cause des sores en ligne, d'abord cachés sous le bord enroulé de la fronde; *stelleri*: en l'honneur de son découvreur G.W. Steller (1709-1746), savant et naturaliste russo-allemand.

Herbacée vivace à rhizome portant deux sortes de frondes qui ne persistent pas l'hiver. De petite taille (0,2 m) ou même très petite (0,12 m), la cryptogramme de steller pousse en petites colonies. Jaillissant des fentes des rochers, les touffes ébouriffées de frondes fertiles attirent l'attention par leur forme anguleuse, inusitée chez les fougères; le second coup d'oeil discernera les délicates frondes stériles, qui présentent un aspect très différent, plus commun, à segments arrondis et en forme d'éventail. Elle se fane tôt durant l'été.

*Frondes fertiles* non ramifiées, divisées à une, deux ou même trois reprises: en observant la fronde de haut en bas, remarquer le passage de segments entiers à segments lobés, puis à segments lobés et segmentés de nouveau. Frondes étalées et un peu retombantes; élégantes et délicates mais sans excès; d'un vert jaune. Limbe (9 X 3,5 cm) de forme très variable, plutôt triangulaire et plus large à la base, souvent tordu en tous sens; sommet rétréci. Segments primaires alternes, munis d'une queue (au moins ceux du bas). Segments secondaires généralement bien découpés, de grosseur et de forme dissemblables mais allongés et pointus, à contour un peu boursouflé. Segments tertiaires plus rares, peu découpés. Frondes sans dents et démunies de poils; portant rarement des écailles fines et souples sur le stipe. Celui-ci délicat, au moins aussi long que le limbe; vert, un peu rougeâtre à la base; creusé d'un très faible sillon sur sa face aplatie, devenant plus marqué sur le rachis.

*Sporanges* bordant presque tout le tour du revers des segments; protégés par le bord du limbe qui est recourbé en fausse indusie, de couleur sable. Véritable indusie absente. Spores beiges (visibles à la loupe).

*Frondes stériles* en apparence très différentes des frondes fertiles, plus petites (0,12 m), plus minces, retombantes. Limbe également triangulaire, moins allongé (5 X 3 cm). Segments à sommet arrondi, munis de dents rondes; plus larges que les segments des frondes fertiles, les bords n'étant pas repliés en dessous comme chez ces dernières.

≠ Anciennement, certains botanistes classaient la cryptogramme de steller dans le genre pelléade (*Pellaea*); les frondes de la pelléade à stipe pourpre (*P. atropurpurea*) et de la pelléade glabre (*P. glabella*), rares au Québec, ressemblent aux frondes fertiles de la cryptogramme de steller mais s'en distinguent par leur texture plus épaisse, leur stipe raide et complètement rougeâtre, presque noir. La doradille des murailles (*Asplenium ruta-muraria*, également très rare) pourrait être confondue avec les frondes stériles, mais diffère par ses sores allongés, et disposés sous les nervures. C'est vrai que, parfois, les frondes stériles de la cryptogramme de steller

*Deux espèces de fougères? Non, une seule la **cryptogramme de steller**. Mais elle présente deux types de frondes: les stériles avec des lobes arrondis, et les fertiles, aux lobes allongés, plus fantaisistes. Le contour blanc? Le bord du limbe recourbé par en dessous, formant une fausse indusie*



Photo: Roger Larose

ressemblent aux jeunes cyptoptères fragiles; noter, chez la cryptogramme, des segments secondaires plus courts (moins de 2 fois aussi longs que larges) et plus arrondis, rappelant mieux une forme d'éventail.

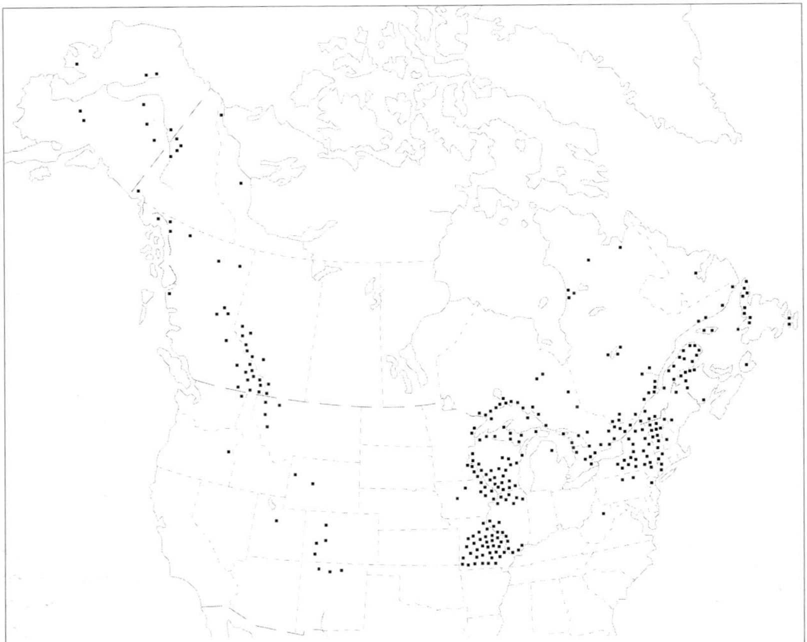

Le genre cryptogramme compte de 2 à 7 espèces peu répandues, qui poussent principalement dans l'hémisphère nord. Peu présente en Europe puisque seulement dans les monts Oural, à la limite de l'Asie, la **cryptogramme de steller** occupe une aire disjointe, ne comptant que de petites populations très dispersées en Amérique du Nord et en Asie (ouest de la Sibérie, Mongolie et certaines parties de l'Himalaya).

Sur notre continent, son aire principale se situe à l'est, principalement dans les Appalaches (domaine tempéré mixte) et dans les régions bordant la branche ouest du Mississippi (domaine tempéré décidu). Elle pousse aussi dans l'est du domaine boréal, le plus souvent sur des sites calcaires, peu fréquents dans ce domaine (par exemple: Lac-Saint-Jean, Gaspésie, Anticosti, îles de Mingan, lac Mistassini, Nouveau-Québec, Terre-Neuve). L'ouest de l'Amérique du Nord montre une population disjointe localisée principalement dans les Rocheuses.

Limites en Amérique du Nord: Territoires du Nord-Ouest (Fort McPherson, 67°30'N) et le sud de l'État du Missouri (36°40'N); au Québec: Nouveau-Québec (rivière aux Feuilles, 58°20'N). La cryptogramme de steller figure sur la liste des plantes rares de plusieurs territoires: Yukon, Colombie-Britannique, partie continentale des Territoires du Nord-Ouest, Nouvelle-Écosse, Oregon, État de Washington, Iowa, Michigan, Virginie-Occidentale, Pennsylvanie, New Hampshire, Maine. Certains États la considèrent menacée: Pennsylvanie et Massachusetts, ou même menacée d'extinction: Maine, Connecticut, Vermont, Virginie-Occidentale, Colorado. La loi la protège dans les États de New York et du Vermont.

Roger Larose

*Jaillissant des fentes des rochers, les élégantes frondes de la* ***cryptogramme de steller*** *attirent l'attention par leur forme anguleuse, inusitée chez les fougères. Le second coup d'oeil discernera les délicates frondes stériles, qui présentent un aspect plus commun, avec des segments arrondis et en forme d'éventail.*

Typiquement une fougère de rochers, la cryptogramme de steller «est plutôt rare sur des platières ou des cailloutis de rivières. On la trouve le plus souvent sur des falaises maritimes, des escarpements au bord de lacs ou des ravins de rivières. Dans ces milieux, elle est fréquente sur des corniches ou replats en escaliers, des parois en surplomb ou au sommet des escarpements. Elle s'installe généralement dans les fissures des parois verticales, les joints du calcaire, les retraits-abris des lits de calcaire ou les abris-sous-roche. On la retrouve enfin sur des talus au pied d'escarpements, des pentes sourceuses ou situées au voisinage de chutes d'eau et des berges rocheuses des lacs».

Certains botanistes classent la cryptogramme de steller parmi les fougères les plus strictement associées à un substrat calcaire; d'autres, moins tranchants, lui confèrent un caractère moins restrictif, surtout vers le nord de son aire où elle pousserait aussi en milieux acides. Elle croît tant sur des murs de pierres calcaires que sur des rochers entièrement calcaires, «des conglomérats à ciment calcaire, des rochers siliceux parcourus de veinules de nature calcaire, des rochers de gneiss ou des schistes renfermant jusqu'à 2,5 % de CaO» et même sur des formations granitiques qui renferment cependant une certaine proportion de chaux (effervescence à l'addition d'un acide).

Elle préfère nettement l'ombre et se dissimule souvent dans les creux abrités, sous les replats des falaise, les corniches ou les dalles, ou sous l'ombre des arbustes au sommet des escarpements. Souvent légèrement humides, parfois même très humides, ces milieux s'alimentent en eau par suintement ou par ruissellement; en milieu plus sec, la cryptogramme de steller se fane alors tôt, surtout par saison sèche. Elle s'enracine parfois directement dans les fractures des rochers, mais croît très souvent dans des tapis de mousses, qui colmatent les anfractuosités de la roche, ou, plus rarement, dans un mince humus. À titre d'exemple, le pH mesuré à la rivière Shipshaw (Saguenay) varie de 7,4 à 8,2 pour le matériel minéral et de 6,6 à 8,0 pour l'humus. (Tiré et cité de Cayouette, 1979)

Cryptogramme signifie ligne cachée. Sores ronds et disposés en ligne prétend l'un; sores linéaires selon l'autre, c'est-à-dire de forme étroite, fine et très allongée, comme une ligne; pas de chicane dit le troisième, les sporanges forment une ligne continue sous le bord replié de la marge. Dans le cas de la cryptogramme de steller, les sores ne sont pas vraiment linéaires, disons plutôt allongés, mais assurément pas ronds; assez rapprochés, ils comprennent de tous petits groupes de sporanges et ne se touchent pas.

*Certains botanistes rattachent l'**aspidote touffue** aux pelléades. Toujours associée à la serpentine, elle ne se trouve, dans l'est du continent, qu'en Gaspésie (mont Albert) et dans l'Estrie (comtés de Mégantic et de Wolfe). C'est au retour d'une visite à cette fougère que le frère Marie-Victorin succomba des suites d'un accident d'auto, en 1944.*

Un lichen remarquable, la xanthorie orangée (*Xanthoria elegans*) pousse le plus souvent sur des falaises ou des escarpements calcaires; sa couleur brillante facilite le repérage d'habitats propices aux fougères calcicoles, dont la cryptogramme de steller.

Une plante qui aime l'ombre! La cryptogramme de steller se classe parmi les plantes qui supportent le mieux l'ombre, d'ailleurs des botanistes la rapportent parfois sur des escarpements ombragés en permanence. Dans les milieux à fort ombrage les frondes stériles domineraient en nombre, tandis que dans les habitats plus éclairés ne croîtraient, parfois, que

Gildo Lavoie

*Anciennement, certains botanistes classaient la cryptogramme de steller dans le genre pelléade et la ressemblance entre ces fougères ne fait pas de doute. Quoique de forme semblable à la cryptogramme, les pelléades se distinguent facilement par leur teinte tirant sur le gris, leur texture très épaisse, leur stipe raide et rougeâtre, presque noir. Très rares au Québec, nos deux pelléades; celle-ci, la* ***pelléade à stipe pourpre****, ne s'y trouve qu'à trois endroits, dans l'Outaouais, dans les Laurentides et dans la région de Québec. Si vous trouvez des pelléades, contentez-vous d'y toucher des yeux: les collectionneurs mettent parfois en péril la survie des plantes rares. Bien sûr, la pelléade à stipe pourpre ressemble à la pelléade glabre (photo de la page suivante). La différence? La présence de poils sur le stipe et le rachis et des frondes stériles un peu différentes.* ▶

Photos: Sylvain Lamoureux

des frondes fertiles; la cryptogramme de steller réagirait-elle ainsi au stress que représente, pour elle, une lumière accrue?

Voilà qu'André Michaux se voit encore damer le pion, tout comme dans le cas de la thélyptère des marais* (voir ce texte)! Dans son oeuvre posthume parue en 1803, ce botaniste français qui vécut une dizaine d'années en Amérique, nomme *Pteris gracilis* cette fougère trouvée au Canada, ignorant sa découverte antérieure en Sibérie par Steller et sa description, en 1768, par S.G. Gmelin (1745-1774), nom qui apparaît entre parenthèses à la suite du nom latin actuel de cette cryptogramme. Gmelin la rattachait aussi au genre *Pteris*, mais en 1882, Prantl la classe parmi les cryptogrammes, genre créé 60 ans plus tôt par Robert Brown (1773-1858), un botaniste britannique qui décrivit aussi le genre woodsie*.

Georg Wilhelm Steller accompagna, à titre de médecin-naturaliste, l'explorateur Vitus Béring lors du voyage historique au cours duquel il découvrit, en 1741, le détroit qui porte son nom (entre l'Alaska et la Sibérie). Un des premiers Blancs à toucher le sol de l'Alaska, il n'y travailla, à cette occasion, que 10 heures, après 10

*Comme c'est le cas pour la cryptogramme de steller, le rebord du limbe des pelléades se replie en dessous et forme une fausse indusie, protégeant les sporanges. Ici, la* ***pelléade glabre****, sans poils sur le stipe et le rachis. Au Québec, elle n'est connue que de l'Outaouais et de l'Estrie.*

Photo: Gisèle Lamoureux

ans de préparation; le récit de ses observations constitue le premier compte rendu scientifique de l'histoire naturelle de l'Alaska. Il voyagea principalement en bordure nord-asiatique du détroit et de la mer de Béring, dans le Kamtschatka (Russie) et en Alaska où il mourut de froid en 1746; sa «Description du pays de Kamtschatka» ne parut qu'en 1774. Un autre Gmelin, Johann Georg (1709-1755), qui voyagea aussi en Sibérie, honora la mémoire de Steller en nommant *Stellera* un genre d'arbustes semi-ligneux retrouvé de la Perse à la Chine, et Besser (1784-1842) lui dédia l'armoise de steller°. Le nom de Steller est aussi connu pour les noms de certains oiseaux (geai de steller, eider de steller), animaux marins (lamantin de steller) et sites géographiques d'Alaska.

Une fragile dentelle, difficile à cultiver. L'installer dans les anfractuosités de murs ou de dalles de roches calcaires, dans un lieu frais et humide. Elle ne paye pas de mine pendant quelques années, puis s'acclimate. Comme la cryptogramme de steller n'abonde pas dans nos contrées, ne pas la transplanter mais essayer la culture de spores, afin de déranger le moins possible les colonies.

*Une falaise de marbre blanc qui s'effrite. Elle abrite, dans ses creux, la merveilleuse* ***pelléade glabre****, connue au Québec que de l'Outaouais et de l'Estrie. Souvent, l'herbe à puce protège le pied des falaises et les plantes rares qui y poussent; la photographe en ramena un petit souvenir cuisant... mais la fougère et la photo sont tellement jolies!*

Photo: Gisèle Lamoureux

# Cystoptère bulbifère

## bulblet bladder-fern

Cistoptéride, cystoptéride ou cystoptéris à bulbilles ou bulbifère. *Berry-, berry-bearing-, bulb-bearing- or bulblet-fern; bulbiferous or bulbous bladder-fern.*
Famille de la dryoptère; *Dryopteridaceae.*

**Cystopteris bulbifera** (Linné) Bernhardi. Synonyme: *Filix bulbifera* (Linné) Underwood. Du grec *kustis*: vessie, et *pteris*: fougère, allusion probable à l'indusie gonflée qui couvre le sore; *bulbifera*: du latin *bulbus*, emprunté au grec *bolbos*: oignon, tubercule, et *-ferre*: porter, parce qu'il porte des bulbilles.

Herbacée vivace à rhizome ne portant qu'une sorte de frondes qui ne persistent pas l'hiver. De taille moyenne (0,35 m), la cystoptère bulbifère forme des touffes denses réunies en colonies parfois de grande étendue. Les triangles longuement effilés de ses frondes gracieuses s'échappent des murailles ou des rochers comme des plumes sur d'anciens chapeaux de grandes dames. Pratiquement toujours fertiles, ces frondes diffèrent de celles des autres fougères par la présence de bulbilles accrochées au revers.

*Frondes* non ramifiées, mais divisées à deux reprises (les dents profondes de certains segments laissent croire que la fronde se divise à trois reprises); étalées et retombantes lorsque poussant sur un mur ou une falaise; plutôt minces. En forme de triangle isocèle très allongé (30 X 8 cm; atteindrait 1 - 1,5 m dans des conditions très favorables); plus large à la base (dernière paire de segments) et à sommet très longuement effilé. Segments primaires presque opposés à la base, nettement alternes vers le haut; dépourvus de queue et bien distancés les uns des autres. Segments secondaires alternes; à sommet arrondi, à bords garnis de plusieurs petites dents inégales et arrondies; sans queue et réunis par la base décurrente, sauf ceux au bas des segments primaires. Quelques poils très courts, à peine visibles à l'oeil nu, abondants sur le haut du rachis et sur le jeune stipe seulement. Nervures aboutissant généralement dans les échancrures entre les dents. Présence de quelques petites écailles (0,2 cm) clairsemées, brunes et minces, à la base du stipe. Stipe délicat (0,1 cm), mesurant environ le tiers du limbe; à section arrondie avec, parfois, un fin sillon. Stipe et rachis (au moins à la base) rouges ou rougeâtres, tranchant sur le vert clair de l'ensemble.

*Sores* au revers, en deux rangées séparées par la nervure centrale; espacés, chacun placé à la base d'une dent; petits et ronds; jaune pâle devenant bruns à maturité. Couverts d'une indusie beige pâle, bien visible, qui ne persiste pas; la loupe révèle que l'indusie forme une petite corbeille (ou une vessie) à la base du sore. Sporanges beige pâle, paraissant noirs à première vue, à cause de la couleur des spores qu'ils contiennent.

*Bulbilles* remarquables (0,1 à 0,5 cm), de la grosseur d'un grain de poivre ou d'un petit pois, au revers du limbe, pendant çà et là sous le rachis des segments primaires. Un peu allongées, groupant deux parties renflées (rappelant les cotylédons d'une graine mais l'une souvent plus petite que l'autre), situées de part et d'autre d'un embryon de fronde qu'elles cachent. Lustrées, de même couleur que la fronde, devenant brun foncé à noires à maturité

*Longue, longue, longue, la **cystoptère bulbifère**. Le rachis rouge tranche joliment sur le vert tendre du limbe. Souvent, les frondes généralement retombantes forment des touffes très denses.*



Photo: Gisèle Lamoureux

et se détachant au simple toucher. Quelques petites écailles blanches (visibles à la loupe) se retrouvent sur les jeunes bulbilles.

≠ Chez la cystoptère fragile*, une fougère plus petite, la dernière paire de segments primaires est plus courte que l'avant-dernière, les nervures aboutissent généralement dans les dents plutôt que dans les échancrures et les indusies sont plus longues; cette fougère, de plus petite taille que la cystoptère bulbifère, ne porte jamais de bulbilles. La cystoptère bulbifère et la cystoptère fragile produisent un hybride fertile et rare, connu sous le nom

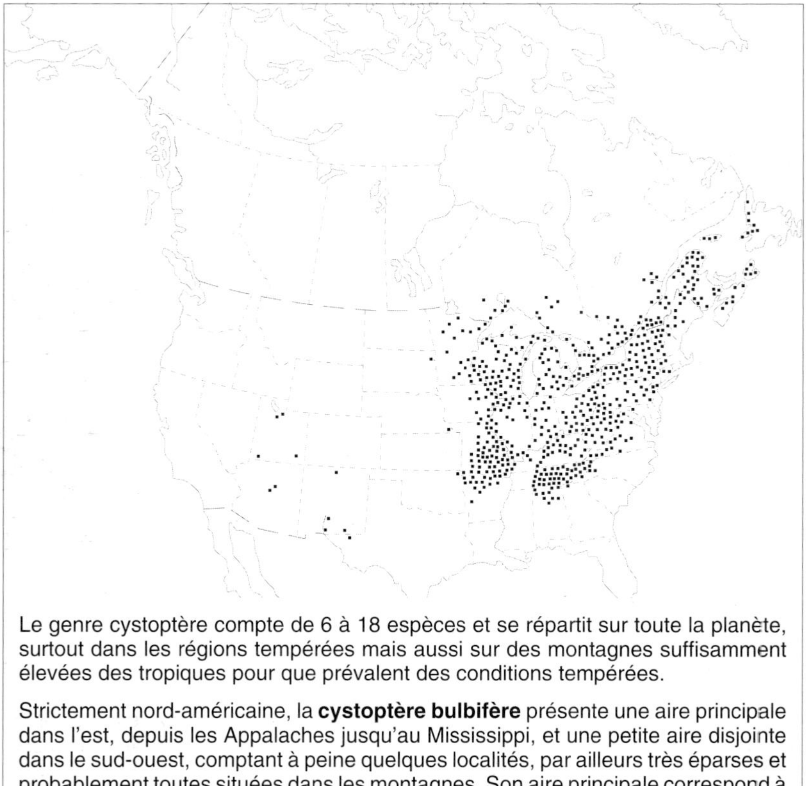

Le genre cystoptère compte de 6 à 18 espèces et se répartit sur toute la planète, surtout dans les régions tempérées mais aussi sur des montagnes suffisamment élevées des tropiques pour que prévalent des conditions tempérées.

Strictement nord-américaine, la **cystoptère bulbifère** présente une aire principale dans l'est, depuis les Appalaches jusqu'au Mississippi, et une petite aire disjointe dans le sud-ouest, comptant à peine quelques localités, par ailleurs très éparses et probablement toutes situées dans les montagnes. Son aire principale correspond à peu près aux domaines tempérés mixte et décidu. Elle déborde dans le nord-est du domaine boréal (forêt coniférienne), où sa présence s'expliquerait par des affleurements de calcaires, du moins au Lac-Saint-Jean, à Anticosti et à Terre-Neuve. Sa limite à l'est paraît nettement reliée aux Appalaches.

Limites en Amérique du Nord: Terre-Neuve (Barr'd Harbour, 50°50'N) et Texas (comté de Culberson, 31°50'N); au Québec: Anticosti (49°50'N), bien qu'un botaniste rapporte une récolte à Mingan, mais aucun spécimen connu ne confirme cette assertion. Certains contestent l'identification de l'unique spécimen récolté au Dakota du Sud. La cystoptère bulbifère paraît sur la liste des plantes rares de l'île de Terre-Neuve.

*Une fougère qui produit des petits pois? La bulbille groupe deux parties renflées, situées de part et d'autre d'un embryon de fronde qu'elles cachent. La* ***cystoptère bulbifère*** *tire son nom de la présence de ces bulbilles, servant à la multiplication végétative.*

Photo: Roger Larose

de *Cystopteris laurentiana* ou de *Cystopteris fragilis* variété *laurentiana* qui, lui, porte parfois des bulbilles mais ressemble plutôt à la cystoptère fragile, le sommet de la fronde ne se montrant pas effilé comme chez la cystoptère bulbifère.

La cystoptère bulbifère se classe parmi les fougères de rochers. «On rencontre cette fougère sur des dalles le long des rivières, sur des platières graveleuses de rivières, des rochers au bord de ruisseaux, au pied de certaines chutes ou près de sources marneuses. Elle est fréquente aussi dans des bois riches, des cédrières ou des buissons d'aulnes. On la rapporte souvent, en milieu escarpé, sur des falaises maritimes, des escarpements de rivières ou dans des ravins profonds. Dans ces habitats, elle s'installe sur les parois suintantes, dans des fissures, sur des corniches ou les replats à la base des falaises. On la retrouve enfin sur des pentes rocheuses ou boisées et sur des talus au pied de certaines falaises.»

Bien qu'elle pousse fréquemment en bordure des rivières, en général «elle se situe en dehors de l'action des crues»; pareillement, elle «préfère les sections protégées ou stabilisées des escarpements, des talus et des éboulis» et, dans les microhabitats sujets à l'érosion tels les escarpements à pente raide, elle s'installe dans des tapis serrés de mousse qui «servent de support à ses rhizomes et à ses racines qui ne pénètrent pas dans les fissures de la paroi rocheuse».

La cystoptère bulbifère pousse rarement en pleine lumière: la chercher dans les lieux ombragés. Bien qu'elle tolère un substrat sec, elle pousse le plus souvent sur un substrat humide, mais pas trop, quoiqu'on la trouve régulièrement sur des corniches suintantes et très humides. Sa fréquente association à des tapis de

*La plus élégante de nos fougères? La* ***cystoptère bulbifère****. Ses frondes jaillissent des falaises comme des plumes, sur d'anciens chapeaux de grandes dames. Nettement calcicole, elle fréquente surtout les escarpements et les rochers en bordure des rivières coulant sur des calcaires.*

mousses révèle son besoin de croître sur un substrat pourvu d'un minimum d'humus et d'au moins une couche mince de sol minéral (gravier, sable, limon ou, plus rarement, argile). Nettement calcicole (qui fréquente les habitats calcaires), elle se trouve quand même parfois sur des rochers acides, en particulier lorsque ces substrats acides s'alimentent en eaux de ruissellement alcalines provenant de lits calcaires situés au-dessus d'eux; à titre d'exemple, le pH mesuré à la rivière Shipshaw varie de 7,4 à 8,2 pour le sol minéral et de 6,4 à 7,8 pour l'humus. (Tiré et cité de Cayouette, 1979)

Quelle grâce! Sans doute la plus gracieuse de nos fougères... bien que l'adiante du canada mérite peut-être aussi cet hommage. Chose certaine, nulle autre ne présente des frondes au sommet aussi longuement atténué; lorsqu'à l'abri des intempéries, les vestiges des frondes fanées à l'automne subsistent au sol, même après un long hiver.

La cystoptère bulbifère produit autant de spores que les autres fougères mais ne dépend pas entièrement d'elles pour sa propagation: les bulbilles qu'elle engendre sur le revers des limbes, le plus souvent sous les frondes les plus longues, participent aussi à l'effort de multiplication et donnent de nouvelles fougères plus rapidement que ne le font les spores. Aussitôt tombées au sol, à la fin de la saison de végétation, les bulbilles produisent des racines et génèrent une nouvelle fougère entièrement autonome. En peu de temps, soit dès la saison suivante, les premières frondes apparaissent, contrairement aux frondes issues de spores qui mettent plus de temps à parvenir à ce stade de développement; la deuxième année, les frondes issues de bulbilles atteignent leur pleine maturité. La production de bulbilles et de rhizomes permet à cette fougère d'envahir rapidement les pentes dénudées pour former de larges populations couvrant parfois entièrement le sol.

Ses touffes denses, aux élégantes frondes très arquées et retombantes, conviennent particulièrement aux murs de pierres calcaires; très spectaculaires aussi en bordure de cours d'eau. Tout comme la cryptogramme de steller*, l'installer dans les anfractuosités de pierres calcaires, dans un lieu frais, humide et de préférence semi-ombragé ou ombragé. Mais attention, moins timide que la cryptogramme, la cystoptère bulbifère risque d'envahir votre rocaille: ses bulbilles assurent efficacement sa propagation; peut-être suffit-il de les récolter pour cerner le problème? Inutile, donc, de déranger ses colonies, somme toute peu fréquentes: semer les bulbilles, à la fin de l'été, ou les spores, qui prennent 3 semaines pour développer un prothalle et 15 semaines additionnelles pour produire la jeune fronde. Elle se cultive aussi dans des boîtes à fleurs, placées à l'ombre, et même en pots, à l'intérieur.

# Cystoptère fragile

## brittle bladder-fern

Capillaire blanc; cistoptéride, cystoptéride ou cystoptéris fragile; feugerole; filicule; polypode blanc, frêle; thé-de-sibérie. *Bladder-, brittle-, cup-, white-oak- or fragile-fern; common or fragile bladder-fern.* Famille de la dryoptère; *Dryopteridaceae.*

**Cystopteris fragilis** (Linné) Bernhardi. Synonymes: *Cystopteris dickieana* Simonkai, *Filix fragilis* (Linné) Underwood; synonymes partiels: *Cystopteris protrusa* (Weatherby) Blasdell, *C. laurentiana* (Weatherby) Blasdell, *C. tennesseensis* Shaver, *C. tenuis* (Michaux) Desvaux. Du grec *kystis*: vessie, et *pteris*: fougère, allusion probable à l'indusie gonflée qui couvre le sore; du latin *fragilis*: fragile, friable.

Herbacée vivace à rhizome ne portant qu'une sorte de frondes qui ne persistent pas l'hiver. De petite taille (0,2 m), la cystoptère fragile pousse en touffes d'un vert clair sur les rochers où elle semble s'agripper. À remarquer: son aspect fragile, ses frondes très minces, atténuées au sommet et aux segments très distancés.

*Frondes* non ramifiées mais divisées à deux reprises; arquées ou pendantes, minces. Limbe allongé (15 X 6 cm), d'un vert clair; plus large au-dessous du milieu; la dernière paire de segments primaires, à la base du limbe, plus courte que l'avant-dernière. Segments primaires allongés et un peu effilés, queue courte. Segments secondaires anguleux à cause de la présence de dents bien marquées et aiguës (parfois arrondies); découpés pratiquement jusqu'à la nervure des segments primaires, sauf vers le sommet de la fronde. Présence occasionnelle de quelques poils glanduleux brun clair, le long du stipe et à la base du rachis. Nervures aboutissant, pour la plupart, dans la pointe des dents. Quelques écailles brun pâle à sommet longuement aigu, à la base du stipe. Celui-ci plus court ou de longueur presque égale au limbe, brun foncé surtout à la base; rachis vert, marqué d'un petit sillon. Revers portant les sores. Frondes stériles plus petites que les fertiles.

*Sores* nombreux, petits, ronds, distancés, en rangées entre la nervure centrale et le bord du limbe; présents sur tous les segments; parfois très gros et serrés les uns sur les autres. Chacun comprenant, souvent au même moment, des sporanges jaunâtres (ayant libéré les spores), des brun pâle (immatures) et des brun foncé, presque noirs (prêts à éclater). Indusie vert pâle, en forme de corbeille recouvrant la base du sore, visible seulement chez les jeunes sores. Spores brun foncé, visibles à la loupe.

≠ Très variable, elle montre peu de caractères distinctifs, surtout en l'absence de sores. Sa taille la fait parfois confondre avec la woodsie de l'île d'elbe*, mais elle n'en possède pas l'abondance des écailles et des poils, ni la souche un peu piquante à cause des stipes qui se cassent à 1 ou 2 cm du sol; par ailleurs, son limbe est généralement plus mince. Elle se distingue de la cystoptère bulbifère* d'abord par l'absence de bulbilles, par sa taille plus petite et sa forme beaucoup moins élancée, par sa dernière paire de segments primaires, à la base du limbe, plus courte que l'avant-dernière, et par des nervures qui aboutissent dans les dents plutôt que dans les échancrures. La

*Une petite fougère de rochers, d'aspect fragile, au limbe très mince, déchiqueté finement et paraissant anguleux? La* ***cystoptère fragile****, probablement la plus répandue des petites fougères de rochers, certainement la plus variable.*



Photo: Gisèle Lamoureux

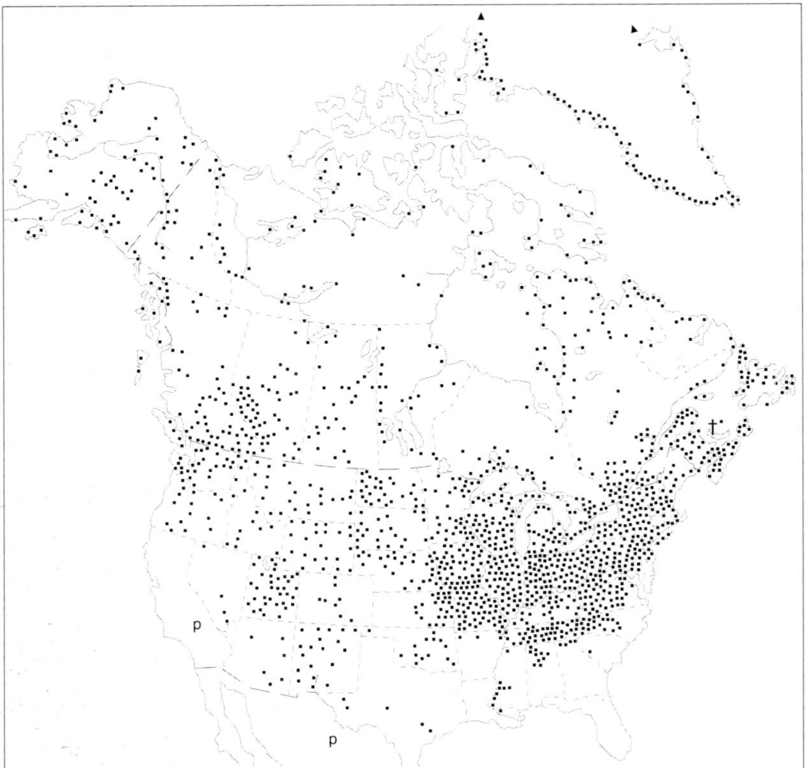


Le genre cystoptère compte de 6 à 18 espèces et se répartit sur toute la planète, surtout dans les régions tempérées, mais aussi sur des montagnes suffisamment élevées des tropiques pour que prévalent des conditions tempérées. Extrêmement variable, la **cystoptère fragile** compte plusieurs variétés; entendue au sens large, elle constitue l'une des rares fougères quasi cosmopolites. Très nettement circumboréale, elle pousse surtout en Europe et en Amérique du Nord.

Sans doute la fougère qui montre la plus grande aire de répartition en Amérique du Nord; sans pour autant se révéler la plus fréquente ni la plus voyante, elle traverse le continent d'est en ouest, mais aussi du nord au sud puisqu'elle croît également en Amérique centrale et en Amérique du Sud. Elle pousse jusqu'au 83°N selon certains (jusqu'à 80°25'N selon d'autres), et jusqu'à la Terre de Feu, l'extrémité sud de l'Amérique. Elle semble absente du domaine tempéré de la plaine côtière, sauf dans l'État du Mississippi (variété *protrusa*). Certains botanistes subdivisent cette entité en plusieurs espèces, ce qui modifie sa carte de répartition!

La variété *protrusa*, rare au Canada et présente seulement en Ontario (entre Windsor et Niagara), figure aussi sur la liste des plantes rares de la Louisiane et du New Jersey et on la croit disparue de l'État de New York. La variété laurentienne (*laurentiana*), décrite d'après un spécimen provenant de Bic (comté de Rimouski), paraît sur la liste des plantes rares de la Nouvelle-Écosse et du Michigan. Signalée en 1935 à l'Île-du-Prince-Édouard, la cystoptère fragile n'y fut pas retrouvée depuis.

*Les indusies blanches de la* ***cystoptère fragile*** *ne vous rappellent-elles pas un sac gonflé comme une vessie? Cette forme est à l'origine du nom cystoptère. La teinte noire des sporanges laisse croire qu'ils sont mûrs, mais il en reste quelques-uns encore verts, les distinguez-vous?* ▶

Gisèle Lamoureux

*Une fougère aussi petite que la* ***cystoptère fragile*** *ne peut former que de petites crosses! Remarquer comme la découpure du limbe est différente de celle des cystoptères fragiles des deux photos précédentes.* ▼

Roger Larose

woodsie à lobes arrondis (*Woodsia obtusa*, une espèce rare au Québec) se distingue de la cystoptère fragile entre autres par une abondance d'écailles sur le stipe et le rachis, et de poils glanduleux au revers du limbe (pas seulement sur le stipe et le rachis, comme c'est parfois le cas chez la cystoptère fragile).

Somme toute, la cystoptère fragile se trouve surtout sur les rochers et, moins souvent, sur les berges des cours d'eau; elle pousse aussi sur des sols plus riches en humus, mais humides et ombragés, dans des forêts sur pente moyenne. Entendue au sens large, cette fougère comprend, dans l'est de l'Amérique du Nord, quatre variétés principales qui colonisent des habitats différents. Trois de ces variétés, dont la plus répandue, s'installent sur les rochers: affleurements et escarpements rocheux, falaises, talus d'éboulis (le plus souvent boisés). Généralement, dans ces habitats, la cystoptère fragile s'enracine dans les anfractuosités et les fentes de la roche, sur des corniches ou dans des creux abrités (abris-sous-roche); pratiquement toujours à l'ombre, elle préfère un substrat légèrement humide ou suintant. De ces trois variétés, la variété fragile, transcontinentale et de loin la plus fréquente et la plus répandue, colonise tant les rochers acides que les rochers calcaires et la variété laurentienne beaucoup plus rare ne croît que sur les rochers calcaires; moins répandue que la variété fragile mais moins rare que la variété laurentienne (régions des Grands Lacs et du Saint-Laurent, du Nouveau-Brunswick et de la Nouvelle-Écosse; aux États-Unis, elle dépasse peu le Mississippi), la variété de mackay partage l'habitat de la variété fragile mais se trouve plus souvent sur les berges des rivières (où pousse parfois la variété fragile), sur les troncs d'arbres pourris et dans les clairières humides. Plutôt à part, la variété *protrusa* croît généralement sur les sols riches, dans des forêts sur pente moyenne, et sur les alluvions en bordure des cours d'eau; très rare au Canada (six localités dans le sud-ouest de l'Ontario), elle pousse surtout dans l'est et le centre des États-Unis.

Chétive, la cystoptère fragile? Elle ne mérite pas vraiment son nom; est-ce sa flexibilité qui la rend plus résistante à de violents orages que d'autres fougères d'allure plus robuste, mais pourtant plus souvent endommagées dans de telles circonstances? L'une de nos fougères les

**Une espèce... ou deux... ou trois... ou...**

Par hybridation, ou par le dédoublement spontané des chromosomes, bien des fougères possèdent de multiples jeux de chromosomes, comme la cystoptère fragile, par exemple, qui en possède quatre (tétraploïde). Chez les cystoptères, plus le nombre de jeux s'élève, plus les frondes tendent à se simplifier et à perdre ainsi des caractères utiles pour la distinction des espèces entre elles. De plus, les individus avec plusieurs jeux de chromosomes produisent souvent des spores lorsque leurs frondes se trouvent encore toutes petites, tendance qui s'observe communément quand les plantes poussent dans des conditions adverses. Cette situation est fréquente chez la cystoptère fragile qui tolère le froid et l'exposition au plein soleil mieux que la plupart des autres fougères (elle pousse à des latitudes plus élevées que bien d'autres espèces). Pour toutes ces raisons, et surtout à cause d'une continuité dans la variation, sans coupures marquées à l'intérieur de ce cortège de variétés, certains botanistes préfèrent y reconnaître une seule espèce très variable plutôt que de la subdiviser en plusieurs espèces.

D'autres voient des coupures importantes à l'intérieur de cette espèce. Une étude récente (1991) y reconnaît trois espèces et démontre que, bien qu'extérieurement très semblables, trois variétés diffèrent beaucoup quant au nombre de chromosomes et quant aux caractéristiques de leurs isoenzymes (des groupes d'enzymes, sortes de protéines qui partagent la même fonction mais se révèlent de nature différente); il s'agit d'une diploïde, *protrusa*, et de deux tétraploïdes: les variétés fragile et de mackay (= *C. tenuis*). Par contre, les auteurs de cette étude continuent de rattacher la variété laurentienne (hexaploïde ou six jeux de chromosomes, soit $2n = 252$ chromosomes) à la cystoptère fragile.

La variété laurentienne, issue d'un hybride entre la cystoptère fragile (tétraploïde: $2n = 168$ chromosomes) et la cystoptère bulbifère* (diploïde: $2n = 84$ chromosomes), porte occasionnellement des bulbilles sur le rachis, mais non sur le limbe. Affectant des formes différentes, ces bulbilles n'apparaîtraient que chez les individus colonisant des escarpements rocheux (calcaire ou grès) ou des maçonneries. La rareté de la variété laurentienne se rattache-t-elle à la difficulté de la repérer facilement parmi les colonies de cystoptère fragile? D'autant plus que son limbe, bien qu'un peu plus grand, ressemble beaucoup à celui de cette dernière.

Outre ces variétés, Marie-Victorin rapporte à Mingan la présence de la variété *woodsioides*, une cystoptère fragile réduite, rappelant l'aspect d'une woodsie*.

Gisèle Lamoureux

plus précoces, cette espèce débute sa croissance dès les premières chaleurs du printemps; par la suite, de nouvelles frondes émergent tout au long de l'été, si toutefois persiste un climat favorable. Elle n'aime pas la sécheresse et, pour cette raison, disparaît parfois entièrement des falaises et des bois dès la fin d'août. La cystoptère fragile varie beaucoup: considérée au sens large, elle englobe un cortège de variétés (ou d'espèces, selon les botanistes), plus ou moins distinctes les unes des autres. Les variations se remarquent surtout dans la forme des segments inférieurs et des indusies, dans la présence ou l'absence de minuscules glandes sur celles-ci et dans l'aspect du rhizome. La grande variabilité des caractères de la cystoptère fragile impliquerait que le développement des frondes se modifie facilement selon les conditions du milieu (on parle alors de plasticité) ou bien que les diverses populations possèdent des caractéristiques distinctes liées aux différents habitats qu'elles occupent.

*Elle ne ressemble ni à la cystoptère bulbifère, ni à la cystoptère fragile, la mignonne* ***cystoptère montagnarde****! La découpure de son limbe rappelle plutôt un gymnocarpe ou même la dryoptère spinuleuse. Mais elle est beaucoup plus petite que celle-ci (env. 15 cm) et plutôt rare, de sorte qu'elle fait l'orgueil de qui la trouve. Au Québec, c'est une calcicole de la Gaspésie, du lac Mistassini et des régions nordiques.*

Connaissant sa petite taille, son apparition précoce au printemps, suivie d'une fanaison plutôt tardive en été (en l'absence de conditions de sécheresse), le jardinier lui choisit un coin mettant ses qualités en valeur. La cystoptère fragile pousse naturellement sur des roches non calcaires, à pH neutre ou faiblement acide, mais se cultive aussi facilement dans du terreau, toujours à l'ombre ou dans des endroits semi-ombragés. Un sol humide, mais sans eau stagnante, favorise la venue de nouvelles pousses et retarde la décoloration des frondes. Sa culture réussit aussi en terrariums ou dans des pots; veiller à ce que la soucoupe sous le plat soit maintenue humide, mais sans eau stagnante. Ses spores mettent 3 semaines à produire un prothalle et 8 ou 9 semaines supplémentaires pour développer une jeune fronde.

# Polypode de virginie

## common or rock polypody

Arglisse sauvage; filicule; fougère-réglisse; fougerolle; polypode commun, de ou du chêne, de chèvre, des boutiques, vulgaire; réglisse bâtarde, des bois, des roches, sauvage; **tripe-de-roche**. *Adder's-, moss-, oak-, polypody-, stone-, wall- or wood-fern; american polypody; brake-of-the-wall; brake-root; golden-locks, -maidenhair or -polypody; liverwort; maiden's-hair; polypode; polypody-of-the-oak; polypudjum; stone-brake.*
Famille du polypode; *Polypodiaceae.*

**Polypodium virginianum** Linné.
Synonyme: *Polypodium vulgare* Linné var. *virginianum* (Linné) Eaton. Du grec *polus*: plusieurs, et *pous*: pied, ou *podion*: petit pied, à cause des nombreuses protubérances du rhizome qui portent chacune une fronde; *virginianum*: de Virginie (État américain nommé en 1585 en l'honneur d'Élizabeth 1ère, la reine-vierge).

Herbacée vivace à rhizome ne portant qu'une sorte de frondes, qui persistent en hiver et au moins jusqu'au milieu de l'été suivant. De taille petite ou moyenne (0,3 m), le polypode de virginie pousse en petites colonies denses et pures. Coiffant les rochers d'une perruque vert foncé, il se reconnaît facilement à la texture coriace de son limbe, grossièrement découpé une seule fois, et à ses gros sores bien ronds, placés au revers.

*Frondes* non ramifiées et divisées une fois, arquées ou pendantes sur les rochers. Limbe allongé (15 X 6 cm), évoquant une silhouette de conifère; à peu près de largeur uniforme, mais rétréci au sommet; face supérieure un peu boursouflée par la présence des sores situés au revers. Segments généralement alternes, sans queue; dents peu prononcées, plutôt une légère sinuosité de la marge; base du segment un peu élargie et décurrente; nervure centrale noire, comme tracée au crayon de plomb. Sans poils, mais à écailles très fines, clairsemées sur le stipe et la base du rachis. Stipe vert clair, parfois rougeâtre, raide, non ramifié, plus court ou aussi long que le rachis, aplati sur la face ventrale et sans véritable sillon. Frondes stériles plus petites et moins nombreuses.

*Sores* gros (0,2 cm), ne se touchant pas, formant une rangée de chaque côté de la nervure centrale, à peu de distance du bord; d'abord vert blanchâtre, devenant brun doré ou brun rouge. Présents surtout sous la moitié supérieure du limbe, mais parfois peu nombreux et dispersés çà et là. Sans indusie. Sporanges transparents, teintés de brun clair et ceinturés d'un anneau plus foncé, laissant voir les spores jaunâtres, presque blanches.

Dans nos régions, le polypode de virginie coiffe presque toujours de gros blocs de roche, tels les blocs erratiques laissés par les glaciers, ou les blocs qui se détachent des falaises, ou encore il trône sur les corniches ou les saillies des escarpements rocheux ou des falaises. Il s'ancre aussi sur des souches ou sur le tronc de vieux arbres. Dans son habitat le plus habituel, le polypode de virginie s'installe généralement sur une couche d'humus, avec ou sans tapis de mousses, et préfère nettement les lieux ombragés: les blocs qu'il orne se situent à peu près toujours en forêt, autant dans des érablières que dans des pinèdes, des cédrières ou des pessières (forêts dominées par des épinet-

*Pas étonnant que le **polypode** s'appell aussi «tripe-de-roche»; il semble littérale ment surgir du ventre des blocs rocheux su lesquels il pousse presque exclusivemen Noter les frondes séchées de l'été précéden*

Photo: Gisèle Lamoureux

tes). Généralement, le substrat sur lequel il croît se révèle sec et plutôt acide que calcaire; c'est sa résistance à des conditions extrêmes de sécheresse qui assure sa suprématie sur les blocs rocheux.

Chez le Latin Pline l'Ancien (23-79), *polypodion* désigne «une plante»; les Grecs Théophraste (372-287 avant Jésus-Christ) et Dioscoride (premier siècle après Jésus-Christ) utilisent ce nom pour

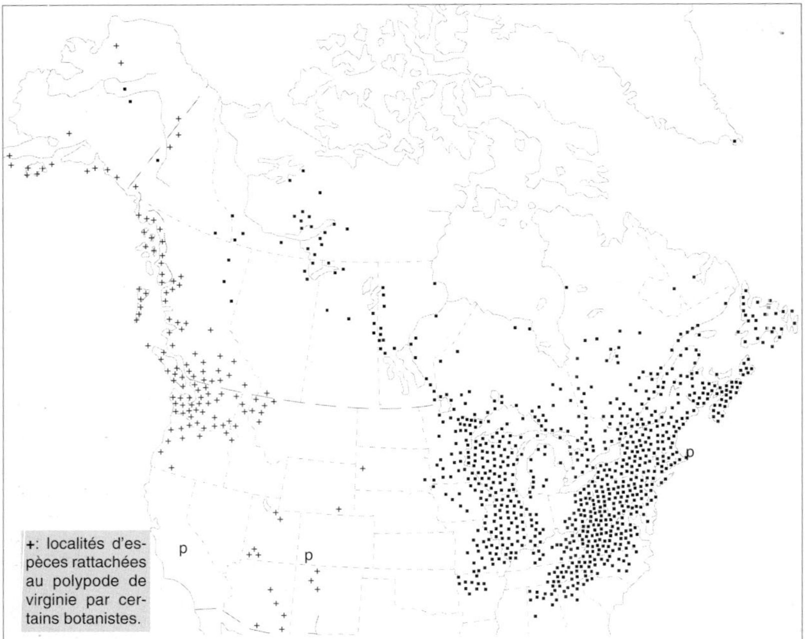


Le genre polypode comprend de 50 à 150 espèces, concentrées surtout en Amérique tropicale; le genre se répartit aussi dans le reste des Amériques et en Eurasie ainsi que dans le sud de l'Afrique. Entendu au sens strict, le **polypode de virginie** se retrouve en Amérique du Nord et dans l'ouest de l'Asie; par ailleurs, certains botanistes réduisent ce taxon à une variété du polypode vulgaire (répandu en Eurasie), qui devient alors une espèce circumboréale comprenant aussi certaines variétés présentes dans l'ouest de l'Amérique du Nord.

Bien que très peu présent à l'ouest de la région des Grands Lacs et n'atteignant pas le Pacifique, le polypode de virginie traverse notre continent aux latitudes boréales. Son aire, assez large dans l'est (près de 34 degrés de latitude), s'étend surtout dans les domaines tempéré mixte, tempéré décidu et boréal. Au centre du continent, dans le domaine boréal, l'aire se réduit à une mince ligne qui longe les lacs situés à la bordure du Bouclier canadien et qui s'estompe dans l'ouest, au point de ne plus compter que quelques populations isolées.

Limites en Amérique du Nord: Territoires du Nord-Ouest (Grand lac de l'Ours, près du cercle arctique: 66°N) et Alabama (comté de Hale, 33°45'N); au Québec: Nouveau-Québec (lac Guillaume-Delisle, 56°15'N). Le polypode de virginie figure sur la liste des plantes rares de l'Alaska, du Yukon, de la Colombie-Britannique, de l'Arkansas et de l'Alabama.

«une sorte de fougère à plusieurs pieds». Certains botanistes considèrent ce polypode comme une variété de l'espèce européenne, le polypode vulgaire; aussi, la liste des noms français compte des noms utilisés en Europe mais non en Amérique, sauf «tripe-de-roche» qui ne s'emploie qu'au Québec. Mais tripe-de-roche désigne aussi deux genres de lichens comestibles: *Gyrophora* et *Umbilicaria* qui forment des «feuilles» brunes, noires, grises ou olive, attachées par un ombilic à la roche. Mais pourquoi ce nom? Parce que ces plantes poussent toujours sur des rochers et semblent en sortir? Parce que ces lichens adoptent, par temps humides, une texture flasque et caoutchouteuse? Certaines nomenclatures du XVIe siècle relient le polypode vulgaire aux osmondes; les apothicaires le nommaient *filicula dulcis* et divers noms en patois se réfèrent au goût de réglisse de son rhizome. La plante européenne porta aussi le nom «herbe-de-gangne», car, selon Rolland (1914), «Il suffit d'en avoir sur soi un brin à son insu, pour avoir la main heureuse. Les mères en mettent dans la poche de leur fils le matin du tirage au sort sans qu'il s'en doute»; le mot gangne ne figure plus dans les dictionnaires français usuels, mais se trouve dans *Le dictionnaire de la langue québécoise* (Bergeron, 1980), comme synonyme de gâgne, un canadianisme qui signifie: ouvrage, gain, salaire, profit ou action de gagner. Dans la symbolique des plantes, le polypode signifie «accord».

Le polypode de virginie ne craint pas le froid: à mesure que la température se refroidit, les segments s'enroulent sur eux-mêmes, exposant leurs gros sores en guise de toison mais, le printemps venu, le limbe s'étale à nouveau, montrant un vert plus foncé, agréable contraste avec le vert tendre des nouvelles frondes, toutes jeunes. Plus tard dans la saison, les vieilles frondes se fanent et s'affaissent, mais persistent, brunes et rabougries, bien visibles au pied des frondes de l'année en cours. Jusqu'à maturité, les frondes croissent à partir d'un renflement du rhizome puis, plus tard, s'en détachent en y laissant une protubérance aisément recon-

**Un polypode? Des polypodes!**

À la faveur d'une investigation détaillée chez les polypodes de l'Amérique du Nord, certains botanistes subdivisent le polypode de virginie en plusieurs espèces, redessinant du même coup les aires de répartition. Selon cette tendance, la majorité des individus relevés au nord du 53°N se rangent sous le polypode de sibérie (*P. sibiricum*), une espèce circumboréale présente dans le nord de l'Asie et dans le nord du Canada. Une autre espèce, le polypode des appalaches (*P. appalachianum*), se trouve strictement dans les Appalaches et les territoires adjacents à l'est. Enfin, toujours selon cette subdivision, l'aire de répartition du polypode de virginie, au sens strict, recoupe entièrement celle du polypode des appalaches, et s'étend principalement à l'est du lac Winnipeg et au sud du 53°N. À sa limite nord, ce polypode de virginie atteint la limite sud du polypode de sibérie, leurs aires se recoupant, au nord du 53°N, dans la mince bande qui part du lac Winnipeg et se rend jusqu'au centre de l'Alaska.

À l'ouest des Rocheuses (de même que dans les États du Dakota du Sud et du Wyoming), les populations rattachées à un moment ou à un autre au polypode de virginie ou au polypode vulgaire appartiennent toutes, selon certains, à des espèces distinctes, nommément *P. hesperium* (dans les montagnes), *P. glycyrrhiza* (sur la côte du Pacifique) et *P. amorphum* (=*P. montense*; le long de la côte, en Colombie-Britannique et dans les États de Washington et de l'Oregon). Vu sous cet angle, le complexe du polypode de virginie, en Amérique du Nord, se répartit de façon disjointe en deux groupes d'espèces, l'un à l'est, l'autre à l'ouest, les liens filiaux s'avérant plus forts entre les espèces d'un même groupe qu'entre celles de groupes différents.

naissable. Par curiosité, observer ces protubérances, ou phyllopodes (du grec *phyllon*: feuille et *podion*: petit pied), formées de la base du stipe, en grattant légèrement le sol au pied des frondes; prendre bien garde cependant de n'endommager ni les frondes ni le rhizome, puis de replacer le sol, votre observation terminée.

Quelques promenades en forêt, doublées d'une observation attentive, suffisent pour constater la variabilité qui existe chez les frondes du polypode de virginie: le hasard n'y joue aucun rôle. Les différentes silhouettes correspondent à des «formes cytologiques» (ou cytotypes) distinctes découlant de ce que les individus à l'intérieur de cette espèce, ne possèdent pas tous le même nombre de jeux de chromosomes. Rappelons que les humains, désignés «diploïdes», possèdent deux jeux de chromosomes, tandis que les fougères comptent fréquemment, à l'intérieur d'une même espèce, des individus possédant deux, trois (triploïdes), quatre (tétraploïdes) ou même jusqu'à huit (octoploïdes) jeux de chromosomes (à ce sujet, voir le texte sur la thélyptère fougère-du-hêtre*). Chez le polypode de virginie, des caractéristiques dominantes distinguent chacun des trois cytotypes connus, mais à l'intérieur d'un cytotype donné... la forme de la fronde varie tout de même. Les individus diploïdes ($2n = 74$ chromosomes) montrent des frondes triangulaires, courtes et le plus large à la base, avec des segments plutôt pointus; les frondes des individus tétraploïdes ($2n = 148$ chromosomes), plus longues et rétrécies légèrement aux extrémités, adoptent une allure plus élancée, avec le bout des segments arrondis. Quant aux individus triploïdes ($2n = 111$ chromosomes), des hybrides issus des deux premiers cytotypes, ils présentent des caractéristiques intermédiaires. Une autre façon de voir ces choses? Supposons deux espèces de polypode diploïdes ($2n = 74$) donnant naissance à une espèce tétraploïde ($2n = 148$) par hybridation et dédoublement subséquent des chromosomes. Et si cette nouvelle espèce se croise à nouveau avec l'un de ses parents diploïdes, voilà un hybride triploïde ($2n = [74+148] / 2 = 111$). C'est la façon de voir de certains botanistes: seuls les individus tétraploïdes s'identifieraient au polypode de virginie, une espèce issue du dédoublement des chromosomes chez un hybride entre deux espèces diploïdes, le polypode des appalaches et le polypode de sibérie (dont l'aire de répartition actuelle se situe au nord de celle du polypode de virginie tétraploïde).

Sur le terrain, les individus diploïdes (polypode des appalaches) et tétraploïdes (polypode de virginie) se distinguent, mais les individus triploïdes aux formes intermédiaires rendent la tâche pour le moins compliquée... Bien du plaisir en perspective pour le botaniste amateur perspicace. Chose certaine, le polypode de virginie, pris au sens large et englobant les individus diploïdes, triploïdes et tétraploïdes, se distingue facilement des autres fougères de nos contrées. Les trois cytotypes du polypode de virginie diffèrent aussi quant à la germination des spores. En laboratoire, les spores des polypodes tétraploïdes germent plus rapidement que celles des individus diploïdes, phénomène observé également chez certaines dryoptères: en général, les végétaux à haut niveau de polyploïdie germent en moins de temps que les individus à faible niveau de polyploïdie. De plus, les polypodes tétraploïdes montrent un très fort pourcentage de germination (environ 90 %) comparativement aux individus diploïdes (40 à 60 %). Quant aux polypodes triploïdes, puisque bon nombre de leurs spores avortent ou s'avèrent non fertiles, ils possèdent un taux de germination extrêmement faible.

Autre objet de curiosité chez les polypodes: les paraphyses. En forme de poils et dispersées entre les sporanges, les paraphyses des polypodes paraissent généralement filamenteuses et parfois divisées; elles peuvent s'élargir en leur extrémité ou ressembler à des sporanges. Un peu comme les indusies, inexistantes chez les polypodes, les paraphyses abriteraient

Francis Boudreau

*Oui, le* ***polypode de virginie*** *s'identifie facilement. Mais remarquez comme la forme de ses frondes varie d'un individu à l'autre: certains, les diploïdes, montrent des frondes plus larges à la base, avec des segments à sommet aigu (à gauche), d'autres, les tétraploïdes, possèdent des frondes aux côtés parallèles et dont les segments se terminent par un bout arrondi (en bas).*

Roger Larose

le sore, prévenant la perte d'eau durant sa formation. Leur origine les relie aux sporanges et elles représenteraient peut-être des sporanges avortés. D'un type tout à fait particulier, les paraphyses du polypode de virginie possèdent des cellules glanduleuses qui sécrètent des tanins et des résines. À partir de matériel bien frais, seuls les observateurs les plus tenaces pourront les observer, armés d'une simple loupe... et d'une bonne dose de patience! De telles structures se retrouvent abondamment chez les spécimens de l'est de l'Amérique du Nord et, selon certains, possèdent une valeur diagnostique pour l'identification des espèces de polypodes, mais aussi pour préciser les liens de parenté entre elles. De l'avis de plusieurs, leur présence confirme l'hypothèse émise par Fernald au sujet de la distinction du polypode de virginie à titre d'espèce à part entière, différente du polypode vulgaire, l'espèce européenne à laquelle ses prédécesseurs (et encore maintenant certains botanistes) rattachaient le polypode de virginie. À la suite de Fernald, des botanistes trouvèrent des spécimens munis de paraphyses glanduleuses en provenance des Rocheuses, du Yukon et même des États de Washington et de l'Oregon, de sorte que le polypode de virginie, d'abord considéré restreint à l'est de l'Amérique du Nord, hérita d'une répartition beaucoup plus large. Cependant, les botanistes reconnaissent maintenant plusieurs espèces de polypodes dans l'ouest du continent (*P. glycyrrhiza, P. hesperium, P. amorphum*) qui, à leurs yeux, remplacent le polypode de virginie; elles relevaient auparavant du polypode vulgaire. Ces botanistes mentionnent la faible abondance et la forme particulière des paraphyses présentes chez certaines de ces espèces, absentes chez d'autres.

Quoi de plus vulnérable que ces petites frondes, en apparence sans défense? Pourtant, le polypode vulgaire, une espèce de l'Eurasie proche du polypode de virginie, possède un ingénieux arsenal qui lui sert à contrer les attaques des monstres à six pattes. Son rhizome contient un composé, le 20-hydroxyecdysone, s'apparentant à des hormones de juvénilité produites par plusieurs insectes et dont le rôle consiste à maintenir le stade larvaire. Cependant, lorsque produits par les plantes, ces composés accomplissent une mission bien différente: chez les insectes s'en gavant à forte dose, ils provoquent l'apparition d'anomalies mortelles dans leur cycle vital; ironiquement, lorsque ingérés en quantité restreinte, ils risquent plutôt de prolonger l'état larvaire des insectes, soit le stade généralement le plus dommageable pour les plantes. Le rhizome du polypode vulgaire aromatisait les liqueurs; les Suisses l'utilisaient pour soigner les malaises respiratoires, les Anglais l'ajoutaient à de la digitale (*Digitalis* sp.) pour traiter l'épilepsie; les frondes augmenteraient l'appétit et soigneraient les maladies de la peau, d'ailleurs les Italiens s'en servaient comme émollient (pour amollir et adoucir la peau). En Europe, le polypode vulgaire croîtrait, entre autres, sur les chênes et les anciens herboristes le nommaient polypode du chêne ou *oak-fern* (nom actuellement donné au gymnocarpe fougère-du-chêne*). À l'époque, la croyance voulait que, comme les autres plantes qui s'associaient au chêne (un arbre jugé magique), ce polypode possède des pouvoirs médicinaux particuliers; ainsi, les druides considéraient le gui (*Viscum album*) qui poussait sur les chênes plus magique que celui retrouvé sur d'autres arbres.

À moins de disposer de gigantesques roches dans un jardin boisé, tel que son habitat naturel le commande, il semble plus facile de cultiver le polypode de virginie en pots, en corbeilles suspendues ou en terrariums. D'ailleurs, l'horticulture a développé, à partir de cette fougère, plusieurs cultivars (formes ou variétés sélectionnées par la culture) qui s'adaptent à la culture dans un pot peu profond, sur un substrat composé de débris de mortier, de briques concassées et de sable grossier mêlés à du compost. Le polypode de virginie croît mieux dans un lieu semi-ombragé, abrité des vents, et résiste très bien à des périodes de sécheresse. Selon certains, cultivé à l'extérieur, il s'établit avec un peu de difficulté, mais persiste pendant 10 ou 20 ans, sans grand changement d'une année à l'autre. Il se propage par culture de spores ou par division des rhizomes: à partir des spores, le prothalle met 2 semaines à paraître et la jeune fronde demande environ 22 semaines additionnelles; quant au rhizome, s'assurer que chaque morceau comprend une masse de petites racines de même qu'une ou deux frondes ou boutons de frondes, et prendre soin de ne pas l'enterrer complètement, mais simplement le déposer puis le presser dans le substrat, de façon à ne couvrir que la moitié de

*Même en hiver, le* ***polypode de virginie*** *se repère aisément: ses frondes persistantes s'enroulent au froid, laissant voir ses gros sores bien ronds.*

Photo: Gisèle Lamoureux

son diamètre, et l'arroser généreusement jusqu'à son établissement complet. Selon la provenance des spores, le succès de germination varie beaucoup: les spores issues des individus tétraploïdes (voir plus haut) montrent un taux de germination beaucoup plus élevé que celles provenant d'autres formes génétiques. De même, les prothalles des plantes tétraploïdes croissent plus rapidement que ceux des plantes diploïdes, leur conférant des chances supplémentaires de réussite.

Les phytothérapeutes utilisent passablement l'espèce européenne, le polypode vulgaire, et plusieurs s'intéressèrent à sa composition chimique, maintenant bien connue. Comme certains botanistes réduisent notre polypode de virginie à une variété du polypode vulgaire, notre fougère possède peut-être les mêmes propriétés. Le rhizome du polypode vulgaire, récolté très tôt au printemps (mars-avril) ou tard à l'automne (septembre-octobre), contient de la polypodine, un purgatif non violent et stimulant la production de la bile; une vieille recette du XIII$^{e}$ siècle recommandait à ceux qui ne peuvent aller à la selle, un bouillon préparé avec un vieux coq farci de polypode vulgaire et d'anis! Le rhizome du polypode vulgaire contient aussi, entre autres: une huile essentielle; un mucilage sucré; de la glycyrhizine, qui donne à certaines variétés un goût de réglisse; une résine amère, qui combat les vers, grâce aux dérivés du phloroglucinol (voir dryoptère spinuleuse*); beaucoup de sucre et, en très petite quantité, l'ostadine, jusqu'à 300 fois plus sucrée que le sucre dont elle risque de devenir un succédané, après étude de sa toxicité. Le rhizome sec, plus actif que le frais, s'utilise aussi comme expectorant (pour rejeter les sécrétions des voies respiratoires), lors de bronchite ou de toux chronique. De façon générale, utiliser le rhizome en décoction: faire bouillir, pendant 5 min, 15 mL de rhizome finement haché dans 500 mL d'eau, puis laisser reposer.

# Botryche de virginie

## rattlesnake-fern

Botrychium de virginie; fougère-à-grappes. *Hemlock-leaved or virginia moonwort; indicator; sang-sign; virginia grape-fern.*
Famille du botryche; *Ophioglossaceae.*

**Botrychium virginianum** (Linné) Swartz. Synonyme: *Botrypus virginianus* (Linné) Holub. Du grec *botrychos*: cep, queue d'une grappe, et du grec *botrys*: «grappe» de raisin, par extension, tout fruit ou plante en forme de «grappe» de raisin, allusion à l'apparence de la fructification; *virginianum*: de Virginie (État américain nommé en 1585 en l'honneur d'Élizabeth 1ère, la «reine vierge»).

Herbacée vivace ne produisant qu'une sorte de frondes qui ne persistent pas l'hiver. De taille moyenne (0,55 m), le botryche de virginie ne forme pas de touffes, mais des colonies clairsemées. Fronde comprenant une portion fertile, au sommet, et une portion stérile, formée de trois parties très découpées rappelant un napperon de dentelle étalé à mi-hauteur de la plante. Le plus grand et de loin le plus commun des botryches du Québec.

*Partie stérile de la fronde* ramifiée en trois, puis divisée à deux reprises. Limbe étalé, mince; sans poils, ni cils, ni écailles; formant un triangle équilatéral (trois côtés égaux, env. 20 cm) aux sommets aigus; les trois ramifications sont inégales et pourvues d'une queue, celle du centre plus large, nettement triangulaire et à queue plus longue. Segments primaires alternes, munis d'une courte queue. Segments secondaires alternes, dépourvus de queue; profondément incisés puis garnis de petites dents aiguës, distancées. Stipe (env. 0,15 m) à section arrondie avec un côté plat; marqué, au sommet, de lignes de décurrence; portant de rares poils blancs, clairsemés, peu visibles, également présents sur le rachis qui est bordé d'une aile. Existence de frondes entièrement stériles, moins fréquentes, plus petites et plus courtes, puisque dépourvues de fructification. Le limbe reste vert tout l'été et même jusque tard à l'automne.

*Partie fertile de la fronde* juchée au sommet d'un long prolongement du stipe (long. 27 cm). D'abord de forme triangulaire, avec des ramifications étalées (7 X 7 cm) qui se redressent après la dispersion des spores. Sans poils, ni cils, ni écailles. Sporanges nus (sans indusie), alignés sur les segments secondaires de la partie fructifère; gros (diam. 0,1 cm), sphériques, sans anneau (comme chez tous les botryches), distancés, évoquant de petites perles d'un vert clair avant maturité, tournant au brun rouille lorsque mûrs.

Comme l'adiante du canada*, la dryoptère de goldie* et l'athyrie fausse-thélyptère*, le botryche de virginie recherche les lieux ombragés et les sols riches en humus; ses colonies les plus luxuriantes se trouvent donc dans l'érablière à caryer et dans l'érablière à tilleul, sur des sites un peu humides, mais légèrement plus secs que ceux fréquentés par ces trois autres espèces. De petites colonies, ou des individus isolés, se trouvent à l'occasion dans d'autres types de forêts, dont les cédrières tourbeuses. Vers le nord-est de son aire de répartition, là où il semble se confiner à des sites calcaires, il pousse dans différents autres habitats (tourbière, haut du littoral, divers types de forêts). C'est la variété *europaeum* du

*Un napperon de dentelle! Va pour la parti verte de la fronde, mais les anglophone voient plutôt la queue d'un serpent à sonne tes, dans la portion fertile, et donnent, a* **botryche de virginie,** *le nom de* rattlesnake fern. *C'est le plus grand et de loin le pl commun des botryches du Québe*



Photo: Gisèle Lamoureux

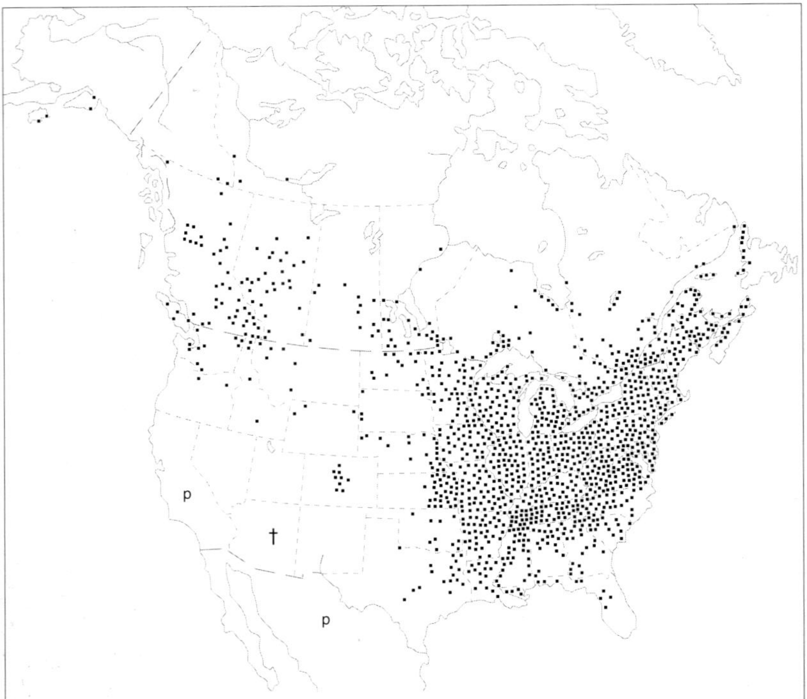


Le genre botryche comprend une vingtaine d'espèces selon certains, plutôt une quarantaine selon d'autres, et se répartit sur tous les continents, principalement dans les régions tempérées de l'hémisphère nord. Circumboréal, bien qu'à aire fortement disjointe dans l'est de l'Asie et dans l'ouest de l'Europe, le **botryche de virginie** se concentre dans l'est de l'Amérique du Nord (son nom le laisse présager) et reste plutôt dispersé ailleurs.

Beaucoup plus présent dans l'est que dans l'ouest, il traverse notre continent surtout aux latitudes boréales, les Grandes Plaines comptant relativement peu de localités de cette fougère. Dans l'est, son aire couvre au moins 25 degrés de latitude, de la Baie-James à la Floride, et s'étend à tous les domaines tempérés, quoiqu'il se raréfie dans le domaine tempéré de la plaine côtière; il déborde un peu dans le domaine boréal où il semble préférer les sols calcaires (Anticosti, Minganie, lac Mistassini, Baie-James, côte nord-ouest de Terre-Neuve). Dans l'ouest, son aire, beaucoup plus étroite, se situe presque entièrement dans le domaine montagnard des Rocheuses.

Limites en Amérique du Nord: Territoires du Nord-Ouest (Tungsten, 61°45'N) et Floride (environ 27°N; mais se rendrait au Mexique et en Jamaïque); au Québec: territoires de la Baie-James (Vieux-Comptoir, 52°37'N). Le botryche de virginie figure sur la liste des plantes rares de la portion continentale des Territoires du Nord-Ouest, du Yukon, de l'Oregon, du Rhode Island et de la Sibérie centrale. En Arizona, le botryche de virginie, signalé dans les monts Santa Rita, en 1884, ne fut plus trouvé depuis la destruction de cette station.

*Le **botryche de virginie**, comme tous les botryches, forme des sporanges nus (sans indusie), sans anneau et bien ronds. La fructification ne rappelle-t-elle pas une grappe de raisin vert?*

Photo: Roger Larose

botryche de virginie, plus petite et plus charnue, qui se trouve plutôt dans les forêts conifériennes humides.

Le nom redoutable de *rattlesnake-fern*: fougère serpent-à-sonnettes lui vient probablement de la forme de sa jeune fructification, rappelant vaguement l'appendice sonore du dangereux crotale. Une vieille croyance affirmait qu'où se trouvait le botryche de virginie, se trouvait aussi le légendaire ginseng (*Panax quinquefolius*) et cette présumée association valut à la fougère ses noms anglais *indicator* et *sang-sign*. Linné rattachait le botryche de virginie au genre *Osmunda* (*O. virginiana*) et le botaniste Swartz, créant le genre *Botrychium*, l'y transféra en 1800.

Ne pas déterrer les botryches, car ces plantes peu fréquentes en mourraient, mais savoir qu'elles possèdent non pas des rhizomes comme les autres fougères, mais d'étranges racines: peu nombreuses, généralement non ramifiées, mais charnues et dépourvues des poils radiculaires qui normalement permettent aux plantes de «récolter» les substances nutritives dans le substrat. Ces racines s'associent intimement à des champignons microscopiques, qui extraient pour elles plusieurs minéraux du sol, tel le phosphore; appelée mycorhize, du grec *mukês*: champignon et *rhiza*: racine, cette association profite aussi au champignon, car en retour, le botryche l'alimente en hydrates de carbone. Surprenant? Ce n'est pas tout: le prothalle des botryches, provenant de la germination d'une spore et servant à la reproduction sexuée, s'associe nécessairement à des champignons mycorhizateurs pour survivre... parce que souterrain et entièrement privé de chlorophylle, contrairement aux prothalles des autres fougères!

Les botryches ne forment pas de véritables crosses, comme la plupart des autres fougères; leurs jeunes feuilles se forment sous terre, engainées dans la base enfouie de l'ancien stipe. Le temps venu, la jeune fronde jaillit du sol, toute formée; ne lui reste qu'à s'étaler. Refréner sa curiosité: déloger le bourgeon risque d'empêcher la plante de s'épanouir pour 3 ou 4 ans, peut-être pour toujours, car il contient généralement plusieurs frondes, et, le plus souvent, une seule sort annuellement. Les premières années de son existence, le botryche de virginie ne pousse qu'une fronde stérile, dépourvue de fructification; même plus tard, il ne fructifie pas à chaque année.

Assez curieusement, même si les botanistes considèrent les botryches comme faisant partie des plus anciennes fougères, ils ne connaissent aucun fossile, que ce soit d'espèces anciennes, aujourd'hui disparues, ou d'espèces encore vivantes; l'ancienneté de la famille se manifeste par la grande répartition de plusieurs espèces, l'extrême variabilité des formes et la simplicité relative des structures. Certains considèrent le botryche de virginie comme celui qui ressemble le plus aux autres fougères et parmi les plus évolués du genre *Botrychium*.

Les Amérindiens reconnaissaient à la fronde du botryche de virginie des propriétés astringentes dont ils tiraient parti pour traiter les plaies ouvertes. Selon la «Doctrine des Signatures» (voir à ce sujet le texte sur le botryche lunaire*), cette fougère servait à guérir les morsures de serpent; les Cherokee faisaient bouillir les racines jusqu'à l'obtention d'un sirop, puis appliquaient cette pommade directement sur la blessure. Dans l'Himalaya et en Nouvelle-Zélande, le botryche de virginie se consommait simplement bouilli, en dehors de toutes pratiques médicinales.

Photo: Roger Larose

*Le **botryche de virginie**, et les autres botryches, ne produisent pas de véritables crosses: leurs jeunes feuilles se forment sous terre, engainées dans la base enfouie de l'ancien stipe. Le temps venu, la jeune fronde jaillit du sol, toute formée; ne lui reste qu'à s'étaler.*

Il n'est pas recommandé de cultiver les botryches: outre qu'ils semblent faire les délices de plusieurs petits animaux, dont les limaces, ils toléreraient peu d'écarts aux conditions qui prévalent dans leur habitat naturel. Par ailleurs, les exigences de ces fougères quant au substrat et les champignons associés à leurs racines restent mal connus et les horticulteurs les considèrent, en pratique, difficiles sinon impossibles à cultiver, mis à part le botryche de virginie et, peut-être, le botryche lunaire*. Une invitation à les admirer dans leur cadre naturel, un défi d'autant plus intéressant vu leur rareté relative! Le botryche de virginie ajoute un certain charme à un jardin boisé. Le transplanter à l'ombre, dans un sol neutre ou légèrement acide, mais riche en humus… et le protéger des lièvres et des limaces ou des escargots. Prendre garde de bien récolter et de protéger toutes les racines au moment de la transplantation.

**Une fronde ou une demie?**

En observant un botryche, le commun des mortels croit voir une fronde stérile et une fronde fertile, un peu comme c'est le cas pour l'onoclée sensible*, l'osmonde cannelle* ou la matteuccie fougère-à-l'autruche*. Il n'en est rien! Les botanistes anatomistes considèrent qu'une fronde de botryche se compose d'un stipe et d'un limbe montrant une partie stérile et une partie fertile, celle-ci résultant, à une exception près, de la fusion de deux segments du bas de la partie stérile.

Les botryches produisent assez régulièrement des individus anormaux, portant plusieurs parties fertiles au lieu d'une, ou à partie stérile portant quelques segments fertiles.

Au début du siècle, un botaniste rapporta que le botryche de virginie apparaît généralement, dans les Antilles, avec deux frondes, l'une normale et l'autre sans fructification. Des observations subséquentes révélèrent que ce botryche, fidèle à lui-même, ne produit vraiment qu'une seule fronde par année: sous ce climat, les conditions favorables permettent aux frondes de rester vertes très longtemps après la chute de la partie fertile, même jusqu'à l'apparition des frondes de l'année suivante. Les frondes en apparence stériles portaient d'ailleurs une cicatrice évidente au point d'attachement de la partie fertile, confirmant leur ancienneté.

# Botryche découpé

## dissected grape-fern

Botrychium à frondes découpées. *Cut-leaved or lace-frond grape-fern.*
Famille du botryche; *Ophioglossaceae.*

**Botrychium dissectum** Sprengel. Synonymes partiels: *Botrychium biternatum* (Savatier) Underwood, *B. obliquum* Mühlenberg, *B. oneidense* (Gilbert) House. Du grec *botrychos*: cep, queue d'une grappe, et *botrys*: «grappe» de raisin, par extension, tout fruit ou plante en forme de «grappe» de raisin, allusion à l'apparence de la fructification; *dissectum*: du latin *dissectus*: découpé, de *dissecare*: couper, trancher, d'après la fine découpure du limbe.

Herbacée vivace à rhizome ne portant qu'une sorte de fronde, dont une partie seulement persiste en hiver (du moins, chez une variété de l'espèce). De taille moyenne (0,3 m), le botryche découpé croît en petites colonies, ne comptant que quelques individus dispersés. À première vue, cette fougère semble compter deux sortes de frondes: l'une verte et stérile, l'autre jaune et fertile. En réalité, comme pour les autres botryches, il s'agit d'une fronde unique, les deux pseudofrondes étant reliées à la base (souvent très près du sol), et seule la partie stérile persiste en hiver. Parmi les botryches, le botryche découpé et le botryche à feuille couchée* se ressemblent à s'y méprendre: taille moyenne, partie verte de la fronde très découpée, charnue, plus courte et paraissant distincte de la partie fertile qui rappelle une «grappe» de minuscules perles d'or.

*Partie stérile de la fronde* ramifiée en trois parties (celle du centre plus développée), puis divisée à 2 ou 3 reprises, les segments du bas étant les plus découpés. Limbe d'un vert foncé et luisant, souvent bronzé à l'automne; en forme de triangle pratiquement équilatéral (trois côtés égaux, env. 12 cm), bien que les segments du bas lui donnent parfois l'allure d'un pentagone. Découpure du limbe excessivement variable. Segments alternes à forte tendance opposée, aigus et à longue pointe souvent non découpée; bordés de très petites dents irrégulières. Nervure primaire très apparente sur le dessus du limbe, d'un jaune pâle; les autres nervures, très fines et abondantes, donnent un aspect plissé à la bordure du limbe. Présence de quelques longs poils blancs sur le stipe, se raréfiant sur le rachis et absents du limbe; sans écailles. Stipe brun-rouge, plus foncé dans la partie inférieure, robuste (diam. 0,5 cm), à coupe transversale arrondie; dressé et mesurant à peu près la moitié de la hauteur de la partie fertile. Rachis vert clair, marqué des lignes de décurrence du limbe.

*Partie fertile de la fronde* à ramifications d'abord étalées, puis se redressant de manière à se tasser les unes sur les autres. Stipe brun rougeâtre, verdissant vers le haut, robuste (diam. 0,5 cm), garni de quelques poils rougeâtres; coupe transversale circulaire. Rachis vert clair, marqué par quelques lignes de décurrence des segments. Gros sporanges jaunes, devenant bruns à maturité, globuleux, alternes et disposés en 2 rangées le long des segments secondaires; dépourvus d'anneau et s'ouvrant au milieu par une simple fente, bien visible à l'oeil nu, et restant largement ouverts après la dispersion des spores.

*Plus mince et d'un vert plus clair que chez le botryche à feuille couchée, la partie verte de la fronde du* ***botryche découpé*** *s'élève environ à mi-hauteur de la plante. Très coriace (d'où le nom* leathery grape-fern*), elle reste à peu près au niveau du sol chez le botryche à feuille couchée. Convenons-en, ces deux fougères se ressemblent.*

Photo: Gisèle Lamoureux

À vrai dire, les segments de la partie stérile de la fronde du botryche découpé ressemblent à ceux du botryche à feuille couchée*, mais le plus souvent, le premier montre des segments plus allongés et plus aigus et le second, des segments plutôt arrondis. En plus de présenter des pointes plus allongées et souvent moins découpées, les segments primaires et les segments secondaires du botryche découpé semblent plus distancés les uns des autres ou orientés de manière à ne pas se recouvrir, contrairement à ceux du botryche à feuille couchée. Par ailleurs, d'une texture plus mince et d'un vert plus clair, la partie verte de la fronde s'élève environ à mi-hauteur de la partie fertile chez le botryche découpé; très coriace (ce qui lui a valu son nom anglais *leathery grape-fern)*, elle reste à peu près au niveau du sol chez le botryche à feuille couchée. En réalité, la découpure de la partie verte de la fronde varie beaucoup chez ces espèces et certains botanistes reconnaissent, au lieu de deux (pour l'est de l'Amérique du Nord), quatre, cinq ou six espèces dans ce groupe (*B. dissectum, obliquum, biternatum, oneidense, rugulosum* d'une part *et B. multifidum, silaifolium* d'autre part*)*.

Peu de données existent sur les préférences écologiques de plusieurs espèces de botryches, dont celle-ci. C'est plutôt dans les érablières que pousse le botryche découpé; il croît aussi dans les clairières et dans les pâturages ou les champs secs.

Pourquoi écrire grappe entre guillemets ci-haut, dans l'explication de l'étymologie du nom latin? Botaniquement parlant, la grappe se définit comme un mode de groupement des fleurs (et des fruits) dans lequel la queue de chaque fleur se fixe sur un seul axe central, allongé, non ramifié; la grappe commence à fleurir par le bas et elle diffère de l'épi par le fait que ses fleurs possèdent des queues. Ainsi, la «grappe» de raisin, sans

Le genre botryche comprend une vingtaine d'espèces selon certains, plutôt une quarantaine selon d'autres, et se répartit sur tous les continents, principalement dans les régions tempérées de l'hémisphère nord.

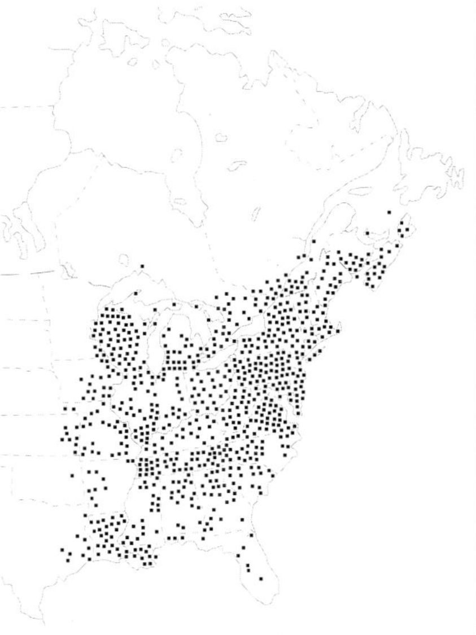

Propre à l'est de l'Amérique du Nord et à l'Amérique centrale, le **botryche découpé** s'étend jusqu'aux États bordant le Mississippi, de la Floride au lac Supérieur et à l'estuaire du Saint-Laurent; cette aire correspond à peu près au domaine tempéré (forêt décidue). Le botryche découpé pousse aussi en Amérique tropicale: Jamaïque, Haïti, République Dominicaine, sud du Mexique et Guatemala.

Limites en Amérique du Nord: Ontario (rive nord du lac Supérieur, 48°40'N) et Floride (comté de Highlands, 27°30'N); au Québec: Rivière-du-Loup (47°50'N). Située hors du domaine tempéré, la station des îles de la Madeleine paraît excentrique et demande confirmation.

*Encore le **botryche découpé**, mais cette fois, à limbe très découpé, comme lacéré. Peut-être est-ce la forme (ou la variété) découpée de ce botryche, moins répandue, bien que constituant la «variété typique».*

Photo: Roger Larose

doute la plus connue et la plus appréciée des «grappes», n'est pas une grappe: son axe se ramifiant plusieurs fois, il s'agit d'une «grappe de grappes»; par contre, la grappe du cerisier à grappes° (cerisier de virginie, à vaches, etc.) est vraie.

Chez plusieurs espèces de fougères, comme la thélyptère fougère-du-hêtre* ou la matteuccie fougère-à-l'autruche*, la plante valse d'un nom de genre à l'autre mais conserve plus ou moins l'épithète spécifique. Au contraire, chez les botryches, le nom de genre ne change pas du tout: *Botrychium*, tout le monde s'accorde là-dessus, mais pour les épithètes spécifiques, attachez vos ceintures! Certains botanistes acceptent beaucoup de variation à l'intérieur d'une espèce, reconnaissant que des individus différents, même autant que ceux des variétés *dissectum* et *obliquum*, puissent appartenir à une seule et même espèce, le botryche découpé, ce pourquoi ils ne leur confèrent qu'un statut de variété. D'autres acceptent très peu de variation au sein d'une espèce, aussi reconnaissent-ils des écarts importants dans la variation comme des indices d'espèces à part entière: promues au rang d'espèce, nos deux variétés deviennent ici *B. dissectum* et *B. obliquum*. Mais pourquoi donc certains botanistes emploient-ils tel nom plutôt que tel autre? Le *Code international de la nomenclature botanique* ne régit-il pas l'attribution des noms par des règles très strictes (voir texte sur la matteuccie fougère-à-l'autruche)? Vrai, mais il ne décide en rien du rang taxinomique attribué à ces plantes! Par exemple, le botryche découpé possède une variété appelée *tenuifolium*; élevée au rang d'espèce, la plante doit alors s'appeler *Botrychium biternatum* pour respecter les règles du *Code*, celui-ci permet donc de désigner la plante par le «bon» nom selon qu'elle se voit attribuer un statut d'espèce ou de variété. Mais voilà le hic: simple question d'opinion, cette décision quant au rang d'espèce ou de variété dépend de la variation que tel ou tel botaniste considère acceptable au sein de l'espèce... et on revient à la case de départ!

Les botryches se répartissent en trois groupes: les sous-genres *Osmundopteris*, *Sceptridium* et *Botrychium*; le botryche de virginie représente le premier sous-genre, le deuxième regroupe les autres espèces à fronde triangulaire et ramifiée en trois parties, visibles surtout à l'automne, tels les botryches découpé et à feuille couchée* et le troisième sous-genre réunit les botryches de petites tailles, visibles au printemps et en été, tels les botryches lunaire*, simple* et à feuille de matricaire*. Jusqu'à l'audacieuse révision du sous-genre *Sceptridium* par Underwood en 1898, les botanistes rattachaient tous les botryches nord-américains de ce sous-genre au *Botrychium ternatum*, une espèce asiatique.

Encore un botryche qui varie beaucoup! La variété *oneidense* du botryche découpé s'apparente tellement au botryche à feuille couchée… que des botanistes la rattachent plutôt à cette espèce. Quelqu'un suggéra même que cette entité résulterait de l'hybridation des deux espèces.

Il n'est pas recommandé de cultiver les botryches: outre qu'ils semblent faire les délices de plusieurs petits animaux, dont les limaces, ils toléreraient peu d'écarts aux conditions qui prévalent dans leur habitat naturel. Par ailleurs, les exigences de ces fougères quant au substrat et les champignons associés à leurs racines restent mal connus et les horticulteurs les considèrent, en pratique, difficiles sinon impossibles à cultiver, mis à part le botryche de virginie et, peut-être, le botryche lunaire. Une invitation à les admirer dans leur cadre naturel, défi d'autant plus intéressant vu leur rareté relative!

**Une variété typique… peu typique!**

Les individus à frondes très finement découpées du botryche découpé se rattachent à la variété typique (ou variété *dissectum*) et les individus à frondes les moins découpées, à la variété *obliquum*; si, dans certaines parties de l'aire de répartition, ces deux extrêmes se distinguent bien, ailleurs il existe tous les intermédiaires possibles, ce pourquoi bien des botanistes y reconnaissent des variétés et non des espèces, comme d'autres l'affirment.

Le premier spécimen trouvé et utilisé pour décrire le botryche découpé, le spécimen type, présentait des frondes extrêmement découpées et c'est pourquoi la variété dite typique (en rapport avec le spécimen type) montre ce caractère; or, cette variété s'avère moins fréquente et moins répandue que l'autre et donc moins «typique» au sens commun du terme! Ah la botanique!

# Botryche à feuille couchée

leathery grape-fern

Botryche multifide, très divisé. *Leather, broad or multifid grape-fern.* Famille du botryche; *Ophioglossaceae.*

**Botrychium multifidum** (S.G. Gmelin) Ruprecht. Synonymes partiels: *Botrychium californicum* Underwood, *B. matricariae* (Schrank) Sprengel, *B. silaifolium* C. Presl. Du grec *botrychos*: cep, queue d'une grappe, et *botrys*: «grappe» de raisin, par extension, tout fruit ou plante en forme de «grappe» de raisin, allusion à l'apparence de la fructification; *multifidum*: du latin *multifidus*: fendu en plusieurs segments, de *multus*: nombreux et de *findere*: fendre, diviser.

Herbacée vivace à rhizome ne portant qu'une sorte de frondes, dont la partie stérile seulement persiste en hiver. De taille moyenne (0,3 m) ou petite (0,15 m), le botryche à feuille couchée croît en petites colonies, ne comptant que quelques individus. Comme tous les botryches, cette fougère semble compter deux sortes de frondes: l'une verte et stérile, l'autre jaune et fertile. En réalité, il s'agit d'une fronde unique, les deux pseudofrondes étant reliées à la base (souvent très près du sol), et comme seulement la partie stérile persiste en hiver, à l'été la plante compte deux limbes: le nouveau et l'ancien, souvent caché sous les feuilles mortes. Parmi les botryches, le botryche découpé* et le botryche à feuille couchée se ressemblent à s'y méprendre: taille moyenne, partie verte de la fronde très découpée, charnue, plus courte et paraissant distincte de la partie fertile qui rappelle une «grappe» de minuscules perles d'or.

*Partie stérile de la fronde* ne différant de celle du botryche découpé* que par les caractères suivants: segments de la partie stérile arrondis (parfois découpés par des dents plus prononcées et presque aiguës), se touchant ou se recouvrant partiellement les uns les autres, sans les longues pointes non découpées des segments primaires du botryche découpé; texture plus épaisse, très coriace (d'où le nom anglais *leathery grape-fern*); stipe de la partie stérile très court, conservant le limbe au ras du sol ou presque; sans poils ni écailles.

*Partie fertile de la fronde* analogue à celle du botryche découpé*.

À vrai dire, les segments de la partie stérile de la fronde du botryche à feuille couchée ressemblent à ceux du botryche découpé*, mais le plus souvent, le premier montre des segments plutôt arrondis et le second, des segments plus allongés et plus aigus. En plus de présenter des pointes plus allongées et souvent moins découpées, les segments primaires et les segments secondaires du botryche découpé semblent plus distancés les uns des autres ou orientés de manière à ne pas se recouvrir, contrairement à ceux du botryche à feuille couchée. Par ailleurs, d'une texture plus mince et d'un vert plus clair, la partie verte de la fronde s'élève environ à mi-hauteur de la partie fertile chez le botryche découpé, tandis qu'elle reste à peu près au niveau du sol chez le botryche à feuille couchée. En réalité, la découpure de la partie verte de la fronde varie beaucoup chez ces espèces et certains botanistes reconnaissent, au lieu de deux (pour l'est de l'Amérique du Nord), quatre, cinq ou six espèces dans ce groupe (*B. dissectum, obliquum, biternatum, oneidense, rugulosum* d'une part et *B. multifidum, silaifolium* d'autre part).

Peu de données existent sur les préférences écologiques de plusieurs espèces de botryche, dont celle-ci. Le botryche à feuille couchée se trouve en milieux secs, souvent sur substrat sa-

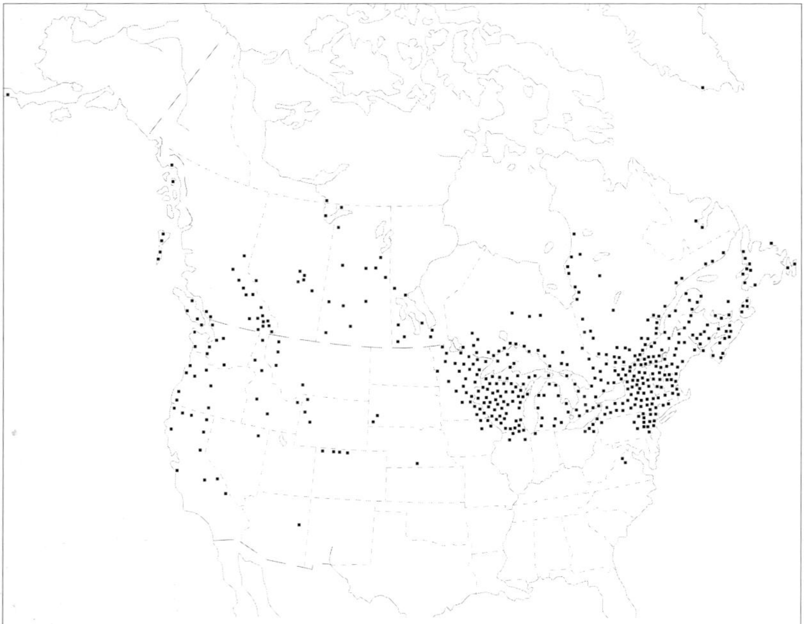

Le genre botryche comprend une vingtaine d'espèces selon certains, plutôt une quarantaine selon d'autres, et se répartit sur tous les continents, principalement dans les régions tempérées de l'hémisphère nord. Quasi circumboréal, le **botryche à feuille couchée** fréquente surtout l'est de l'Amérique du Nord de même que le nord, le centre et l'est de l'Europe, mais il reste plutôt dispersé en Asie et dans l'ouest de l'Amérique du Nord.

Quoique plus fréquent dans l'est que dans l'ouest, il traverse notre continent aux latitudes boréales et tempérées, mais les Grandes Plaines comptent peu de localités de cette fougère. Dans l'est, il se trouve rarement au sud de la région des Grands Lacs. Son aire plutôt restreinte ne couvre que 27 degrés de latitude et s'étend surtout dans le domaine tempéré mixte (érablières et forêts mixtes), mais aussi dans le domaine boréal et dans les domaines montagnards (des Rocheuses et côtiers).

Limites en Amérique du Nord: Groenland (au nord de Frederikshaab, 62°12'N) et Arizona (monts White, comté d'Apache, 34°05'N); au Québec: Nouveau-Québec (lac Guillaume-Delisle, 56°15'N). Le botryche à feuille couchée figure sur la liste des plantes rares de la partie continentale des Territoires du Nord-Ouest, de la Saskatchewan, de l'Illinois et du New Jersey.

blonneux: terrains en friche, vieux pâturages et vieux champs, clairières. Dans le secteur sud de son aire de répartition, il fréquenterait plutôt la forêt. Il croît aussi juste au-delà de la limite supérieure du littoral marin, sur du sable ou des graviers. Mis à part le botryche de virginie*, il n'est pas rare de trouver au même endroit plusieurs espèces de botryche; en parti-

*Chez le **botryche à feuille couchée**, le stipe très court maintient le limbe près du sol. Remarquer les segments arrondis, se touchant ou se recouvrant partiellement les uns les autres.*

Photo: Claude Allard

culier, les botryches simple*, à feuille couchée et à feuille de matricaire*.

Linné ne décrit pas le botryche à feuille couchée mais S.G. Gmelin le fait, sous le nom d'*Osmunda multifida,* dans la *Flore de Sibérie* parue en 1768 (flore commencée par J.G. Gmelin et terminée par son neveu S.G. Gmelin); il base sa description sur ses propres spécimens et sur une ancienne description de J. Breyne, datant de 1678 alors que la plante se nommait *Lunaria racemosa multifido folio.* C'était avant 1753, date de parution du *Species Plantarum* de Linné, point de départ du système de nomenclature botanique actuel, par lequel toute plante se voit attribuer un nom composé de deux parties (binôme), le nom de genre et l'épithète spécifique. Un peu avant Gmelin, soit en 1757, Trew propose *Lunaria Silesiaca*; il s'agit sans doute de la première désignation par un binôme du botryche à feuille couchée, mais le nom fut déclaré illégitime: selon le *Code international de nomenclature botanique*, la validité d'un binôme requiert sa publication dans un ouvrage qui utilise systématiquement le système de nomenclature de Linné... ce qui n'était pas le cas de Trew, qui choisit probablement par hasard d'utiliser un binôme plutôt qu'un nom à trois ou quatre parties, à la façon de l'époque. Plusieurs noms se succédèrent par la suite, dont le nom actuel proposé par Ruprecht en 1859.

Il n'est pas recommandé de cultiver les botryches: outre qu'ils semblent faire les délices de plusieurs petits animaux, dont les limaces, ils tolèreraient peu d'écarts aux conditions

### Variable? Et comment!

Les variations capricieuses de cette espèce reçurent quantité de noms de variétés, de formes et de sous-espèces; à preuve: en 1938, Broun listait 21 synonymes latins et reconnaissait, pour les États-Unis seulement, 5 variétés également flanquées de 5 à 25 synonymes chacune! Les deux variétés les plus répandues dans nos contrées se distinguent principalement par la taille: une petite plante trapue, la variété *multifidum*, et une grande plus élancée, la variété *intermedium* (aussi appelée *Botrychium silaifolium*). Les conditions environnementales modifieraient souvent les apparences des différentes espèces de botryches, en particulier celles du sous-genre *Sceptridium*, auquel se rattachent les botryches découpé* et à feuille couchée.

L'humidité, la chaleur, l'ombre, les substrats riches, donnent naissance à des individus à feuilles plus grandes, plus découpées, avec des segments plus larges, plus distancés, parfois plus dentés, à queue plus allongée, à limbe plus mince et à fructification comptant moins de sporanges; à l'inverse, les sites secs, exposés, froids et à substrats moins fertiles donnent des formes plus compactes, plus réduites. Certains croient que plusieurs sous-espèces ou variétés de botryches reconnues par les botanistes ne résultent, en réalité, que des modifications apportées par les conditions environnementales qui prévalent sur un site et ne devraient pas se voir accorder un statut particulier.

La connaissance et la conception du genre botryche évoluent toujours: vers 1870, Milde reconnaît 10 espèces dans le monde; en 1884, Prantl en reconnaît plutôt 15 et en 1902, Underwood dresse la liste de 38 espèces; en 1938, Clausen parle de 15 espèces et de 30 variétés ou formes, seulement pour les Amériques, et Wagner, un Étatsunien contemporain, s'apprête à doubler le nombre d'espèces reconnues par Clausen! Ce dernier prend la peine de noter que pour respecter toutes les opinions formulées par des botanistes sur le sous-genre *Sceptridium*, il faudrait décrire peut-être une centaine d'espèces ou de variétés, pour tenir compte de toutes les variations de la découpure du limbe! Pas très pratique! Une histoire à suivre?

prévalant dans leur habitat naturel. Par ailleurs, les exigences de ces fougères quant au substrat et les champignons associés à leurs racines restent mal connus et les horticulteurs les considèrent, en pratique, difficiles sinon impossibles à cultiver, mis à part le botryche de virginie et, peut-être, le botryche lunaire. Une invitation à les admirer dans leur cadre naturel, défi d'autant plus intéressant vu leur relative rareté!

Photos: Gisèle Lamoureux

*Le limbe du* ***botryche à feuille couchée*** *varie-t-il autant que celui du botryche découpé? Il n'est pas rare de trouver à peu de distance l'un de l'autre, des limbes aussi différents que ceux-ci.*

# Botryche à feuille de matricaire

## matricary grape-fern

Botryche à feuilles de camomille. *Branching grape-fern; daisy-leaved moonwort.*
Famille du botryche; *Ophioglossaceae.*

**Botrychium matricariaefolium** A. Braun. Variante orthographique: *Botrychium matricariifolium* (Retzius) A. Braun. Du grec *botrychos*: cep, queue d'une grappe, et *botrys*: «grappe» de raisin, par extension, tout fruit ou plante en forme de «grappe» de raisin, allusion à l'apparence de la fructification; *matricariaefolium*: du latin *Matricaria*, désignant le genre matricaire de la famille de l'aster, et *folium*: feuille, à cause de la ressemblance entre les feuilles de ces plantes.

Herbacée vivace à rhizome ne portant qu'une sorte de frondes qui ne persistent pas l'hiver. De petite taille (0,15 m), le botryche à feuille de matricaire pousse en petites colonies aux individus isolés et dispersés, qui attirent peu l'attention. Elle ressemble au botryche simple*: la partie fertile, formant une «grappe» de sporanges bruns, termine le stipe unique sur lequel le limbe s'insère à peu près à mi-hauteur de la plante. Ce limbe, contrairement à celui du botryche simple, se divise à 2 reprises et les segments, plus fins, ont généralement des bords parallèles, ne sont pas étranglés à la base (n'ont pas la forme d'un éventail), ce qui le distingue aussi du botryche lunaire* (aux segments non redivisés et très nettement en forme d'éventail).

*Partie stérile de la fronde* à limbe en forme de triangle allongé (3 X 2 cm, incluant la queue), dressé à environ 45° et muni d'une queue bien marquée (0,75 cm); à trois paires de segments ou plus, disposés comme les pennes d'une plume et redivisés; d'un vert plus franc que le reste de la plante qui est plutôt jaunâtre. Plante sans poils ni écailles, plutôt épaisse et un peu charnue. Stipe d'un vert jaunâtre, plutôt brun rougeâtre à la base.

*Partie fertile de la fronde* (long. 4,5 cm) ramifiée, portant de gros sporanges ronds, distancés, bruns à maturité et s'ouvrant par une fente transversale.

Parmi les botryches de petite taille, seul le botryche à feuille de matricaire montre un limbe divisé à 2 reprises et est muni d'une queue. C'est probablement le plus fréquent des petits botryches. Le botryche élancé (*B. lanceolatum*), une espèce plutôt rare, s'en distingue par un limbe sans queue, rattaché directement au stipe; autrefois, certains botanistes le rattachaient au botryche à feuille de matricaire. Les botryches de plus grande taille (botryches découpé*, à feuille couchée*, de virginie*) montrent des limbes encore plus divisés, généralement à 3 reprises. Très anciennement, certains botanistes rattachaient le botryche à feuille de matricaire au botryche lunaire*.

Peu de données existent sur les préférences écologiques de plusieurs espèces de botryche, dont celle-ci. Le botryche à feuille de matricaire se trouve en milieux secs, souvent sur substrat sablonneux: clairières, terrains en friche, vieux pâturages et vieux champs. Il pousse aussi occasionnellement en forêt, soit sur sol sablonneux (érablière à bouleau jaune), soit sur sol tourbeux (cédrière tourbeuse). Mis à part le botryche de virginie*, il n'est pas rare de trouver au même endroit plusieurs espèces de botryche; en

*C'est vrai que le limbe du* ***botryche à feuille de matricaire*** *ressemble souvent à la feuille des matricaires... mais pas toujours. Dans ce cas-ci, pas de doute, le limbe se divise à deux reprises, caractère qui le distingue des autres petits botryches. Noter les segments rectangulaires, non en éventail.*



Photo: Roger Larose

particulier, les botryches simple*, à feuille couchée* et à feuille de matricaire.

Tel que mentionné ci-haut, les espèces de botryche cohabitent dans les habitats propices; à preuve, la découverte d'un «paradis botrychesque» au Michigan: une prairie où poussaient ensemble les botryches élancé, à feuille de matricaire, simple*, lunaire* et sa variété *minganense*, à feuille couchée* et de virginie*, l'ophioglosse vulgaire (*Ophioglossum vulgatum* = *O. pusillum*) ainsi qu'un hybride supposé entre les botryches simple et à feuille de matricaire (au sujet de cet hybride, voir le texte sur le botryche simple)! Les botryches se trouvent souvent dans des habitats à l'air peu prometteur,

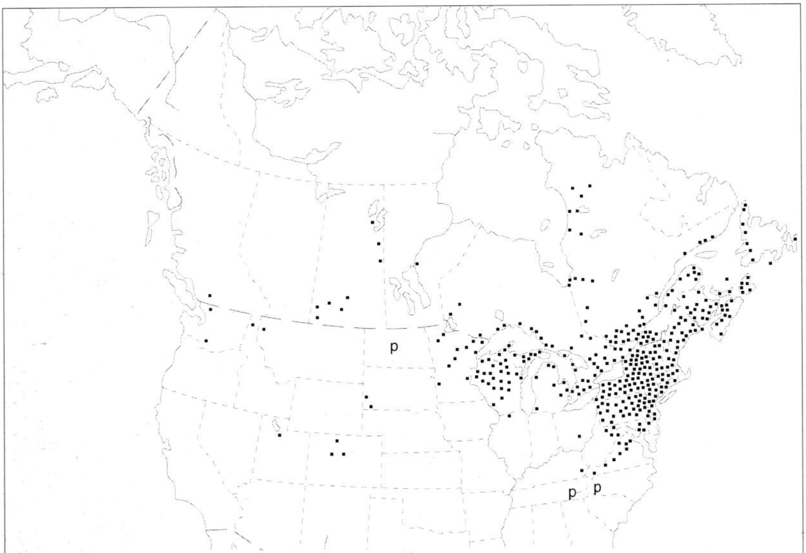


Le genre botryche comprend une vingtaine d'espèces selon certains, plutôt une quarantaine selon d'autres, et se répartit sur tous les continents, principalement dans les régions tempérées de l'hémisphère nord. Amphi-atlantique, le **botryche à feuille de matricaire** se trouve surtout dans l'est de l'Amérique du Nord de même que dans le nord et le centre de l'Europe.

Traverse-t-il notre continent? Pas vraiment, car il se trouve rarement à l'ouest et au sud de la région des Grands Lacs. Son aire peu étendue ne couvre que 22 degrés de latitude et s'étend principalement dans le domaine tempéré mixte et dans le domaine boréal.

Limites en Amérique du Nord: Nouveau-Québec (environs du lac Chavigny, 58°25 N) et la Virginie (comté de Grayson, 36°40'N), bien que la plante soit signalée (sans mention de la localité) plus au sud, dans les montagnes de la Caroline du Nord et du Tennessee. Le botryche à feuille de matricaire figure sur la liste des plantes rares du Manitoba, de la Saskatchewan, de l'Illinois et du Tennessee et sur la liste des plantes menacées en Caroline du Nord et au Rhode Island. En Colombie-Britannique, certains botanistes contestent sa présence, l'identité du seul spécimen connu ne faisant pas l'accord. Vu sa petitesse et son peu d'éclat, le botryche à feuille de matricaire passe facilement inaperçu et sa carte de répartition... ne rend compte que de l'état actuel des connaissances.

comme des prés en jachère, des fossés, des bords de route ou de chemin de fer; il suffit de prendre le temps d'y regarder un peu.

Il n'est pas recommandé de cultiver les botryches: outre qu'ils semblent faire les délices de plusieurs petits animaux, dont les limaces, ils tolèreraient peu d'écarts aux conditions qui prévalent dans leur habitat naturel. Par ailleurs, les exigences de ces fougères quant au substrat et les champignons associés à leurs racines restent mal connus et les horticulteurs les considèrent, en pratique, difficiles sinon impossibles à cultiver, mis à part le botryche de virginie* et, peut-être, le botryche lunaire*. Une invitation à les admirer dans leur cadre naturel, défi d'autant plus intéressant vu leur relative rareté.

Roger Larose

Gisèle Lamoureux

*Un limbe pourtant d'allure différente, mais c'est toujours le **botryche à feuille de matricaire**... Très variable, non?*

*Le botryche de gauche, sur la photo, correspond bien au **botryche à feuilles de matricaire**, mais celui de droite? Probablement aussi, quoique ce soit moins certain: il existe beaucoup de plantes intermédiaires entre le botryche à feuilles de matricaire, le botryche simple et la variété de mingan du botryche lunaire.*

# Botryche simple

## simple grape-fern

*Least or little moonwort; little grape-fern.*
Famille du botryche; *Ophioglossaceae.*

**Botrychium simplex** E. Hitchcock. Synonyme partiel: *Botrychium tenebrosum* A.A. Eaton. Du grec *botrychos*: cep, queue d'une grappe, et *botrys*: «grappe» de raisin, par extension, tout fruit ou plante en forme de «grappe» de raisin, allusion à l'apparence de la fructification; *simplex*: du latin, simple, non divisé, d'une seule pièce, à cause des segments peu divisés de la partie stérile de la fronde.

Herbacée vivace à rhizome ne portant qu'une sorte de frondes qui ne persistent pas l'hiver. De très petite taille (0,07 m), le botryche simple croît en petites colonies aux individus jaunâtres généralement isolés, dispersés... et souvent cachés sous les feuilles des fraisiers sauvages. Le rhizome semble ne produire qu'une seule fronde comprenant un sommet fertile et un petit limbe prenant naissance à peu près au milieu de la plante. Se remarque d'abord le sommet fertile, formé d'un bouquet de sporanges brun orangé... ressemblant aux infrutescences de la petite oseille° que le botryche simple côtoie parfois. Les caractères du limbe permettent de le distinguer des autres botryches de petite taille.

*Partie stérile de la fronde* à limbe dressé à environ 45°, un peu replié longitudinalement sur lui-même comme une cuillère; à peu près en forme de triangle de taille très variable (1,1 X 1 cm, incluant une queue de 0,2 - 0,3 cm); d'un vert plus franc que le reste de la plante qui est plutôt jaunâtre. Le limbe ne comprend que quelques paires de segments (3 ou 4), en plus du segment terminal, eux-mêmes non segmentés mais entiers ou à bord sinueux ou légèrement incisés ou lobés; parfois, la première paire de segments se redivise en segments secondaires, donnant au limbe un aspect terné (en trois parties); les bords des segments ne sont généralement pas parallèles mais étranglés à la base, ce qui leur donne une forme particulière, plus ou moins en éventail ou un peu arrondis ou ovales. Plante sans poils ni écailles; épaisse et un peu charnue. Stipe d'un vert jaunâtre, plutôt brun rougeâtre à la base.

*Partie fertile de la fronde*: ramifiée, portant quelques gros sporanges ronds (plus ou moins 20, selon la taille de la plante), distancés, devenant bruns à maturité et s'ouvrant par une fente transversale.

≠ Apparemment très variable, le plus variable des petits botryches selon certains, le botryche simple ressemble aux autres petits botryches (lunaire* et à feuille de matricaire*) qui comptent cependant plus de 3 paires de segments. Il emprunte des caractères au botryche lunaire (texture charnue, segments étranglés à la base et présentant une forme en éventail), auquel le rattachaient anciennement certains botanistes (*B. lunaria* var. *cordatum* ou *B. lunaria* var. *simplex*); cependant, contrairement au botryche lunaire, chez le botryche simple une queue bien développée relie le limbe au stipe. Le botryche simple ressemble aussi au botryche à feuille de matricaire, du moins aux petits individus de cette espèce, et il s'avère souvent difficile de les distinguer; en général, les segments du botryche à feuille de matricaire se divisent à nouveau (dou-

*Est-ce le plus variable des botryches, le* ***botryche simple****? Certainement le plus petit: le limbe ne montre généralement pas plus de 3 paires de segments. Comme chez le botryche lunaire, les segments affectent une forme en éventail: base étranglée et côtés courbés plutôt que droits et parallèles. Parfois, la première paire de segments est plus large et se redivise. Le limbe s'insère haut sur le stipe, au-delà de la mi-hauteur et il prend une forme en creux, comme une cuillère.*

Photo: Gisèle Lamoureux

blement segmentés) et montrent des bords parallèles (oblongs) plutôt qu'affectant une forme en éventail. Tel que décrit ci-haut, le botryche simple présente parfois une première paire de segments redivisés, comme chez le botryche à feuille de matricaire, et certains botanistes considèrent certains de ces individus comme des hybrides; des plantes examinées présentent aussi plusieurs spores avortées, ce qui tend à confirmer l'hypothèse de l'hybridation... mais, hybride ou variation à

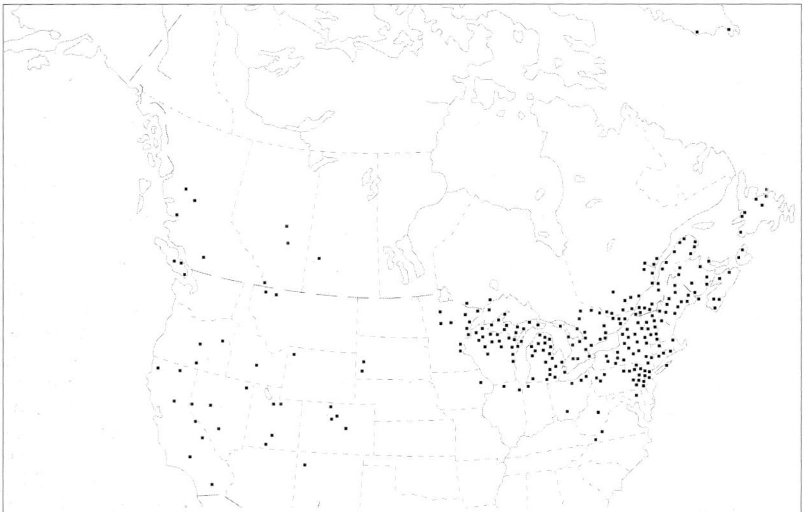

Le genre botryche comprend une vingtaine d'espèces selon certains, plutôt une quarantaine selon d'autres, et se répartit sur tous les continents, principalement dans les régions tempérées de l'hémisphère nord. Circumboréal pratiquement absent de l'Asie (ou amphi-atlantique faiblement présent sur les côtes du Pacifique), le **botryche simple** se trouve surtout dans l'est de l'Amérique du Nord de même que dans le nord et le centre de l'Europe.

Sur notre continent, ni clairement disjointe, ni clairement transcontinentale, son aire de répartition plutôt restreinte ne couvre que 19 degrés de latitude. Il compte des stations beaucoup plus clairsemées dans l'ouest que dans l'est, où la plante se trouve essentiellement de l'Atlantique à la région des Grands Lacs, soit dans le domaine tempéré mixte (érablières et forêts mixtes). Pour certains botanistes, le type d'aire qu'il affecte laisse croire que ce botryche se trouve en expansion, vers l'est ou vers l'ouest, probablement à partir d'un fragment de son ancienne aire épargné par la dernière glaciation. Ce pourrait être le cas également d'autres botryches: botryches à feuille de matricaire*, à feuille couchée*, de virginie*.

Limites en Amérique du Nord: Californie (monts San Bernardino, 34°10'N) et Groenland (au nord de Frederikshaab, 62°12'N); au Québec: Cap-Chat (49°05'N). Le botryche simple figure sur la liste des plantes rares de la Colombie-Britannique, de l'Alberta, de la Nouvelle-Écosse, de l'île de Terre-Neuve, de l'Illinois, de l'Iowa, du Wyoming et de l'Oregon, sur celle des plantes menacées du Rhode Island, sur celle des plantes menacées d'extinction de l'Indiana et du Wisconsin et sur celle des plantes protégées dans l'État de New York; sa présence en Saskatchewan reste à confirmer. Vu sa petitesse, le botryche simple passe facilement inaperçu et sa carte de répartition... ne rend compte que de l'état actuel des connaissances.

l'intérieur de l'espèce, l'accord ne règne pas à ce sujet chez les botanistes!

Peu de données existent sur les préférences écologiques de plusieurs espèces de botryche, dont celle-ci. Le botryche simple se trouve en milieux secs, souvent sur substrat sablonneux: terrains en friche, vieux pâturages et vieux champs, clairières. Dans le secteur sud de son aire de répartition, le botryche simple fréquenterait plutôt la forêt, sur sol humide. Par ailleurs, une variété (var. *tenebrosum*) croîtrait plutôt dans les cédrières tourbeuses. Mis à part le botryche de virginie, il n'est pas rare de trouver au même endroit plusieurs espèces de botryche, en particulier les botryches simple, à feuille de matricaire*, et à feuille couchée*.

Clausen, un botaniste spécialiste de la famille du botryche, note que le botryche simple, de même que d'autres botryches, forme fréquemment des colonies composées d'individus approximativement de même taille et de même âge. Selon son hypothèse, les conditions favorables à la germination des spores ne se maintiendraient pas longtemps de sorte que les prothalles, puis les plantules, puis les botryches adultes se développeraient tous au même rythme, vieilliraient et disparaîtraient au lieu de se régénérer, faute de conditions propices à la germination des spores. Tirée de l'examen des cartes de répartition américaines de plusieurs botryches, une hypothèse veut que ce genre, quoique ancien, se révèle peu agressif: depuis la dernière glaciation, ces espèces, vraisemblablement auparavant transcontinentales, ne rétablirent pas entièrement la continuité de leur aire. Selon cette hypothèse, le genre botryche ne régresse pas, les espèces du nord des États-Unis ayant déjà ré-envahi les territoires plus nordiques auparavant recouverts par le glacier; tout simplement des espèces à expansion lente?

Qui veut trouver les petits botryches... doit parcourir une prairie à genoux puisqu'ils se cachent souvent à travers les herbes ou sous le feuillage d'un fraisier. Une fois un individu localisé, scruter les alentours révélera parfois des centaines de botryches et même d'autres espèces. Bien sûr, ramper ainsi sur le sol risque de verdir les jambes de pantalon, mais si la quête porte fruit, quel enchantement!

Les chromosomes, par lesquels se transmettent les caractères héréditaires, se retrouvent dans chaque cellule des plantes, parfois en nombre assez considérable. Difficile de savoir exactement pourquoi ce nombre varie autant d'une espèce à l'autre; certains spécialistes de la génétique consacrent leur vie entière à ce problème! Magnifique casse-tête pour eux, un cousin des botryches, l'ophioglosse vulgaire, remporte la palme du plus grand nombre de chromosomes observé chez une plante d'Amérique du Nord: il n'en possède pas moins de 960! Pas vraiment surprenant puisque le plus grand nombre de chromosomes jamais observé dans le règne végétal (1260) appartient à l'*Ophioglossum reticulatum*, une espèce de l'Inde. En guise de comparaison, mentionnons simplement que chez les lycopodes*, ce nombre varie de 22 à 88, qu'il atteint 230 à 240 chez les prêles*, de 26 à un peu plus de 200 chez les autres fougères nord-américaines et qu'il se tient audessous de 100 chez la grande majorité des plantes à fleurs. Les ophioglosses constituent le genre le plus ancien de la famille du botryche; plutôt rare au Québec, l'ophioglosse vulgaire figure au menu de plusieurs vieilles croyances, souvent en compagnie du botryche lunaire*.

Il n'est pas recommandé de cultiver les botryches: outre qu'ils semblent faire les délices de plusieurs petits animaux, dont les limaces, ils tolèreraient peu d'écarts aux conditions qui prévalent dans leur habitat naturel. Par ailleurs, les exigences de ces fougères quant au substrat et les champignons associés à leurs racines restent mal connus et les horticulteurs les considèrent, en pratique, difficiles sinon impossibles à cultiver, mis à part le botryche de virginie* et, peut-être, le botryche lunaire*. Une invitation à les admirer dans leur cadre naturel, défi d'autant plus intéressant vu leur relative rareté.

# Botryche lunaire

## moonwort

Botryche (ou botryque) de minganie (pour la variété *minganense*), en croissant; botrychium lunaire; **herbe-à-la-lune**; langue-de-cerf, -de-couleuvre; lunaire commune; petite lunaire; taure. *Blasting-root; lunary; moon-fern; shoeless horse; small moonwort; spring-wurzel; unshoe-the-horse.*
Famille du botryche; *Ophioglossaceae.*

**Botrychium lunaria** (Linné) Swartz. Synonyme partiel: *Botrychium minganense* Victorin. Du grec *botrychos*: cep, queue d'une grappe, et *botrys*: «grappe» de raisin, par extension, tout fruit ou plante en forme de «grappe» de raisin, allusion à l'apparence de la fructification; *lunaria*: du latin *lunaris*: lunaire, *luna*: lune et *lunatus*: qui a la forme d'un croissant, allusion à la forme des divisions de la fronde.

Herbacée vivace à rhizome ne portant qu'une sorte de frondes qui ne persistent pas l'hiver. De très petite taille (0,09 m), le botryche lunaire pousse en colonies parfois étendues, aux individus isolés ou groupés en petites touffes denses. Cette fougère épaisse et charnue n'attire pas beaucoup l'attention: le hasard permet de trouver un premier individu, puis un regard attentif découvre les autres, parfois nombreux. C'est le chouchou de bien des botanistes et le folklore lui prête quantité de propriétés magiques: son allure particulière et surtout la découpure en croissant de lune des segments de son limbe frappent l'imagination et le rendent inoubliable.

*Partie stérile de la fronde* non ramifiée, généralement divisée une seule fois (parfois les 2 segments du bas se redivisent); en forme de triangle allongé (4 X 2 cm): plus large à la base et très graduellement rétréci vers le sommet. Plutôt dressée et presque accolée à la partie fertile de la fronde; rattachée au stipe par une queue, ou sans queue. Segments primaires opposés ou presque; en forme d'éventail, souvent en demi-lune (largeur très variable, env. 1 cm); très rapprochés et se chevauchant (sauf dans la variété de mingan); à queue courte (0,2 cm); à bord un peu ondulé, parfois découpé de quelques incisions mais généralement sans véritables dents ni lobes; nervation nettement en éventail, avec, à la base du segment, plusieurs nervures parallèles qui se ramifient, à plusieurs reprises, en deux parties égales; souvent concaves, sauf dans la variété de mingan où ils sont plutôt plans. D'un vert un peu jaunâtre. Des sporanges se développent assez souvent en bordure du limbe, ce qui lui donne une allure verruqueuse.

*Partie fertile de la fronde* (long. 4 cm) située au sommet de la plante mais commençant généralement à une hauteur située environ à mi-longueur du limbe ou du moins avant son extrémité. Ramifiée, portant de gros sporanges ronds, d'un jaune brun à maturité et s'ouvrant par une fente transversale.

≠ En plus de la variété de mingan, et lui ressemblant beaucoup, certains botanistes reconnaissent d'autres variétés qu'ils élèvent au rang d'espèces: il y aurait entre autres et en plus du *B. minganense*, *B. pallidum*, et *spathulatum*, poussant

*Le **botryche lunaire**: son allure particulière et surtout la découpure en croissant de lune des segments de son limbe frappent l'imagination et le rendent inoubliable. Une toute petite plante, qui se cache sous les feuilles de fraisier et passe facilement inaperçue. Noter la nervation en éventail, sans nervure principale.*



Photo: Gisèle Lamoureux

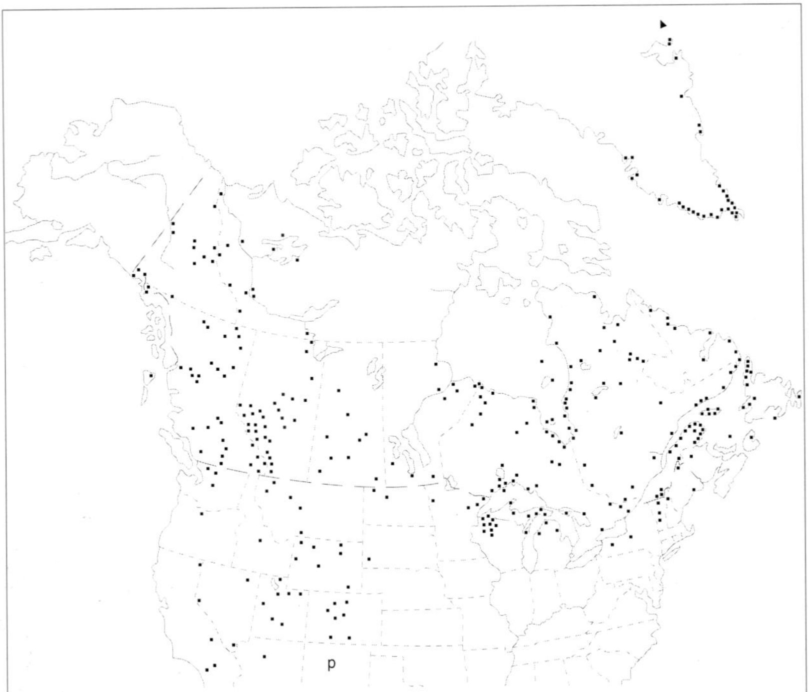


Le genre botryche comprend une vingtaine d'espèces selon certains, plutôt une quarantaine selon d'autres, et se répartit sur tous les continents, principalement dans les régions tempérées de l'hémisphère nord. Bien que peu présent au centre de l'Asie, le **botryche lunaire** compte parmi les plantes circumboréales, mais il fréquente surtout l'Europe; les botanistes le considèrent comme l'espèce la plus largement répandue de sa famille.

Il traverse l'Amérique du Nord aux latitudes boréales, avec des stations clairsemées, tant dans l'est (plutôt au bord de la mer) que dans l'ouest (surtout en montagne) et dans les Grandes Plaines; son aire très large couvre 39 degrés de latitude et s'étend surtout dans le domaine boréal (forêt coniférienne) et dans le domaine montagnard des Rocheuses.

Limites en Amérique du Nord: Groenland (environ 73°N) et Californie (monts San Bernardino, 34°10'N); au Québec: presqu'île d'Ungava (Quaqtaq, 61°N). En phytogéographie, le botryche lunaire fit l'objet d'une attention spéciale, car il figure sur la liste des plantes rares ou menacées de 10 provinces ou États: Nouvelle-Écosse, Nouveau-Brunswick, Saskatchewan, Oregon, Dakota du Nord, Wisconsin, New York, Vermont, New Hampshire et Maine. Certains le croient déjà disparu des États de New York et du Maine. À tous égards, la loi le protège dans l'État de New York et dans le Vermont. La variété de mingan (*minganense)* du botryche lunaire figure aussi sur la liste des plantes rares ou menacées, entre autres, de la portion continentale des Territoires du Nord-Ouest, de la Colombie-Britannique et de l'État de New York. Vu sa petitesse, le botryche lunaire passe facilement inaperçu et sa carte de répartition… ne rend compte que de l'état actuel des connaissances.

*La* ***variété de mingan*** *du* ***botryche lunaire*** *montre des segments plus distancés, ne se touchant pas, et de forme un peu différente (moins en éventail, à côtés un peu plus parallèles). Certains botanistes élèvent cette variété au rang d'espèce (*B. minganense*).*

Photo: Gisèle Lamoureux

dans le nord ou l'est de l'Amérique du Nord et *B. crenulatum* et *ascendens*, restreintes à l'ouest de l'Amérique du Nord. Toutes ces plantes montrent des caractères communs, retrouvés aussi chez les botryches lunaire et simple*: segments en forme d'éventail (c'est-à-dire à base étranglée et à côtés courbés plutôt que droits et parallèles) ou de cuillère (à bords courbés et un peu retroussés, pour former le creux d'une cuillère); nervures se divisant en deux parties égales, sans prédominance de l'une des nervures et sans nervure centrale de laquelle partiraient d'autres nervures.

Ses préférences écologiques? Des lieux ensoleillés, un substrat sec au pH élevé. Très souvent, le botryche lunaire se trouve à proximité de la mer, juste au-dessus de la limite supérieure du littoral, dans des prairies d'aspect gazonnant où domine souvent l'élyme des sables° accompagné de fraisiers° et d'autres plantes de lieux secs; ces prairies couvrent un sol formé de sable, de petits cailloux ou de schistes. Sans être près de la mer, des pâturages ou d'autres prairies sèches et gazonnantes l'accueillent, souvent sur substrat calcaire et dominés par des espèces différentes. Dans le secteur sud de son aire de répartition (domaine tempéré), le botryche lunaire pousse plutôt dans des lieux ombragés, par exemple dans des érablières, et se présente alors souvent sous une forme moins charnue et plus étiolée.

C'est Marie-Victorin qui, sur l'île Niapiskau, découvre le botryche lunaire variété de mingan et la description de ce moment intense, dans son livre *Flore de l'Anticosti-Minganie* (page 68), rend bien compte de l'émotion ressentie par un botaniste devant une plante nouvelle. Le statut taxinomique de cette entité connut bien des aléas depuis sa description en 1927; Marie-Victorin en faisait une espèce que d'autres botanistes ne reconnurent pas du tout ou réduisirent au rang de variété ou de forme, mais la tendance actuelle la ramène au rang d'espèce. Des études récentes lui accordent $n = 90$ chromosomes (au lieu de $n = 45$, chez le botryche lunaire) et soulignent sa répartition restreinte à l'Amérique du Nord, contrairement au botryche lunaire, principalement circumboréal mais aussi présent dans l'hémisphère sud.

Les premières frondes produites par un jeune individu ne s'étalent pas au-dessus du sol; la plante ne sortirait vraiment de terre que vers la huitième feuille environ. Autre mystère pour la science: il pousse certaines années et d'autres pas sur un site donné. Les botanistes qualifient l'Amérique du Nord de métropole mondiale du sous-genre *Botrychium*, auquel se rattachent les botryches lunaire, à feuille de matricaire* et simple*; il y existe plus d'espèces – et de problèmes taxinomiques – que nulle part ailleurs.

Le botryche lunaire abonde en noms cocasses et en légendes colorées. Au XVI^e^ siècle, ses noms latins, ou en différentes langues ou patois, signifient aussi bien

### La doctrine des signatures

Probablement née à l'époque médiévale (vers le XV^e^ siècle ou avant), la doctrine des signatures combinait la médecine, l'astrologie, la botanique et la superstition. Médecins, herboristes, apothicaires et astrologues étudiaient les formes particulières des plantes, croyant que ces formes indiquaient les organes qu'elles traitaient et les affections qu'elles guérissaient: une feuille en forme de foie soignait les maladies du foie, une fleur en forme de gueule guérissait la gorge, etc. Ainsi, les noms communs de plusieurs plantes et de certaines fougères se basent sur cette croyance: la langue-de-vipère (*Ophioglossum vulgatum*, fougère de la famille du botryche), nommée d'après la forme de sa fructification, s'employait contre les morsures de serpents, les capillaires (doradilles* et adiantes*) contre la calvitie, etc.

Pas surprenant de constater que certaines propriétés imputées au botryche lunaire dérivent de la doctrine des signatures: ses segments un peu en forme de cuillère passaient pour s'ouvrir et se refermer selon les phases de la lune; n'était-ce pas un bon indice qu'elle puisse guérir toutes les maladies à caractère périodique, de même que les lunatiques dont on croyait la folie causée par l'astre de la nuit?

Le même jeu d'association révélait les vertus magiques ou divinatoires des plantes, d'où l'un des mythes les plus répandus à propos des fougères, selon lequel les plantes dont fleurs et fruits ne se voient pas dotent leur possesseur du don d'invisibilité... pour autant qu'il s'en serve correctement! Le succès de l'entreprise nécessitait une précision d'horloger dans l'exécution des rites et l'échec venait assurément pour peu qu'on omette le moindre détail. Vérifia-t-on jamais ce pouvoir extraordinaire? Les tentatives infructueuses n'apaisèrent pas l'ardeur de ceux qui y croyaient et les finauds qui inventèrent ces rituels les firent compliqués à souhaits. Pour le botryche lunaire il fallait: «... qu'elle soit cueillie la veille de la Saint-Jean, à l'entrée de la nuit et en marchant à reculons vers l'endroit où elle se trouve. Une légère lueur phosphorescente qu'elle projette ce jour-là sert à la faire reconnaître» (extrait de Rolland, 1896). Pas facile!

Shakespeare compte probablement parmi les sceptiques au sujet de ce don d'invisibilité des fougères: un personnage de sa pièce intitulée *Henry IV*, confie à son compagnon que la semence de fougère le rend invisible; l'autre lui répond tout bas qu'il faut rendre grâce de son invisibilité non pas à la semence de fougère, mais à l'obscurité de la nuit!

*Facile à reconnaître, mais difficile à trouver! Petit et peu fréquent au Québec, l'***ophioglosse vulgaire** *relève de la même famille que les botryches. C'est sa fronde bien lisse et apparemment sans nervures, qui lui vaut sans doute le nom d'herbe-sans-couture. Il faut la chercher dans les terrains humides, tourbeux même. Sa fructification? Apparentée à la tête d'un cobra ou à une langue de vipère!*

Photo: Gisèle Lamoureux

lunaire mineure, lunaire en grappes et sélénite, que plante-au-goût-âcre-dont-on-se-sert-pour-plaisanter ou gonflement-salutaire; le XVIIe siècle en recèle d'autres, tout aussi évocateurs: plante-lunaire-au-goût-âcre, botrytis lunaire, pierre lunaire, plante-inconnue-de-dioscoride, osmonde lunaire, langue-de-couleuvre, herbe-de-la-route, déferreuse-de-cheval ou -de-mule, fer-à-cheval ou herbe-du-matelot. En 1542, l'un des pères de la botanique, Fuchs, nomme cette fougère *Lunaria minor*, mais 200 ans plus tard, Linné la rebaptise *Osmunda Lunaria*, la rattachant à un genre beaucoup plus vaste à l'époque qu'actuellement; ce n'est qu'en 1800 que le botaniste Swartz lui donne son nom actuel. Il existe aussi, dans la famille de la moutarde, un genre *Lunaria*, ainsi nommé à cause de ses fruits ronds que sépare une cloison argentée; s'y rattache la monnaie-du-pape *(Lunaria annua)*, cultivée et appréciée justement pour cette cloison transparente qui persiste longtemps et agrémente les bouquets séchés.

Son association avec la lune confirme ses propriétés magiques! Si changer le plomb en or nécessite la trop rare pierre philosophale, changer le vif-argent (mercure) en argent devient un jeu d'enfant avec le botryche lunaire... du moins selon les alchimistes. Les sorcières et les nécromanciens l'employaient dans leurs incantations et formules magiques, souvent en compagnie de l'ophioglosse vulgaire (langue-de-vipère). La forme de ses segments, rappelant une vieille clé ou un fer à cheval, lui confère des pouvoirs étonnants: «c'est une herbe qui ouvre les serrures mêlées» et «si le fer d'un cheval touche cette plante, il tombe et se brise à l'instant» (extraits de Rolland, 1896)! Le botaniste

### Assister les fées

Les fées et autres créatures de même taille (elfes et lutins) se servent d'une paire de segments du botryche lunaire pour seller leurs minuscules destriers. Ce n'est pas tout: nuit après nuit, la Reine des Fées galope tantôt sur la tête des amants qui aussitôt rêvent d'amour, tantôt sur les genoux des courtisans pour les faire rêver de conquêtes, et tantôt encore sur les lèvres des demoiselles pour emplir leurs songes de baisers.

Mais, toute fée soit-elle, elle doit franchir les lourdes portes des châteaux fermées à double tour. Comment? La fronde du botryche lunaire, rappelant une vieille clé, déverrouille serrures et cadenas, ouvrant toutes les portes! Évidemment... Qui dit mieux comme plante magique?

Culpepper (1650) raconte que des chefs de cavalerie anglais trouvèrent 30 fers tombés des sabots de chevaux fraîchement ferrés appartenant au comte d'Essex, en imputant la cause à une «herbe» qui poussait à travers la bruyère. Qu'ils maudirent «l'herbe» en question, passe encore, mais que dire du maréchal-ferrant de monsieur le Comte...? Si ces superstitions régnaient un peu partout en Angleterre, de vieux manuscrits au ton sceptique et accusateur prouvent néanmoins que certains n'étaient pas dupes! Par ailleurs, dans les monts Harz (nord de l'Allemagne) on croyait que le botryche lunaire révélait l'emplacement de trésors enfouis; en Suisse, son rhizome rendait invulnérable aux dagues, aux poignards et aux balles celui qui le portait dans sa poche droite.

Cueilli au clair de lune, il aurait guéri les plaies fraîches ou récentes, tandis que préparé en onguent avec du beurre et frotté vis-à-vis des reins, il aurait soigné la dysenterie. Les taures et les vaches le dégusteraient, en redemandant comme elles le font pour le taureau! Dans la symbolique des plantes, il signifie «votre coeur est trop secret».

Une aussi grande importance dans le folklore populaire laisse supposer une plante anciennement plus fréquente.

Il n'est pas recommandé de cultiver les botryches: outre qu'ils semblent faire les délices de plusieurs petits animaux, dont les limaces, ils toléreraient peu d'écarts aux conditions qui prévalent dans leur habitat naturel. Par ailleurs, les exigences de ces fougères quant au substrat et les champignons associés à leurs racines restent mal connus et les horticulteurs les considèrent, en pratique, difficiles sinon impossibles à cultiver, mis à part le botryche de virginie* et, peut-être, le botryche lunaire. Une invitation à les admirer dans leur cadre naturel, défi d'autant plus intéressant vu leur relative rareté! Comme le botryche lunaire est peu fréquent, ne pas le transplanter, mais tenter plutôt de le cultiver à partir des spores.

# Prêles

*La prêle fluviatile* Roger Larose

# Prêle des champs

## field horsetail

Apprelle; asprèle; chaqueue; herbe-à-écurer; jannetrode; jannetrolle; jaunetrolle; petite prêle; prêle commune; prelle; presle; **queue-de-renard**; queue-de-cheval, -de-rat; verrine. *Bottlebrush; cat's-, colt's- or mare's-tail; common, cornfield or false horsetail; devil's-gut; foxtail; frogpipe; horsepipe; horsepiping; jointed-rush; meadow-pine; pewter-, pine-, scrub- or snake-grass; pinetop; snakepipe; toadpipe.*
Famille de la prêle; *Equisetaceae.*

**Equisetum arvense** Linné.
Synonymes: *Equisetum boreale* Bongard, *E. calderi* Boivin. Ancien nom utilisé par Pline l'Ancien (23-79) pour désigner les prêles, du latin *equus*: cheval, et *seta*: soie, poil, crin, les fines ramifications de la plante rappelant une queue de cheval; *arvense*: des champs cultivés.

Herbacée vivace à rhizome, à tiges ne persistant pas l'hiver. La prêle des champs forme des colonies parfois étendues et présente deux aspects totalement différents, selon la saison. Tôt au printemps poussent les tiges fertiles, de petite taille (0,15 m), d'un beige rosé entrecoupé d'anneaux noirs; elles forment des colonies pures, qui évoquent un étrange champ de doigts ou de petits cierges. Plus tard s'y mêlent les tiges stériles, vert clair, de taille moyenne (0,4 m), aux fins rameaux généralement bien étalés, comme les poils d'une queue de renard, rendant la colonie beaucoup plus dense. Environ trois semaines après leur apparition, les tiges fertiles sèchent, disparaissent, et il ne reste que les tiges stériles qui persistent tard l'automne.

*Tiges stériles* alignées sur un rhizome; dressées, plutôt raides et légèrement rudes. Ramifiées une seule fois, très rarement plus. Ramifications à trois ou à quatre angles, dressées, retombantes ou étalées mais à bout remontant, disposées par étages; l'ensemble donne souvent un cône inversé (0,4 m de haut. X 0,1 m) occupant les 2/3 de la tige. Silhouette rétrécie vers le sommet, qui s'effile en un long fouet. Les tiges comptent une douzaine de noeuds brun foncé ou noirs et des entrenoeuds (5 cm) de plus en plus courts vers le sommet. Coupe transversale montrant une dizaine de cannelures ou plus; cavité centrale n'occupant environ que le 1/4 du diamètre; très petites cavités valléculaires (entre les côtes), perceptibles à l'oeil nu, ce qui n'est pas le cas des cavités costales (vis-à-vis les côtes); la petite dimension de la cavité centrale permet à la tige de résister à l'écrasement entre les doigts.

*Feuilles de la plante stérile* de trois sortes: celles disposées autour de la tige principale, celles encerclant la base du rameau (à sa jonction avec la tige) et celles sur les ramifications. Les premières, les plus développées, sont soudées à la base en une gaine un peu renflée, le plus souvent verte ou teintée de noir, terminée au tiers supérieur par une dizaine de pointes libres (0,5 cm) noires, bordées d'une étroite bande beige, dont les sommets se regroupent par 2 ou 3. À la base des ramifications, les feuilles plus petites forment une gaine à 3 pointes très courtes, qui ont la forme de triangles aussi hauts que larges. Aux autres noeuds des ramifications, les gaines sont aussi formées de 3 ou 4 feuilles, mais les pointes libres sont beaucoup plus effilées (pointe formant un petit triangle isocèle: plus haut que large);

*Il s'agit bien d'une seule espèce! Chez la* ***prêle des champs****, deux sortes de tiges durant quelques jours seulement, les tiges fertiles, apparues les premières, côtoient les tiges vertes, stériles, plus tardives mais présentes tout l'été*



Photo: Pierre Mathieu Charest

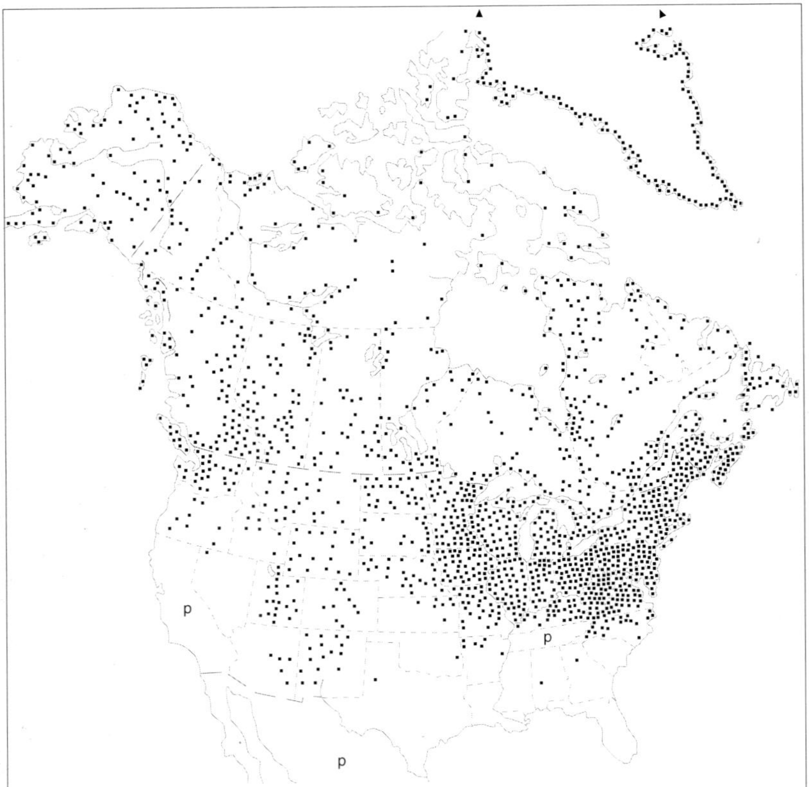


Le genre prêle, seul genre de sa famille encore existant, comprend 16 espèces, et se trouve, à l'état indigène, partout sauf en Australie et en Nouvelle-Zélande. Circumboréale, la **prêle des champs** constitue la prêle la plus répandue à travers le monde et, en fait, l'une des plantes les plus largement réparties dans l'hémisphère nord, poussant depuis les confins des terres arctiques jusqu'au Mexique; elle figure parmi les plantes introduites en Nouvelle-Zélande.

Transcontinentale en Amérique du Nord, elle s'étale sur 51 degrés de latitude et couvre pratiquement tout le continent, sauf le domaine tropical et la partie du domaine tempéré de la plaine côtière située au sud des Appalaches. Avec la prêle d'hiver*, elle constitue la seule prêle de nos contrées bien répandue dans les Grandes Plaines et, avec la prêle panachée*, celle qui supporte le mieux les conditions nordiques, poussant dans les îles arctiques de même que tout autour du Groenland. Comme pour d'autres prêles, du sud au nord sa taille moyenne décroît et, dans le Grand Nord, elle devient extrêmement chétive. Généralement quadrangulaires, les ramifications de la prêle des champs ne montrent parfois que trois angles; cette variante serait plus fréquente dans les régions nordiques.

Limites en Amérique du Nord: Groenland (Terre de Peary, 83°N); Alabama (comté de Marengo, 32°20'N) et Mexique.

*Une «forêt» miniature! La* ***prêle des champs*** *pousse souvent en colonie très dense exempte d'autres espèces.*

Photo: Roger Larose

ces gaines sont entièrement vertes, sauf un petit point brun foncé au sommet.

*Tiges fertiles* dépourvues de chlorophylle; robustes, charnues, et d'un diamètre plus gros (0,3 cm) que les tiges stériles; ornées de cannelures peu marquées; dressées et alignées sur un rhizome; non ramifiées; environ 5 entrenoeuds (2 à 4 cm) translucides. Coupe transversale semblable à celle de la tige stérile.

*Feuilles de la plante fertile* formant des gaines renflées, beige rosé, couronnées par une dizaine de longues pointes libres noires, dont les sommets se regroupent par 2, 3 ou 4; pointes libres en forme de triangles plus hauts que larges.

*Strobile* unique, terminant la tige fertile; en forme de cône (4 X 1 cm) plus large à la base, à sommet arrondi et non surmonté d'un capuchon pointu; queue très courte, à peine décelable (0,2 cm). Formé d'écussons à six côtés, d'abord tassés comme les alvéoles d'une ruche d'abeilles et de même couleur que la tige, puis jaunissant lorsque mûrissent et s'écartent les écussons, laissant voir les nombreux sporanges qui leur sont accrochés. Spores vertes, contenant de la chlorophylle; d'aspect duveteux, rappelant un vieux caoutchouc mousse sec et émietté.

*Rhizome* profondément enfoui, portant plusieurs tiges en ligne et, quelquefois, des tubercules arrondis, très durs, à chair blanche comme celle de la pomme de terre (*Solanum tuberosum*). La plante produirait ces tubercules plus facilement dans le sable que dans l'argile; ils croissent vraisemblablement pendant plusieurs années, car leur volume augmente avec la profondeur. Ces tubercules donnent de nouvelles pousses plus rapidement que les rhizomes.

La prêle des champs varie beaucoup; à preuve: les botanistes reconnaissaient jusqu'à 200 sous-espèces, variétés, formes et sous-formes, perçues maintenant plutôt comme des variations d'ordre non génétique, dues le plus souvent à des stress causés par l'environnement! Même la tige fertile varie: il lui pousse parfois des ramifications; cette variation se rencontre surtout dans les régions arc-

### Toutes pareilles, les prêles?

Rassemblées dans le sous-genre *Equisetum*, les prêles des champs, des bois*, fluviatile*, des prés* et des marais* présentent, normalement, des tiges souples portant des ramifications; elles se ressemblent toutes! La plus mystifiante? La prêle des champs! Allons-y par élimination.

La **prêle des bois** se démarque facilement par ses ramifications elles-mêmes ramifiées: ce n'est qu'exceptionnellement que la prêle des champs ou les autres espèces, sous l'effet de blessures, formeront des branches doublement ramifiées. Aucune autre gaine sur la tige de prêles ne présente un renflement aussi important et ne montre des pointes libres aussi longues, rousses et à texture de papier.

La **prêle fluviatile** se démarque aussi facilement: seule prêle dont la tige, aussi vide qu'une paille, s'écrase facilement entre le pouce et l'index (la prêle des champs montre une cavité centrale beaucoup plus étroite). Les pointes libres des gaines de la tige sont nombreuses (10 à 20), courtes, sans marge blanche, contrairement à celles de la prêle des marais. C'est la seule prêle de ce groupe à produire fréquemment des tiges sans ramifications (exceptionnel chez la prêle des marais), ce qui se présente surtout en eaux peu profondes.

La **prêle des prés**, au premier abord, ressemble terriblement à la prêle des champs; pourtant, elle s'en distingue facilement si l'observateur prend soin d'examiner les caractères suivants: ensemble de la plante moins raide et d'un vert-gris pâle (sauf à l'automne, évidemment); ramifications très régulières, souples, bien étalées à l'horizontale (dressées chez la prêle des champs), parfois légèrement incurvées vers le bas; rameaux triangulaires et présentant des gaines à 3 pointes libres (4 chez la prêle des champs, plus rarement 3); pointes libres bordées de blanc (souvent terminées par un point noir chez la prêle des champs ou entièrement noires à maturité), courtes, en forme de triangles équilatéraux et à sommet non prolongé par une longue pointe comme chez la prêle des champs.

Reste la **prêle des marais**, heureusement moins fréquente! D'abord la distinguer de la prêle fluviatile, dont elle partage souvent l'habitat: elle présente des pointes libres des gaines de la tige plus longues, renflées, moins nombreuses (6 à 8 au lieu de 10 à 20), foncées mais toujours bordées de blanc (jamais chez la prêle fluviatile) et une cavité centrale beaucoup plus petite (pour se rappeler laquelle est laquelle, un moyen mnémotechnique en rapport avec les noms de ces prêles: l'eau coule plus rapidement dans un fleuve que dans un marais, ce que permet la cavité centrale plus grande de la prêle fluviatile). Le plus difficile reste de la distinguer à coup sûr de la prêle des champs, surtout de la prêle des champs qui pousse à l'ombre et montre une allure très semblable à celle de la prêle des marais... de manière générale, la prêle des champs est plus rude au toucher, caractère parfois difficile à évaluer; par contre, les caractères des pointes libres des gaines de la tige s'observent plus facilement: généralement foncées dans les deux cas, du moins à maturité chez la prêle des champs, mais toujours bordées de blanc chez la prêle des marais (jamais chez l'autre)... en y regardant encore de plus près: le premier entrenoeud des ramifications est plus court ou égal à la gaine adjacente chez la prêle des marais et plus long chez la prêle des champs. Ce dernier caractère distingue aussi la prêle des champs de la prêle des prés; chez cette dernière, examiner les ramifications du bas, celles du haut variant.

Gisèle Lamoureux

*De gauche à droite: la **prêle des champs** (pointes libres brunes, celles des rameaux plus longues que chez la prêle des prés et plus courtes que chez la prêle des bois); la **prêle des prés** (pointes libres bordées de blanc, celles des rameaux: blanches et très courtes); la **prêle des bois** (pointes libres rousses et très développées, celles des rameaux: longues et fines).*

Les botanistes reconnaissent aussi un hybride entre la prêle fluviatile et la prêle des champs, *E.* X *litorale*, très semblable à la prêle des marais et à la prêle fluviatile mais avec une cavité centrale de diamètre intermédiaire entre les deux espèces (au sujet de cet hybride, voir le texte sur la prêle fluviatile).

tiques. C'est, et de loin, la plus fréquente et la plus abondante des prêles de l'est de l'Amérique du Nord.

Mis à part les sites nettement aquatiques, la prêle des champs se rencontre partout, ou presque, avec une préférence pour les habitats secs, tels les abords des routes ou le remblai des voies ferrées et les cultures de maïs ou de plantes potagères, où elle s'installe en pionnière. Toute première aussi, avec l'épilobe à feuilles étroites°, à recoloniser le sol vierge après une éruption volcanique dans le Kamtchatka! Mais des observations détaillées montrent que malgré les apparences, cette prêle se classe parmi les plantes sensibles au manque d'eau; toutefois, son système de rhizomes très étendu en profondeur lui permet d'aller puiser l'eau bien loin, sous un sol en apparence sec, bien plus loin que la plupart des autres plantes sauvages, qui lui laissent ainsi le champ libre. À l'opposé, la prêle des champs s'associe souvent avec les saules ou les aulnes sur des sites riverains, forcément très humides. À l'aise, donc, à la fois sur des sols secs, où l'eau ne se trouve qu'en profondeur, et sur des sols gorgés d'eau. Dans les régions nordiques, elle pousse même sur des sols dégelés en surface, mais gelés en permanence à peu de distance de la surface; sa réussite dans ces régions dépend sans doute de sa résistance aux conditions adverses, mais peut-être aussi de la compétition moins forte qu'elle y rencontre.

**Une mine d'or, les prêles?**

Bien des prospecteurs rêvent de plantes indiquant la présence d'or ou d'autres métaux précieux dans le sous-sol. Pendant longtemps le genre prêle revêtit la réputation d'accumuler l'or, réputation basée sur la foi de dosages probablement erronés: des mesures récentes démontrent que les prêles n'accumulent pas plus l'or que leurs voisines. Cependant, elles accumulent certainement le zinc et probablement d'autres métaux tels le cuivre, le cadmium ou le plomb, ce qui en fit des indicateurs pour évaluer la pollution causée par ces métaux.

Dans l'ancienne Union soviétique, des chercheurs rapportent que certains extraits de la prêle des champs inhibent la germination et réduisent la vigueur des jeunes pousses d'une trentaine d'espèces de graminées de prairies.

Cette prêle contient, à l'état sec, entre 1 et 7 % de silice et s'utilisait aux mêmes fins que la prêle d'hiver* pour polir, affûter, récurer... Dans ses cendres, le pourcentage de silice varie entre 6 et 76 %.

Dans le Midi de la France, un dicton affirme que, quand les prêles abondent dans un terrain vignoble, les raisins abondent aussi. Madame... si, au petit matin, vous trouvez un bouquet de prêle à l'extérieur de votre fenêtre, sachez qu'il vous annonce symboliquement que celui qui l'y apporta, vous fera un beau cadeau le jour de votre fête! En teinturerie, ses tiges stériles donnent une couleur jaune lorsque combinées à un mordant d'alun.

Comment résiste-t-elle aussi bien à l'enfouissement, par exemple sur les rivages ou sur les dunes? Probablement parce qu'elle émet, à partir du rhizome, des pousses verticales capables de traverser plus d'un mètre (on parle de 6 m) de sable ou de gravier... avantage certain sur bien d'autres espèces, d'autant plus qu'elle produit de nouvelles pousses durant toute la saison de végétation. Cette production continue de pousses induit une grande variation dans la forme de la plante: croissent ainsi côte à côte, à partir du même rhizome, des tiges jeunes, à branches courtes, et des tiges à maturité, avec des branches longues et des feuilles (pointes des gaines) noires; de même les premières tiges produites en l'absence de végétation environnante, resteront basses et étalées au niveau du sol, tandis que les tiges formées après l'établissement d'un abri par la végétation voisine, deviendront plus hautes et plus robustes. Mais la variation de la prêle des champs répond aussi à d'autres facteurs de l'environnement. À l'ombre, cette prêle s'allonge, adopte même (parfois) une allure gracieuse, mais dans les sites ensoleillés, elle reste petite, irrégulière; pire, dans les endroits exposés au vent elle devient rampante, prostrée. La littérature scientifique fourmille de noms de variétés et de formes pratiquement pour chacune des espèces de prêle, indiquant une grande variation à l'intérieur de chaque espèce. Mais presque toutes ces variations relèvent de réactions à des blessures, à des stress environnementaux locaux ou à des variations mineures le long d'un gradient géographique, et ne représentent pas des caractères fixés génétiquement. C'est pourquoi bien des botanistes jugent non justifiée l'adoption de noms différents pour les diverses expressions de ces variations.

Imaginez-vous la prêle des champs émerger de l'asphalte? Certains l'observèrent, en Caroline du Nord. En laboratoire, des botanistes mesurèrent sa croissance verticale au cours d'une année, à partir d'un bout de rhizome de 10 cm; l'addition de toutes les ramifications verticales donna... 64 m. Sur le terrain, un autre botaniste observa qu'un seul rhizome horizontal peut atteindre 100 m.

En apparence, les spores des prêles se ressemblent toutes, contrairement à celles des isoètes et des sélaginelles qui se répartissent en microspores mâles ou mégaspores femelles. Pourtant, en milieu naturel, les prothalles issus de la germination des spores des prêles se montrent pratiquement toujours soit mâles, soit femelles; en culture, ils deviendraient plus facilement bisexués. Certains botanistes, cependant, séparent les spores de la prêle des champs d'après des caractères chimiques: il y aurait deux groupes opposés et des intermédiaires, ceux-ci rejoignant (hypothétiquement) un groupe ou l'autre, selon les conditions de l'environnement qui prévalent. En regard des fougères (prothalles bisexués), cette séparation des sexes sur les prothalles des prêles facilite le travail des botanistes tentés de croiser les différentes espèces entre elles, soit par curiosité, soit pour déterminer avec certitude les espèces parentales des hybrides trouvés en nature. De tels croisements nécessitent d'infinies précautions, comme s'assurer que le prothalle utilisé ne devienne pas bisexué et que les organes mâles et femelles (provenant de prothalles différents) arrivent à maturité en même temps. De tels croisements entre 9 espèces du sous-genre *Equisetum* (dont les prêles des champs*, des prés*, des bois*, des marais* et fluviatile*) permirent la synthèse de 6 hybrides; ceux tentés entre 7 espèces du sous-genre *Hippochaete* (dont les prêles d'hiver*, panachée* et faux-scirpe*) en donnèrent 6 autres; de ces 12 hybrides, 11 étaient déjà mentionnés dans la liste des 17 déjà connus en milieu naturel. Toutefois, aucun hybride ne résulta des tentatives de croisements entre des espèces provenant de sous-genres différents, ce qui indique que ces sous-genres correspondent bien à des groupes naturels bien distincts et non à des élucubrations de botanistes. Des 17 hybrides connus en milieu naturel, 5 comptent la prêle des champs comme

Photo: Gisèle Lamoureux

*La gaine un peu renflée de la* ***prêle des champs*** *se compose en fait de petites feuilles soudées à la base. Elle est le plus souvent verte ou teintée de noir, terminée au tiers supérieur par une dizaine de pointes libres noires, bordées d'une étroite bande beige, dont les sommets se regroupent par 2 ou 3.*

espèce parentale supposée, qui se croiserait, entre autres, avec les prêles fluviatile, des marais et des prés.

Les paléobotanistes qui s'intéressent aux prêles fossiles en ont pour leur argent, car elles abondent et s'avèrent beaucoup plus diversifiées que les prêles actuelles. Le genre *Equisetum* remonte au moins au crétacé (144 à 65 millions d'années), peut-être au triasique (248 à 213 millions d'années). Cela nous reporte avant la formation des continents actuels, alors que l'Amérique se rattachait encore à l'Europe, et explique, du moins en partie, la répartition circumboréale de la plupart des prêles.

De manière générale, les prêles se cultivent facilement, en autant qu'elles reçoivent suffisamment d'eau; cultivée en pot, la prêle des champs ne résiste pas à la moindre sécheresse, aussi courte soit-elle. Vigoureuse la prêle des champs? Une partie de plante comprenant des rhizomes a déjà supporté un voyage de 5 jours avant la remise en terre du transplant; cette vigueur contribue à l'élargissement d'un clone en un site donné ou à son expansion dans de nouveaux sites. Mais qui en veut dans son parterre? Ce n'est pas qu'elle soit laide... mais elle prend toute la place, tant dans l'air que dans le sol. Si, par inadvertance, elle s'installe dans un jardin, son éradication demande des interventions répétées, parfois même une véritable «excavation» pour retirer tous les rhizomes que l'arrachage répété des tiges aériennes ne parvient pas à épuiser.

Éradiquer la prêle des champs à la main peut s'avérer ardu: au cours d'une expérience, 1 860 tiges stériles furent enlevées dans un mètre carré, jusqu'à une profondeur de 1 ou 2 cm dans le sol; l'année suivante, le même mètre carré n'en contenait plus que 757! Il va sans dire qu'à grande échelle, la prêle des champs s'avère très difficile à réprimer par des moyens mécaniques (hersages, labours, etc.) car, durant tout l'été, de nouvelles tiges émergent des fragments de rhizomes et des tubercules enfouis dans la terre. Même la tonte, le broutage ou le brûlage répétés de ses tiges ne l'empêchent pas de revenir. Toutefois, certaines méthodes permettent de limiter la prolifération de la prêle des champs: abaisser la nappe phréatique en gardant un niveau acceptable pour les cultures, couvrir le champ d'un compost de vieilles feuilles, ce qui freine la progression latérale des

**De l'ours à la mouche à scie.**

L'émergence des tiges fertiles de la prêle des champs annonce l'arrivée du beau temps et de jours meilleurs aux animjaux qui les utilisent. Cette prêle revêt en effet une grande importance pour la faune. Ses tiges et ses tubercules remplis d'amidon fournissent une source de nourriture à bien des herbivores, dont le rat musqué, le bison, le mouflon d'amérique et surtout au lièvre d'amérique dont c'est une favorite. L'ours noir et le grizzli consomment des prêles des champs depuis mai jusque tard en automne alors qu'elles verdoient encore. L'hiver, le caribou les mange séchées au même titre que les *Carex*.

Certains autochtones de l'Alaska appellent cette prêle et d'autres du même genre, «herbe-aux-oies», car les oies sauvages se nourrissent des jeunes pousses au début du printemps. Même si elle leur préfère les tiges creuses des quenouilles pour construire son nid, la grue blanche utilise aussi certaines prêles.

Si une cicadelle (*Macrosteles borealis*) cause, en général, peu de tort à la prêle des champs en n'aspirant qu'une petite quantité de sève, les larves d'un coléoptère (*Grypidius equiseti*) lui nuisent grandement en attaquant les racines. Et qui mange le feuillage? Les larves de plusieurs espèces de mouches à scie (tenthrède) des genres *Dolerus* et *Loderus*.

*Une allure unique que celle des tiges fertiles de la* **prêle des champs**. *Dépourvues de chlorophylle, elles ressemblent à un champ de doigts! Elles sortent au tout début du printemps et, un peu plus tard, apparaissent les tiges stériles vertes, ramifiées.*

Photo: Roger Larose

rhizomes, ou encore installer un paillis de plastique noir qui, en 3 ou 4 ans, l'élimine du sol sur une profondeur de 60 cm. Surface des feuilles extrêmement réduite et rameaux fins rendent les herbicides peu efficaces contre cette prêle; quelques-uns produisent de bons résultats: consulter un spécialiste pour connaître l'état de la question et les réglementations locales sur ces produits. La prêle nuit surtout à cause de sa persistance; quelquefois, sa seule présence occasionne des problèmes: par exemple, dans les champs de céréales infestés, elle retarde le séchage de la culture, et ses tiges risquent d'obstruer et de bloquer les moissonneuses et les batteuses. Peu compétitive, la prêle des champs n'occasionne de pertes importantes de rendement que lorsque ses populations atteignent des niveaux de densité très élevés; dans une expérience menée au Québec, le maïs accusait une baisse de rendement de 40 % en présence d'infestations de prêle de l'ordre de 400 tiges / m$^2$ sans répression chimique ou mécanique. Mais tenez-vous bien... toujours dans le maïs, un tapis peu dense de prêle des champs empêcherait les roues de tracteurs de s'enfoncer et faciliterait le passage de la machinerie agricole! Néanmoins, le fait qu'elle accapare une partie des ressources nécessaires aux cultures et surtout le danger qu'elle représente pour le bétail justifient qu'il faille empêcher cette plante de pousser, particulièrement dans les cultures fourragères (voir la rubrique ).

La prêle des champs est-elle parfois utile? Oui; son système racinaire long et étendu empêche l'érosion le long des voies ferrées, des routes, des rives et des digues en facilitant l'accumulation de matière organique.

Dans les îles britanniques, il faut remonter à l'époque romaine pour retrouver des prêles dans les assiettes, probablement les tiges fertiles de la prêle des champs et d'une espèce voisine (*E. telmateia*). Dans les montagnes Rocheuses, les tiges séchées s'utilisaient en guise de thé; moulues en poudre, elles servaient à épaissir. Dans l'État de Washington, certains Amérindiens pelaient et mangeaient crues les jeunes tiges fertiles.

On rapporte un cas d'intoxication humaine mais les cas les plus fréquents surviennent chez les animaux; les intoxications mortelles s'observent surtout chez les chevaux dont le fourrage contient une grande quantité de prêle des champs (environ 20 % du volume). La jeune pousse semble plus toxique que la plante à maturité et, au moment où les animaux se trouvent dans les pâturages, la prêle des champs ne semble pas présenter de danger. Elle ne causerait des empoisonnements qu'en fourrage, mais de tels fourrages contaminés restent toxiques même plusieurs mois après la récolte. L'ingestion de la plante pendant une période prolongée (2 à 5 semaines) provoque une certaine incoordination et de l'instabilité: l'animal a peine à se tenir sur ses jambes… d'où le nom de «chambranle» donné par les Québécois à cet empoisonnement, qui ressemble beaucoup à celui causé par la fougère-aigle commune*. Comme chez cette fougère, une enzyme qui détruit la thiamine (vitamine $B_1$) cause les symptômes observés chez les chevaux et autres non-ruminants, mais le changement de diète et le traitement par injection de thiamine guérissent les animaux atteints, sauf pendant la dernière phase de la maladie. Toutefois, la toxicité de la prêle des champs ne viendrait pas seulement de cette enzyme: les prêles con-

*La* ***prêle des champs****? Oui. Cette espèce varie beaucoup, à preuve: les botanistes reconnaissaient jusqu'à 200 sous-espèces, variétés, formes et sous-formes, dues le plus souvent à des stress causés par l'environnement! Les premières tiges produites en l'absence de végétation environnante resteront basses et étalées au niveau du sol.*

Gisèle Lamoureux

tiennent plusieurs alcaloïdes toxiques, dont l'équisétine et surtout la palustrine, qui serait en partie responsable des intoxications observées chez les ruminants, peu affectés par les enzymes qui détruisent la thiamine (voir à ce sujet la rubrique du texte sur la fougère-aigle commune). Contrairement à la prêle des marais*, la prêle des champs ne cause que très rarement la mort de bovins dont elle altère toutefois la santé; elle empoisonne parfois aussi les moutons. La prêle des champs, la prêle des marais et la prêle d'hiver* contiennent un autre alcaloïde toxique, bien connu celui-là: la nicotine, présente en grande quantité dans le tabac (*Nicotiana tabacum*).

La médecine reconnaît principalement trois effets à la prêle des champs: reminéralisant, diurétique et hémostatique (arrête les hémorragies). Comme elle renferme de la vitamine C et beaucoup de minéraux (silice, potassium, calcium, magnésium, manganèse, chlorures) elle a servi, en décoction, comme reminéralisant dans les cas de tuberculose. L'acide silicique ou un saponoside, l'équisétonoside, produirait un très notable effet diurétique surtout si on utilise le jus frais, car la chaleur détruirait le principe actif. Assez curieusement, coexistent dans la prêle des champs, un principe anticoagulant, l'acide aconitique, et des substances qui agissent comme coagulant énergique du sang: la pectine et la silice; par voie interne ou externe, cette prêle s'utilise donc contre les saignements de nez, les hémorroïdes, les hémorragies utérines et les hémorragies en général. L'homéopathie utilise une teinture de la plante fraîche dans les cas de cystite, d'anurésie et de tuberculose pulmonaire. Signalons son usage en rince-bouche, dans les infections buccales, et en application externe sur les plaies difficiles à guérir. L'acide silicique qu'elle contient diminuerait la croissance des tumeurs et la propagation des métastases cancéreuses. Par ailleurs, la plante agirait sur l'élasticité cutanée en augmentant la résistance du tissu conjonctif, propriété utile pour traiter les rhumatismes et les maladies inflammatoires de la peau (lupus, pemphigus). Seules les parties aériennes de la plante stérile s'utilisent; employer le jus frais, plus efficace, ou l'infusion d'une à deux poignées de plantes dans 1 L d'eau. Comme bien des plantes efficaces en médecine, la prêle des champs cause des intoxications (voir la rubrique ).

# Prêle des prés

## meadow horsetail

*Shade, shady or thicket horsetail.*
Famille de la prêle; *Equisetaceae.*

**Equisetum pratense** Ehrhart.
Ancien nom utilisé par Pline l'Ancien (23-79) pour désigner les prêles, du latin *equus*: cheval, et *seta*: soie, poil, crin, les fines ramifications de la plante rappelant une queue de cheval; *pratense*: du latin *pratum*: pré, prairie, bien que cette prêle se trouve plus souvent en forêt que dans les lieux ouverts.

Herbacée vivace à rhizome, à tige ne persistant pas l'hiver. De taille moyenne (0,35 m), la prêle des prés forme des colonies parfois étendues, denses et presque pures. À première vue, ses colonies ressemblent à celles de la prêle des bois*, quoique d'un vert plus pâle: même si la prêle des prés n'est ramifiée qu'une fois (deux fois chez la prêle des bois), la finesse de ses ramifications bien étalées et entremêlées évoque une photo embrouillée (tout comme chez la prêle des bois), impression augmentée du fait que les tiges d'une colonie atteignent à peu près toutes la même hauteur et que leur sommet penché se mêle aux ramifications, formant ainsi un bloc compact. Malgré ses rameaux plus fins et son vert plus pâle, le fait qu'elle ne soit ramifiée qu'une fois la fait confondre avec la prêle des champs*, dont elle ne montre cependant pas la rugosité. Une teinte grisâtre, des rameaux étalés à l'horizontale ou pendants, des gaines blanchâtres à pointes très courtes: autant de caractères nettement distinctifs.

*Tige* dressée, terminée par une partie non ramifiée, comme un fouet, et couchée sur les verticilles du haut. Mince (0,2 cm) et plus douce que la prêle des bois; côtes peu marquées. Silhouette cylindrique (35 X 15 cm), légèrement rétrécie à la base. Non ramifiée dans le tiers inférieur, puis ramifiée une seule fois; rameaux (6 à 7 cm) bien étalés, pendants à la fin de la saison, étagés en une vingtaine de verticilles; entrenoeuds (2,5 à 0,5 cm) de plus en plus courts vers le sommet. Coupe transversale circulaire, montrant une cavité centrale égalant tout au plus la moitié du diamètre de la tige; cavités valléculaires (entre les côtes) petites, mais visibles à l'oeil nu; cavités costales (vis-à-vis les côtes) minuscules, décelables à la loupe.

*Feuilles* de la tige soudées en gaines peu remarquables, non renflées (longueur totale, incluant les pointes: env. 0,5 cm), blanchâtres mais terminées par une étroite couronne brune et une douzaine de fines pointes libres blanches, colorées d'une mince ligne brune au centre. Gaines des rameaux très petites, blanchâtres; terminées par trois courtes pointes libres, en forme de triangle à trois côtés égaux, aiguës, mais non longuement aiguës (ni acuminées, ni sétacées) comme chez la prêle des bois* et la prêle des champs*.

*Tige fertile* rappelant celle de la prêle des bois: au printemps, avant le complet développement des ramifications, un strobile termine les tiges fertiles qui sont alors d'un beige rosé; de courte durée, le strobile sèche et disparaît complètement, mais la tige qui le portait persiste, verdit et développe ses ramifications (contrairement à celle de la prêle des champs qui, sauf exception, ne développe pas de ramifications et disparaît avec le strobile). Gaines gonflées, contrastant avec la min-

*Remarquez bien l'allure générale de la* ***prêle des prés****; ses rameaux tendent souvent à se diriger vers le bas, ou à s'étaler à l'horizontale, contrairement aux rameaux ascendants de la prêle des champs. Noter les gaines blanches des rameaux, un caractère très spécifique.*



Photo: Gisèle Lamoureux

ce tige; à sommet bordé d'une ligne noire qui se projette au centre de chaque feuille.

*Strobile* unique, terminant la tige comme chez la prêle des bois*. Présent uniquement au printemps, séchant et tombant à mesure que se développent les ramifications de la tige.

≠ Rassemblées dans le sous-genre *Equisetum*, les prêles des champs*, des bois*, fluviatile*, des prés et des marais* présentent, normalement, des tiges souples portant des ramifications; elles se ressemblent toutes! Pour bien les différencier, voir le texte concernant la prêle des champs.

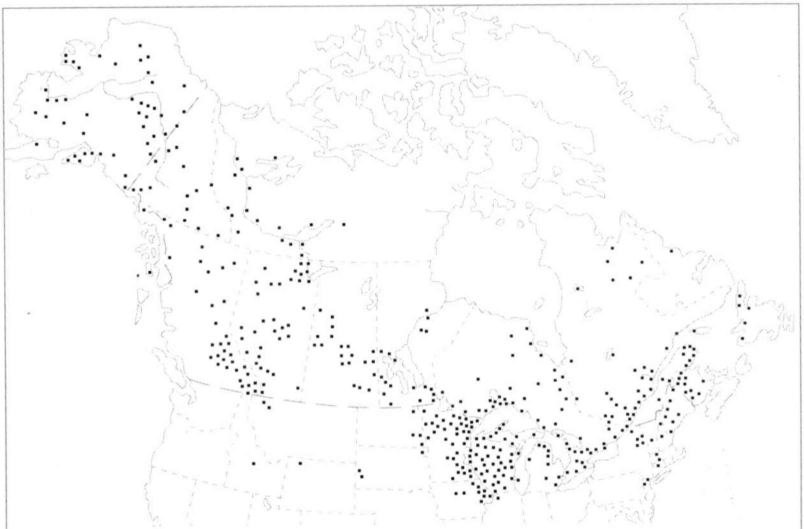

Le genre prêle, seul genre de sa famille encore existant, comprend 16 espèces, et se trouve, à l'état indigène, partout sauf en Australie et en Nouvelle-Zélande.

Quatre des huit prêles de nos contrées affichent des répartitions très semblables, soit les prêles des bois*, des marais*, fluviatile* et des prés; circumboréales, elles montrent une aire transcontinentale en Amérique du Nord. Peu fréquentes dans l'Arctique, toutes se révèlent absentes des îles arctiques canadiennes et du Groenland, sauf la prêle des bois, à peine présente sur ce dernier territoire. Dans l'est de notre continent, ces prêles se répartissent environ depuis la limite des forêts jusqu'à la limite sud des Grands Lacs, soit du 60ᵉ ou du 59ᵉ parallèle au 39ᵉ ou 40ᵉ, ce qui couvre les domaines boréal et tempéré mixte, avec débordements de part et d'autre dans l'arctique et dans le nord du domaine tempéré décidu pour les prêles des bois et fluviatile. À l'ouest des Grands Lacs, ces quatre prêles traversent notre continent aux latitudes boréales jusqu'en Alaska, où elles rejoignent le domaine arctique. Elles poussent dans les Rocheuses et en de rares localités dans le domaine montagnard côtier du Pacifique, sauf les prêles fluviatile et des marais qui semblent assez fréquentes dans l'État de Washington.

Limites en Amérique du Nord de la **prêle des prés**: Alaska (Howard Pass, 69°N) et New Jersey (comté de Passaic, 40°55'N); au Québec: Nouveau-Québec (Fort-Chimo: Kuujjuak, 58°06'N). La prêle des prés figure sur la liste des plantes rares de l'île de Terre-Neuve et sa présence au Labrador reste à confirmer.

*À gauche, une tige fertile et une jeune tige stérile de la* ***prêle des champs*** *(rameaux fortement ascendants et petit point noir à l'extrémité des pointes libres). À droite, deux jeunes* ***prêles des prés*** *(rameaux plus étalés et pointes libres blanches).*

Photo: Gisèle Lamoureux

Cinq des huit espèces de prêles décrites dans ce livre se nomment d'après un type d'habitat: des champs*, des prés, des bois*, fluviatile* et des marais*. Mais quelle différence existe-t-il entre champs et prés? Les deux montrent la même physionomie: une grande étendue d'herbes; cependant, en général, le mot champ laisse entendre un usage agricole, une destination pratique, tandis que le mot pré sous-entend ou non un tel usage et désigne tout autant des prairies naturelles que des prairies provenant de cultures. Effectivement, la prêle des prés se trouve plutôt dans les prairies naturelles que dans les champs mais, sous nos latitudes, bien plus encore dans les forêts que dans les prairies. Peu d'information existe sur ses préférences écologiques. Elle s'installerait de préférence en milieu calcaire, surtout en forêt, sur alluvions en bordure de rivières ou de ruisseaux, ce qui révèle une préférence pour les sols riches et humides; elle colonise aussi les pentes fortes, mais au sol également riche en matière organique. La prêle des prés s'accommode aussi de sites ensoleillés, par exemple dans les prairies humides, en particulier sur sols calcaires.

Bien que présentant une répartition semblable à celle des prêles des bois*, des marais* et fluviatile*, la prêle des prés s'avère beaucoup moins fréquente et ce, partout dans l'hémisphère nord. Elle varie peu, se montrant à peine plus robuste en Europe qu'en Amérique du Nord. Contrairement à celle de bien d'autres prêles, l'histoire de sa nomenclature reste mince: on ne lui connaît qu'un synonyme, depuis longtemps tombé dans l'oubli (*E. umbrosum*). L'unanimité semble exister parmi les botanistes: c'est une prêle bien distincte des autres, caractérisée par des gaines aux pointes deltoïdes (triangle à trois côtés égaux) sur des ramifications bien étalées à l'horizontale ou

Gisèle Lamoureux

pendantes. Plutôt difficile de distinguer la tige fertile de la prêle des prés de celle de la prêle des champs* avant l'apparition des ramifications; elle reste cependant toujours aussi mince et délicate que la tige stérile et ses gaines se parent d'une ornementation délicate; au contraire, la tige fertile de la prêle des champs paraît plus charnue, plus grosse que la tige stérile. Les colonies que nous avons observées comptaient peu de tiges fertiles et au cours de l'été, il nous est apparu impossible de reconnaître les tiges ayant été fertiles.

La prêle des prés conviendrait aux jardins boisés, frais, mais les horticulteurs lui reconnaissent peu de mérites et préfèrent la prêle des bois*.

*Surprenante transformation, que celle des tiges fertiles de la* ***prêle des prés****. Leur strobile se fane, des ramifications se forment et elles prennent graduellement l'allure des tiges stériles, au point où, plus tard dans la saison, il devient impossible de distinguer les deux types de tige.*

Gisèle Lamoureux

*Des roues de chariots... révélatrices! Le premier entrenoeud des ramifications de la* ***prêle des prés****, souligné par une bordure blanche évidente, est égal ou plus court que la gaine de la tige, contrairement à celui de la prêle des champs qui est généralement plus long.*

# Prêle des bois

## woodland horsetail

Arbre-outarde; queue-de-cheval, -de-renard. *Bottlebrush(es); fairytree; wood horsetail.*
Famille de la prêle; *Equisetaceae.*

**Equisetum sylvaticum** Linné.
Ancien nom utilisé par Pline l'Ancien (23-79) pour désigner les prêles, du latin *equus*: cheval, et *seta*: soie, poil, crin, les fines ramifications de la plante rappelant une queue de cheval; *sylvaticus*: du latin *sylva*: bois, forêt ou lieux non cultivés, signifiant souvent, en botanique, que la plante pousse à l'état sauvage.

Herbacée vivace à rhizome, à tiges ne persistant pas l'hiver. De taille moyenne (0,5 m), la prêle des bois forme de petites colonies denses, presque pures. De loin, à cause de la finesse des très nombreuses ramifications, ses colonies présentent un aspect embrouillé, évoquant une photo très floue. La seule de nos prêles à porter des verticilles de ramifications qui portent elles-mêmes des ramifications... ce qui donne une «queue de renard» très fournie! Au printemps, avant le complet développement des ramifications, un strobile termine les tiges fertiles qui sont alors d'un beige rosé; de courte durée, le strobile disparaît complètement, de sorte qu'à l'été les tiges fertiles ne se distinguent pas des tiges stériles.

*Tige* dressée, parfois un peu arquée au sommet, vert franc, ornée de plusieurs côtes (15 à 20); rude, à cause de deux rangées de minuscules crochets placées sur les côtes (des spinules, visibles à la loupe ou à contre-jour); raide, mais fragile et cassante (diam. 0,3 cm). Silhouette cylindrique ou parfois conique (0,5 m X 0,14 m), rétrécie aux deux extrémités, surtout au sommet, ou plus large à la base. Non ramifiée dans le tiers inférieur, puis ramifiée à deux reprises; rameaux (6 à 7 cm) bien étalés, étagés en 15 ou 20 verticilles parallèles, plus foncés que la tige; entrenoeuds (3 à 4 cm) raccourcissant vers le sommet. Coupe transversale circulaire, montrant une cavité centrale égalant la moitié du diamètre de la tige; cavités valléculaires (entre les côtes) petites, mais visibles à l'oeil nu, environ 1/6 du diamètre de la cavité centrale; cavités costales (vis-à-vis les côtes) minuscules, décelables avec une loupe à fort grossissement.

*Feuilles* de la tige soudées en gaines très renflées à la base (long. totale, incluant les pointes: 1,5 cm), de même couleur que la tige, terminées par une quinzaine de dents vertes bordées d'une fine ligne noire, accolées à la tige, prolongées par de remarquables pointes, très longues (celles du bas de la tige: 0,5 cm), brun clair ou cannelle, membraneuses et sèches comme du papier, regroupées par 4 (parfois par 2, 3 ou 5). Gaines des rameaux très petites (0,1 cm), non renflées, aussi pâles que la tige principale, terminées par quatre pointes libres sur les ramifications principales et trois sur les autres; pointes libres dressées, minuscules, fines et longuement aiguës; gaines à la base des ramifications principales très petites, brunes.

*Strobile* unique, terminant la tige; conique (haut. 2,5 cm), à sommet arrondi et non surmonté d'un capuchon pointu; beige rosé; à queue aussi longue ou plus longue que le strobile lui-même. Chaque écusson porte, au revers, plusieurs sporanges presque blancs. Présent seulement au printemps.

≠ Rassemblées dans le sous-genre *Equisetum*, les prêles des champs*, des bois, fluviatile*, des prés* et des marais* présentent, normalement, des tiges souples portant des ramifications; elles se

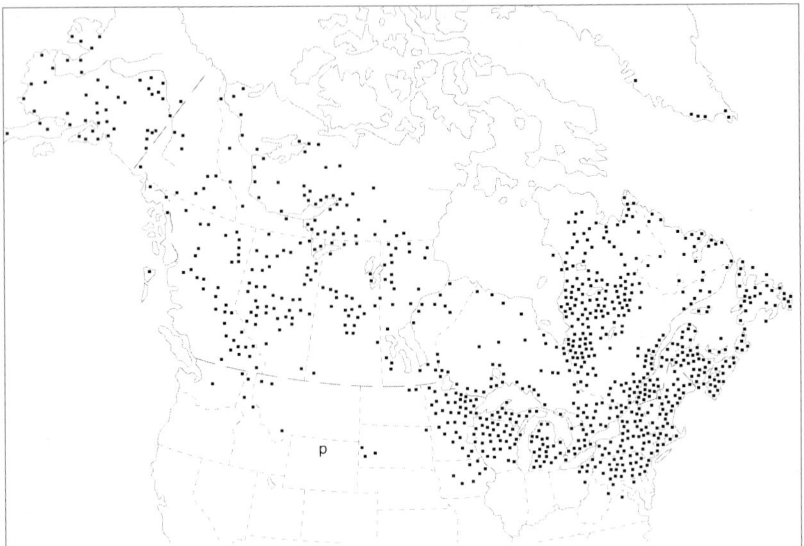


Le genre prêle, seul genre de sa famille encore existant, comprend 16 espèces, et se trouve, à l'état indigène, partout sauf en Australie et en Nouvelle-Zélande.

Quatre des huit prêles de nos contrées affichent des répartitions très semblables, soit les prêles des bois, des marais*, fluviatile* et des prés*; circumboréales, elles montrent une aire transcontinentale en Amérique du Nord. Peu fréquentes dans l'Arctique, toutes se révèlent absentes des îles arctiques canadiennes et du Groenland, sauf la prêle des bois, à peine présente sur ce dernier territoire. Dans l'est de notre continent, ces prêles se répartissent environ depuis la limite des forêts jusqu'à la limite sud des Grands Lacs, soit du 60e ou du 59e parallèle au 39e ou 40e, ce qui couvre les domaines boréal et tempéré mixte, avec débordements de part et d'autre dans l'arctique et dans le nord du domaine tempéré décidu pour les prêles des bois et fluviatile. À l'ouest des Grands Lacs, ces quatre prêles traversent notre continent aux latitudes boréales jusqu'en Alaska, où elles rejoignent le domaine arctique; elles poussent dans les Rocheuses et en de rares localités dans le domaine montagnard côtier du Pacifique, sauf les prêles fluviatile et des marais qui semblent assez fréquentes dans l'État de Washington.

Limites en Amérique du Nord de la **prêle des bois**: Territoires du Nord-Ouest (delta du Mackenzie, 68°15'N) et Virginie (comté de Shenandoah, 38°50'N); au Québec: Nouveau-Québec (rivière Arnaud, 60°N).

ressemblent toutes! Pour bien les différencier, voir le texte concernant la prêle des champs.

Elle croît en particulier dans les aulnaies, les ormaies-frênaies, les peupleraies boréales, les cédrières et les pessières humides, les mélèzins et les sapinières humides de bas de pente; elle accompagne aussi le myrique baumier°. Dans les régions nordiques, au nord de la forêt coniférienne dense, elle déborde de la forêt et pousse sur des falaises ou dans

*La **prêle des bois** forme des colonies pres que pures. La finesse de ses très nombreuse ramifications donnent aux colonies un as pect embrouillé, évoquant une photo flou*

Photo: Gisèle Lamoureux

dentelle, et de ses gaines longues et très colorées. On dit la prêle des bois peu facile à transplanter; est-ce à cause de la difficulté à récolter et à garder intacts ses rhizomes et ses racines profondément enfouis?

Photos: Gisèle Lamoureux

*Danseuses africaines? Même jeune, la **prêle des bois** se reconnaît aisément par les divisions de ses rameaux. Le strobile, éphémère, disparaît au printemps sans laisser de trace.*

*Les rameaux divisés de la **prêle des bois** permettent de la distinguer de toutes les autres prêles de nos contrées.*

des prairies humides ou situées sur des calcaires bien drainés.

Si la fougère-aigle commune* teint en jaune foncé, la prêle des bois donne, pour sa part, une teinture jaune grisâtre; les Scandinaves l'utilisent fraîche ou séchée et apprécient que le temps n'altère pas son pouvoir tinctorial. Sa rugosité lui confère la capacité de polir le bois… et les chaudrons, tout comme la prêle d'hiver*.

Certainement la plus ornementale de nos prêles, à cause de ses ramifications multiples, qui en font une véritable

# Prêle fluviatile

## water horsetail

Prêle des eaux, des rivières, des vases; pipes; queue-de-cheval. *Joint-grass; paddockpipes; mud, river or swamp horsetail; trowie-spindles.* Famille de la prêle; *Equisetaceae.*

**Equisetum fluviatile** Linné.
Synonyme: *Equisetum limosum* Linné. Ancien nom utilisé par Pline l'Ancien (23-79) pour désigner les prêles, du latin *equus*: cheval, et *seta*: soie, poil, crin, les fines ramifications de la plante rappelant une queue de cheval; *fluviatile*: qui croît dans des eaux courantes (rivières, fleuves) ou à proximité.

Herbacée vivace à rhizome, à tiges ne persistant pas l'hiver. De taille moyenne (0,6 m), parfois grande (jusqu'à 1,5 m), la prêle fluviatile pousse en grandes colonies denses, souvent accompagnée de la prêle des marais* et d'une prêle hybride (*E.* X *litorale)* qui lui ressemblent beaucoup. Tantôt très ramifiées, ses tiges ressemblent à des queues de renard (quoiqu'un peu maigres!) et la colonie évoque alors une prairie d'aspect embrouillé, à cause de la multitude des ramifications verticillées; tantôt, les tiges non ramifiées rappellent plutôt des queues de rat, situation apparemment plus fréquente au début de la saison et en eaux peu profondes. À première vue, la prêle fluviatile et la prêle des marais ressemblent à la prêle des champs* (du moins en ce qui concerne les tiges stériles), mais en plus grand, en plus souple... et en terrain mouillé.

*Tige* dressée (diam. 0,4 cm) douce, pour une prêle, et assez molle: la cavité centrale très grande (4/5 ou plus du diamètre de la tige) fait en sorte que la tige s'aplatit complètement sous la pression des doigts. Certaines tiges ne portent pas de ramifications, d'autres portent des ramifications simples à partir de la moitié de la hauteur de la tige (parfois à partir du quart ou du tiers); ramifications remontantes (courbées vers le haut). À noter: le sommet (env. 10 cm) des tiges stériles, non ramifié, ressemble à un fouet. La tige compte une vingtaine de noeuds, garnis (surtout ceux du sommet) de points pâles. La coupe transversale rappelle une paille; elle permet de compter une quinzaine de côtes ou plus, peu marquées, et laisse voir l'immense cavité centrale qu'entoure une paroi mince comme du papier, ne laissant voir, à l'oeil nu, ni cavités valléculaires (entre les côtes), ni cavités costales (vis-à-vis les côtes).

*Feuilles de la tige* soudées en gaines (0,6 cm) appliquées sur la tige (non renflées), du même vert que la tige et s'en distinguant peu à la base, mais avec une bande plus pâle vers le haut; seule la gaine terminale est renflée et entoure la queue du strobile, sans y toucher. Gaines terminées par 10 à 20 pointes libres, courtes (1/3 à 1/2 de la longueur de la gaine); ces pointes sont noires avec une base verdâtre, appliquées sur la tige, et leurs sommets sont isolés ou parfois réunis par deux.

*Feuilles des ramifications* soudées par 4, 5 ou 6 en gaines courtes (0,2 cm), un peu jaunâtres. Pointes libres (4, 5 ou 6) longuement effilées, accolées à la ramification, brun pâle. Les gaines tout à fait à la base des ramifications sont beiges et membraneuses et les parties non soudées de leurs feuilles, moins longues.

*Strobile* unique, terminant la tige; ovale ou un peu conique (haut. 2 cm), à peine plus large au milieu; sommet arrondi et non surmonté d'un capuchon pointu; longue queue (1 cm). Presque noir lorsque jeune, à cause des écussons foncés et très rapprochés à ce moment; axe du strobile et sporanges beige rosé.

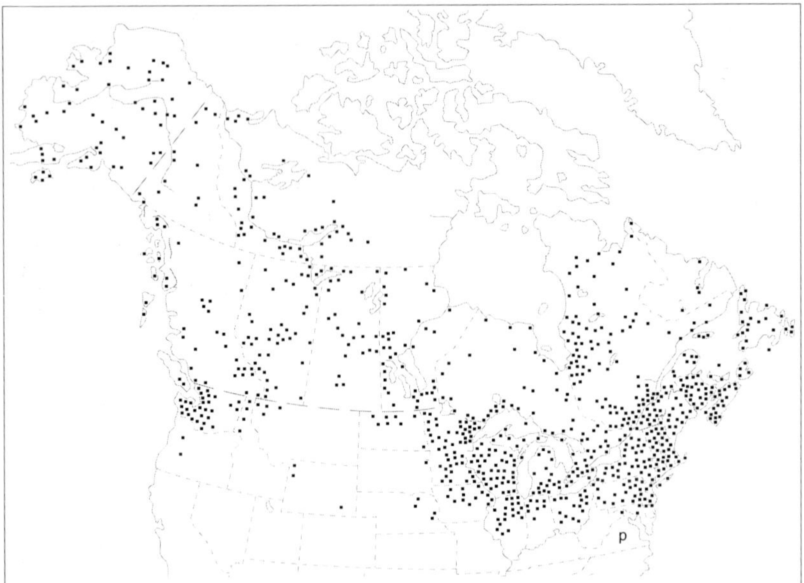


Le genre prêle, seul genre de sa famille encore existant, comprend 16 espèces, et se trouve, à l'état indigène, partout sauf en Australie et en Nouvelle-Zélande.

Quatre des huit prêles de nos contrées affichent des répartitions très semblables, soit les prêles des bois*, des marais*, fluviatile et des prés*. Circumboréales, elles montrent une aire transcontinentale en Amérique du Nord. Peu fréquentes dans l'Arctique, toutes se révèlent absentes des îles arctiques canadiennes et du Groenland, sauf la prêle des bois, à peine présente sur ce dernier territoire. Dans l'est de notre continent, ces prêles se répartissent environ depuis la limite des forêts jusqu'à la limite sud des Grands Lacs, soit du 60e ou du 59e parallèle au 39e ou 40e, ce qui couvre les domaines boréal et tempéré mixte, avec débordements de part et d'autre dans l'arctique et dans le nord du domaine tempéré décidu pour les prêles des bois et fluviatile. À l'ouest des Grands Lacs, ces quatre prêles traversent notre continent aux latitudes boréales jusqu'en Alaska, où elles rejoignent le domaine arctique. Elles poussent dans les Rocheuses et en de rares localités dans le domaine montagnard côtier du Pacifique, sauf les prêles fluviatile et des marais qui semblent assez fréquentes dans l'État de Washington.

Limites en Amérique du Nord de la **prêle fluviatile**: Alaska (Umiat, 69°30'N) et Virginie-Occidentale (comté de Jefferson, 39°15'N); au Québec: Nouveau-Québec (nord des monts Torngat, 60°N). La prêle fluviatile figure sur la liste des plantes rares de la Virginie-Occidentale.

≠ Réunies dans le sous-genre *Equisetum*, les prêles des champs*, des bois*, fluviatile, des prés* et des marais* présentent, normalement, des tiges souples portant des ramifications; elles se ressemblent toutes! Pour les différencier, voir le texte concernant la prêle des champs.

*La prêle des champs? Non, à cause des strobiles au bout des tiges vertes. Prêle fluviatile ou prêle des marais? À première vue, l'une ou l'autre. Le nombre de pointes sur les gaines et leur forme identifient la* ***prêle fluviatile****.*

Photo: Gisèle Lamoureux

*En eaux peu profondes, la* ***prêle fluviatile*** *produit des tiges dépourvues de ramifications... ce qui la fait ressembler aux prêles du sous-genre* Hippochaete *(prêles d'hiver, panachée et faux-scirpe).*

Photo: Sylvain Lamoureux

Généralement dans des lieux ouverts, donc ensoleillés, la prêle fluviatile pousse les pieds en eaux peu profondes et lentes, sur les rivages des parties calmes des cours d'eau (entre autres des fens riverains), ou des lacs et des mares, par exemple les mares tourbeuses à trèfle-d'eau commun°; elle croît aussi dans les dépressions humides, les fossés ou dans d'autres sites humides exondés. Dans l'eau, à l'avant-plan du rivage, elle forme parfois une bande plus ou moins importante, qu'elle domine sinon qu'elle partage avec l'éléocharide des marais°; sur la partie terrestre du rivage ou dans les fossés, elle accompagne souvent l'érable argenté, l'aulne rugueux° ou le myrique baumier°, le rubanier à gros fruits°, la quenouille à feuilles larges°, la spartine pectinée°, différents saules, carex de grande taille ou scirpes. Dans les grandes étendues d'eau, elle ne craint pas l'érosion par les vagues et s'installe dans des sites exposés, beaucoup plus que le scirpe des rivières°, par exemple.

Sous notre latitude, la prêle fluviatile ne fréquente pas particulièrement les sites calcaires mais, vers la limite sud de son aire, en Virginie-Occidentale, elle constitue l'une des principales espèces d'un groupe de plantes rares qui poussent dans des marécages marneux. La marne, un matériau non consolidé et doux au toucher, se compose de carbonate de calcium, d'argile et de matière organique; elle provient de la précipitation du carbonate de calcium ($CaCO_3$) à la suite du retrait du dioxyde de carbone ($CO_2$) transféré à l'atmosphère ou absorbé par les plantes durant la photosynthèse. Les étangs, les cours d'eau ou les marécages où se dépose la marne, constituent souvent des habitats calcaires particuliers, recherchés par les botanistes à cause de leur concentration en plantes rares ou peu fréquentes. Une étude de la productivité primaire (biomasse) de la prêle fluviatile, menée au lac Saint-

François (au sud de Montréal), montra que la plante produit le maximum de matière végétale au début de juillet, soit tôt en saison et sur une courte période; comparée au scirpe des rivières°, la prêle fluviatile produit une biomasse beaucoup plus importante: respectivement 14,0 et 23,3 grammes / m$^2$ / jour. La même étude révèle aussi que les tissus de la prêle fluviatile contiennent deux fois plus de phosphore que le scirpe des rivières et montrent une capacité exceptionnelle à retenir et à concentrer cet élément bien au-delà de ses besoins.

La sécheresse, la chaleur ou les microbes endommagent les spores des prêles qui perdent ainsi rapidement leur viabilité et les prêles se propagent probablement plus par voie végétative (extension des rhizomes) que par reproduction sexuée. Les spores des prêles germent donc rapidement, dès les premiers jours qui suivent leur libération, et leur courte longévité se trouve compensée par un taux élevé de germination; par exemple, dans un test en laboratoire, les spores de prêles des champs* et des bois* germèrent à 100 %, celles des prêles fluviatile et des marais* à 86 % et à 81 %.

La pauvreté obligeait certains Romains à manger de la prêle fluviatile, malgré sa piètre saveur; les jeunes pousses se consommaient à la manière des asperges ou enfarinées puis frites dans le beurre. Linné affirme que les rennes, peu friands de foin, broutaient cependant cette plante, la moins rude des prêles, et que, dans le nord de la Norvège, on l'incorporait au fourrage des vaches pour augmenter leur production laitière. En été, plus près de nous dans l'espace et dans le temps, la bernache du canada et l'orignal consomment une grande quantité de prêle fluviatile dans les tourbières et sur le bord des lacs, et les rats musqués se régalent aussi de ses jeunes pousses.

Photo: Gisèle Lamoureux

*De 10 à 20 pointes libres couronnent les gaines de la **prêle fluviatile**. Elles sont fines, noires et dépourvues de la bordure blanche qui caractérise celles de la prêle des marais (qui, par ailleurs, n'en comptent que de 6 à 8).*

*La prêle fluviatile se croise avec la prêle des champs et donne un hybride stérile nommé* **Equisetum *X* litorale**, *qui ressemble aux prêles fluviatile et des marais. Chez cet hybride, la cavité centrale occupe de 1/2 à 2/3 du diamètre de la tige (4/5 chez la prêle fluviatile et 1/6 chez la prêle des marais).*

Photo: Roger Larose

La prêle fluviatile se croise avec la prêle des champs* et donne un hybride stérile nommé *E.* X *litorale*; ce nom représente un compromis entre les milieux fréquentés par ses parents supposés: un pied dans le champ et l'autre dans l'eau! Très variable, cet hybride! Certains, dont Marie-Victorin, crurent qu'il s'agissait d'un hybride entre la prêle des champs et la prêle des marais (quoique rare, un hybride entre ces deux parents existe en Écosse). Pour une identification plus sûre, examiner la section transversale: la cavité centrale occupe de 1/2 à 2/3 du diamètre de la tige chez *E.* X *litorale* (4/5 chez la prêle fluviatile et 1/6 chez la prêle des marais). La stérilité de ses spores n'empêche pas l'*Equisetum* X *litorale* de se propager: l'eau transporte des sections de ses rhizomes qui s'enracinent plus loin et donnent naissance à de nouvelles colonies; selon Marie-Victorin, cet hybride couvre parfois de vastes espaces autour des îles du Saint-Laurent.

Rarement cultivée, la prêle fluviatile peut servir à fixer le sol des prairies détrempées, en bordure de pièces d'eau, mais elle risque de devenir envahissante.

Apparemment, la prêle fluviatile intoxiquerait le bétail, ce qui vient en contradiction avec les observations de Linné rapportées ci-haut.

La prêle fluviatile posséderait des propriétés analogues à celles de la prêle des champs*.

*D'abord noir, le strobile de la* ***prêle fluviatile*** *pâlit à mesure que les écussons s'écartent et que l'axe s'allonge. Plus renflée, la dernière gaine, celle qui protège le bourgeon de strobile, diffère des autres*

Photo: Roger Larose

# Prêle des marais

## marsh horsetail

Grande prêle; herbe-à-écurer, -aux-grenouilles; prêle commune, des prés; queue-de-cheval. *Cat-whistle; marshweed; meadow horsetail; paddockpipes or snakepipes.*
Famille de la prêle; *Equisetaceae.*

**Equisetum palustre** Linné.
Ancien nom utilisé par Pline l'Ancien (23-79) pour désigner les prêles, du latin *equus*: cheval, et *seta*: soie, poil, crin, les fines ramifications de la plante rappelant une queue de cheval; *palustre*: du latin *paluster*: marécageux, venant de *palus*: marais, marécage, étang, à cause de son habitat.

Herbacée vivace à rhizome, à tiges ne persistant pas l'hiver. De taille moyenne (0,6 m), la prêle des marais pousse en grandes colonies denses, souvent accompagnée de la prêle fluviatile* qui lui ressemble beaucoup (voir la rubrique ≠ ). Généralement porteuses de nombreuses ramifications verticillées, les tiges ressemblent à des queues de renard mais, parfois, elles ne portent que quelques ramifications irrégulières. À première vue, la prêle fluviatile et la prêle des marais ressemblent à la prêle des champs* (du moins en ce qui concerne les tiges stériles), mais en plus grand, en plus souple… et en terrain mouillé.

*Tige* extérieurement très semblable à celle de la prêle fluviatile*. Toutefois, la coupe transversale laisse voir une différence importante: elle rappelle plutôt une roue de charrette; la cavité centrale n'occupe qu'une faible partie du diamètre (moins du quart) et les cavités valléculaires (entre les côtes) ne sont qu'un peu plus petites que la cavité centrale. La tige offre donc plus de résistance lorsqu'on tente de l'écraser entre les doigts.

*Feuilles de la tige* soudées en gaines renflées (0,8 cm), ce qui les rend plus visibles que celles de la prêle fluviatile*; gaine terminale plus développée, à pointes libres très longues (1 cm). Gaines terminées par 6 à 8 pointes libres plus longues que chez la prêle fluviatile (au moins la moitié de la longueur de la gaine); ces pointes, entièrement bordées d'une marge blanche, sont brunes, avec une base verdâtre bordée d'une fine ligne brune; leurs sommets sont longuement effilés et isolés ou réunis par deux.

*Feuilles des ramifications* tout à fait semblables à celles de la prêle fluviatile*: soudées par 4, 5 ou 6 en gaines un peu jaunâtres (0,2 cm). Pointes libres (4, 5 ou 6) longuement effilées, accolées à la ramification, brun pâle. Les gaines tout à fait à la base des ramifications sont beiges et membraneuses et les parties non soudées de leurs feuilles, moins longues.

*Strobile* également semblable à celui de la prêle fluviatile*: unique et terminant la tige, ovale ou un peu conique (haut. 2 cm) à peine plus large au milieu; sommet arrondi et non surmonté d'un capuchon pointu; longue queue (1 cm). Presque noir lorsque jeune, à cause des écussons foncés et très rapprochés à ce moment; axe du strobile et sporanges de couleur beige rosé.

≠ Rassemblées dans le sous-genre *Equisetum*, les prêles des champs*, des bois*, fluviatile*, des prés* et des marais présentent, normalement, des tiges souples portant des ramifications; elles se

*À première vue, la prêle fluviatile et la* ***prêle des marais*** *ressemblent à la prêle des champs (du moins en ce qui concerne les tiges stériles), mais en plus grand, en plus souple… et en terrain mouillé. Pour bien les distinguer il faut s'approcher un peu*

Photo: Gisèle Lamoureux

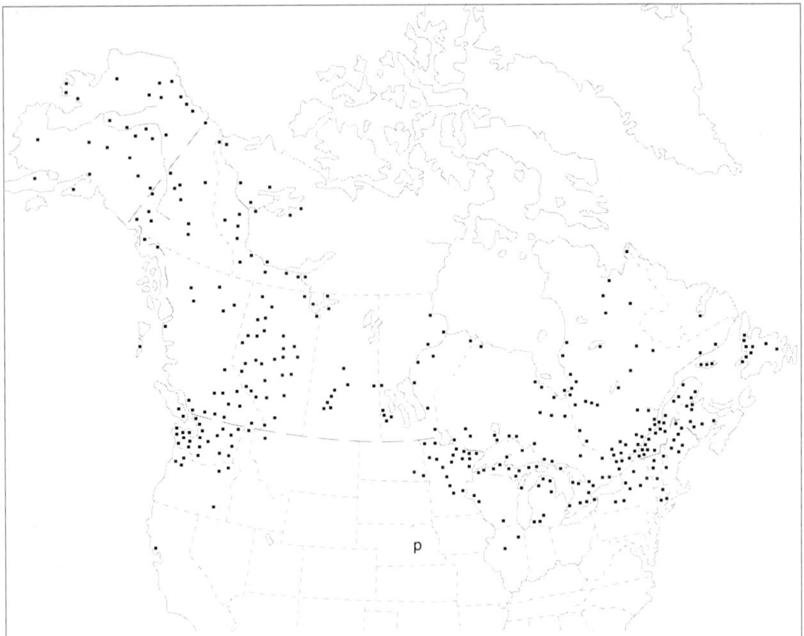


Le genre prêle, seul genre de sa famille encore existant, comprend 16 espèces, et se trouve, à l'état indigène, partout sauf en Australie et en Nouvelle-Zélande.

Quatre des huit prêles de nos contrées affichent des répartitions très semblables, soit les prêles des bois*, des marais, fluviatile* et des prés*: circumboréales, elles montrent une aire transcontinentale en Amérique du Nord. Peu fréquentes dans l'Arctique, toutes se révèlent absentes des îles arctiques canadiennes et du Groenland, sauf la prêle des bois, à peine présente sur ce dernier territoire. Dans l'est de notre continent, ces prêles se répartissent environ depuis la limite des forêts jusqu'à la limite sud des Grands Lacs, soit du 60$^{e}$ ou du 59$^{e}$ parallèle au 39$^{e}$ ou 40$^{e}$, ce qui couvre les domaines boréal et tempéré mixte, avec débordements de part et d'autre dans l'arctique et dans le nord du domaine tempéré décidu pour les prêles des bois et fluviatile. À l'ouest des Grands Lacs, ces quatre prêles traversent notre continent aux latitudes boréales jusqu'en Alaska, où elles rejoignent le domaine arctique. Elles poussent dans les Rocheuses et en de rares localités dans le domaine montagnard côtier du Pacifique, sauf les prêles fluviatile et des marais qui semblent assez fréquentes dans l'État de Washington.

La **prêle des marais** montre une répartition plus étroitement apparentée à celle de la prêle fluviatile, bien qu'elle semble moins fréquente que cette dernière: les botanistes sous-estiment-ils son abondance? Elle passe peut-être inaperçue aux yeux de plusieurs, car elle ressemble beaucoup à la prêle fluviatile et leurs colonies s'entremêlent souvent.

Limites en Amérique du Nord: Alaska (baie Harrison, 70°N) et Illinois (comté de Tazewell, 40°30'N); au Québec: Nouveau-Québec (nord-ouest des monts Torngat, 60°20'N). La prêle des marais figure sur la liste des plantes rares du Massachusetts.

*Les gaines de la* ***prêle des marais****. Formées de 6 à 8 feuilles soudées, elles se terminent par autant de pointes libres brunes, bordées d'une marge blanche, transparente. En comparaison, les pointes libres des gaines de la prêle fluviatile sont beaucoup plus courtes, plus nombreuses (10 à 20), noires et sans bordure.*

Photo: Gisèle Lamoureux

ressemblent toutes! Pour bien les différencier, voir le texte concernant la prêle des champs.

Bien moins fréquente que la prêle fluviatile*, la prêle des marais croît sensiblement dans les mêmes habitats puisqu'elle pousse sur les rivages et les battures des cours d'eau, dans les marécages et les fossés; toutefois, elle se trouve généralement sur la partie terrestre des rivages et beaucoup moins fréquemment dans l'eau. Plante de lieux ensoleillés, elle supporte bien le demi-ombrage et croît même dans certaines forêts. Sur les rivages, elle accompagne diverses espèces de saules, le rubanier à gros fruits°, la quenouille à feuilles larges°, la spartine pectinée°, le scirpe américain et la sagittaire à larges feuilles°. Pionnière, la prêle des marais résisterait mal à la compétition et verrait son abondance décroître lorsque son habitat ne satisfait plus aux conditions de croissance qui lui sont optimales.

La prêle des marais varie beaucoup et les botanistes décrivirent plusieurs formes et variétés; Marie-Victorin croyait que la plante américaine différait de la plante européenne et lui octroya le nom de «prêle des marais variété américaine», ce qui ne fit pas l'unanimité.

Est-ce l'odeur, la saveur ou autre chose chez la prêle des marais qui répugne aux vaches au point que, dans les pâturages, elles recrachent une bouchée de foin qui en contient? En fourrage, cependant, elles ne peuvent l'éviter, ce qui cause des malheurs, étant donné la toxicité de la plante (voir la rubrique ).

L'examen attentif des prêles révèle leur adaptation à la fois à la sécheresse et à l'humidité. Leur épiderme se revêt de sili-

*Si, au premier coup d'oeil, il est difficile de distinguer les prêles des marais et fluviatile, la coupe transversale, par contre, parle beaucoup. La cavité centrale occupe pratiquement tout l'espace chez la* ***prêle fluviatile*** *et moins du quart, chez la* ***prêle des marais****. Ainsi, la tige de cette dernière s'aplatit beaucoup moins entre les doigts que celle de la prêle fluviatile.*

Photo: Gisèle Lamoureux

ce, leurs tissus de soutien se concentrent dans la partie extérieure de la tige, leurs feuilles sont réduites et les stomates (petits orifices servant à la respiration), enfoncés dans les tissus. Ces caractères s'appliquent aux parties aériennes de la plante et réduisent l'évaporation et la transpiration, facilitant d'autant la survie en milieu sec. Par contre, les rhizomes ne revêtent pas ces caractères et c'est sans importance, car ils ne doivent pas faire face à l'évaporation et à la transpiration auxquelles se trouvent confrontées les tiges. Mais le très grand développement du système souterrain, qui lui permet d'aller cueillir l'eau très loin et de s'installer dans la nappe phréatique, indique un grand besoin d'eau. Et, chez les prêles, lesquelles montrent le plus grand développement: les parties aériennes ou les parties souterraines? Ces dernières, à coup sûr, surtout chez les prêles des champs* et des marais. En Finlande, une étude rapporte que la biomasse du système de rhizome égale souvent 100 fois celle des parties aériennes. Très élaboré, ce système se prolonge jusqu'à 1,6 m sous la surface du sol, parfois même jusqu'à 2 m et exceptionnellement à 2,4 m, où il reste toujours vivant! Peu surprenant alors que la prêle des marais survive à l'assèchement de son habitat: elle puise l'eau en profondeur mais, ainsi, elle persiste un peu comme une relique, un témoin d'anciennes conditions meilleures.

Tout comme la prêle fluviatile*, la prêle des marais est rarement cultivée; elle servirait à fixer le sol des prairies détrempées, en bordure de pièces d'eau, mais risque de devenir envahissante. Les morceaux de rhizome se transplanteraient difficilement et ne développeraient que de faibles tiges, qui survivraient rarement. En Finlande, où elle cause de sérieux problèmes à l'agriculture, elle semble difficile à extirper, tant par des herbicides que par des méthodes mécaniques ou culturales.

La prêle des marais empoisonne rarement les moutons, les chèvres et les chevaux, mais, à l'état frais ou sec, elle intoxique fréquemment les bovins. Les animaux deviennent hyperexcités, maigrissent, et leur taux de lactation chute dramatiquement; un simple changement de diète rétablit rapidement les victimes, mais l'injection de thiamine ne semble pas efficace. Seraient responsables de ces maux, la palustrine (présente aussi à l'état de trace chez la prêle des champs*, la prêle des bois*, la prêle d'hiver*) et peut-être une substance qui détruit la thiamine (voir les textes concernant la fougère-aigle commune* et la prêle des champs). La prêle des marais, la prêle des champs et la prêle d'hiver contiennent un alcaloïde toxique bien connu: la nicotine, présente en grande quantité dans le tabac (*Nicotiana tabacum*).

# Prêle d'hiver

## great scouring-rush

Asprêle; jonc hollandais; petite prêle; **prêle des tourneurs**; prêle à polir, des ébénistes; queue-chevaline, -de-chat, -de-cheval. *Bamboo; common scouring-rush, dishwashings; dutch-reed, -rush or -rushes; gunbright; jointed- or winter-rush; horsepipes; pewterwort; polishing-rush; naked, rough or winter horsetail; joint-, scrub-, scrubby- or shave-grass; shaveweed; snake-rush; snakeweed.*
Famille de la prêle; *Equisetaceae.*

**Equisetum hyemale** Linné.
Synonyme: *Hippochaete hyemale* (Linné) Bruhin; synonymes partiels: *Equisetum affine* Engelmann, *E. praeltum* Rafinesque. Ancien nom utilisé par Pline l'Ancien (23-79) pour désigner les prêles, du latin *equus*: cheval, et *seta*: soie, poil, crin, les fines ramifications de la plante rappelant une queue de cheval; *hyemale*: hivernal, du latin *hyemalis*, probablement parce que la plante reste verte, même en hiver.

Herbacée vivace à rhizome, à tige persistant durant l'hiver. De taille moyenne (0,8 m, jusqu'à 1,5 m), les tiges droites et nues de la prêle d'hiver poussent en colonies denses, presque pures, qui attirent le regard par leur étendue, mais surtout par leur couleur vert foncé. Assis au milieu d'une de ces colonies, ne ressentez-vous pas l'impression de devenir un géant dans une forêt de cannes de bambou?

*Tige* dressée, rappelant une antenne télescopique, de la grosseur d'un crayon (0,8 cm); de petites aspérités (visibles à la loupe) la rendent dure et rugueuse. Non ramifiée, bien que sur des tiges meurtries apparaissent des rameaux dressés. Une quinzaine d'entrenoeuds (long. env. 6 cm), plus courts aux deux extrémités, ressemblant à des tuyaux de plastique rigides et rudes. Coupe transversale ornée d'environ 25 côtes; cavité centrale très grande, occupant au moins les 2/3 du diamètre, entourée de cavités valléculaires (entre les côtes) très petites mais visibles à l'oeil nu, rapprochées les unes des autres; cavités costales (vis-à-vis les côtes) non apparentes. À cause de la grande cavité centrale, la tige s'écrase facilement sous la pression des doigts. Rhizomes très entrelacés donnant à la colonie un aspect enchevêtré.

*Feuilles de la tige*: réduites, soudées en gaines (0,4 cm) d'un gris cendré; bordées de 2 lignes noires, l'une à la base, l'autre au sommet de la gaine. Les feuilles (env. 25) semblent soudées sur toute leur longueur, apparemment sans pointes libres; en réalité ces pointes existent, mais se dessèchent et restent peu de temps sur la plante; à cause de leur bout carré, les gaines rappellent un carton d'allumettes. La gaine terminale, celle qui soutient le strobile, diffère un peu: plus développée que les 3 ou 4 qui la précèdent, elle arbore une bande noire beaucoup plus large, couvrant la moitié supérieure de la gaine, et se termine par des pointes libres, triangulaires et noires.

*Feuilles des rameaux* similaires à celles de la tige, mais plus petites (0,3 cm).

*Strobile* généralement unique et terminant la tige; ovale (1,5 X 0,5 cm), toujours surmonté d'un capuchon pointu; queue courte. Écussons, sous lesquels se cachent les sporanges, généralement hexagonaux, d'abord noirs, puis beiges. Spores beiges; une loupe à fort grossissement (40X) permet de déceler la présence de filaments enroulés autour de chaque spore; le déroulement brusque des filaments projette les spores à bonne distance.

≠ Rassemblées dans le sous-genre *Hippochaete*, trois prêles de nos contrées

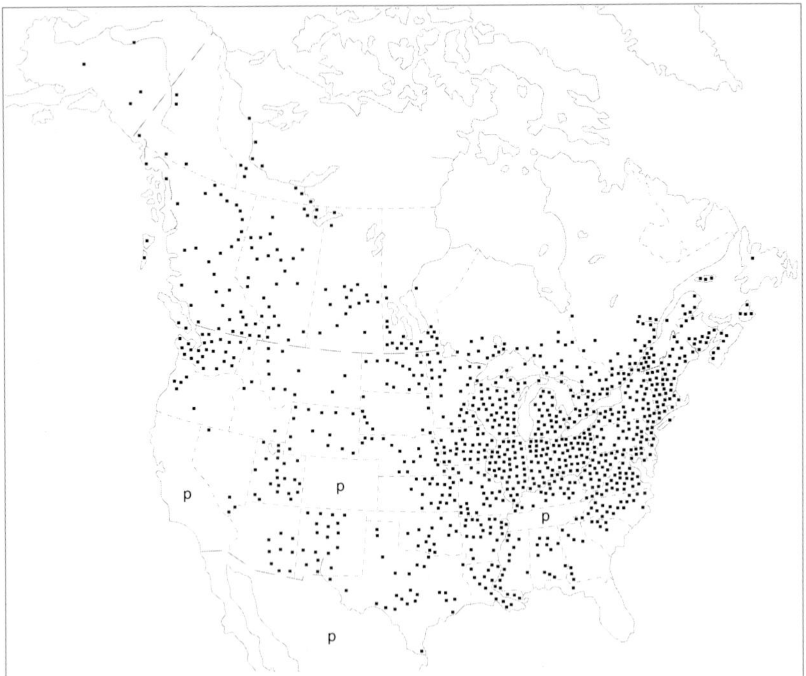


Le genre prêle, seul genre de sa famille encore existant, comprend 16 espèces, et se trouve, à l'état indigène, partout sauf en Australie et en Nouvelle-Zélande. Circumboréale, la **prêle d'hiver** se rend même au Mexique et au Guatemala.

Transcontinentale en Amérique du Nord, elle se répartit d'est en ouest, dans tous les domaines floristiques, sauf dans les domaines arctique et tropical. Elle se révèle la moins nordique des prêles de nos contrées, surtout dans l'est où elle ne croît qu'au sud du 50e parallèle, et c'est la seule, avec la prêle des champs*, qui soit bien répandue dans les Grandes Plaines. Comme pour d'autres prêles, sa taille moyenne décroît du sud au nord; par exemple, en Californie, des mesures effectuées sur 16 spécimens donnent une taille moyenne de 1,28 m, tandis qu'à New York, des mesures sur 21 spécimens donnent 0,6 m, soit la moitié.

Limites en Amérique du Nord: Territoires du Nord-Ouest (Norman Wells, fleuve Mackenzie, 65°15'N) et Guatemala; au Québec: île d'Anticosti, 49°37'N. La prêle d'hiver figure sur la liste des plantes rares de l'île de Terre-Neuve.

présentent des tiges très rudes et rigides, ne portant jamais de ramifications, sauf à la suite de blessures. Un aspect identique, oui, mais des tailles différentes; par ordre de grandeur: la prêle faux-scirpe* (haut. 0,1 m), la prêle panachée* (haut. 0,25 m) et la prêle d'hiver (haut. environ 1 m). Le diamètre de la plus robuste, la prêle d'hiver, s'approche de celui d'un crayon ou d'un macaroni; c'est aussi la seule à présenter des gaines d'un gris

*Une forêt d'antennes télescopiques! Les colo-nies denses de la* ***prêle d'hiver****, pratiquemen exemptes d'autres plantes, attirent l'attentio par leur étendue et surtout par leur couleu d'un vert très foncé. Cette prêle ne se ramifi pas, sauf sous l'effet de blessures*

Photo: Sylvain Lamoureux

### Une tige aux mille usages

La lime à ongles des coureurs des bois! Sa tige abrasive, contenant jusqu'à 41 % de silice (principal élément du sable), servait à tourner le bois, même le métal, et à poncer, comme notre actuel papier sablé. Excellent aussi pour récurer les chaudrons, en camping.

Et quoi encore? Affûter des flèches, nettoyer des coquilles de moules, tailler des anches d'instruments de musique, agrandir et arrondir les trous des flûtes, parfaire les dents d'un peigne, balayer, construire des toits.

Avec l'avènement du gaz dans les maisons, les tiges s'utilisèrent comme manchon du bec de gaz, car grâce à leur haute teneur en silice, elles rougeoient et gardent leur forme cylindrique même après la combustion.

cendré remarquable, bordées de part et d'autre de bandes noires. Le diamètre de la prêle panachée s'approche de celui d'un spaghetti tandis que celui de la prêle faux-scirpe rappelle plutôt un vermicelle! Par ailleurs, cette dernière présente des tiges tordues en tous sens, ce qui lui confère une allure bien différente des deux autres, toujours bien droites et en formations serrées comme des soldats (sauf dans les régions arctiques où la prêle panachée, souvent plus petite qu'au sud, présente des torsions de la tige). Enfin, les gaines de la prêle faux-scirpe ne comptent que trois pointes libres, celles de la prêle panachée, de 6 à 10 et celles de la prêle d'hiver, aucune (elles tombent).

Difficile à circonscrire, l'écologie de la prêle d'hiver! Elle croît dans une variété d'habitats apparemment sans liens entre eux, quoiqu'elle semble marquer une préférence pour l'humidité et l'ombre ou la demi-ombre. Elle pousse sur le gravier et le sable ou, moins fréquemment, sur un mélange de sable et de limon, que ce soit le long des cours d'eau et des platières de rivières, ou le bord des chemins et le remblai des voies ferrées ou encore dans les bois, les champs ou les terrains un peu marécageux. Un peu partout quoi, mais pas si fréquemment que cela!

Les prêles se répartissent entre deux grands groupes: les sous-genres *Equisetum* et *Hippochaete*; à première vue, ces deux mots semblent n'avoir rien en commun, mais ils signifient la même chose: cheval se dit *equus* en latin et *hippos* en grec… et poil? *seta* en latin et *chaite* en grec! Dans nos contrées, si la prêle que vous observez présente de nombreuses ramifications, une texture souple et une couleur se rapprochant plus du vert pomme que du vert bouteille, elle fait partie du sous-genre *Equisetum*; c'est le cas des prêles des champs*, des prés*, des bois*, des marais* et fluviatile* (cette dernière non ramifiée et plutôt raide lorsqu'elle pousse dans l'eau). Des tiges raides, non ramifiées et d'un vert très foncé? Voilà l'autre sous-genre, *Hippochaete*; il compte aussi des prêles aux tiges ramifiées, mais elles ne poussent pas par ici; par exemple, la prêle géante qui mesure en moyenne 3 m et atteint parfois 9 m! Des plantes sans ramifications, oui… mais pas toujours! Les tiges meurtries produisent souvent des rameaux, portant même un strobile.

La coupe transversale de la tige des *Hippochaete* dévoile la présence d'une cloison à la hauteur des noeuds: le septum. Cette cloison ne représente, chez la prêle d'hiver, que 2 % du poids total de la plante, mais lui confère 20 % de sa rigidité, la rendant moins sujette aux déformations. Le septum contient des tissus embryonnaires se multipliant facilement, et les branches, sur les tiges abîmées, naissent à leur hauteur. Une tige brisée par le vent, la glace ou coupée par un rat musqué flotte sur l'eau, développant tiges et racines lors du voyage, et forme de nouvelles colonies si elle échoue sur un site propice. Les septums des extrémités de la tige multiplient encore plus facilement leurs cellules que ceux du milieu et une polarité inhérente fait en sorte qu'uniquement des tiges pousseront à partir des septums du haut du fragment, tandis que ceux du bas développeront racines et tiges. Ces phénomènes expliquent en partie la répartition géographique des hybrides de ce sous-genre, retrouvés en l'absence de l'un ou même des deux parents.

Cette organisation de la tige (paroi mince entourant un grand canal vide interrompu régulièrement par une membrane très mince) confère à la prêle d'hiver une structure mécanique exceptionnelle: un maximum de résistance pour un minimum de densité; les tiges de bambou présentent une organisation semblable et les Asiatiques les utilisent pour fabriquer des échafaudages. Les humains s'inspirèrent de la nature lorsque, pour obtenir le maximum de rigidité et d'endurance pour un poids minimal, ils inventèrent des matériaux de plastique qui appliquent ces principes, tels les matériaux d'emballage, de construction, d'isolation (par exemple: styromousse, enveloppes à bulles d'air, etc.).

Les spores des *Hippochaete* vivraient peu de temps, deux ou trois semaines, mais germeraient rapidement, en 24 heures; elles donnent des prothalles soit mâles, soit femelles, permettant plus facilement l'hybridation que lorsque les organes des deux sexes se trouvent plus proches, sur le même prothalle. Les *Hippochaete* montrent une certaine plasticité: ils varient passablement selon les conditions écologiques dans lesquelles ils se retrouvent; certains botanistes s'y sont fait attraper, paraît-il, en décrivant trois variétés différentes à partir de tiges rattachées au même clone... autrement dit, trois noms différents pour désigner un individu!

Linné rapporte que des chevaux, en Suède, mangeaient beaucoup de prêle d'hiver et qu'ils la supportent mieux que les vaches, qui en perdraient leurs dents; parallèlement, en Amérique, les Meskwaki l'utilisaient pour engraisser leurs poneys

Photo: Sylvain Lamoureux

*Le strobile de la* ***prêle d'hiver*** *termine la tige; un petit capuchon pointu le surmonte. Les gaines dessinent des bandes blanches, bordées de noir, en haut et en bas.*

*La **prêle d'hiver**. Au centre, une vieille tige (oui, elle vit plus d'un an), flanquée de deux jeunes. Ces pousses s'étireront comme une antenne télescopique, à mesure que s'effectuera la croissance en hauteur. Observez, chez cette prêle, les pointes libres des gaines: elles tombent très tôt, ne persistent pas comme chez les autres prêles.*

Photo: Roger Larose

mais attention, les prêles se révèlent parfois toxiques (voir le texte sur la prêle des champs*).

*Dutch-rush*: nom anglais attribué à la prêle d'hiver vu l'importance de son exportation au Moyen Âge, des Pays-Bas vers les marchés de Londres; les Hollandais utilisaient les rhizomes entrelacés de cette plante pour protéger leurs digues contre l'action érosive de la mer du Nord.

Bien que de forme étonnante, la prêle d'hiver se prête peu à la culture, à moins de mettre à sa disposition de grands terrains boisés. Ses colonies atteignent parfois une taille impressionnante et laissent peu de place pour d'autres plantes. La plupart des horticulteurs la trouvent trop envahissante pour la cultiver; pour empêcher qu'elle s'étende, certains suggèrent la culture en pots, eux-mêmes enterrés dans un jardin boisé.

La prêle d'hiver, la prêle des champs* et la prêle des marais* contiennent un alcaloïde toxique bien connu: la nicotine, présente en grande quantité dans le tabac (*Nicotiana tabacum*).

La prêle d'hiver posséderait des propriétés analogues à celles de la prêle des champs*. De plus, les homéopathes l'utilisent pour soigner l'incontinence urinaire.

# Prêle panachée

## variegated scouring-rush

Prêle variée. *Variegated horsetail or rough horsetail.*
Famille de la prêle; *Equisetaceae.*

**Equisetum variegatum** Schleicher. Synonyme: *Hippochaete variegata* (Schleicher) Bruhin. Ancien nom utilisé par Pline l'Ancien (23-79) pour désigner les prêles, du latin *equus*: cheval, et *seta*: soie, poil, crin, les fines ramifications de la plante rappelant une queue de cheval; *variegatum*: du latin, bigarré, panaché, coloré, varié.

Herbacée vivace à rhizome, dont les tiges persistent l'hiver. De petite taille (0,25 m) et peu colorée, mis à part le contraste de ses pointes libres noires bordées de blanc, la prêle panachée passerait inaperçue si ce n'était que ses touffes rapprochées forment des gazons raides, parfois étendus et presque dépourvus d'autres plantes.

*Tige* dressée ou à peine courbée, plutôt douce mais bien droite; à peu près de la grosseur d'un spaghetti (env. 0,2 cm); la loupe révèle une multitude d'aspérités arrondies, formant plusieurs lignes tout le long de la tige. Non ramifiée, mais présentant une douzaine de noeuds noirs, distants de 1 à 2,5 cm; entrenoeuds plus courts aux deux extrémités. La coupe transversale montre une dizaine de côtes peu marquées, une cavité centrale mesurant environ le quart du diamètre de la tige, des cavités valléculaires (entre les côtes) presque de même diamètre et des cavités costales (vis-à-vis les côtes) non visibles à l'oeil nu. Pressée entre le pouce et l'index, elle s'écrase peu.

*Feuilles* soudées en petites gaines (0,4 cm incluant les pointes libres), vertes à la base et couronnées d'une bande noire surmontée de 6 à 10 petites pointes libres; celles-ci noires, bordées d'une membrane blanche, terminées par une longue pointe effilée dont seule la base persiste; dressées, les pointes libres s'étalent un peu en séchant. La gaine terminale, plus développée, referme ses pointes sur le bourgeon du strobile.

*Strobile* unique, terminant la tige; ovale (0,6 cm), plus large au sommet, surmonté d'un capuchon pointu et porté par une courte queue.

Rassemblées dans le sous-genre *Hippochaete,* trois prêles de nos contrées présentent des tiges très rudes et rigides, ne portant jamais de ramifications, sauf à la suite de blessures. Un aspect identique, oui, mais des tailles différentes; par ordre de grandeur: la prêle faux-scirpe* (haut. 0,1 m), la prêle panachée (haut. 0,25 m) et la prêle d'hiver* (haut. environ 1 m). Le diamètre de la plus robuste, la prêle d'hiver, s'approche de celui d'un crayon ou d'un macaroni; c'est aussi la seule à présenter des gaines d'un gris cendré remarquable, bordées de part et d'autre de bandes noires. Le diamètre de la prêle panachée s'approche de celui d'un spaghetti tandis que celui de la prêle faux-scirpe rappelle plutôt un vermicelle! Par ailleurs, cette dernière présente des tiges tordues en tous sens, ce qui lui confère une allure bien différente des deux autres, toujours bien droites et en formations serrées comme des soldats (sauf dans les régions arctiques où la prêle panachée, souvent plus petite qu'au sud, présente des torsions de la tige). Enfin, les gaines de la prêle faux-scirpe ne comptent que trois pointes libres, celles de la prêle panachée, de 6 à 10 et celles de la prêle d'hiver, aucune (elles tombent).

C'est surtout sur les sables et les graviers humides, en particulier ceux qui bordent les cours d'eau et plus fréquem-

*La* ***prêle panachée.*** *Des gaines vertes et noires, terminées par des pointes libres sur lesquelles se dessine un mince triangle noir, bordé d'une large bande blanche. Noter l'ornementation des crêtes et des creux de la tige: sur chacun, deux fines lignes pointillées résultent de l'alignement des grains de silice. La coupe transversale laisse voir la cavité centrale et huit cavités valléculaires, correspondant aux huit cannelures de la tige. Les sporanges? Le frison blanc qui borde les écussons beiges du strobile; l'ensemble ne rappelle-t-il pas des bonnets de nuit?*

Photo: Roger Larose

ment sur des sites calcaires, que pousse la prêle panachée; elle supporte bien des submersions temporaires, telles celles qui affectent les platières de rivières par exemple. Mais elle fréquente aussi les rivages de lacs ou de mares, les prairies humides ou même tourbeuses et les fossés.

Du panache? La prêle panachée n'en possède guère plus que les autres prêles! En botanique, le terme panaché s'emploie pour qualifier une plante ou une partie de plante arborant des couleurs variées ou plusieurs teintes d'une même couleur. Non seulement varie-t-elle en couleurs, mais en taille aussi (coefficient de variation de 44 %), ce qui devient quelquefois très embêtant: dans certaines circonstances, elle atteint presque la hauteur des prêles d'hiver* les plus petites, ou encore la petitesse des prêles faux-

*Joli contraste entre les gaines blanches soulignées de noir, et le vert des tiges. La* ***prêle panachée*** *passerait inaperçue, si ce n'était que ses tiges rapprochées formen des gazons raides, parfois étendus, e exempts d'autres plantes. Un petit capuchon pointu surmonte le strobile*

Photo: Gisèle Lamoureux

Le genre prêle, seul genre de sa famille encore existant, comprend 16 espèces et se trouve, à l'état indigène, partout sauf en Australie et en Nouvelle-Zélande. Circumboréale, la **prêle panachée** s'avère cependant peu répandue en Asie.

Transcontinentale en Amérique du Nord, son aire couvre un vaste territoire s'étendant sur 45 degrés de latitude. Dans l'est, cette espèce pousse depuis l'Arctique jusqu'aux Grands Lacs (domaines arctique, boréal et tempéré mixte, avec débordement dans le domaine tempéré décidu). À l'ouest des Grands Lacs, elle traverse le continent aux latitudes boréales et arctiques, jusqu'en Alaska. Elle croît dans les montagnes côtières du Pacifique de même que dans les Rocheuses où elle fait une incursion remarquable vers le sud des États-Unis. Avec la prêle des champs*, elle constitue la prêle de nos contrées qui supporte le mieux les conditions nordiques, poussant aux confins des îles arctiques canadiennes de même que tout autour du Groenland. Comme pour d'autres prêles, du sud au nord sa taille moyenne décroît et, dans le Grand Nord, elle devient extrêmement chétive; ainsi, en Islande et au Groenland, elle mesure en moyenne 12,5 cm, et ailleurs en Amérique du Nord, 21,5 cm.

Limites en Amérique du Nord: Groenland (Hendrick Island, 82°03'N) et Utah (comté de Washington, 37°10'N). La prêle panachée figure sur la liste des plantes rares de la Nouvelle-Écosse, du New Hampshire, du Massachusetts, du New Jersey et de l'Illinois, sur celle des plantes menacées de la Pennsylvanie, de l'Ohio et du Wisconsin, de même que sur celle des plantes menacées d'extinction du Maine et de l'Indiana.

scirpe* les plus grandes... engendrant, dans ces quelques cas, de la confusion entre les espèces, lorsque seule la taille est prise en considération; regarder alors les caractères de la gaine et le nombre de côtes.

Bien qu'elle risque fort de devenir envahissante, la prêle panachée s'avère utile pour fixer un sol mal drainé, par exemple en bordure d'une pièce d'eau; ses tiges tassées forment des gazons denses, qui couvrent bien le sol.

**Un hybride avec la prêle d'hiver**

Entourée d'une espèce plus grande et d'une espèce plus petite, toutes deux localisées dans des aires de répartition qui recoupent la sienne (espèces sympatriques), la prêle panachée ne manque pas de s'hybrider... avec la plus grande seulement, la prêle d'hiver. Les prêles, en particulier celles de tout le groupe englobant, entre autres, les prêles d'hiver, panachée et faux-scirpe s'hybrident pourtant facilement et cette absence de croisement entre la prêle panachée et la prêle faux-scirpe, bien que proches parentes, étonne les botanistes. Rappelons toutefois, que la prêle faux-scirpe s'hybride rarement... un peu hautaine cette petite?

Linné connaissait la prêle panachée, car son herbier en compte deux spécimens, mais il la classait avec la prêle d'hiver... signe qu'elles se ressemblent beaucoup!

# Prêle faux-scirpe

## dwarf scouring-rush

Prêle scirpoïde. *Sedge-like horsetail.*
Famille de la prêle; *Equisetaceae.*

**Equisetum scirpoides** Michaux. Synonyme: *Hippochaete scirpoides* (Michaux) Farwell. Ancien nom utilisé par Pline l'Ancien (23-79) pour désigner les prêles, du latin *equus*: cheval, et *seta*: soie, poil, crin, les fines ramifications de la plante rappelant une queue de cheval; *scirpoides*: signifiant qui ressemble au scirpe et venant du latin *scirpus*: ancien nom signifiant jonc mais désignant maintenant les scirpes, et du grec *-oides*: semblable... en réalité, la plante rappelle une éléocharide (*Eleocharis*), genre dont plusieurs espèces ont déjà été rattachées aux scirpes.

Herbacée vivace à rhizome; tige persistant durant l'hiver. Trouver pour la première fois la plus petite de nos prêles (0,1 m) se révèle un véritable défi. Tordues et crispées, comme frappées d'un mauvais sort, les tiges de la prêle faux-scirpe poussent en touffes évoquant des boules de laine d'acier ébouriffées, vert foncé. Ne pas se contenter d'en trouver une touffe: elle forme généralement des colonies clairsemées.

*Tiges* non ramifiées; de la grosseur d'un gros crin de cheval (diam. 0,1 cm); à sommet pointu; très raides et rudes à cause de minuscules aspérités, visibles à la loupe; comptant 5 ou 6 entrenoeuds (2 à 4 cm, plus courts aux extrémités). Ornées de 3 côtes larges et concaves, de sorte qu'il paraît y avoir le double de ce nombre. Trop petites pour distinguer quoi que ce soit dans la coupe transversale, même à la loupe!

*Feuilles* minuscules, soudées en gaines un peu renflées (long. 0,3 cm en comptant les pointes). Gaines vertes, couronnées d'une bande noire, zigzaguante, et de 3 pointes libres; celles-ci également noires, bordées de beige, prolongées par une très longue soie plus ou moins étalée et qui se casse facilement.

*Strobile* d'abord noir, puis beige rosé; de la taille d'un grain de riz (0,5 cm); en forme d'oeuf inversé, surmonté d'un capuchon pointu. Queue presque aussi longue que le strobile. À l'automne, le petit strobile est déjà formé: noir et dur, il se cache dans la gaine qui termine la tige, beaucoup plus développée que les autres gaines; il se développe très tôt au printemps et dure peu de temps.

≠ Rassemblées dans le sous-genre *Hippochaete,* trois prêles de nos contrées présentent des tiges très rudes et rigides, ne portant jamais de ramifications, sauf à la suite de blessures. Un aspect identique, oui, mais des tailles différentes; par ordre de grandeur: la prêle faux-scirpe (haut. 0,1 m), la prêle panachée* (haut. 0,25 m) et la prêle d'hiver* (haut. environ 1 m). Le diamètre de la plus robuste, la prêle d'hiver, s'approche de celui d'un crayon ou d'un macaroni; c'est aussi la seule à présenter des gaines d'un gris cendré remarquable, bordées de part et d'autre de bandes noires. Le diamètre de la prêle panachée s'approche de celui d'un spaghetti tandis que celui de la prêle faux-scirpe rappelle plutôt un vermicelle! Par ailleurs, cette dernière présente des tiges tordues en tous sens, ce qui lui confère une allure bien différente des deux autres, toujours bien droites et en formations serrées comme des soldats (sauf dans les régions arctiques où la prêle panachée,

*Un tampon à récurer les chaudrons... et qui plus est, il danse au soleil. Toute menue, la* ***prêle faux-scirpe****, et d'un vert foncé lorsqu'elle ne danse pas à contrejour. Généralement, elle forme des touffes dispersées, parfois elle s'étend en petits tapis.*

Photo: Gisèle Lamoureux

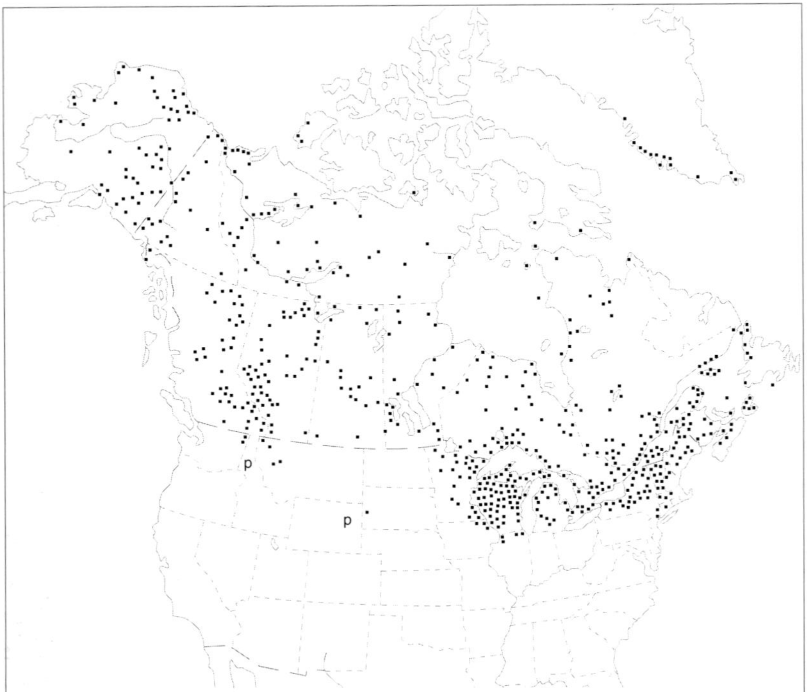


Le genre prêle, seul genre de sa famille encore existant, comprend 16 espèces, et se trouve, à l'état indigène, partout sauf en Australie et en Nouvelle-Zélande.

Circumboréale, la **prêle faux-scirpe** devient cependant dispersée dans l'est de l'Asie. Transcontinentale en Amérique du Nord, son aire rappelle celle d'un groupe de quatre prêles fort apparentées phytogéographiquement, les prêles des bois*, des marais*, fluviatile* et des prés*, à la différence qu'elle se trouve de plus dans l'Arctique, sans y être très fréquente. Dans l'est, elle se rend à la limite sud des Grands Lacs, occupant les domaines arctique, boréal et tempéré mixte. À l'ouest des Grands Lacs, elle traverse notre continent aux latitudes boréales et arctiques jusqu'en Alaska, tout en débordant dans les Grandes Plaines; elle pousse également dans les Rocheuses. Les botanistes sous-estiment-ils son abondance? Vrai que les tiges menues de la prêle faux-scirpe se repèrent difficilement sur le terrain. Apparemment, tout comme pour d'autres prêles, la hauteur de sa tige diminue avec la latitude; par exemple, au Spitzberg elle mesure en moyenne 7,6 cm, et plutôt 15,4 cm dans le nord de l'Europe et de l'Asie. Bien que la prêle panachée* et la prêle des champs* poussent à des latitudes supérieures, la prêle faux-scirpe constitue la plus nordique des prêles de nos contrées, en ce sens que son aire de répartition se restreint au nord du 41$^{e}$ parallèle, tout en atteignant les îles arctiques canadiennes et le Groenland.

Limites en Amérique du Nord: Territoires du Nord-Ouest (baie de Storkerson, île de Banks, 72°55'N) et l'État de New York (comté de Rockland, 41°10'N); au Québec: Nouveau-Québec (monts d'Youville, 61°25'N).

*Deux prêles du sous-genre* Hippochaete: *la plus grosse, la* ***prêle d'hiver****, de la taille d'un macaroni, et la plus petite, la* ***prêle faux-scirpe****, de la taille d'un vermicelle. Voyez les strobiles minuscules de cette dernière. Chanceux d'en trouver dans la nature!*

Photo: Sylvain Lamoureux

souvent plus petite qu'au sud, présente des torsions de la tige). Enfin, les gaines de la prêle faux-scirpe ne comptent que trois pointes libres, celles de la prêle panachée, de 6 à 10 et celles de la prêle d'hiver, aucune (elles tombent).

Typiquement forestière, la prêle faux-scirpe recherche l'humidité, comme les autres prêles, et s'installe surtout dans les lieux sourceux, dans les zones de ruissellement superficiel ou sur des parterres de mousses, que ce soit dans les forêts décidues ou conifériennes. Dans la toundra, elle fréquenterait aussi des lieux plus secs et des sols tourbeux.

La tige de la prêle faux-scirpe persiste, oui, mais pas plus d'un an: elle naît durant l'été et meurt l'été suivant; celle de la prêle panachée* fait de même, mais celle de la prêle d'hiver* ne se fane qu'au troisième été. Constamment reformés et dispersés par la propagation végétative, mais ne se reproduisant pas de manière sexuée, les hybrides abondent dans le sous-genre *Hippochaete* auquel appartient la prêle faux-scirpe; ceci laisse présager l'émergence de nouvelles espèces: dans le monde végétal, il arrive régulièrement qu'un hybride stérile donne naissance à un individu fertile grâce à un dédoublement spontané de ses chromosomes. Ce fut probablement le cas, dans le passé, chez les prêles, si l'on se fie à leur nombre élevé de chromosomes ($2n = 216$), identique pour toutes les espèces; certains botanistes relient ceci à l'âge ancien du groupe des prêles: des espèces à faible nombre de chromosomes, en s'hybridant, auraient donné naissance à de nouvelles espèces puis se seraient éteintes; le processus aurait recommencé jusqu'à ce qu'il ne survive plus, aujourd'hui, que des espèces à 216 chromosomes. À noter aussi: les chromosomes des espèces du sous-genre *Hippo-*

### Des prêles grandes comme des arbres

La prêle faux-scirpe représenterait l'apogée de certaines tendances évolutives notées chez les autres *Hippochaete* comme, par exemple, la réduction du canal central de la tige et une diminution du nombre et de la grandeur des côtes de la tige. Par ailleurs, elle possède la répartition géographique la plus nordique. Existe-t-il un lien? Une hypothèse veut qu'une seule des nombreuses espèces présentes à l'ère secondaire (de 248 à 65 millions d'années) aurait subsisté dans une région comprise entre le Mexique et le Chili, puis aurait migré vers le nord. Ainsi, les espèces les plus évoluées et, par conséquent, les plus récentes se retrouvent le plus au nord... mais c'est une hypothèse!

Quel contraste entre cette toute petite prêle et ses cousins géants de l'ère secondaire, alors que des prêles, ressemblant plutôt à la prêle fluviatile*, prenaient des proportions d'arbres, avec une hauteur de 8 à 10 m, un diamètre de 12 cm et des gaines présentant non pas 3 mais bien 120 pointes libres; elles figurent souvent en fond de scène dans les tableaux représentant des dinosaures.

*chaete* sont plus gros que ceux de l'autre sous-genre. Les six espèces d'Amérique du Nord relevant du sous-genre *Hippochaete*, montrent une tendance à s'hybrider: une étude reconnaît l'existence de 5 hybrides mais la prêle faux-scirpe s'implique rarement dans de telles combinaisons et les tentatives de croisement en laboratoire ont échoué.

Étonnante miniature, la prêle faux-scirpe orne bien un terrarium et se cultive aussi en pot. À l'extérieur, ses touffes enchevêtrées se cultivent facilement sur sol frais et humide, de préférence à l'ombre. Certains la trouvent envahissante, mais elle est si petite!

# Lycopodes,
## lycopodielles et huperzies

*Le lycopode interrompu*

Gisèle Lamoureux

# Huperzie sélagine

fir clubmoss

Herbe-au-porc; lycopode sélage, sélagine, selago; l'officine; mousse-purgative; sélage; sélagine. *Dwarf staghorn-moss; fox-feet; mountain or upright clubmoss; rat's-tail; tree-moss; upright-bur or -fir-moss.*
Famille du lycopode; *Lycopodiaceae.*

**Huperzia selago** (Linné) Bernhardi. Synonyme: *Lycopodium selago* Linné; synonymes partiels: *Lycopodium arcticum* Grossheim, *L. chinense* Christ, *L. miyoshianum* Makino. Dédié à Johann Peter Huperz (? - 1816); *selago*: ancien nom latin, d'origine inconnue, utilisé par Pline (23-79) pour désigner cette espèce (et peut-être d'autres membres de la famille du lycopode); non pas, comme certains le croient, du celte *sel*: vue et *jach*: utile, salutaire, même si Pline en mentionne l'utilisation par les druides gaulois pour ses propriétés curatives dans les maladies de l'oeil.

Herbacée vivace sans véritable rhizome, mais comportant une courte tige rampant sur le sol (peu perceptible); la plante complète persiste durant tout l'hiver. À première vue, l'huperzie sélagine ressemble à s'y méprendre à l'huperzie brillante*: également de très petite taille (0,09 m), un peu plus petite même que l'huperzie brillante, elle ne forme cependant pas de grandes colonies denses mais de petite touffes, à cause de la faible longueur de sa tige rampante (tout au plus 0,8 m). Même si, comme l'huperzie brillante, elle ne porte pas ses sporanges rassemblés en un strobile différencié au sommet de la tige mais plutôt isolés chacun à l'aisselle d'une feuille semblable aux autres, son allure diffère sensiblement: ses feuilles, toutes de la même longueur, sont nettement dressées, presque appliquées les unes sur les autres de même que sur la tige (apprimées) et se recouvrent, ce qui lui donne une silhouette plus régulière et fait paraître chaque ramification comme plus dense et plus étroite, moins échevelée. Le sommet des tiges s'agrémente, comme chez l'huperzie brillante, de bulbilles d'un vert plus clair, contrastant avec le vert sombre de la plante et élargissant un peu le sommet de la silhouette des tiges. Contrairement à celles de l'huperzie brillante, les feuilles de l'huperzie sélagine sont gonflées à la base et ne portent pas de dents; c'est, par ailleurs, une espèce rarement trouvée en forêt, fréquentant surtout les milieux arctiques et les milieux alpins.

*Tige* entièrement et densément feuillée, cachée par les feuilles. Se ramifiant à plusieurs reprises en deux parties égales (ramification dichotomique, du grec *dikha*: en deux parties et *temnein*: couper), ce qui produit une touffe où toutes les tiges sont à la même hauteur. L'alternance de zones fertiles (portant des petits bourrelets jaunes, les sporanges) et de zones végétatives (vertes, sans sporanges, mais avec bulbilles), si clairement visible chez l'huperzie brillante*, se remarque peu chez l'huperzie sélagine: tout se passe comme si, après une période de croissance probable de quelques années où la plante ne produit pas de sporanges (base de la touffe), la pousse annuelle comprend une zone à sporanges beaucoup plus développée que la zone végétative, difficile à repérer, si ce n'est par les restes de la base des bulbilles qui demeure attachée à la plante (les bulbilles poussant dans la zone végétative). L'âge d'une ramification s'évalue donc difficilement, d'autant plus que la silhouette de la tige ne montre pas de constrictions comme celle de l'hu-

*Elle surgit des rochers, l'**huperzie sélagine**, et s'observe d'assez loin, surtout lorsqu'elle prend une coloration jaune. Elle se présente en petites touffes et ne forme jamais des tapis, comme le fait l'huperzie brillante.*



Photo: Gisèle Lamoureux

La famille du lycopode comprend de 200 à 500 espèces et se répartit sur tous les continents; près de la moitié de ces espèces se trouvent dans les Amériques. Circumboréale et, selon certains, cosmopolite, l'**huperzie sélagine** pousse non seulement aux latitudes boréales, mais aussi sur les hauts sommets de certaines régions tropicales de même qu'en des localités dispersées de l'hémisphère sud.

Transcontinentale en Amérique du Nord, son aire de répartition s'étale sur plus de 48 degrés de latitude, des montagnes du sud des États-Unis aux confins de la toundra arctique, et présente des affinités nettement arctiques-alpines. Dans l'est, l'huperzie sélagine couvre les régions les plus nordiques (domaines boréal et arctique) et se raréfie vers le sud où elle fréquente presque exclusivement le sommet des montagnes et les sites sujets aux conditions adverses, notamment, les rives exposées du lac Supérieur. Les Appalaches lui permettent ainsi une profonde incursion vers le sud, jusqu'en Géorgie. À l'ouest des Grands Lacs, son aire devient très nordique et traverse le continent à la hauteur du domaine arctique et de la partie nord du domaine boréal, jusqu'en Alaska. Via les montagnes de la Chaîne Côtière et des Rocheuses, elle redescend vers le sud pour rejoindre le Colorado.

Limites en Amérique du Nord: Groenland (Terre de Peary, 83°N) et l'État de la Géorgie (comté de Rabun, 34°55'N); au Québec, elle atteint sa limite sud dans l'Estrie (lac des Ours, comté de Wolfe, 45°50'N).

*Côté propagation, chez* ***l'huperzie sélagine,*** *même scénario que chez l'huperzie brillante: des sporanges jaunes, à l'aisselle des feuilles, sans toutefois former de strobile. Et puis, des bulbilles, qui produiront des individus identiques à la plante mère. Par ailleurs, les feuilles de l'huperzie sélagine ne possèdent pas de dents, contrairement à celles de l'huperzie brillante.*

Photo: Gisèle Lamoureux

perzie brillante, car toutes les feuilles de l'huperzie sélagine sont de même longueur.

*Feuilles* très nombreuses, alternes; allongées et en forme d'aiguille (0,6 X 0,1 cm) à base gonflée; libres, c'est-à-dire non soudées à la tige sur une partie de leur longueur; sommet très aigu, mais dépourvu de soie et sans dents. Toutes dressées et appliquées sur la tige, ou du moins remontantes; rarement, les vieilles feuilles du bas des tiges sont un peu plus étalées.

*Fructifications* (sporanges) le long de la tige, chacune à l'aisselle d'une feuille semblable aux autres (non réunies en strobiles différenciés au sommet des tiges). Sporanges jaunes, en forme de croissant, s'ouvrant au sommet par une fente (visible à la loupe) qui laisse s'échapper les spores jaunes.

*Bulbilles* semblables à celles de l'huperzie brillante* (voir le texte sur cette espèce pour plus de détail). Une étude menée en Finlande montre une tendance de l'huperzie sélagine à produire un plus grand nombre de bulbilles lorsqu'elle croît plus au nord.

≠ Beaucoup de botanistes conservent les huperzies à l'intérieur du genre lycopode; l'huperzie sélagine se nomme alors *Lycopodium selago.*

↓ L'huperzie sélagine fréquente les milieux secs ou humides de la toundra; elle croît généralement sur des substrats acides mais pousse aussi sur de la serpentine, une roche ultrabasique. Elle se trouve surtout en milieux rocheux et exposés: escarpements rocheux, anfractuosités de rochers, abris-sous-roche et replats, zones de suintement, talus d'éboulis, platières des rivages, pentes rocailleuses, champs de blocs, champs de polygones, terrasses de cailloux. À l'opposé (ou presque), elle fréquente aussi les fens (sorte de tourbières, souvent en bordure de cours d'eau), les combes à neige et, en milieux forestiers, d'autres sites sujets à un déneigement tardif.

Les botanistes considèrent les huperzies comme les plantes les plus primitives de la famille du lycopode, elle-même la famille de plantes vasculaires la plus primitive (voir à ce sujet le texte sur l'huperzie brillante*). Eh bien, ce n'est pas tout! Contrairement à l'huperzie brillante, chez l'huperzie sélagine, toutes les feuilles affectent la même forme, même celles qui portent des sporanges; cette absence de différenciation représente un caractère primitif, ce qui ferait de l'huperzie sélagine la plante vasculaire la plus primitive. La disposition des feuilles, spiralée chez l'huperzie brillante, montre une forte tendance à la verticillation (plusieurs feuilles à un même niveau) chez l'huperzie sélagine; en fait, le premier coup d'oeil laisse voir des verticilles de 4, de 5 ou de 6 feuilles, parfois sur une même tige, mais un examen attentif révèle un décalage de l'ordre de 1 mm entre les feuilles.

Certains botanistes reconnaissent, à l'intérieur de l'huperzie sélagine, une autre espèce: l'huperzie des appalaches (*Huperzia appalachiana*), qui regrouperait la majorité des individus qui poussent en milieux exposés, tels les parois rocheuses, les affleurements granitiques, le sommet des montagnes et la toundra forestière; typique de nos régions froides, elle pousserait aussi plus au sud, de façon disjointe, sur les hauts sommets des Appalaches, jusqu'en Géorgie. Généralement plus petits que ceux de l'huperzie sélagine, ces individus se caractérisent par des ramifications plus effilées au sommet, les feuilles de la partie portant des sporanges montrant une légère réduction. Mais la différence reste subtile, d'autant plus que l'huperzie des appalaches s'hybriderait avec les huperzies sélagine et brillante* pour former des individus stériles (spores avortées), aux formes intermédiaires, qui peuvent tout de même se propager efficacement grâce aux bulbilles; ce type de multiplication végétative permet à de rares hybrides de persister durant des centaines d'années, même là où, à la suite de changements climatiques importants par exemple, ne poussent plus les espèces mères.

Dans le nord de l'Europe, l'huperzie sélagine, avec les lycopodes à massue* et alpin*, s'employa durant des siècles comme mordant dans

### Qui se cache derrière ce nom latin?

Le *Code international de la nomenclature botanique* (eh! oui, ça existe) recommande d'écrire l'épithète spécifique latine (le deuxième mot du nom latin) avec une minuscule; jadis, ce mot s'ornait parfois d'une majuscule lorsqu'il désignait un ancien nom de genre ou, encore, le nom d'une personne ou d'une localité. Voilà pourquoi se trouve, dans les anciennes flores (même dans la *Flore laurentienne* de Marie-Victorin), la graphie *Lycopodium Selago*.

Au XVIII$^{e}$ siècle, certains botanistes adoptèrent d'abord *Selago* comme nom de genre pour ce lycopode, un nom qui, déjà, désignait d'autres plantes. Mais en vertu des règles de priorité gouvernant la nomenclature botanique, ce nom devint illégitime au profit de celui adopté par Linné (*Lycopodium selago*). Par la suite, le botaniste Bernhardi scinda le genre *Lycopodium* en créant le genre *Huperzia*.

Mais pourquoi le nom de Linné suit-il le nom latin de cette plante? Parce que c'est lui qui, le premier, la décrivit conformément aux règles de la nomenclature. Et les parenthèses? C'est que Bernhardi, l'auteur figurant à la fin, modifia le nom adopté par Linné. Que d'acrobaties mènent parfois au nom complet d'une plante!

*On dirait que l'**huperzie sélagine** accuse son âge! Serait-ce qu'au lieu de grisonner, elle jaunit? Est-ce bien le cas? Les touffes vertes, plus courtes, représentent-elles vraiment un stade plus jeune? Et les feuilles sont tellement collées à la tige que le bout se termine en pointe, comme un pinceau d'artiste trempé dans la peinture.*

Photo: Gisèle Lamoureux

l'industrie du textile (à ce sujet, voir le lycopode à massue). En plus des espèces de plantes et de champignons notoires pour leurs effets stupéfiants, diverses espèces moins connues à cet égard s'utilisèrent localement par différents peuples à des fins thérapeutiques ou à l'occasion de cérémonies variées, dont l'huperzie sélagine, mâchée par les Amérindiens du nord-ouest des États-Unis pour son effet narcotique... quoique pour mâcher de ces tiges raides, piquantes, toxiques même, vraiment, il faut être convaincu! Les spores de cette espèce s'utilisaient pour se débarrasser des vers parasites.

Côté transplantation, l'huperzie sélagine s'apparente aux lycopodes: elle résiste aux perturbations et, même lorsque la transplantation réussit, elle s'établit très lentement. Lui fournir de l'ombre, sur un sol humide, acide et riche en matière organique.

L'huperzie sélagine contient des substances toxiques; voir le texte sur le lycopode à massue*.

Les spores de l'huperzie sélagine s'utilisent de la même manière que celles du lycopode à massue*. Cette plante contient aussi un alcaloïde particulier, la sélagine, à action myotique (qui provoque la contraction de la pupille de l'oeil); existe-t-il un lien entre cette propriété et l'utilisation de la plante, par les Gaulois, dans les maladies de l'oeil?

# Huperzie brillante

## shining clubmoss

Lycopode brillant. *Hemlock clubmoss; indian-vervine; moonfruit-pine; staghorn-moss; swamp- or trailing-evergreen.*
Famille du lycopode; *Lycopodiaceae.*

**Huperzia lucidula** (Michaux) Rothmaler. Synonymes: *Huperzia selago* sous-espèce *lucidula* (Michaux) Löve et Löve, *Lycopodium lucidulum* Michaux. Dédié à Johann Peter Huperz (? - 1816); *lucidula*: diminutif latin de *lucidus*: clair, brillant, éclatant, de *lucere*: luire, briller, et *lux*: lumière.

Herbacée vivace sans véritable rhizome, mais à tige couchée sous les feuilles mortes et faiblement enracinée; la plante complète persiste durant tout l'hiver. De très petite taille en hauteur (0,12 m), l'huperzie brillante forme des colonies denses, souvent de grande étendue, à peu près dépourvues d'autres végétaux et affectant régulièrement la forme d'un ou de plusieurs anneaux d'un vert foncé. Tout comme son cousin, l'huperzie sélagine*, mais contrairement aux autres membres de la famille du lycopode, l'huperzie brillante ne porte pas ses sporanges rassemblés en un strobile différencié au sommet de la tige, mais plutôt isolés chacun à l'aisselle d'une feuille ordinaire: voyez les petits croissants jaunes, à la base de certaines feuilles. Ces huperzies portent aussi, vers le sommet de la tige, des bulbilles vertes, ressemblant aux feuilles, mais plus renflées et plus élargies.

*Tige* (diam. 0,25 cm) onduleuse, très feuillée, d'un vert à peine plus clair que les feuilles. Son mode de ramification fascine: à intervalles réguliers, la tige se divise exactement en deux parties égales (ramification dichotomique, du grec *dikha*: en deux parties et *temnein*: couper) et la plante s'allonge ainsi presque indéfiniment, en moyenne de 2 à 3 cm par année. La partie dressée de la tige présente des zones portant des petits bourrelets jaunes, les sporanges, alternant avec des zones sans sporanges; au cours d'une année, la plante produit d'abord une section reproductrice (avec sporanges jaunes), puis une section végétative (verte, sans sporanges) qui porte quelques bulbilles. Plus petites, les feuilles qui portent les sporanges marquent la silhouette d'une constriction. Ceci permet de calculer l'âge d'une tige: la portion dressée compterait environ 4 ou 5 ans; après cette période, la tige se couche et se détruit lentement par l'autre extrémité, de sorte qu'après plusieurs années, les anciennes ramifications d'une tige s'isolent, deviennent autonomes et complètement détachées de la plante-mère... dont l'âge devient alors impossible à calculer! Au sein d'une colonie, la hauteur des tiges dressées varie peu.

*Feuilles* très nombreuses, alternes; allongées (1 X 0,1 cm) et toutes de même forme, quoique les premières à paraître au début d'une saison de végétation soient plus petites et portent un sporange à leur aisselle. Sans queue et rattachées à la tige seulement par la base (feuilles libres, non soudées à la tige sur une partie de leur longueur); sommet très aigu mais dépourvu de soie, bordé de quelques petites dents pointues (bien visibles à la loupe). Certaines feuilles s'étalent horizontalement et d'autres s'arquent vers le bas, ce qui donne à la tige une allure échevelée. D'un vert sombre, très brillant; celles de la partie couchée de la tige qui est enfouie sous les feuilles mortes, persistent pendant plusieurs années mais

*L'**huperzie brillante** s'étend souvent en grand tapis dans les sous-bois. Contrairement au lycopode interrompu, qui forme des tapis semblables, l'huperzie ne produit pas de strobile. Ses sporanges? De tout petits croissants jaune clair, à l'aisselle des feuilles.*



Photo: Gisèle Lamoureux

perdent leur chlorophylle (pigment vert) et tournent au brun orangé.

*Fructifications* (sporanges) le long de la tige, chacune à l'aisselle de feuilles semblables mais un peu plus petites que les autres (non réunies en strobiles différenciés au sommet des tiges comme chez les lycopodes). Sporanges jaunes, en forme de croissant, s'ouvrant au sommet par une fente (visible à la loupe) qui laisse s'échapper les spores jaunes.

*Bulbilles* petites (0,7 X 0,5 cm), aplaties (haut. 0,2 cm), au nombre de 2 à 4 et cachées parmi les feuilles vers le haut des ramifications. Poussant uniquement sur les ramifications qui ont déjà produit des sporanges, et du côté de la ramification donnant vers l'extérieur de la colonie. L'examen attentif révèle deux parties: la première reste attachée à la plante et se compose de 3 paires de minuscules feuilles, dont une feuille plus grande et en forme de cuillère; au moindre frôlement, lorsqu'elle atteint sa maturité (fin août, septembre), la seconde partie, plus visible, est catapultée jusqu'à 1 m ou 1,5 m. En forme de coeur, cette deuxième partie de la bulbille comprend, elle aussi, 3 paires de feuilles, dont une beaucoup plus développée et charnue, contenant des réserves nutritives (amidon) qui nourriront la plantule; au centre de la bulbille: l'ébauche de la plantule (visible à la loupe), qui compte de 4 à 6 feuilles et 2 petites racines.

≠ Peu de caractères distinguent les deux huperzies qui fréquentent nos contrées. L'allure générale diffère pour deux raisons. D'abord, l'huperzie brillante forme de grandes colonies, grâce à de longues tiges couchées (dépassant souvent

La famille du lycopode comprend de 200 à 500 espèces et se répartit sur tous les continents; près de la moitié de ces espèces se trouvent dans les Amériques.

Propre à l'est de l'Amérique du Nord, l'**huperzie brillante** présente une aire qui rappelle celle du lycopode à trois épis*: elle couvre, en bonne partie, les Appalaches et les bassins des Grands Lacs et du Saint-Laurent, ce qui correspond à peu près au domaine tempéré mixte avec débordement dans le sud-est du domaine boréal (forêt coniférienne); toutefois, elle s'avère plus présente entre les Grands Lacs et le haut Mississippi (domaine tempéré décidu). Des lycopodiacées de nos contrées, cette espèce s'avère la moins bien adaptée aux conditions nordiques, poussant en deçà du 52e parallèle.

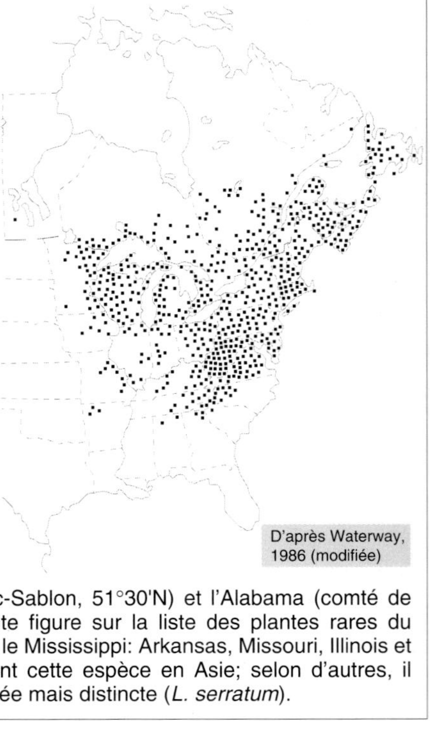

D'après Waterway, 1986 (modifiée)

Limites en Amérique du Nord: le Québec (Côte-Nord, région de Blanc-Sablon, 51°30'N) et l'Alabama (comté de Winston, 34°20'N). L'huperzie brillante figure sur la liste des plantes rares du Manitoba et de certains États bordant le Mississippi: Arkansas, Missouri, Illinois et Iowa. Certains botanistes mentionnent cette espèce en Asie; selon d'autres, il s'agirait plutôt d'une espèce apparentée mais distincte (*L. serratum*).

*La tige de l'**huperzie brillante** se ramifie régulièrement en deux parties égales. Au cours d'une année, l'huperzie produit d'abord une section reproductrice, avec des sporanges jaunes à l'aisselle de feuilles un peu plus courtes, puis une section végétative, verte et sans sporanges mais qui porte quelques bulbilles.*

Photo: Gisèle Lamoureux

largement 20 cm), alors que l'huperzie sélagine*, plus discrète, se contente de former des touffes (la base enracinée ne dépasse pas 8 cm). En deuxième lieu, si l'huperzie brillante porte ses feuilles étalées ou retombantes, l'huperzie sélagine, de son côté, les porte dressées ou, du moins, remontantes. Par ailleurs, en général, l'huperzie sélagine fréquente surtout les milieux arctiques ou alpins et se retrouve rarement sous couvert forestier; c'est tout le contraire pour l'huperzie brillante, une espèce essentiellement forestière. L'examen attentif des feuilles permet de voir plusieurs petites dents chez l'huperzie brillante de même que des feuilles de longueurs inégales, les plus courtes portant des sporanges; chez l'huperzie sélagine, les feuilles, plus courtes que celles de l'huperzie brillante et surtout toutes de même longueur, ne présentent pas de dents. Beaucoup de botanistes conservent les huperzies à l'intérieur du genre lycopode; l'huperzie brillante se nomme alors *Lycopodium lucidulum*.

L'huperzie brillante ne se trouve que dans les sous-bois frais, mésiques (c'est-à-dire ni trop humides ni trop secs), plus particulièrement dans les forêts dominées ou codominées par le bouleau jaune, le bouleau à papier ou le sapin baumier (forêts mixtes ou certaines forêts conifériennes); en forêt décidue, elle pousse surtout dans l'érablière à bouleau jaune. L'huperzie brillante tolère mieux un surplus d'humidité qu'une trop grande sécheresse puisqu'elle se trouve aussi dans les forêts dominées par l'érable rouge ou le cèdre-thuya occidental.

Encore récemment, les huperzies étaient rattachées au genre lycopode, mais la tendance actuelle de les considérer à part nous reporte en 1800, du temps que Bernhardi (1774-1850) nomma le genre *Huperzia* à la mémoire de J.P. Huperz, un de ses contemporains, de qui nous savons peu de choses, sinon qu'il a publié, en 1798, un ouvrage intitulé *De la propagation des fougères*; le nom *Urostachys* désigna aussi ce genre. La tige aérienne de l'huperzie brillante se couche à la surface du sol à mesure qu'elle vieillit; com-

*La tige de l'**huperzie brillante** se divise toujours, à répétition, en deux parties égales. Lorsqu'elle se couche au sol, ces deux ramifications s'orientent dans des directions divergentes, de sorte que l'huperzie forme souvent des colonies circulaires. Avec le temps, la partie au centre meurt et disparaît, ce qui donne un anneau, appelé rond-de-sorcière.*

Photo: Gisèle Lamoureux

me elle se divise toujours, à répétition, en deux parties égales qui s'orientent dans des directions divergentes, elle forme souvent des colonies circulaires. Avec le temps, la partie au centre du cercle meurt et disparaît, ce qui donne un anneau: un rond-de-sorcière (voir l'osmonde de clayton*). Ces ronds-de-sorcière atteignent parfois un diamètre de deux mètres.

Normalement, les bulbilles de l'huperzie brillante arrivent à maturité à l'automne mais ne germent qu'au printemps; récoltées en septembre, elles germèrent, au cours d'une expérience en laboratoire, à 100 % en moins de 10 jours. La germination d'une bulbille donne directement une plantule, sans que n'intervienne la reproduction sexuée (les spores et le prothalle) et, en milieu naturel, les plantules d'huperzie brillante semblent toutes provenir de la germination de bulbilles et non des spores et du prothalle... assez étonnant! Ce qui, aussi, rend les botanistes perplexes, c'est le caractère évolué de la bulbille. Il faut d'abord savoir que la famille du lycopode figure parmi les plantes primitives et que les botanistes considèrent que, dans cette famille, les huperzies présentent les caractères les plus primitifs, surtout le groupe d'huperzies qui portent des bulbilles (car elles n'en portent pas toutes). Primitives parmi les lycopodiacées? Oui, entre autres parce que les rameaux des espèces d'huperzies de ce groupe présentent une symétrie radiale (les feuilles rayonnent en tous sens au lieu de s'orienter dans deux ou quatre directions) et que leurs feuilles s'attachent à la tige une à une, suivant une spirale. Or, la bulbille présente deux caractères considérés comme évolués chez les plantes: une symétrie dorsi-ventrale (elle est aplatie) et des feuilles opposées (du moins les 6 premières paires, parfois toutes). D'une part, l'huperzie brillante et les autres qui portent des bulbilles, dont l'huperzie sélagine*, se classent parmi les lycopodiacées primitives, mais d'autre part, elles se retrouvent avec un organe de propagation végétative (ceci étant considéré comme un caractère primitif) qui présente des caractéristiques notées dans des groupes plus évolués... n'est-ce pas confondant?

Les chromosomes des huperzies, petits et nombreux, ne se laissent pas compter facilement et les botanistes arrivent à des résultats différents: certains en comptent $2n = 272$ ou 264 et d'autres $2n = 134$.

Certains botanistes reconnaissent l'existence d'une autre espèce d'huperzie, *Huperzia porophilum*, répartie moins largement que les deux autres huperzies et poussant uniquement dans le centre-est des États-Unis, sur des escarpements de grès. D'autres botanistes considèrent cette

*Les feuilles de l'**huperzie brillante** sont découpées de dents, absentes chez l'huperzie sélagine. La bulbille comprend deux parties: la première reste attachée à la tige (voir photo page 385) et la seconde, qui sera catapultée à plus d'un mètre, prend la forme d'un coeur composé d'une plantule, au centre, et de deux feuilles charnues qui nourriront la plantule.* ▶

Gisèle Lamoureux

*La bulbille de l'**huperzie brillante** germe et donne une nouvelle plante, en tous points identique à la plante mère, car elle provient d'une multiplication végétative, d'un seul parent. À la base de la nouvelle petite huperzie, remarquer les deux feuilles charnues qui ont nourri la plantule, un peu comme le font les cotylédons d'une graine.* ▼

Gisèle Lamoureux

espèce comme l'hybride entre les huperzies brillante et sélagine ou encore l'associent à la variété *patens* de l'huperzie sélagine. Des différences subtiles permettraient de distinguer l'*Huperzia porophilum* de l'huperzie brillante, avec laquelle il s'hybriderait, et dont l'aire de répartition, plus étendue, recoupe entièrement la sienne. *Huperzia porophilum* ne rampe pas comme le fait l'huperzie brillante, mais forme des touffes denses, dressées, ramifiées seulement à la base; il possède des feuilles moins dentées (en moyenne de 4 à 6 dents, contre de 8 à 10 chez l'huperzie brillante), plus élancées et se rétrécissant aux extrémités, contrairement aux feuilles en forme de spatule de l'huperzie brillante, et pousse presque exclusivement sur des escarpements de grès, parfois en compagnie de l'huperzie brillante, mais ne se trouve pas en forêt comme cette dernière.

Ne formerait-elle pas d'attrayants couvre-sol dans un jardin boisé? Selon certains, l'huperzie brillante s'accommode mieux d'une transplantation que ses cousins, les lycopodes.

# Lycopode interrompu

## stiff clubmoss

Lycopode annuel, innovant, juniperoïde, pourvoyeur. *Bristly, interrupted or jointed clubmoss; running ground-pine.*
Famille du lycopode; *Lycopodiaceae.*

**Lycopodium annotinum** Linné.
Du grec *lycos*: loup, et *podion*: petite patte, les ramifications courtes, en forme de doigts, rappelleraient chez certaines espèces la patte velue d'un loup; *annotinum*: mot latin signifiant d'un an, qui est de l'année précédente, faisant allusion à ce que, sur les ramifications, la pousse annuelle se démarque clairement de celle de l'année précédente.

Herbacée vivace sans véritable rhizome, mais à tige rampant sur le sol et faiblement enracinée; la plante complète persiste tout l'hiver. De faible hauteur (0,2 m), le lycopode interrompu forme des tapis souvent étendus, grâce à la longueur de ses tiges couchées (jusqu'à quelques mètres), à peine enfouies sous les feuilles mortes; peu de plantes croissent dans ces tapis pourtant d'aspect peu dense, malgré l'abondance des tiges dressées. Densément couvertes de feuilles étalées à l'horizontale ou arquées vers le bas, les tiges se marquent de constrictions, annonçant la fin de chaque année de croissance. La plante fructifie relativement peu; un strobile solitaire, sans queue, termine la tige dressée, un peu comme une flamme au bout d'une chandelle.

*Tige* rampante (diam. 0,2 cm) plus robuste que les tiges dressées (0,1 cm); seulement quelques feuilles jaunies persistent sur cette tige; peu ramifiée et ne portant que quelques grosses racines, environ à tous les 10 cm, mais émettant de très nombreuses tiges dressées. Celles-ci très feuillées sur toute la longueur; peu ou non ramifiées, et lorsque c'est le cas, ramifiées plutôt à la base de la plante et avec des rameaux de longueur bien inégale; croissant pendant environ 3 ans avant de se coucher à leur tour.

*Feuilles* alternes, allongées, à bords parallèles, rétrécies aux deux extrémités, à sommet terminé par une petite épine (spinule) très aiguë mais beaucoup plus courte que la soie qui prolonge la feuille du lycopode à massue*. Bordées par de minuscules dents, visibles à la loupe (sans dents chez la variété *pungens*). Libres, c'est-à-dire non soudées à la tige sur une partie de leur longueur, et bien étalées horizontalement ou dirigées vers le bas; les dernières à paraître au cours d'une saison de végétation, plus courtes et dressées, marquent la silhouette de constrictions à peu près à tous les 5 à 10 cm. D'un vert sombre et très luisant.

*Fructifications*: strobiles solitaires, terminant les tiges dressées; absolument sans queue, cylindriques (3 X 0,5 cm) et comprenant de nombreux sporanges, chacun inséré à l'aisselle d'une feuille modifiée (appelée sporophylle). Sporophylles beaucoup plus courtes (env. 0,3 cm) que les feuilles ordinaires de la plante et très élargies; vertes au centre et bordées d'une membrane translucide, blanche, découpée de dents irrégulières; terminées par une longue pointe, presque une soie, mais plus courte que celle du lycopode à massue*; d'abord dressées, puis étalées, ce qui donne au strobile une allure hérissée. Sporange d'un jaune maïs.

≠ Certaines variétés (moins fréquentes) du lycopode interrompu montrent des feuilles dressées ou remontantes mais, en général, les feuilles étalées

*Un strobile solitaire, sans queue, termine la tige dressée du* ***lycopode interrompu****, un peu comme la flamme d'une chandelle. En sous-bois, ce lycopode forme des tapis souvent étendus où peu d'autres végétaux croissent.*



Photo: Sylvain Lamoureux

ou retombantes de ce lycopode permettent de le distinguer de son plus proche cousin, le lycopode à massue*, à feuilles généralement remontantes; chez celui-ci, la présence d'une longue soie blanche au bout de chaque feuille, dont l'ensemble forme un petit pinceau ou un petit capuchon blanc au sommet des tiges dressées, permet une identification facile, sans compter la présence de longues queues entre les strobiles et le sommet de la tige. Parfois, surtout lorsqu'il est dénué de strobiles, le lycopode interrompu ressemble à l'huperzie brillante*; celle-ci ne porte jamais de strobiles mais montre à peu près toujours des sporanges jaunes à l'aisselle de certaines de ses feuilles, elle se ramifie toujours en deux parties très égales et la tige paraît un peu échevelée et encore plus densément feuillée que celle du lycopode interrompu.

↓ Espèce forestière, comme d'ailleurs la plupart des plantes de sa famille qui croissent ici, le lycopode interrompu fréquente surtout les parties sèches des

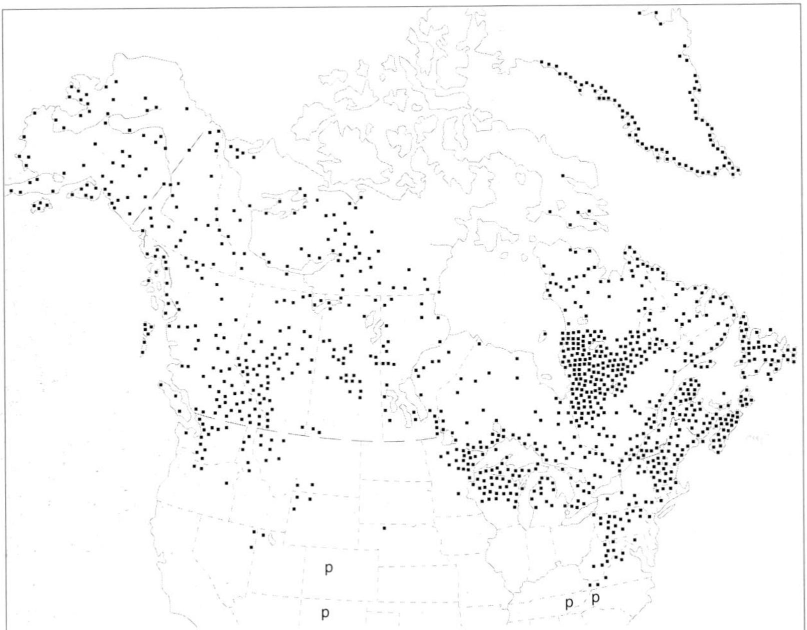


La famille du lycopode comprend de 200 à 500 espèces et se répartit sur tous les continents; près de la moitié de ces espèces pousse dans les Amériques. Circumboréal, le **lycopode interrompu** se répartit largement dans l'hémisphère nord.

Transcontinentale en Amérique du Nord, son aire, comme celles des lycopodes à massue* et aplati*, s'étale sur plus de 33 degrés de latitude. Dans l'Arctique, c'est la plus fréquente de ces trois espèces et la seule présente dans les îles arctiques canadiennes. Fréquent dans nos contrées, il occupe, dans l'est, les domaines tempéré mixte, boréal et arctique. À l'ouest des Grands Lacs, il traverse notre continent à la hauteur des domaines boréal et arctique, jusqu'en Alaska, et rejoint les domaines montagnards. Certains botanistes contestent sa présence au Nebraska.

Limites en Amérique du Nord: Groenland (Upernavik, 72°43'N) et Virginie (comté de Grayson, 36°35'N), mais pousserait aussi en Caroline du Nord et au Tennessee; au Québec: Nouveau-Québec (Havre Douglas, 61°49'N).

*Quel âge ont ces tiges dressées? Couvertes de feuilles étalées à l'horizontale ou arquées vers le bas, les tiges du* ***lycopode interrompu*** *se marquent de constrictions, annonçant la fin de chaque année de croissance.*

Photo: Gisèle Lamoureux

forêts de conifères ou des forêts mixtes, en compagnie du bouleau à papier, du sapin baumier, de l'épinette noire, de l'épinette blanche ou du cèdre-thuya occidental, et se trouve moins souvent dans les forêts décidues (érablières); il croît dans des endroits rocailleux, même à découvert. À l'occasion, il pousse dans des lieux plus humides, telles les aulnaies ou les parties boisées des tourbières à sphaignes. Le lycopode interrompu semble très présent dans les krummholz et dans la forêt coniférienne ouverte (taïga) composée essentiellement d'épinette noire sur un fond de lichens (pessière à cladonies), ce qui représente, pour les lycopodes, un milieu semi-ombragé. Il s'accommode aussi, dans les régions nordiques, au-delà de la limite des forêts, de sites peu exposés, par exemple en marge des combes à neige.

Comme les spores de toutes les plantes de la famille du lycopode, lorsque lancées dans les flammes, celles du lycopode interrompu prennent feu, explosent et projettent une lumière vive: joyeux feux de camp en perspective! Cueillis juste avant la dispersion de leur multitude de spores jaune vif, les strobiles de cette espèce fournissaient une bonne partie des spores qui composaient la «poudre de lycopode» du commerce, utilisée notamment pour les soins de la peau. De l'amidon, du gypse, du talc ou le pollen de certaines plantes, dont la quenouille à feuilles larges°, étaient parfois mélangés frauduleusement à cette poudre pour en gonfler le volume à peu de frais.

Ordinairement non cultivé; le lycopode interrompu s'utiliserait comme le lycopode aplati*, bien qu'il couvre le sol d'une manière plus clairsemée.

Le lycopode interrompu contient des substances toxiques; voir le texte sur le lycopode à massue*.

Les spores du lycopode interrompu s'utilisent de la même manière que celles du lycopode à massue*.

# Lycopode à massue

## running clubmos

Aigaire; buis-de-sapin; **courants-verts**; éguaire; griffe-de-loup; herbe-à-la-biche, -à-la-détourne, -à-la-plique, -à-la-teigne, -aux-massues, -de-retourne-des-égarés, -de-saint-roch, -écartante, -qui-égare, -jalouserie, -jalousie; lycopode à poil, claviforme, commun, en massue, officinal, rampant; mousse-aux-massues, -des-bois, -en-arbre, -plicaire, -rampante-à-massue, -serpent, -terrestre; patte-de-chat, -de-loup; pied-de-loup; plicaire; pulmonaire-terrestre. *Buck-grass; buckhorn; buck's- or stag's- horn-moss; common clubmoss; coral- or staghorn-evergreen; creeping-jenny; creepingbur; forks-and-knives; fox's- or wolf's- claw or claws or feet; foxtail; goodluck; ground- or running-pine; knives-and-forks; lamb's-, toad's- or tod's-tail or tails; robin-hood's-hatband; running- or snake-moss; traveller's-joy; uprightburr.*
Famille du lycopode; *Lycopodiaceae*.

**Lycopodium clavatum** Linné.
Du grec *lycos*: loup, et *podion*: petite patte, les ramifications courtes, en forme de doigts, rappelleraient chez certaines espèces la patte velue d'un loup; *clavatum*: en forme de massue (plus large et arrondi au sommet, se rétrécissant doucement et régulièrement vers le bas), du latin *clava*: massue, bâton, probablement à cause de la forme des ramifications.

Herbacée vivace sans véritable rhizome, mais à tige couchée sous les feuilles mortes et faiblement enracinée; la plante complète persiste durant tout l'hiver. Peu élevé (0,25 m), le lycopode à massue forme des tapis, souvent très denses et à peu près dépourvus d'autres végétaux. Le seul de nos lycopodes à porter une longue soie blanche au sommet de chaque feuille; ces soies lui donnent des reflets de velours, d'un vert plutôt clair. Comme ces soies s'orientent vers le haut, les dernières coiffent le sommet de chaque ramification d'une sorte de petit capuchon blanc; elles donnent aux tiges un aspect de bâton arrondi, tel un bâton de baseball ou une massue. Les sporanges sont groupés en strobiles différenciés et nombreux, portés comme des candélabres au bout d'une longue queue.

*Tige* couchée (diam. 0,3 cm) robuste, très feuillée, arquée, souvent très longue (quelques mètres); portant quelques racines grossières et peu ramifiées. La tige couchée émet de nombreuses tiges dressées, elles-mêmes densément couvertes de feuilles et divisées à plusieurs reprises en deux parties inégales (contrairement aux huperzies qui se divisent en deux parties égales) de façon à y reconnaître un axe principal et des ramifications latérales. Ce type de ramification, de même que les reflets de velours donnés par l'ensemble des soies blanches et retroussées, évoquent pour certains les bois du cerf de virginie. La tige semble s'allonger indéfiniment tout en se détruisant par l'autre extrémité; elle forme ainsi de longs «courants verts» d'où l'un de ses noms. À intervalles plus ou moins réguliers le long de la tige et du rhizome se remarquent des constrictions correspondant à l'arrêt de croissance hivernal, ce qui permet d'évaluer à 4 ou 5 ans l'âge d'un rameau dressé.

*Feuilles* très nombreuses, alternes; allongées (0,5 X 0,1 cm sans compter la soie),

*Elles courent en surface, les tiges couchées du* ***lycopode à massue****, et forment des «courants verts» qui finissent par étaler des tapis souvent étendus. Il pourrait aussi s'appeler lycopode à candélabres: voyez ses fructifications. La terminaison blanche de ses tiges dressées? Très typique*

Photo: Claude Allard

remarquables par la longue soie (0,2 à 0,3 cm) qui les termine. Sans dents ni queue et rattachées à la tige seulement par la base (feuilles libres, c'est-à-dire non soudées à la tige sur une partie de leur longueur). Feuilles arquées vers le haut ou étalées horizontalement et à soie retroussée. D'un vert clair et brillant.

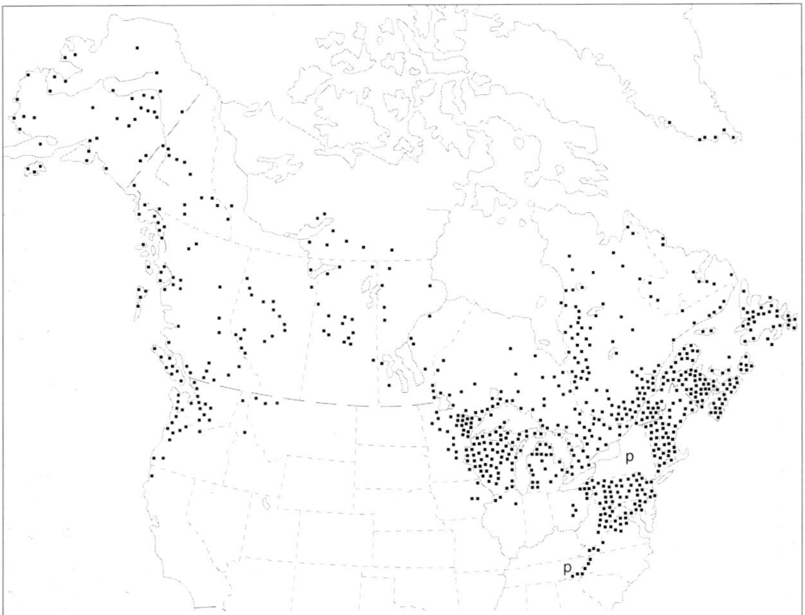


La famille du lycopode comprend de 200 à 500 espèces et se répartit sur tous les continents; près de la moitié de ces espèces se trouvent dans les Amériques. Circumboréal, peut-être même cosmopolite sans pour autant être introduit, ce qui est peu fréquent, le **lycopode à massue** se répartit principalement dans les forêts des régions tempérées, mais aussi dans les régions arctiques-alpines des deux hémisphères et dans les montagnes tropicales de l'Asie, de l'Afrique et de la Polynésie; comparée à celle des autres lycopodiacées de nos contrées, mise à part l'huperzie sélagine*, son aire couvre, sur la planète, le plus vaste territoire et, à cet égard, inspira Marie-Victorin: «Sa distribution est l'une des plus extraordinaires connues et atteste une grande antiquité».

Transcontinental en Amérique du Nord, il se répartit, comme le lycopode aplati* et le lycopode interrompu*, sur plus de 33 degrés de latitude. Sa répartition se concentre dans le nord-est, surtout dans le domaine tempéré mixte (feuillus et conifères), mais devient plus dispersée dans le domaine boréal (forêt coniférienne), bien qu'elle en atteigne la limite nord; son aire traverse notre continent à ces latitudes, jusqu'en Alaska, où elle déborde dans le domaine arctique, puis rejoint les domaines montagnards. La variété *monostachyon* occupe la partie nordique de l'aire de répartition; par exemple, au Québec, elle serait la seule variété présente au nord d'Eastmain et de Havre-Saint-Pierre, mais elle se trouve aussi plus au sud.

Limites en Amérique du Nord: Alaska (Howard Pass, 68°30'N) et Caroline du Nord (comté de Macon, 35°10'N); au Québec: Nouveau-Québec (baie Korok, 58°50'N).

*Certains le nomment lycopode à poil! Ou encore patte-de-loup ou de-chat,* foxtail, lamb's-tail. *La longue soie blanche au sommet de chaque feuille du* **lycopode à massue** *lui donne des reflets de velours. Comme ces soies s'orientent vers le haut, les dernières coiffent le sommet de chaque ramification d'une sorte de petit capuchon blanc. Ces soies donnent aussi aux tiges un aspect arrondi, comme un bâton de baseball ou une massue.*

Photo: Sylvain Lamoureux

*Fructifications*: chaque longue queue (10-15 cm) porte généralement 3 ou 4 longs strobiles cylindriques (5 X 0,5 cm). Feuilles de ces queues remarquablement disposées en une longue spirale, appliquées sur la tige et un peu différentes: plus minces et membraneuses, presque toutes blanches. Strobile comprenant de nombreux sporanges, chacun inséré à l'aisselle d'une feuille modifiée (appelée sporophylle, du grec *spora*: semence et *phyllon*: feuille). Sporophylles triangulaires, beaucoup plus larges que les autres feuilles mais moins longues, bordées d'une membrane translucide, blanche et frangée, arborant aussi la soie qui caractérise les feuilles de ce lycopode. Sporanges en forme de croissant, d'un jaune maïs.

≠ C'est au lycopode interrompu* que le lycopode à massue ressemble le plus. Le fait que le lycopode à massue porte presque toujours des fructifications (si ce n'est celles de la saison en cours, il reste toujours celles de l'année précédente) rend la distinction facile: il porte ses strobiles rassemblés par 2, 3 ou 4 au bout d'une longue queue (10 à 15 cm) très peu feuillée, tandis que le lycopode interrompu porte des strobiles solitaires, sans queue, juste au sommet de la tige feuillée. En l'absence de fructifications, la distinction reste aisée, mais demande de se rapprocher un peu plus: la soie qui termine chaque feuille du lycopode à massue et coiffe l'extrémité de chaque ramification d'un petit capuchon blanc, n'apparaît pas chez le lycopode interrompu. Il existe une variété du lycopode à massue, la variété *monostachyon*, avec des feuilles plus courtes et plus accolées à la tige (apprimées), des strobiles eux aussi plus

### Une recette pour comprendre le langage des animaux

Comme c'est le cas pour les fougères, le folklore alloue toutes sortes de propriétés mystiques aux lycopodes, à commencer par un pouvoir aphrodisiaque. Est-ce pour cette raison que les tiges des lycopodes, en particulier celles du lycopode à massue, se portaient en guise d'ornement lors de festivités diverses?

Dans la légende, lorsque cueillie suivant un cérémonial précis, cette plante conférait la capacité de comprendre le langage des animaux; ce «cérémonial précis» exigeait du cueilleur qu'il marche pieds nus, les pieds bien propres s'il vous plaît (!), se vête tout de blanc et qu'il offre pain et vin en sacrifice, le train-train quotidien quoi.

Aphrodisiaques les spores du lycopode à massue? Chose certaine, comme les spores de toutes les plantes de cette famille, lorsque lancées dans les flammes elles prennent feu, explosent et projettent une lumière vive: joyeux feux de camp en perspective! Une aubaine pour les artificiers et une bonne méthode pour confondre le spectateur à l'occasion de démonstrations de prestidigitation: combien de lapins ou autres pigeons apparurent derrière tel rideau explosif? Combien de personnages théâtraux aux allures démoniaques s'introduisirent sur scène à la faveur de tels éclats? Pas étonnant que, dans la croyance populaire, les plantes produisant une «poudre» aussi fabuleuse s'entourent d'une certaine aura de mystères. Ainsi, c'est elle la redoutable «herbe-écartante», celle qui fait oublier leur chemin à ceux qui marchent dessus!

courts, solitaires et portés par une queue beaucoup plus courte; certains reconnaissent cette variété comme une espèce distincte (*L. lagopus*), d'autres comme une simple forme.

Fort répandu, le lycopode à massue, dans les forêts de conifères ou dans les forêts mixtes, et accompagnant souvent le bouleau à papier; généralement sur des substrats sablonneux, secs et acides, parfois sur des rochers. Il pousse également dans les clairières et dans certaines arbustaies. En régions nordiques, il croît aussi dans des habitats plus ouverts et fréquente, entre autres, des lieux peu exposés, telles les combes à neige.

La première mention écrite du nom latin *Lycopodium* viendrait du botaniste Tabernaemontanus (de son vrai nom: Jacob Theodor Müller, 1520-1590), dans sa présentation du lycopode à massue; germanophone, Tabernaemontanus emprunta vraisemblablement le sens du mot *Lycopodium* au nom populaire allemand *wolklauen* (de *wolf*: loup et *klauen*: griffe, pied fourchu). Heureusement, ce Müller changea de nom; cela permet de le distinguer des 80 botanistes s'appelant ainsi!

Curieusement, les spores des lycopodes, des prêles et des fougères contiennent beaucoup d'huiles, contrairement à leurs tiges et à leurs feuilles qui en renferment très peu, en fait, bien moins que celles de la plupart des autres plantes. Ces huiles contribuent aux propriétés explosives des spores de lycopodes, mais ne seraient pas non plus étrangères aux attributs, pratiques cette fois, qui leur reviennent. Outre que les Japonais se servaient de leurs spores pour le polissage d'objets variés et les Suédois, de leurs tiges résistantes pour fabriquer des carpettes, les lycopodiacées prouvèrent leur utilité dans l'industrie du textile, tout particulièrement en teinturerie, depuis au moins le X$^{e}$ siècle jusqu'au siècle dernier. La présence massive de résidus de lycopodiacées dans certains sites archéologiques du nord de la Grande-Bretagne laisse supposer qu'à l'époque médiévale, ces plantes constituèrent peut-être une certaine part des échanges commerciaux transitant par la mer du Nord, entre la Scandinavie et les îles britanniques. En Écosse, certains ouvrages de botanique du XVIIIe siècle mentionnent l'utilisation courante, en teinturerie, des lycopodes alpin*, à massue et de l'huperzie sélagine*; d'ailleurs, en témoignage de l'importante place qu'occupèrent ces plantes dans la vie rurale des siècles passés, certaines d'entre elles figurent encore aujourd'hui comme plantes emblèmes chez au moins deux clans écossais: les clans Munro (lycopode à massue) et Macrae (huperzie sélagine). Des extraits de lycopodiacées, en particulier ceux du lycopode à massue, se substituaient à l'alun (sulfate double de potassium et d'aluminium hydraté, $KAl(SO_4)_2 \cdot 12\ H_2O$) comme mordant et même, le surpassaient en efficacité dans la fixation des teintures provenant d'autres plantes, quand ce n'était pas des lycopodes eux-mêmes qu'elles provenaient; ce mordant donnait des couleurs plus pâles, oui, mais plus durables qu'avec l'alun. Cette utilisation, apparemment fort répandue dans le nord de l'Europe, dut exiger d'importantes campagnes de cueillette en milieu naturel; inutile de préciser qu'en ces contrées, la pression humaine exercée de nos jours sur l'habitat des lycopodes n'en permettrait plus l'exploitation intensive et leur culture est impraticable à grande échelle. Cette substitution à l'alun laisse croire que la plante contient de l'aluminium. Dans le sud de l'Afrique, on fumait du lycopode à massue mêlé à de la sélaginelle des rochers* pour se débarrasser des maux de tête; la décoction servait plutôt contre les spasmes et comme diurétique.

Intéressant pour couvrir un sol acide et bien drainé, le lycopode à massue résiste cependant généralement à la transplantation et s'établit difficilement; le plant aurait tendance à sécher avant la formation des nouvelles racines.

Dans la famille du lycopode, seules les spores s'utilisent en médecine, surtout celles du lycopode à massue. Le reste de la plante contient divers alcaloï-

Photo: Gisèle Lamoureux

*Cet aspect du* ***lycopode à massue*** *vous rappelle quelque chose? Des bois de cerf? Les anglophones le nomment* buckhorn *ou* staghorn-evergreen.

*Le **lycopode à massue variété monostachyon**, avec des feuilles plus courtes et plus accolées à la tige, des strobiles solitaires, eux aussi plus courts, et portés par une queue beaucoup plus courte que dans la variété typique. Cette variété occupe la partie nordique de l'aire de répartition de l'espèce.*

Photo: Sylvain Lamoureux

des toxiques, qui varient d'une espèce à l'autre et que la médecine n'utilise pas actuellement; leurs effets diurétique, laxatif, antidouleur, antifièvre et anti-inflammation de la vessie et des reins restent à être étudiés et prouvés. Parmi ces alcaloïdes, citons, par ordre décroissant de toxicité chez la souris: la complanatine, la lycopodine, l'obscurine et l'annotine; ces plantes contiennent aussi de la nicotine, de la clavatine, de la clavatoxine, toutes des substances peu recommandées au petit déjeuner!

Les spores du lycopode à massue, récoltées tard à l'automne, contiennent de la sporonine, des sucres et 50 % d'huiles; les apothicaires les connaissaient sous le nom de poudre de lycopode ou de soufre végétal et, parfois, les spores d'autres espèces de lycopode s'utilisaient aux mêmes fins. En remplacement du talc, cette poudre soulage les peaux irritées (fesses de bébé, pieds d'athlète, plis cutanés échauffés); à proscrire sur les plaies ouvertes, car elle risque de provoquer des granulomes (tumeurs inflammatoires causées par le rejet de substances étrangères). Ces spores diminueraient peut-être l'inflammation de la vessie (mêler 1 partie de spores pour 9 parties de sucre, en avaler la quantité qui tient sur la pointe d'un couteau, 3 fois par jour, avec de la tisane d'arctostaphyle raisin-d'ours: voir Fleurbec 1985, *Plantes sauvages du bord de la mer*, p. 192). Anciennement, on enrobait les pilules et les suppositoires de ces spores, pour empêcher qu'ils ne collent ensemble; pour tester les qualités hydrofuges de la poudre de lycopode: en saupoudrer une bonne couche à la surface de l'eau d'un verre, plonger le doigt jusqu'au fond... il ressort sec (paraît-il). L'homéopathie utilise une teinture des spores contre les problèmes chroniques des poumons, de l'estomac, des reins, du foie et de la vessie.

# Lycopode obscur

tree clubmoss

Lycopode arborescent, foncé; petits-pins. *Bunch-evergreen; crowfoot; flatbranch ground-pine; ground-spruce; princess- or spiral-pine; treelike clubmoss.*
Famille du lycopode; *Lycopodiaceae.*

**Lycopodium obscurum** Linné.
Synonyme partiel: *Lycopodium dendroideum* Michaux. Du grec *lycos*: loup, et *podion*: petite patte, les ramifications courtes, en forme de doigts, rappelleraient chez certaines espèces la patte velue d'un loup; *obscurum*: du latin, obscur, sombre, qualificatif inexpliqué, sauf que Linné, lui donnant ce nom, nota que le fruit lui était inconnu.

Herbacée vivace à rhizome; la plante complète persiste durant tout l'hiver. De petite taille (0,18 m), le lycopode obscur pousse en colonies généralement clairsemées, parfois denses. Bien des gens prennent pour un petit conifère ce lycopode étagé, à allure buissonnante, portant, au sommet de la tige, quelques strobiles qui ressemblent à des cônes. À plusieurs, il rappelle du «déjà vu»; serait-ce le souvenir des couronnes de Noël auxquelles il prêta longtemps son feuillage qui reste vert? Même certains modèles en plastique l'imitent! Il ne présente pas à proprement parler de «courants verts», car son rhizome est profondément enfoui dans le sol, à une dizaine de centimètres de profondeur; il émet des tiges dressées souvent très espacées (env. 20 cm) et en ligne, beaucoup plus que dans le cas des autres lycopodes, ce qui produit l'aspect clairsemé des colonies.

*Tige* principale nettement dressée (diam. 0,3 cm), complètement couverte de feuilles; émettant des ramifications dressées et collées le long de la tige principale, puis elles-mêmes ramifiées et à ramifications retombantes; ce mode de ramification lui donne une allure étagée, très caractéristique. Les dernières feuilles à apparaître durant la saison de croissance sont plus petites, ce qui marque de constrictions régulières la silhouette des ramifications, dont l'âge se calcule ainsi approximativement.

*Feuilles* très nombreuses, alternes. Un examen attentif révèle qu'elles sont soudées à la tige sur une partie de leur longueur (environ le tiers dans le cas des feuilles des ramifications); partie libre de la feuille en forme de courte aiguille (0,5 X 0,1 cm), très aiguë mais dépourvue de soie et arquée, ou étalée et à pointe remontante. D'un vert sombre et luisant.

*Fructifications*: chaque tige dressée porte généralement de 1 à 4 strobiles différenciés, sans queue et posés chacun au sommet d'une des ramifications de la plante. Strobiles cylindriques (3 X 0,5 cm) comprenant de nombreux sporanges, chacun inséré à l'aisselle d'une feuille modifiée (appelée sporophylle). Sporophylles beaucoup plus larges que les feuilles ordinaires de la plante; d'un vert clair (jaune à maturité), bordées d'une membrane translucide, blanche et sans dents; à sommet brusquement rétréci en une pointe aiguë (mais sans soie), étalée à la maturité du strobile. Sporanges d'un jaune soufre.

≠ La variété petit-arbre (*dendroideum*) présenterait des feuilles toutes semblables et uniformément étalées (formant un angle de 30° à 90° avec la tige) ou remontantes, même celles du bas de la tige principale (ce qui rend le bas de la tige un peu piquant); c'est la variété la plus fréquente dans nos contrées. La variété *obscurum* différerait par ses feuilles du bas de la tige principale plus collées contre celle-ci, écartées d'elle par un an-

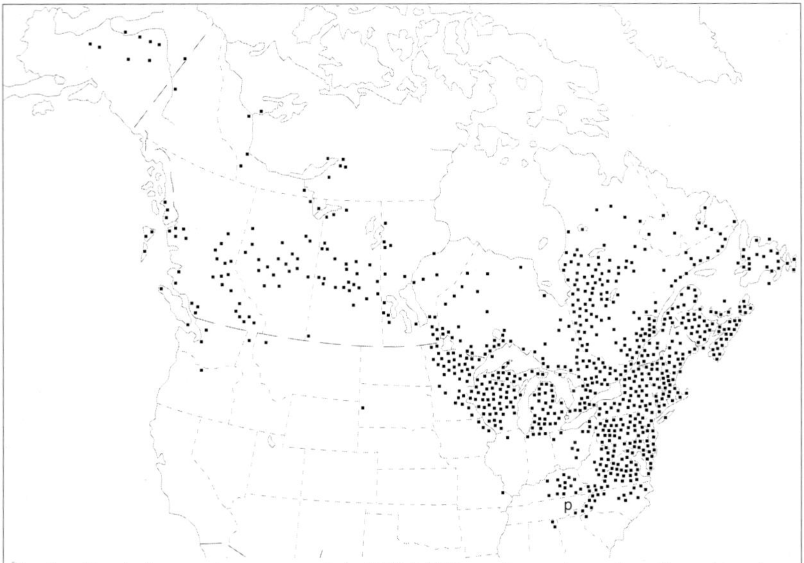


La famille du lycopode comprend de 200 à 500 espèces et se répartit sur tous les continents; près de la moitié de ces espèces pousse dans les Amériques. En dehors de l'Amérique du Nord, le **lycopode obscur** ne croît que dans l'est de l'Asie.

Transcontinental sur notre continent, il atteint sa plus grande concentration et sa plus large répartition dans le nord-est, où il croît principalement dans les forêts mixte et coniférienne, dans la toundra forestière (domaine tempéré mixte et domaine boréal), de même que dans la partie nord des domaines tempérés décidu et de la plaine côtière. À l'ouest des Grands Lacs, il devient plus dispersé et traverse le continent aux latitudes boréales, jusqu'en Alaska, puis rejoint les domaines montagnards. Certains botanistes divisent le lycopode obscur en deux variétés (ou espèces): la variété petit-arbre, couvrant pratiquement toute l'aire de répartition et la variété obscure, ne poussant que dans l'est du continent.

Limites en Amérique du Nord: Alaska (rivière Kandik, frontière Yukon-Alaska, 66°N) et Alabama (comté de Dekalb, 34°30'N); au Québec: Nouveau-Québec (rivière aux Mélèzes, 57°15'N). Le lycopode obscur figure sur la liste des plantes rares du Yukon et de l'Illinois.

gle de moins de 30° (ce qui rend le bas de la tige moins piquant que celui de la variété petit-arbre) et par ses ramifications plus aplaties, portant sur le dessus et sur le dessous un rang de feuilles plus courtes et moins étalées; cette variété se retrouve surtout dans le sud et dans l'est de l'aire de répartition du lycopode obscur. Pour certains botanistes, il s'agit plutôt de deux espèces distinctes: *L. dendroideum*, la plus fréquente dans nos régions, et *L. obscurum*.

Comme la plupart des autres espèces de la famille du lycopode qui croissent sous nos latitudes, le lycopode obscur se classe parmi les plantes forestières. Comme l'huperzie brillante*, il pousse plus particulièrement dans les forêts dominées

*Des «petits-pins»? Une colonie particulièrement dense du **lycopode obscur**; généralement, ces colonies se présentent plus clairsemées. Du «déjà vu»? Le souvenir des couronnes de Noël peut-être?*

Photo: Sylvain Lamoureux

*Une allure étagée, très caractéristique (et sympathique) du **lycopode obscur**. Des feuilles uniformément étalées rendent plus piquante la **variété petit-arbre**, la plus répandue sous nos climats. Ses feuilles, toutes semblables, forment un angle de plus de 30° avec la tige.*

Photo: Gisèle Lamoureux

ou codominées par le bouleau jaune, par le bouleau à papier ou par le sapin baumier, généralement sur des sols bien drainés (non mouillés) et plutôt acides que calcaires. Au nord de la forêt coniférienne dense, il pousse dans des lieux plus ouverts, rocheux ou sablonneux.

Un autre élément de notre flore dont la répartition se concentre surtout dans l'est de l'Asie et dans l'est de l'Amérique du Nord. L'affinité floristique entre ces deux régions, pourtant fort éloignées l'une de l'autre, exerce depuis longtemps une grande fascination chez les phytogéographes. Plusieurs espèces montrent cette singulière disjonction dans leur répartition et, parfois, il s'agit d'espèces vicariantes, soit des espèces distinctes mais très semblables, puisque provenant d'une seule et même espèce à l'origine.

Qui nous expliquera le mystère du mode de croissance du rhizome du lycopode obscur? Chaque année, le rhizome principal croît en ligne droite, sur une distance d'environ 20 cm, émettant, sur un côté, deux courtes ramifications séparées d'environ 2 cm. La seconde de ces ramifications émet une seule tige aérienne, la seule produite par la plante cette année-là, et la première courte ramification meurt (tout simplement) au cours de l'année qui suit, alors que le rhizome principal émet encore deux courtes ramifications... de l'autre côté. Parfois, chez les plantes vigoureuses ou lorsque l'extrémité du rhizome principal est blessée, la première courte ramification s'allonge perpendiculairement au rhizome principal, émet à son tour deux courtes ramifications (suivant la recette originale) puis vire brusquement à angle droit pour continuer son parcours parallèlement au rhizome principal et dans la même direction que lui. Le tout se dessine, rappelons-le, à 5 ou 10 cm sous la surface du sol! En général, la tige aérienne porte 3 ou 4 branches, elles-mêmes ramifiées 3 ou 4 fois, ce qui donne de 8 à 16 ramifications. La tige aérienne croît pendant 4 ou 5 ans et c'est surtout au cours de sa deuxième année qu'elle se ramifie; par contre, les strobiles se forment surtout pendant la troisième ou la quatrième saison, parfois pendant la deuxième.

Bien chanceux ceux qui trouvent des prothalles de lycopodes: les premiers découverts au Canada furent ceux du lycopode obscur, dans le comté de Portneuf, en 1934. Ces prothalles adoptent la forme d'une minuscule selle de cheval; très difficiles à repérer sur le terrain, ils ne mesurent que de 1 à 2 cm de longueur (plus petits chez le lycopode à massue*: environ 0,5 cm). Afin de s'assurer de l'identité des prothalles (aussi bien ceux des lycopodes que ceux des fougères), il est presque essentiel qu'une jeune pousse du nouveau sporophyte (jeune tige ou fronde) y soit attachée… et là, encore, l'espèce reste difficile à déterminer avec certitude.

Même s'il contient des substances toxiques (voir la rubrique du lycopode à massue), le lycopode obscur fait partie de la pharmacopée chinoise; les Chinois l'utilisent comme diurétique et pour son action tonique, pour soulager la douleur ou calmer les spasmes; en poudre, il soigne les abcès et les plaies et, en décoction, l'arthrite, les maux de dos, les douleurs menstruelles et les rhumatismes.

Le vert foncé des colonies du lycopode obscur en fait un attrayant couvre-sol dans les jardins boisés, sur sol acide. Il s'établit difficilement et ne supporte pas un sol trop riche ou fertilisé.

Comme celles d'autres lycopodes, les spores du lycopode obscur servent de poudre dessiccative pour soigner les abcès, le pied d'athlète, les ulcères causés par des champignons et la peau irritée.

Roger Larose

*Encore le **lycopode obscur**? Oui, mais un peu différent. Observez bien les feuilles; elles forment un angle inférieur à 30°, sont beaucoup plus accolées à la tige, ce qui rend cette dernière bien moins piquante... serrez-la dans votre main. C'est la **variété obscure**; moins fréquente, elle se retrouve surtout dans le sud et dans l'est de l'aire de l'espèce.*

Roger Larose

*Une autre petite marque distinctive permet de reconnaître le **lycopode obscur variété obscure**: ses ramifications, plus aplaties, portent, sur le dessus et sur le dessous, un rang de feuilles plus courtes et moins étalées.*

# Lycopode aplati

## flattened clubmoss

Buis-de-cèdre; **courants-verts**; lycopode comprimé, en éventail, uni.
*Complanate, crowfoot or flatbranch clubmoss; creeping-jenny; creepingvine; festoon ground-pine; ground-cedar; hogbed; libertybed; northern running-pine; princess-pine; running-evergreen; runningvine; trailing-evergreen, -christmasgreen; trailingvine.*
Famille du lycopode; *Lycopodiaceae.*

**Lycopodium complanatum** Linné. Synonymes: *Diphasiastrum complanatum* (Linné) Holub, *Diphasium anceps* (Wallroth) Löve & Löve, *D. complanatum* (Linné) Rothmaler, *D. wallrothii* H.P. Fuchs, *Lycopodium anceps* Wallroth; synonymes partiels: *Diphasiastrum digitatum* (A. Braun) Holub, *Diphasium flabelliforme* (Fernald) Rothmaler, *Lycopodium digitatum* A. Braun, *L. flabelliforme* (Fernald) Blanchard. Du grec *lycos*: loup, et *podion*: petite patte, les ramifications courtes, en forme de doigts, rappelleraient chez certaines espèces la patte velue d'un loup; *complanatum*: aplani, du latin *complanatus* venant de *complanare*: aplanir, et *planus*: plat, uni, probablement à cause de l'aspect plat des ramifications.

Herbacée vivace sans véritable rhizome, mais à tige couchée sous les feuilles mortes et faiblement enracinée; la plante complète persiste durant tout l'hiver. De faible hauteur (0,25 m), le lycopode aplati forme des tapis souvent étendus grâce à la longueur de ses tiges couchées. Remarquer ses ramifications très aplaties, disposées sur plusieurs étages, et le plus souvent bien étalées en éventails. Dans la variété en éventail (var. *flabelliforme*, la plus fréquente, et de loin), les strobiles pointus, rassemblés par 3 ou 4, parfois plus, évoquent des candélabres portés au bout d'une longue perche; dans la variété aplatie (var. *complanatum*, plus rare), les strobiles sont habituellement solitaires.

*Tige* couchée robuste, cylindrique (diam. 0,25 cm) et très longue (un ou quelques mètres), portant quelques racines grossières et peu ramifiées. La tige couchée émet régulièrement, à environ tous les 4 à 6 cm, une tige dressée qui se ramifie à plusieurs reprises et porte ainsi 4, 5 étages ou plus, de beaux «éventails» bien étalés à l'horizontale ou aux extrémités un peu arquées vers le bas (vers le haut dans la variété aplatie). La ramification se fait souvent en deux parts égales (mais pas toujours); par ailleurs, la silhouette d'une ramification se marque de constrictions chez la variété aplatie, mais non chez la variété en éventail, du fait que les dernières feuilles à paraître durant la saison de croissance sont plus petites. Les tiges dressées se couchent parfois, à la base, et contribuent à élargir la colonie; elles sont semi-cylindriques et leurs ramifications, nettement aplaties et concaves lorsque vues par en dessous.

*Feuilles* paraissant minuscules et ne comprenant qu'une très petite pointe libre (env. 0,1 cm), car elles sont soudées à la tige sur la plus grande partie de leur longueur (au moins les 3/4); pointe libre retroussée. Disposées sur 4 rangs; celles du rang ventral (dessous de la ramification) réduites uniquement à une petite pointe libre (un peu plus longue chez la variété aplatie que chez la variété en éventail), non retroussée, la partie soudée carrément confondue à la tige sans laisser de trace

*Le* **lycopode aplati variété en éventail** *étale harmonieusement ses beaux éventails et forme de grands tapis invitant à la paresse; est-ce à l'origine du nom* libertybed? *Ses strobiles, réunis par 3, 4 ou 5, forment des candélabres, comme chez les lycopodes à massue et à trois épis.*

Photo: Gisèle Lamoureux

de suture. Feuilles lisses et cireuses, d'un vert foncé et luisant, sauf celles du dessous, d'un vert plus jaune.

*Fructifications* habituellement solitaires chez la variété aplatie ou, chez la variété en éventail, chaque longue queue (8 à 10 cm) se ramifiant au sommet en 3 à 5 queues (généralement 4) plus courtes (0,5 cm) et portant chacune un mince strobile cylindrique et aigu (3 X 0,25 cm). Feuilles de la queue des strobiles non

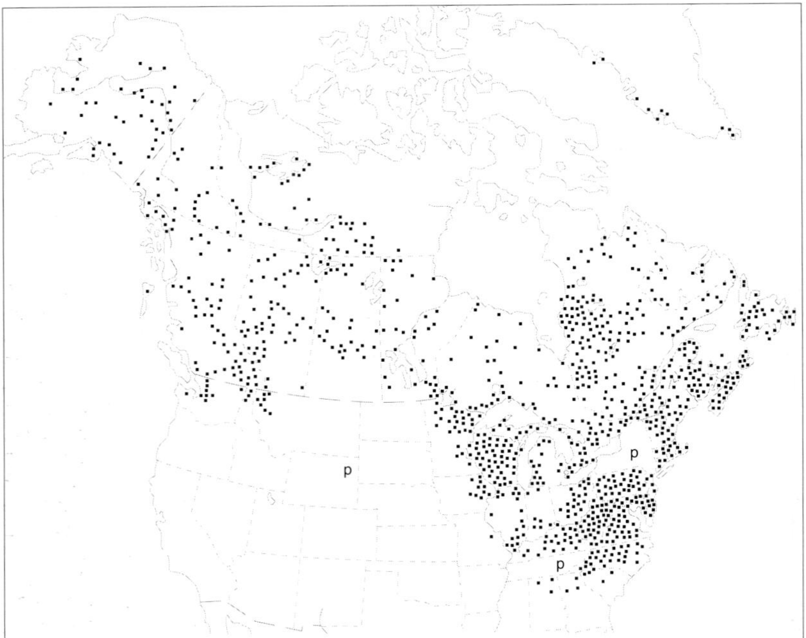


La famille du lycopode comprend de 200 à 500 espèces et se répartit sur tous les continents; près de la moitié de ces espèces se trouvent dans les Amériques. Principalement circumboréal, le **lycopode aplati** pousse également dans les montagnes du Mexique et de l'Amérique du Sud, de même que dans le sud de l'Asie.

Transcontinentale en Amérique du Nord, son aire, comme celles des lycopodes à massue* et interrompu*, s'étale sur plus de 33 degrés de latitude. Dans l'est de notre continent, il couvre une vaste étendue, du Groenland à l'État de la Géorgie (une partie du domaine arctique, les domaines boréal et tempérés mixte et décidu, avec débordement dans la partie ouest du domaine tempéré de la plaine côtière). À l'ouest des Grands Lacs, il se confine plus au nord, traversant le continent aux latitudes boréales jusqu'en Alaska, où il déborde dans le domaine arctique. Il pousse également dans les domaines montagnards. Certains botanistes reconnaissent la variété en éventail (*flabelliforme*) comme une espèce distincte, sous le nom de *L. digitatum*; propre à l'est du continent (endémique de l'Amérique du Nord), elle se classe parmi les plantes appalachiennes.

Limites en Amérique du Nord: Groenland (Godhavn, île de Disko, 69°20'N) et Alabama (comté de Clay, 33°15'N); au Québec: Nouveau-Québec (baie aux Feuilles, 59°N).

soudées à la tige, disposées en une longue spirale ou groupées par trois (un peu décalées) en étages distancés. Strobile comprenant de nombreux sporanges, chacun inséré à l'aisselle d'une feuille modifiée (appelée sporophylle); souvent terminé par un prolongement stérile. Sporophylles triangulaires, beaucoup plus larges que les autres feuilles de la plante et très différentes; d'un vert clair et bordées d'une membrane translucide blanche, à bord ondulé mais non denté; sommet brusquement rétréci en une pointe aiguë mais non prolongé par une soie; à la maturité du strobile, cette pointe s'étale puis se recourbe vers le bas, donnant au strobile un aspect hérissé. Sporange d'un jaune maïs.

**Un lycopode qui laisse sa trace**

Comme d'autres espèces de lycopode, le lycopode aplati servit à teindre des étoffes comme le laissent supposer des fragments de cette plante retrouvés dans des sites archéologiques datant du X$^{e}$ siècle, en Grande-Bretagne. Fut-il alors l'objet d'un certain commerce?

De nos jours, ce lycopode se trouve communément dans toute l'Europe continentale, mais ne pousse pas dans les îles britanniques; les archéologues croient donc que les fragments de cette plante provenaient des pays scandinaves, car la découverte d'artefacts de ces pays accompagnait souvent celle de fragments de lycopode aplati et d'autres plantes associées à l'industrie du textile.

≠ C'est au lycopode à trois épis* que le lycopode aplati ressemble le plus: il s'en distingue par sa tige couchée non profondément enfouie dans le sol, ce qui lui permet de tracer de véritables «courants verts», peu enracinés. Il s'en distingue aussi par ses rameaux un peu plus larges (plus de 0,2 cm), d'un vert non teinté de bleu, plutôt jaunâtres au revers, étalés à l'horizontale (non dressés, sauf chez la variété aplatie), par un rang ventral de feuilles très réduites et par l'absence de constrictions annuelles (sauf chez la variété aplatie).

↘ C'est dans un genre différent (*Diphasiastrum*) ou dans une section du genre *Lycopodium*, la section *Complanata*, que les botanistes rassemblent les lycopodes alpin*, aplati, à feuilles de genévrier* et à trois épis*. Parmi ces espèces, le lycopode alpin fait bande à part, poussant au-delà de la limite des forêts, dans les combes à neige. Les trois autres montrent des préférences écologiques semblables: elles croissent dans des lieux semi-ombragés, qu'elles trouvent généralement dans des peuplements forestiers ouverts, et sur des sols sablonneux, acides et, dans le cas des lycopodes à feuilles de genévrier et à trois épis, sur des sites particulièrement secs. Une étude portant sur 66 stations révéla que si ces trois lycopodes se trouvent occasionnellement sur des calcaires, la plupart du temps ils s'installent plutôt sur des sols dont le pH se situe entre 4,5 et 5,5, mais jamais sous 4,0 ou au-dessus de 8,0. Le substrat, à ces endroits, se composait purement de sable, parfois mêlé à un peu de limon; une bonne couche d'humus le couvrait généralement, mais parfois il ne s'agissait que d'une couche réduite d'humus ou simplement d'une litière en surface (feuilles et branches mortes, non décomposées). Parmi ces espèces, celles qui poussent sous un climat tempéré ou boréal ne recherchent pas l'ombre profonde des érablières ou des forêts de conifères très denses; elles préfèrent nettement les peuplements plus ouverts des forêts mixtes ou des forêts de transition, telles celles dominées par le peuplier faux-tremble, le bouleau jaune ou le bouleau à papier. Lorsque leur aire de répartition s'étend au-delà de la limite des arbres, elles forment, parmi les mousses, les lichens et les autres plantes de la toundra, des tapis bien petits comparés aux surfaces qu'elles couvrent en forêt. Parfois, l'un de ces lycopodes pousse dans un lieu ouvert ou, encore; la fin d'un tapis situé en bordure des forêts se trouve exposé directement aux ardeurs du soleil; dans ces

### Deux variétés ou deux espèces?

Certains botanistes divisent ce lycopode en deux variétés: les variétés aplatie (*complanatum*) et en éventail (*flabelliforme*). Chez cette dernière, les ramifications ne montrent pas de constrictions (appelées innovations annuelles par Marie-Victorin) et s'étalent harmonieusement en beaux éventails bien réguliers; les ramifications de la variété aplatie, au contraire, montrent des constrictions et s'étalent de façon désordonnée: un vrai beau fouillis! Par ailleurs, la pointe libre de la feuille ventrale reste plus courte que celle des feuilles latérales dans la variété en éventail; elle est égale ou plus longue que celle des feuilles latérales dans la variété aplatie. À observer également: les strobiles habituellement solitaires de la variété aplatie, ceux de la variété en éventail plutôt réunis par 3, 4 ou 5.

D'autres botanistes considèrent ces différences comme importantes et reconnaissent dans cette entité deux espèces distinctes; selon eux, la variété en éventail, la plus fréquente dans nos contrées, porte le nom de *Lycopodium digitatum* (anciennement *L. flabelliforme*) et la variété aplatie continue de porter le nom de *Lycopodium complanatum*. Enfin, une petite note ajoute une allée au labyrinthe de la nomenclature: le lycopode aplati fait partie du groupe des lycopodes à feuilles disposées sur quatre rangs et à rameaux plus ou moins aplatis, groupe que certains botanistes séparent du genre *Lycopodium* et classent dans un genre à part, *Diphasiastrum* (genre lui-même rattaché par certains au genre *Diphasium*). C'est ainsi que le lycopode aplati qu'on trouve le plus souvent se nomme aussi *Diphasiastrum* (ou *Diphasium*) *digitatum*, et que le lycopode aplati à rameaux portant des constrictions devient *Diphasiastrum* (ou *Diphasium*) *complanatum*. Ouf!!!

cas, des herbes hautes ou des frondes de fougère-aigle commune* apportent un certain ombrage. (Tiré de Wilce, 1965)

Les lycopodes de la section *Complanata* (genre *Diphasiastrum*) possèdent tous le même nombre de chromosomes ($n = 23$); interfécondables, ils produiraient des spores fertiles, mais cette hypothèse se montre pratiquement invérifiable, car, en général, les spores des lycopodes germent très difficilement. Typiquement nordiques, les lycopodes? Eh bien non; de nombreuses espèces poussent sous la chaleur des tropiques, et certaines d'entre elles surprennent par leur mode de croissance: dans les forêts pluviales (ou ombrophiles) de l'Amérique du Sud, des espèces dites «épiphytes» poussent sur les troncs et les branches des arbres, leurs tiges pendantes atteignant parfois une longueur de deux mètres. Des petites plantes éphémères, les lycopodes? Pas du tout, même que certaines espèces de nos contrées, en particulier les lycopodes à massue* et aplati, produisent de très longues tiges rampantes qui forment des colonies très âgées et prennent des dimensions étonnantes; découvert dans le sud de la Finlande, un clone de lycopode aplati dont l'âge s'estimait à plus de 800 ans, s'étalait sur au-delà de 200 m! Le strobile du lycopode aplati semble très plastique: il varie beaucoup, en réponse aux conditions de l'environnement; l'étude d'un clone de la variété en éventail poussant en partie au soleil et en partie à l'ombre, révéla qu'au soleil, les queues des strobiles se ramifient moins, donnant moins de strobiles par tige, que ceux-ci restent un peu plus courts (env. 0,5 cm) et se terminent moins souvent par un prolongement stérile.

Les Amérindiens Pieds-Noirs des Grandes Plaines utilisaient cette espèce en guise d'antiseptique, de même que pour soigner les saignements de nez, les affections aux poumons et les maladies transmises sexuellement. Chinois et Amérindiens employaient certains lyco-

*Le* ***lycopode aplati variété aplatie*** *s'étale de façon désordonnée: un beau fouillis! Il a beau s'appeler deux fois aplati, il paraît beaucoup moins aplati que la variété en éventail. Observer ses strobiles solitaires et les constrictions marquant l'arrêt de la croissance annuelle (constrictions absentes ou peu marquées chez la variété en éventail).*

Photo: Jacques Cayouette

podes contre la fièvre et les hémorragies. Récoltée année après année pour la confection de couronnes de Noël, cette espèce ferait maintenant face à l'extinction dans certaines régions du nord des États-Unis.

Bien qu'il puisse s'utiliser comme plante couvre-sol, sur un substrat peu fertile (sable, roche) et dans des lieux semi-ombragés, le lycopode aplati se révèle très sensible aux perturbations qu'amène la transplantation. Certains suggèrent de le traiter comme une bouture, et de fournir beaucoup d'humidité atmosphérique aux tiges coupées. De manière générale, la culture des lycopodes présenterait trop peu de chances de succès à moyen terme (sur une période de 5 ans, par exemple) pour qu'il vaille la peine d'essayer de les transplanter.

Le lycopode aplati contient des substances toxiques; voir le texte sur le lycopode à massue*.

Les spores du lycopode aplati s'utilisent de la même manière que celles du lycopode à massue*.

# Lycopode à trois épis

## three-spiked clubmoss

Lycopode petit-cyprès. *Ground-cedar or -pine.*
Famille du lycopode; *Lycopodiaceae.*

**Lycopodium tristachyum** Pursh. Synonymes: *Diphasiastrum tristachyum* (Pursh) Holub, *Diphasium chamaecyparissus* (A. Braun) Löve & Löve, *D. tristachyum* (Pursh) Rothmaler, *Lycopodium chamaecyparissus* A. Braun. Du grec *lycos*: loup, et *podion*: petite patte, les ramifications courtes, en forme de doigts, rappelleraient chez certaines espèces la patte velue d'un loup; *tristachyum*: à trois épis, du grec *treis*: trois, et *stachys*: épi.

Herbacée vivace à rhizome; la plante complète persiste durant tout l'hiver. De faible hauteur (0,2 m), le lycopode à trois épis pousse en colonies clairsemées ou denses, généralement étendues grâce à la longueur de ses rhizomes; parfois, la croissance en ligne des tiges dressées révèle le parcours du rhizome. Celui-ci, profondément enfoui, ne permet pas la formation de véritables «courants verts» à la surface du sol, comme chez les lycopodes aplati*, interrompu* ou à massue*. Le lycopode à trois épis rappelle beaucoup le lycopode aplati mais il prend, le plus souvent, une teinte bleuâtre, surtout sur le revers qui se couvre d'une couche cireuse blanchâtre (pruine).

*Tiges* dressées issues d'un rhizome enfoui à 10 ou 15 cm sous la surface du sol et qui émet une tige dressée à tous les 5 à 7 cm environ. Tiges principales à section plutôt arrondie, couvertes de feuilles très tassées les unes sur les autres alternant avec d'autres beaucoup plus distancées; émettant des ramifications qui se ramifient elles-mêmes à plusieurs reprises, d'abord en parties inégales puis plus régulièrement en deux parties égales (ramification dichotomique, du grec *dikha*: en deux parties et *temnein*: couper), ce qui donne, à l'extrémité, des rameaux à peu près d'égale longueur et dessinant un profil buissonnant, en arc-en-ciel. Ramifications nettement aplaties (larg. moins de 0,2 cm), légèrement concaves lorsque vues par en dessous.

*Feuilles* paraissant minuscules et ne comprenant qu'une très petite pointe libre (env. 0,2 cm), car elles sont soudées à la tige sur au moins la moitié de leur longueur. Disposées sur 4 rangs; celles du rang ventral (dessous de la ramification) un peu moins proéminentes que les autres.

*Fructifications*: le sommet de la tige principale porte une longue queue (env. 7 cm), elle-même ramifiée en 2 parties, à 2 reprises, ce qui donne 4 petites queues supportant chacune un strobile (parfois seulement 3, parfois 5). Feuilles de la queue des strobiles non soudées à la tige, disposées en une longue spirale ou groupées par trois (un peu décalées) en étages distancés. Strobile cylindrique, court (2 X 0,3 cm), à sommet à peine aigu ou un peu arrondi; comprenant de nombreux sporanges, chacun inséré à l'aisselle d'une feuille modifiée (appelée sporophylle). Sporophylles très semblables à celles du lycopode aplati*: triangulaires, beaucoup plus larges que les autres feuilles de la plante, d'un vert clair, bordées d'une membrane translucide blanche, à sommet brusquement rétréci en une pointe aiguë mais non prolongé par une soie; à la maturité du strobile, cette pointe s'étale puis se recourbe vers le bas, donnant au strobile un aspect hérissé. Sporanges d'un jaune maïs.

*Des petits buissons bleus. Le* ***lycopode à trois épis*** *ne forme pas de «courants verts»: ses tiges sont profondément enfouies, contrairement à celles des lycopodes aplati, interrompu ou à massue. L'alignement des petits buissons révèle le parcours du rhizome.*



Photo: Gisèle Lamoureux

La famille du lycopode comprend de 200 à 500 espèces et se répartit sur tous les continents; près de la moitié de ces espèces se trouvent dans les Amériques. Amphi-atlantique, le **lycopode à trois épis** pousse en Europe et dans l'est de l'Amérique du Nord.

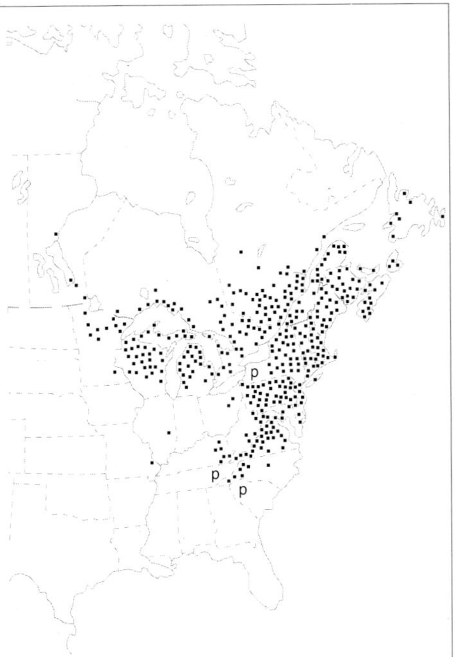


Sur notre continent, son aire rappelle celle de l'huperzie brillante*: elle couvre, en bonne partie, les Appalaches et les bassins des Grands Lacs et du Saint-Laurent, ce qui correspond à peu près au domaine tempéré mixte, avec débordement dans le sud-est du domaine boréal (forêt coniférienne). Des lycopodiacées de nos contrées, elle figure parmi celles qui paraissent les moins bien adaptées aux conditions nordiques, ne poussant qu'en deçà du 55e parallèle.

Limites en Amérique du Nord: Manitoba (Cross Lake, 54°40'N) et Caroline du Nord (comté de Macon, 34°N), mais pousserait aussi en Caroline du Sud; au Québec: territoire de la Baie-James (rivière à la Marte, 51°15'N). Le lycopode à trois épis paraît sur la liste des plantes rares du Manitoba et du Missouri.

≠ Le lycopode à trois épis rappelle beaucoup le lycopode aplati*: ramifications aplaties mais plus fines (comme chez la variété aplatie du lycopode aplati), disposées sur plusieurs étages étalés en éventails (comme chez la variété en éventail du lycopode aplati); strobiles pointus quoique plus courts, rassemblés par 3, 4 ou 5, portés au bout d'une longue tige dressée. Mais alors, comment distinguer ces deux entités? Dans nos contrées, le lycopode à trois épis, beaucoup moins fréquent que le lycopode aplati, pousse à peu près exclusivement dans des endroits très secs, de préférence sur de grandes étendues de sable (des dunes, par exemple), bien que sa carte de répartition laisse croire que dans la partie dite «habitée» du Québec, il montre la même fréquence que le lycopode aplati (le lycopode à trois épis est-il plus recherché et plus récolté par les botanistes?). Par ailleurs, les éventails formés par les ramifications sont généralement bien étalés à l'horizontale ou un peu arqués vers le sol chez la variété en éventail du lycopode aplati; chez le lycopode à trois épis, les éventails du sommet de la plante sont dressés et dessinent plutôt un entonnoir évasé, surtout lorsqu'il croît en milieu ensoleillé ou semi-ombragé; à noter: la variété aplatie du lycopode aplati présente des ramifications dressées, non disposées en éventail. L'ensemble du lycopode à trois épis, particulièrement le revers des ramifications, prend une teinte bleuâtre; d'un vert foncé et luisant, le lycopode aplati se teinte plutôt de jaune au revers. De plus, les ramifications du lycopode à trois épis présentent des constrictions, contrairement à celles du lycopode aplati qui en sont exemptes, sauf chez la variété aplatie, la moins fréquente de nos contrées. Enfin, chez le lycopode aplati, les feuilles ventrales sont très courtes (moins de 0,1 cm chez la variété en éventail, un peu plus longues chez la variété aplatie) et seule la partie libre se voit; à peine plus long, le sommet libre d'une feuille du lycopode à trois épis touche la base soudée mais renflée de la suivante, contrairement aux feuilles ventrales du lycopode aplati qui ne se touchent pas.

C'est dans un genre différent (*Diphasiastrum*) ou dans une section du

**Le frère Marie-Victorin**

Le frère Marie-Victorin (Conrad Kirouac, 3 avril 1885-15 juillet 1944) s'intéressa beaucoup aux ptéridophytes et publia des documents qui firent époque et demeurent encore souvent cités, dont: *Les Équisétinées du Québec, Les Filicinées du Québec* (sa thèse de doctorat) et *Les Lycopodinées du Québec*, publication dans laquelle la section *Complanata* est décrite pour la première fois.

Marie-Victorin compte parmi les scientifiques les plus connus et les plus influents du pays. Ses principales réalisations? Un livre et deux institutions. Sa *Flore laurentienne*, publiée en 1935, illustre et décrit plus de 1500 plantes; elle montre l'intérêt que Marie-Victorin portait aussi à l'écologie, à la phytogéographie, au folklore et aux utilités des plantes; aucune autre province canadienne ne dispose d'un outil équivalent, même plus de 55 ans après sa parution. Vers la même époque, en 1931, il fonde le *Jardin botanique de Montréal*, inauguré en 1937; de nos jours, seulement le jardin botanique de Kew (Londres) le surpasse; il doit sa renommée à la qualité et à la diversité de ses jardins (Chine, Japon, plantes d'importance économique, etc.) et de ses collections, en particulier celles des orchidées, des bégonias, des gesnériacées (violettes africaines) et à ses acquisitions plus récentes de bonsaïs et de penjings (pendants chinois des bonsaïs).

Si l'Institut botanique, destiné à l'enseignement et à la recherche, n'adopta son nom qu'en 1931, il existait, dans les faits, depuis 1920, moment où Marie-Victorin commence à enseigner la botanique à l'Université de Montréal; rebaptisé aujourd'hui *Institut de recherche en biologie végétale*, cet organisme comprend l'*Herbier Marie-Victorin*, l'un des plus grands au Canada, une bibliothèque considérable et une série de publications dans laquelle Marie-Victorin et ses collaborateurs exposaient le résultat de leurs recherches. Imaginez: 17 ans auparavant, en 1903, Marie-Victorin ne connaissait même pas l'érythrone! C'est par cette plante qu'il commence ses herborisations, alors qu'une maladie du poumon l'empêche de poursuivre son travail d'enseignant; il ne dispose alors que d'un seul ouvrage scientifique, la *Flore canadienne* de l'abbé Léon Provancher. Mais l'année suivante, il rencontre le frère Rolland-Germain (à qui Fleurbec dédia *Plantes sauvages des lacs, rivières et tourbières*) qui connaissait un peu la botanique et qui devint, pour le reste de sa vie, son compagnon d'herborisation.

Marie-Victorin entretint des contacts étroits avec Fernald, qui orienta son cheminement scientifique et l'encouragea (le texte sur l'adiante du canada* parle de ce botaniste). Ses collaborateurs affirment qu'un charisme remarquable l'animait: il savait canaliser les énergies et insuffler le dynamisme nécessaire à la réalisation d'oeuvres communes. Mais il n'oeuvra pas qu'en botanique: d'ordre strictement littéraire, ses premières parutions prennent la forme de pièces de théâtre et de deux recueils de nouvelles qui, malgré la poussière du temps qui les recouvre, restent très émouvants à lire: *Croquis laurentiens* (1919) et *Récits laurentiens* (1920). Un grand homme, à qui furent dédiés le *Gentianopsis victorinii* et le *Solidago victorinii.*

**Non mais, quel nom!**

Qu'il est mal nommé, le lycopode à trois épis! Tout le monde sait bien que, dans le cas des fructifications des lycopodes, des prêles et des sélaginelles, c'est le terme «strobile» qui convient... «épi» ne concerne que les inflorescences, et les lycopodes ne possèdent aucune fleur; non, mais!

Et puis, qui a dit qu'il n'en avait que 3, des «épis». Il lui en pousse tout aussi souvent des groupes de 4 ou 5!

genre *Lycopodium*, la section *Complanata*, que les botanistes rassemblent les lycopodes alpin*, aplati*, à feuilles de genévrier* et à trois épis. Les trois derniers montrent des préférences écologiques semblables: voir la rubrique ↓ du texte sur le lycopode aplati. Notons, de plus, que le lycopode à trois épis s'accommode même de substrats très pauvres et très secs, telles les dunes boisées et les forêts de pin gris.

Comme le lycopode à feuilles de genévrier* (voir le texte concernant cette espèce), le lycopode à trois épis change nettement d'allure avec le degré de luminosité; sous le soleil, la plante adopte une allure compacte, plutôt dressée, la faisant ressembler au lycopode à feuilles de genévrier; par contre, ses nombreux rameaux deviennent vert bleuâtre. À l'ombre, son allure devient lâche, car la plante se ramifie moins, et ses rameaux se recourbent parfois vers le sol, rappelant plutôt le lycopode aplati*. Évidemment, entre ces extrêmes se glissent tous les caractères intermédiaires envisageables! Cependant, son rhizome profondément enfoui, la forme des feuilles et l'allure des rameaux portant des strobiles demeurent fiables pour l'identification de l'espèce, puisque ces caractères se modifient peu sous l'effet des facteurs de l'environnement.

Le frère Marie-Victorin (1885-1944) s'intéressa beaucoup aux fougères et aux plantes apparentées. À propos des variations du lycopode à trois épis, il décrivit une nouvelle variété (*laurentiana*) et en reconnut une seconde, déjà décrite comme espèce (*habereri*), tout en mentionnant que ces deux variétés... n'en étaient peut-être pas, mais résulteraient plutôt de croisements entre le lycopode à trois épis et la variété en éventail du lycopode aplati* (qu'il reconnaît comme espèce: le lycopode en éventail); il admet cependant que les preuves d'hybridation restent difficiles à établir expérimentalement. C'est en 1814 que Pursh décrivit le lycopode à trois épis; mais à cette époque, selon Marie-Victorin, «les productions scientifiques américaines ne pénétraient encore que difficilement dans les milieux un peu fermés de la science européenne» et, en 1837, A. Braun décrivait la même espèce sous le nom de *L. chamaecyparissus*. Par la suite, pendant de nombreuses années, les botanistes attachèrent peu d'importance à cette plante, la classant souvent parmi les variétés ou les formes du lycopode aplati; mais en Amérique, le tournant du siècle vit la réhabilitation de son statut d'espèce.

Certainement utile pour fixer les sables secs et y former un couvre-sol décoratif, le lycopode à trois épis, tout comme les autres lycopodes, se transplante cependant difficilement (voir le texte sur le lycopode aplati*).

*Le mode de ramification du **lycopode à trois épis** dessine un profil buissonnant, étagé, et en arc-en-ciel (ou en entonnoir?). Et combien de strobiles compte chaque longue queue? À maturité, la pointe de la sporophylle se recourbe vers le bas, donnant au strobile un aspect hérissé.*

Gisèle Lamoureux

*Comme chez la plupart des lycopodes, les tiges du **lycopode à trois épis** se marquent de constrictions, correspondant à la fin de la croissance annuelle. Ce lycopode se revêt souvent d'une pruine, une couche cireuse lui donnant une coloration bleuâtre. Ses feuilles paraissent minuscules, car elles se soudent à la tige sur au moins la moitié de leur longueur.*

Gisèle Lamoureux

# Lycopode à feuilles de genévrier

## savin-leaved clubmoss.

*Ground-fir; heath-cypress; cedar-like club-moss.*
Famille du lycopode; *Lycopodiaceae.*

**Lycopodium sabinifolium** Willdenow. Synonymes: *Diphasiastrum sabinifolium* (Willdenow) Holub, *Diphasium sabinifolium* (Willdenow) D. Löve, *Lycopodium armatum* Desvaux; synonymes partiels: *Diphasiastrum sitchense* (Ruprecht) Holub, *Diphasium sitchense* (Ruprecht) Löve & Löve, *Lycopodium sitchense* Ruprecht. Du grec *lycos*: loup, et *podion*: petite patte, les ramifications courtes, en forme de doigts, rappelleraient chez certaines espèces la patte velue d'un loup; *sabinifolium*: à feuilles de genévrier, du latin *sabina*: sabine, désignant un genévrier (*Juniperus sabina*), et de *folium*: feuille.

Herbacée vivace à rhizome; la plante complète persiste durant tout l'hiver. De très petite taille (0,12 m), le lycopode à feuilles de genévrier forme des tapis généralement très fournis (rappelant un peu les tapis du genévrier horizontal°) d'où dépassent à peine les strobiles. Ce lycopode ne forme pas vraiment de «courants verts», car son rhizome s'enfouit à environ 5 ou 8 cm sous la surface du sol; les tiges dressées, cireuses, se ramifient à de très nombreuses reprises, ce qui contribue à créer la densité de ses tapis. Bien dressées, les ramifications un peu aplaties portent 4 rangs de feuilles, à peu près semblables, bien que deux rangées (celles des côtés) soient un peu plus robustes.

*Tiges* ténues (diam. 0,1 ou 0,2 cm), à peine plus hautes que des mousses (des polytrics, par exemple) et, comme elles, formant parfois des coussins. Même dans le sol, les tiges sont abondamment ramifiées; cette abondance de rameaux dressés et serrés contribue sans doute à retenir les débris végétaux et les particules de sol, mais la croissance continue des tiges permet à la plante de se hisser au-dessus de ces coussins. Les dernières feuilles à paraître durant la saison de croissance sont plus petites et tassées, ce qui marque de constrictions régulières la silhouette des ramifications et permet d'en connaître l'âge approximatif. Ramifications lisses, d'un vert foncé, sauf la partie enfouie dans le sol qui devient jaune.

*Feuilles* très petites, en forme d'aiguilles raides souvent terminées par une pointe blanche; opposées et disposées très régulièrement sur 4 rangs (souvent 5 rangs chez la variété de sitka). Soudées à la tige sur environ la moitié de leur longueur, la partie libre (long. 0,3 cm; larg. moins de 0,1 cm) écartée de la tige et remontante. Son nom l'indique: ses feuilles rappellent celles d'un genévrier.

*Fructifications* portées sur des ramifications un peu différentes, de par leurs feuilles complètement accolées à la tige. Un peu plus courtes que les autres, ces ramifications se prolongent par une queue (env. 2 à 4 cm) qui dépasse à peine l'ensemble du tapis. Queue du strobile portant des feuilles plus petites, moins raides, plus membraneuses que les feuilles ordinaires de ce lycopode et disposées par 3 (quoique un peu décalées), formant des étages très distancés. Strobile cylindrique (0,3 X 3 cm); parfois divisé en 2, parfois prolongé par une partie de tige portant des feuilles normales; comprenant de nombreux sporanges, chacun déposé à l'aisselle d'une feuille modifiée (appelée sporophylle). Sporophylles beaucoup plus

*Il ressemble autant à du genévrier qu'à du lycopode, le* ***lycopode à feuilles de genévrier****. Ses tiges très ramifiées forment des tapis ras, très fournis et d'un vert bien foncé, d'où dépassent tout juste d'abondants strobiles. Court, il surpasse à peine les mousses qui l'avoisinent.*

Photo: Sylvain Lamoureux

larges que les feuilles ordinaires de la plante et d'un vert plus clair; bordées d'une membrane translucide, blanche et sans dents, à sommet brusquement rétréci en une longue pointe aiguë (mais sans soie), qui s'étale horizontalement à la maturité du strobile; au bas du strobile, quelques sporophylles se détachent des autres et marquent une transition entre les sporophylles de la partie dense du strobile et les feuilles de la queue du strobile. Sporanges d'un jaune soufre.

≠ Généralement moins fréquent que les autres lycopodes, le lycopode à feuilles de genévrier se distingue facilement par l'ensemble des caractères suivants: très nombreuses ramifications dressées, créant des tapis serrés; feuilles sur 4 rangs semblables, soudées à la tige sur environ la moitié de leur longueur mais à pointe écartée de la tige; strobiles dépassant à peine les autres ramifications, chacun porté par une queue d'environ 2 à 4 cm. Certains botanistes subdivisent le genre

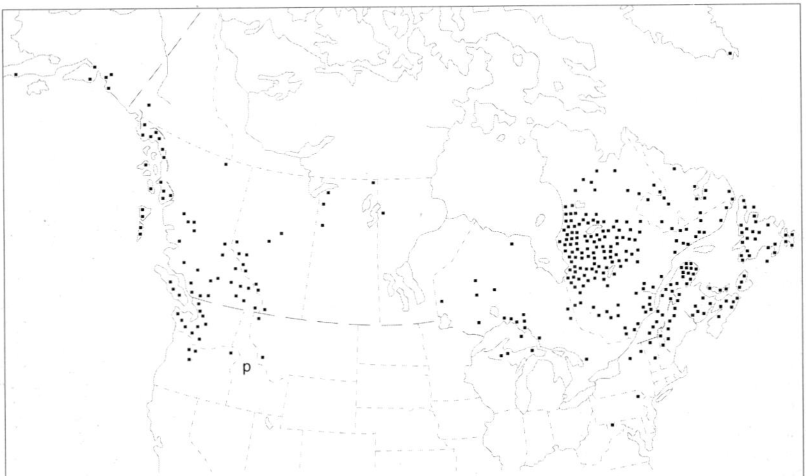


La famille du lycopode comprend de 200 à 500 espèces et se répartit sur tous les continents; près de la moitié de ces espèces se trouvent dans les Amériques. En dehors de l'Amérique du Nord, le **lycopode à feuilles de genévrier** ne pousse que dans l'est de l'Asie.

Disjoint sur notre continent et peu commun près des zones habitées, il couvre, dans l'est, tout le domaine boréal et croît, dispersé, dans le domaine tempéré mixte. À l'ouest des Grands Lacs, il se raréfie, ne poussant plus qu'au nord des provinces centrales, dans quelques localités isolées; il redevient un peu plus fréquent dans les Rocheuses et dans le domaine montagnard côtier où il atteint l'Alaska. Certains botanistes le divisent en deux variétés (ou espèces) distinctes, les variétés à feuilles de genévrier (*sabinifolium*) et de sitka (*sitchense*), la première ne se trouvant que dans l'est de notre continent et l'autre, à la fois dans l'ouest et dans l'est (où elle est plus rare que la variété à feuilles de genévrier).

Limites en Amérique du Nord: Alaska (à l'ouest de Chitina, 61°30'N) et Maryland (comté de Garrett, 39°40'N); au Québec: Nouveau-Québec (rivière aux Feuilles, 58°23'N). Le lycopode à feuilles de genévrier variété de sitka figure sur la liste des plantes rares du Yukon, de l'Alberta, de la Saskatchewan, de l'Oregon, de l'Idaho, de la Pennsylvanie, du Vermont, du New Hampshire et du Maine et sur celle des plantes protégées par la loi dans l'État de New York.

*Le **lycopode à feuilles de genévrier**. Plutôt raides, les feuilles de ce lycopode se terminent souvent par une pointe blanche. Elles sont soudées à la tige sur environ la moitié de leur longueur, avec la partie libre écartée de la tige et remontante. Comment distinguer la **variété à feuilles de genévrier** de la variété de sitka? Dans la première, ci-contre, au bas du strobile quelques sporophylles se détachent des autres et marquent une transition entre la partie dense du strobile et les feuilles de la queue qui est par ailleurs relativement longue (2 à 4 cm).*

Photo: Gisèle Lamoureux

*Lycopodium* et rassemblent dans le genre *Diphasiastrum* (genre lui-même rattaché par certains au genre *Diphasium*) les lycopodes à feuilles disposées sur 4 rangs et à rameaux plus ou moins aplatis, soit les lycopodes alpin*, aplati*, à feuilles de genévrier et à trois épis*. Par ailleurs, le lycopode à feuilles de genévrier comprend une variété, la variété de sitka, à tige arrondie, à feuilles disposées souvent sur 5 rangs et à strobiles sans queue ou à queue très courte; d'aucuns croient qu'il s'agit d'une véritable espèce, nommée *Lycopodium* (ou *Diphasiastrum* ou *Diphasium*) *sitchense*. Cette variété ressemble beaucoup au lycopode alpin, plus rare, plus nordique, le plus souvent dans des combes à neige et qui présente la même allure de tapis ras et dense, mais d'un vert bleu-gris caractéristique.

↘ C'est dans un genre différent (*Diphasiastrum*) ou dans une section du genre *Lycopodium*, la section *Complanata*, que les botanistes rassemblent les lycopodes alpin*, aplati*, à feuilles de genévrier et à trois épis*. Les trois derniers montrent des préférences écologiques semblables: voir la rubrique ↘ du texte sur le lycopode aplati. Notons, de plus, que l'aire de répartition au Québec du lycopode à feuilles de genévrier se situe, en grande partie, dans la forêt conifériennne ouverte, composée essentiellement d'épinette noire sur un fond de lichens (pessière à cladonies), ce qui représente un milieu semi-ombragé.

La plante ressemble à un conifère miniature, ce que reflètent ses noms latins et anglais. Le nom latin de ce lycopode se réfère à un genévrier du sud de l'Europe, *Juniperus sabina*, utilisé en pharmacie pour son action stimulante et pour ses effets sur les menstruations; déjà, du temps de Caton, Ovide et Pline (un peu avant l'ère chrétienne et à son début), on connaissait le *sabina herba*, du

*Le **lycopode à feuilles de genévrier variété de sitka**, avec des strobiles compacts, sans zone de transition entre le strobile et la queue, par ailleurs très courte (parfois inexistante). Certains confondent cette variété avec le lycopode alpin, beaucoup plus rare, qui est d'un vert-bleu très caractéristique.*

Photo: Serge Bernard

latin *faex sabina*: huile à odeur forte, de *sab* ou *sap*: sentir.

Le trio formé du lycopode à trois épis* et des deux variétés (à feuilles de genévrier et de sitka) du lycopode à feuilles de genévrier, illustre bien les problèmes taxinomiques rencontrés chez les lycopodes; l'hybridation entre ces plantes et les effets des facteurs de l'environnement sur leur allure en rendent parfois l'identification difficile. Voyons voir... La variété à feuilles de genévrier tirerait son origine d'une hybridation entre le lycopode à trois épis et la variété de sitka; elle posséderait d'ailleurs plusieurs caractères intermédiaires rappelant ces deux entités, dont la répartition, l'allure de la tige fertile (allongée comme celle du lycopode à trois épis, quoique moins longue; feuillée, un peu comme celle de la variété de sitka), et la nature du rhizome (d'enfoui, comme celui du lycopode à trois épis, à superficiel, comme celui de la variété de sitka). Selon qu'elles poussent au soleil ou à l'ombre, ces plantes prendront une allure très variable; non seulement les individus d'une même entité seront très différents, mais aussi les touffes d'un seul et même clone qui pousse en partie au soleil et en partie à l'ombre! Au soleil, les trois plantes adopteront une allure plutôt compacte, avec des tiges plus courtes, dressées et plus rapprochées les unes des autres; dans ces conditions, le lycopode à trois épis ressemblera à la variété à feuilles de genévrier et cette dernière, à la variété de sitka. À l'ombre, leur allure devient plus lâche et leurs tiges, moins nombreuses, s'allongent et s'écartent davantage les unes des autres; la variété de sitka imitera alors la variété à feuilles de genévrier, et cette dernière ressemblera au lycopode à trois épis. Dans tous les cas, cependant, une observation attentive de la base du strobile et de la structure des tiges stériles et de leurs feuilles permet de distinguer les trois plantes, sans égard aux variations induites par le degré de luminosité. Ainsi, chez la variété de sitka, le strobile est compact, solitaire et sans queue ou à queue très courte, tandis que le lycopode à trois épis porte ses strobiles compacts au bout d'une longue queue ramifiée; la variété à feuilles de genévrier montre toujours un strobile compact, sauf à la base qui est très lâche, avec des sporophylles (porteuses de sporanges) dispersées sur une queue de longueur variable.

Le lycopode à feuilles de genévrier n'a pas retenu l'attention des horticulteurs, mais il se compare certainement au lycopode aplati* et procurerait un couvre-sol plus fourni.

# Lycopode alpin

## alpine clubmoss

Lycopode des alpes. *Ground-fir; heath-cypress or -moss; savin-leaved cypress-moss.*
Famille du lycopode; *Lycopodiaceae.*

**Lycopodium alpinum** Linné.
Synonyme: *Diphasiastrum alpinum* (Linné) Holub, *Diphasium alpinum* (Linné) Rothmaler. Du grec *lycos*: loup, et *podion*: petite patte, les ramifications courtes, en forme de doigts, rappelleraient chez certaines espèces la patte d'un loup; *alpinum*: du latin *alpinus*: alpin, le nom Alpes, d'origine celte, signifierait montagne.

Herbacée vivace sans véritable rhizome, mais à tige couchée et faiblement enracinée; la plante complète persiste durant tout l'hiver. De très petite taille en hauteur (0,09 m), le plus petit de nos lycopodes forme des tapis très denses, un peu à la manière du lycopode à feuilles de genévrier*. Le lycopode alpin ressemble d'ailleurs beaucoup à ce dernier; comme lui, ses tiges portent des feuilles sur 4 rangs et ses strobiles dépassent tout juste du tapis formé par les ramifications nombreuses des tiges dressées, mais ici les strobiles semblent complètement dépourvus de queue contrairement à ceux du lycopode à feuilles de genévrier. À noter: la couleur bleuâtre que lui confère la couche cireuse (pruine) qui recouvre les jeunes rameaux.

*Tige couchée*: un peu plus robuste que les tiges dressées (diam. 0,2 à 0,3 cm), verte et portant des feuilles dans sa partie jeune; jaune, sans feuilles et marquée seulement par les cicatrices d'anciennes feuilles dans ses parties plus vieilles. *Tiges dressées*: ténues (diam. 0,1 à 0,2 cm); abondamment ramifiées à la base qui a tendance à s'étaler, élargissant ainsi le tapis; ramifications dressées, elles-mêmes peu ou non ramifiées sauf à la base. Les dernières feuilles à paraître durant la saison de croissance sont plus petites et tassées, ce qui marque de constrictions régulières les ramifications et permet d'en connaître l'âge approximatif.

*Feuilles* très petites, en forme d'aiguilles raides, disposées très régulièrement sur 4 rangs; les plus récentes, d'un vert bleu-gris, contrastant avec celles de la base, d'un vert plus vif. Elles présentent, à la loupe, trois formes différentes: le rang dorsal (dessus de la ramification) montre des feuilles soudées à la tige sur environ la moitié de leur longueur, planes et plutôt appliquées sur la tige (apprimées); les deux rangs latéraux présentent des feuilles également soudées à la tige sur environ la moitié de leur longueur mais la partie libre s'étale, puis la pointe se tord par en dessous de la tige; le rang ventral (dessous de la ramification) a des feuilles apparemment non soudées à la tige, en forme de truelle de maçon et présentant deux parties: une partie principale triangulaire, disposée parallèlement à la tige, et une base coudée et rattachée à la tige. Cette torsion des feuilles latérales et ce coude dans les feuilles ventrales donnent à la ramification non pas une allure aplatie mais plutôt arrondie, quoique anguleuse. L'ensemble rappelle les feuilles en forme d'écailles du genévrier horizontal° ou du cèdre-thuya occidental.

*Fructifications*: de courts strobiles cylindriques (1 X 0,3 cm), sans queue et solitaires ou réunis par deux, se dressent à l'extrémité des ramifications, dépassant tout juste du tapis que forme l'ensemble de la plante. Les strobiles regroupent plusieurs sporanges, chacun inséré à l'aisselle d'une feuille modifiée (appelée sporophylle). Sporophylles un peu plus larges à la base que les feuilles ordinaires, la plupart longuement atténuées au sommet, certaines brusquement rétrécies comme chez la plupart des autres lycopodes; minces et bordées d'une membrane translucide blanche; très étalées à maturité et donnant au strobile un aspect hérissé. Sporanges en forme de rein. Bien noter qu'en réalité, chaque strobile est porté par une queue, mais la queue ressemble à s'y méprendre aux ramifications elles-mêmes; un examen très attentif révèle que, contrairement aux ramifications ordinaires, les feuilles de la queue sont toutes semblables: elles ressemblent aux feuilles du rang dorsal des ramifications ordinaires et, comme elles, sont appliquées contre la tige, ce qui donne une allure différente aux queues (moins gonflées que les ramifications peut-être?).

≠ Il faut examiner attentivement le lycopode alpin pour le distinguer du lycopode à feuilles de genévrier*: le lycopode alpin est une plante plus petite, à tige couchée moins profondément enfouie, dont les ramifications des tiges dressées portent 4 rangs de feuilles qui présentent 3 formes différentes; il porte des strobiles très petits au bout d'une queue très peu différente des ramifications ordinaires et aussi feuillée qu'elles; son aire de répartition est plus nordique. La variété de sitka du lycopode à feuilles de genévrier (parfois considérée comme une espèce à part: *L. sitchense*) est souvent confondue avec le lycopode alpin, car ses strobiles solitaires ne comportent pas de longues queues; ses tiges portent 4 ou 5 rangs de feuilles toutes semblables et dépourvues de pruine. Quant aux autres lycopodes à feuilles sur quatre rangs, le lycopode à trois épis* et le lycopode aplati*, de plus grande taille, ils présentent aussi des rameaux beaucoup plus aplatis et de grands strobiles au bout de longues queues bien différenciées. Le lycopode alpin se distingue facilement des autres lycopodes (à massue*, interrompu*, obscur*), des huperzies (brillante*, sélagine*) et de la lycopodielle inondée*: il ne leur ressemble pas du tout!

↓ C'est dans un genre différent (*Diphasiastrum*) ou dans une section du genre *Lycopodium*, la section *Complanata*, que les botanistes rassemblent les lycopodes alpin, aplati*, à feuilles de genévrier* et à trois épis*. Les trois dernières espèces montrent des préférences écologiques semblables: voir la rubrique ↓ du texte sur le lycopode aplati. Notons, de plus, que les aires de répartition au Québec des lycopodes à feuilles de genévrier et alpin se situent, en grande partie, dans la forêt coniférienne ouverte composée essentiellement d'épinette noire sur un fond de lichens (pessière à cladonies), ce qui représente pour ces lycopodes, un milieu semi-ombragé.

Les botanistes classent le lycopode alpin parmi les espèces chionophiles (du grec *chionos*: neige et *philos*: ami), plantes associées aux combes à neige, ces dépressions de terrains à l'abri des vents dominants. En milieux nordiques et en milieux alpins, la neige s'y accumule de façon très marquée et y fond tardivement, instaurant une saison de végétation très courte. Le lycopode alpin croît en milieu plutôt sec, en bordure de ces combes à neige, par ailleurs riches d'une florule particulière. Il se trouve parfois en forêt subalpine (forêt d'épinette blanche et de sapin baumier), dans les ouvertures où le vent tourbillonnant favorise l'accumulation de neige, ce qui, ici aussi, induit une courte saison de végétation, défavorisant la germination des graines de conifères et maintenant ainsi ces ouvertures sur de longues périodes. Le lycopode alpin pousse aussi dans les krummholz: ces formations dessinent souvent un triangle, en hauteur, les petits arbres situés à l'avant (par rapport au vent) protégeant les suivants qui atteignent alors une taille un peu plus haute, et ainsi de suite; la neige s'accumule souvent derrière ces triangles, favorisant l'installation du lycopode alpin.

*Quelle douceur dégage le vert-bleu du* ***lycopo de alpin*** *(les botanistes le disent «glauque», à cause de cette couleur)! En vue de la disper sion des spores, l'intense ramification de tiges et la multiplication des strobiles compen seraient le raccourcissement, presque la dis parition, des queues des strobiles; c'est auss le cas chez le lycopode à feuilles de genévrier*

Photo: Gisèle Lamoureux

Les combes à neige, les forêts subalpines et les krummholz… trois formations sans liens à première vue, mais que l'observation de microhabitats permet de relier, grâce au lycopode alpin!

En raison de l'aspect arrondi de ses rameaux, conféré par la torsion des feuilles latérales, certains botanistes du siècle dernier inclurent le lycopode alpin dans le groupe des espèces à rameaux

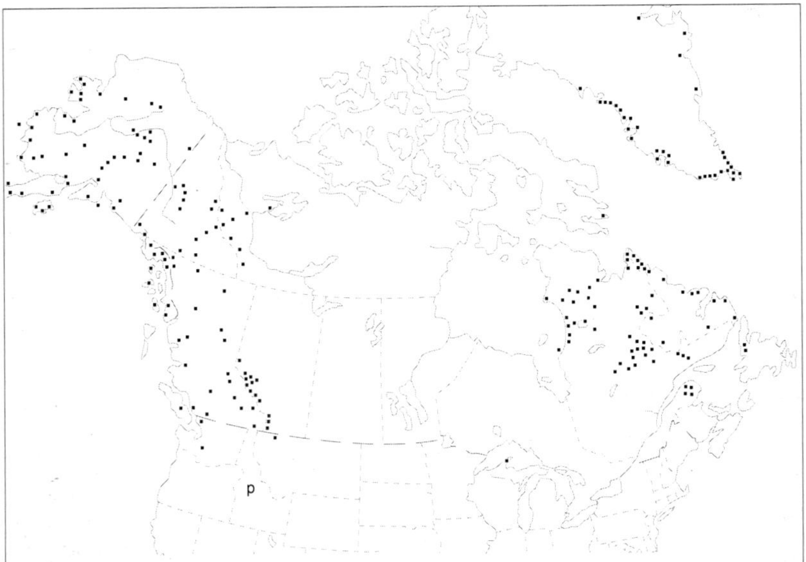


La famille du lycopode comprend de 200 à 500 espèces et se répartit sur tous les continents; près de la moitié de ces espèces se trouvent dans les Amériques.

Plus ou moins circumpolaire, l'aire du **lycopode alpin** ne se compare à aucune autre aire des lycopodiacées de nos contrées: elle montre une disjonction importante en Amérique du Nord. Ce lycopode pousse dans l'ouest (domaines arctique et montagnards) et dans l'est (domaine arctique et nord du domaine boréal), mais reste totalement absent des Grandes Plaines, de l'Ontario et même des régions nordiques adjacentes. Assez curieusement, il se trouve au Michigan (une seule localité), où les rives exposées du lac Supérieur favorisent l'établissement de plantes des régions froides. Au Québec et à Terre-Neuve, en dehors des hauts sommets des parcs de la Gaspésie et du Gros-Morne, le lycopode alpin croît exclusivement au nord du 50ᵉ parallèle, affichant des affinités arctiques-alpines.

Limites en Amérique du Nord: Groenland (détroit de Scoresby, 70°20'N) et l'État de Washington (parc national du mont Rainier, 46°50'N); au Québec, Nouveau-Québec (fjord Abloviak, 59°30'N) et la Gaspésie (monts Chic-Chocs, 48°55'N). Le lycopode alpin figure sur la liste des plantes rares de l'île de Terre-Neuve.

Drôle de répartition: son aire subit-elle une régression, ou s'agit-il d'une «jeune» espèce en expansion? Rejoindra-t-elle un jour les hauts sommets de Charlevoix et des États de la Nouvelle-Angleterre? Aux botanistes de garder l'oeil ouvert: peut-être y pousse-t-elle déjà! Chose certaine, dans l'est, sa répartition nordique et alpine désigne le lycopode alpin comme la moins susceptible des lycopodiacées de nos contrées d'être observée par les gens qui ne sortent pas des régions habitées.

*Un examen attentif révélera trois sortes de feuilles sur le rameau arrondi du* ***lycopode alpin****. Certaines présentent une forme de truelle avec une base coudée. L'ensemble ne vous rappelle-t-il pas les feuilles en forme d'écailles du genévrier horizontal ou du cèdre-thuya occidental?*

Photo: Sylvain Lamoureux

arrondis plutôt que dans celui des espèces à rameaux plats (section *Complanata* du genre *Lycopodium*), comme c'est le cas actuellement.

Chez cette espèce, ainsi que chez la variété de sitka du lycopode à feuilles de genévrier*, l'absence de queue soutenant les strobiles représenterait un caractère spécialisé dans l'évolution des espèces de la famille des lycopodes; ces deux plantes poussent dans des régions nordiques ou montagnardes et, par la réduction de la hauteur de leurs strobiles, s'adaptèrent présumément à des conditions climatiques difficiles, dont les courtes saisons de croissance. Mais comment s'ajustèrent ces plantes face à la baisse d'efficacité de la dispersion des spores, une conséquence de la disparition de la queue des strobiles? L'intense ramification de leurs tiges et la multiplication des strobiles compenseraient cette disparition, car à défaut d'être efficaces pour la dispersion à distance, ces espèces accrurent leur capacité pour la dispersion de proche en proche. Chez le lycopode alpin comme chez la variété de sitka du lycopode à feuilles de genévrier, l'absence de queue sous les strobiles constitue un caractère fixe, inscrit dans les gènes, si bien que, transplantée sous un climat plus doux, une colonie de l'une de ces espèces ne formerait pas non plus de queues; par contre, chez d'autres espèces, dont le lycopode aplati*, la longueur de ces queues varie plutôt en fonction de la rudesse du climat, de sorte que les individus poussant sous des températures peu clémentes produiront des queues plus courtes que ceux poussant sous des températures plus chaudes. Dans un climat doux, où la productivité biologique et la compétition pour l'occupation de l'espace s'intensifient, la

*Les tapis de **lycopode alpin** sont parfois bien ras, bien denses et pratiquement sans strobiles, mais ils gardent toujours leur couleur glauque.*

Photo: Gisèle Lamoureux

possession de queues sous les strobiles et la ramification de ces queues, multipliant du même coup le nombre de strobiles, deviennent des avantages importants, car les spores se propagent ainsi en plus grand nombre, sur de plus grandes distances. Bien que... il paraît que les spores des lycopodes germent difficilement!

Les botanistes soupçonnent l'existence d'hybrides entre le lycopode alpin et au moins trois autres lycopodes, les lycopodes aplati, à trois épis* et la variété de sitka du lycopode à feuilles de genévrier... cherchez des lycopodes montrant des caractères intermédiaires! D'autres restent sceptiques sur l'existence d'hybrides de lycopodes: non seulement les spores germent-elles difficilement, mais les prothalles sont souterrains, ce qui ne facilite pas la fécondation croisée!

En Europe, où, jusqu'au siècle dernier, les lycopodes jouèrent un rôle important dans l'industrie du textile (voir le texte concernant le lycopode à massue*), les spores du lycopode alpin servaient en teinturerie pour donner une couleur jaune pâle à la laine.

Les horticulteurs n'utilisent pas le lycopode alpin, plutôt rare.

# Lycopodielle inondée

## bog clubmoss

Lycopode des marais, inondé, palustre. *Marsh clubmoss.*
Famille du lycopode; *Lycopodiaceae.*

**Lycopodiella inundata** (Linné) Holub. Synonymes: *Lepidotis inundata* (Linné) C. Börner, *Lycopodium inundatum* Linné; synonymes partiels: *Lycopodium adpressum* (Chapman) Lloyd et Underwood, *L. appressum* (Chapman) Lloyd et Underwood. Venant du nom d'un genre auquel la plante fut rattachée, *Lycopodium*, signifiant patte de loup, du grec *lycos*: loup, et *podion*: petite patte, et du diminutif latin -*ella*; *inundata*: du latin inondée, désignant les plantes croissant sur des terres submergées une partie de l'année.

Herbacée vivace sans véritable rhizome, mais à tige rampant sur le sol et faiblement enracinée; seules les extrémités des ramifications persistent durant tout l'hiver. De très petite taille en hauteur (0,05 m) et en longueur (généralement entre 0,04 et 0,10 m), la lycopodielle inondée forme des colonies qui s'étendent parfois sur d'assez grandes surfaces et dont l'ensemble présente un fouillis de courtes tiges qui semblent jetées à la volée, retombées pêle-mêle et éparses sur le sol où elles s'entrecroisent. Fructifications réunies en strobiles solitaires, feuillés et dressés, rappellant des gourdins ou des minuscules bâtons de baseball. Ne voilà-t-il pas de grosses chenilles à poils, d'un vert jaune, qui s'arc-boutent sur le sol et relèvent la tête qu'elles tiennent aussi droite qu'une petite chandelle?

*Tige* (0,01 cm) raide, couchée, souvent arquée comme une chenille arpenteuse; portant, surtout vers l'extrémité, des racines robustes, non ramifiées et courtes (1 cm), garnies de nombreux poils absorbants retenant la terre. Couverte de feuilles raides, dressées ou arquées vers le haut.

*Feuilles* de la tige principale alternes, un peu triangulaires ou en aiguilles (0,4 X 0,1 cm), très aiguës mais non terminées par une soie; libres, c'est-à-dire non soudées à la tige sur une partie de leur longueur; dressées ou arquées, toutes dirigées vers le haut.

*Fructifications*: seule partie dressée de la plante, le strobile paraît comme un simple renflement porté au bout d'une courte queue (1,5 cm), également dressée. Feuilles de la queue du strobile semblables à celles de la tige, mais un peu plus distancées. Strobile cylindrique (2,5 X 0,7 cm), à sommet plutôt arrondi; solitaire; peu différent du reste de la plante, si ce n'est qu'il porte de nombreux sporanges et accuse une silhouette élargie. Sporanges d'un jaune maïs, chacun porté par une feuille modifiée appelée sporophylle et très semblable aux feuilles de la tige, quoique un peu plus longue et avec une base élargie couvrant un sporange.

≠ À première vue, la plus petite de la famille du lycopode, la lycopodielle inondée, ressemble plus à la sélaginelle fausse-sélagine* qu'à ses cousins les lycopodes; cette sélaginelle, cependant, demeure encore plus discrète que la lycopodielle: elle dépasse à peine la taille d'une grosse mousse et reste une herbacée souple, n'adoptant pas la rigidité de la lycopodielle. Peut-être est-ce dans ces deux plantes que la famille du lycopode et celle de la sélaginelle se rencontrent le plus: Linné lui-même, qui décrivit le premier la sélaginelle fausse-sélagine, la rattachait au genre lycopode, sous le nom de *Lycopodium selaginoides*. Beaucoup de botanistes rattachent encore la lycopodielle inondée au genre lycopode et la nomment alors *Lycopodium inundatum*. Par ailleurs, dans nos contrées, certains botanistes subdivisent cette espèce en deux variétés, la variété *inundata* et la

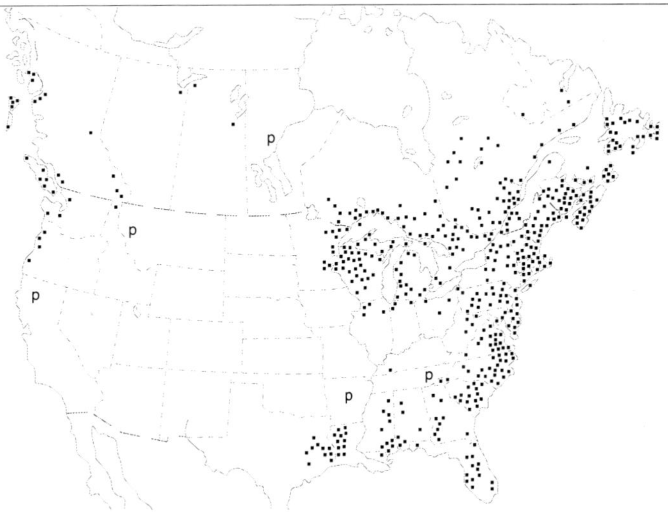


La famille du lycopode comprend de 200 à 500 espèces et se répartit sur tous les continents; près de la moitié de ces espèces se trouvent dans les Amériques. Amphi-atlantique, bien qu'elle englobe également quelques localités sur les côtes du Pacifique, l'aire de la **lycopodielle inondée** se concentre surtout dans l'ouest de l'Europe et dans l'est de l'Amérique du Nord.

Sur notre continent, elle couvre le sud du domaine boréal et, surtout, pratiquement tout le domaine tempéré, sauf, assez curieusement, la vallée du Mississippi. Des lycopodiacées de nos contrées, elle figure parmi celles qui paraissent les moins bien adaptées aux conditions nordiques, poussant, dans l'est, en deçà du 53e parallèle jusqu'en Floride. La variété *bigelovii* de la lycopodielle inondée croît dans la plaine côtière de l'Atlantique, tandis que la variété typique (*inundata*) pousse dans le domaine tempéré mixte (les aires de ces variétés se recoupant dans les provinces maritimes); l'absence de cette espèce dans la vallée du Mississippi s'explique-t-elle par les exigences climatiques des deux variétés? À l'ouest des Grands Lacs, l'aire de la lycopodielle inondée devient disjointe: elle ne croît qu'en de rares localités au nord du Manitoba, de la Saskatchewan et de l'Alberta; rare dans les Rocheuses, elle redevient un peu plus fréquente sur la côte du Pacifique.

Limites en Amérique du Nord: Saskatchewan (lac Athabaska, 59°N) et Floride (comté de Broward, 26°10'N); au Québec-Labrador: Goose Bay (53°25'N). La lycopodielle inondée figure sur la liste des plantes rares de l'Alberta, de la Saskatchewan, de l'Oregon, de l'Idaho et de l'Illinois, sur celle des plantes menacées du Rhode Island, sur celle des plantes menacées d'extinction de la Californie et de l'Indiana. Elle est protégée par la loi au Michigan et dans l'État de New York.

variété *bigelovii*, cette dernière (absente du Québec, mais présente dans les Maritimes et dans la plaine côtière) étant de plus grande taille, avec des strobiles plus longs et plus fins, des feuilles plus larges et portant des cils ou des dents fines, des sporophylles plus collées au strobile. Évidemment, d'autres botanistes considèrent ces deux variétés comme très différentes et en font deux espèces: *Lycopo-*

*Des chenilles arpenteuses? La **lycopodielle inondée** pousse en colonie dont l'ensemble présente un fouillis de courtes tiges.*

Photo: Sylvain Lamoureux

Gisèle Lamoureux

*Inusité chez nous! Une plante de la famille du lycopode qui supporte les inondations: elle porte bien son nom, la* ***lycopodielle inondée****.*

*diella inundata* et *L. appressa*. Certains rattachent plutôt *L. appressa* à une espèce voisine, *L. alopecuroides*, avec laquelle la lycopodielle inondée s'hybriderait!

De toutes les espèces de la famille du lycopode présentes dans nos contrées, seule la lycopodielle inondée recherche nettement les lieux mouillés; elle croît sur les sables humides des rivages ou des dépressions, sur les sols tourbeux (fens), particulièrement en bordure des mares ou des petits cours d'eau, et supporte allègrement des inondations périodiques. Les botanistes la classent parmi les plantes des milieux acides.

La tendance de la lycopodielle inondée à se ramifier, puis à s'enraciner vers l'extrémité des tiges et des jeunes ramifications, tandis que les vieilles parties de la plante meurent, favorise une croissance en forme de ronds-de-sorcière (à ce sujet, voir l'osmonde de clayton*); les tiges rampent sur le sol, se ramifient, et les extrémités des ramifications forment, avec le temps, un cercle plus ou moins régulier, dont le centre devient vacant par la mort des vieilles parties de la plante. Cette disposition en rond ne saute pas toujours aux yeux, car de nouvelles tiges provenant des plants voisins envahissent le cercle.

Les prothalles des lycopodes se développent dans le sol; par contre, chez les lycopodielles, les prothalles verts croissent en surface. Une hypothèse pour expliquer le succès des lycopodielles, en tant que pionnières sur sols humides et perturbés? La germination rapide de ses spores; en comparaison, celles des lycopodes et des huperzies ne germeraient que très difficilement.

Cette espèce ne se trouve pas sur la liste des plantes rares du Québec, mais pousse cependant dans des habitats qui subissent l'envahissement humain, via la construction d'habitations près des cours d'eau, l'exploitation commerciale des tourbières, le drainage des milieux humides... Dans des régions densément peuplées comme la France, où jadis elle poussait presque partout, la lycopodielle inondée régresse rapidement, tant et si bien qu'elle figure maintenant parmi les espèces protégées de ce pays. Cette plante tolère mal l'occupation humaine et il faut souvent s'éloigner des lieux habités pour l'observer. Aux canoteurs de garder l'oeil ouvert!

Les horticulteurs reconnaissent peu de vertus à la lycopodielle inondée. Mais dans les mares, sur les rives des lacs, ou sur certains sites inondés au printemps, elle forme des colonies denses qui ne manquent pas de charme. Comme ce n'est pas une plante tellement fréquente, attention de ne pas dévaster les colonies; ce pourrait être du gaspillage, d'autant plus que les autres espèces de la famille sont reconnues difficiles à transplanter!

La lycopodielle inondée contient des substances toxiques; voir le texte sur le lycopode à massue*.

Les spores de la lycopodielle inondée s'utilisent de la même manière que celles du lycopode à massue*.

# Sélaginelles et isoètes

*La sélaginelle des rochers* Sylvain Lamoureux

# Sélaginelle fausse-sélagine

## northern spikemoss

Sélaginelle sélaginoïde. *Low selaginella; mountain-moss; lesser or prickly clubmoss.*
Famille de la sélaginelle; *Selaginellaceae.*

**Selaginella selaginoides** (Linné) Link. Synonyme: *Selaginella spinulosa* A. Braun. De *selago*, ancien nom de l'huperzie sélagine* (et peut-être d'autres espèces de la famille du lycopode), à laquelle certaines sélaginelles ressemblent, et du diminutif latin *-ella*; *selaginoides*: ancien nom de genre des sélaginelles, signifiant qui ressemble à la sélagine, venant de *selago*, et du grec *-oides*: semblable.

Herbacée vivace sans véritable rhizome, mais à tige rampant parmi les mousses qui l'accompagnent. Tellement minuscule (0,05 m) qu'on la confond avec les mousses! La sélaginelle fausse-sélagine ressemble à la lycopodielle inondée*, mais en beaucoup plus petit et délicat: paraissant n'être qu'un renflement de la tige, un strobile lâche termine la tige dressée. Elle pousse en très petites colonies. Remarquez, cachées dans le tapis de mousses qui les entoure, les tiges stériles rampantes, plus délicates, plus feuillées et plus vertes. À première vue, tout comme pour la sélaginelle des rochers*, la présence de sporanges à l'aisselle des feuilles du strobile permet de reconnaître qu'il ne s'agit pas d'une mousse; les dents (ou les cils) qui bordent les feuilles des sélaginelles sont aussi très typiques: raides, presque épineuses et bien étalées. Elle présente des feuilles minces, différentes des feuilles coriaces de la sélaginelle des rochers. À l'automne, le petit réseau de tiges stériles reste bien vert, mais les tiges fertiles se décolorent et deviennent jaunâtres.

*Tiges* très fines (moins de 0,1 cm), ramifiées à plusieurs reprises. Tiges stériles rampantes, plus abondamment feuillées que les tiges fertiles qui sont dressées.

*Feuilles* minuscules (long. 0,1 à 0,2 cm), alternes et disposées en spirale; plus larges vers la base et à sommet aigu; bordées de quelques dents (ou cils) épineuses, bien étalées. Plutôt distancées le long de la tige, sauf à l'extrémité des ramifications où elles sont très tassées.

*Fructifications*: strobiles cylindriques (long. env. 1 ou 1,5 cm) solitaires, terminant les tiges dressées et constituant la partie la plus visible de la plante. Comprenant plusieurs sporanges, chacun inséré à l'aisselle d'une feuille modifiée, appelée sporophylle; chaque strobile peut comprendre deux sortes de sporanges (microsporanges et mégasporanges). Sporophylles (0,3 cm) plus grandes que les feuilles ordinaires; d'abord appliquées puis étalées, laissant bien voir les sporanges à leur aisselle et donnant, à ce moment, une allure échevelée au strobile. Des dents épineuses bordent également les sporophylles.

≠ Faciles à distinguer l'une de l'autre, les deux espèces de sélaginelles les plus communes dans nos contrées ne se ressemblent guère. Une troisième espèce existe, rare cependant ici: la sélaginelle apode (*S. apoda*), propre à l'est de l'Amérique du Nord; au Canada, elle se répartit uniquement autour des Grands Lacs et le long du fleuve Saint-Laurent jusqu'à Québec. Blanchâtre ou vert pâle,

*La **sélaginelle fausse-sélagine** ressemble à une mousse. Non, plutôt à la lycopodielle inondée, mais en beaucoup plus petit, plus délicat. Paraissant n'être qu'un renflement, un strobile lâche termine la tige dressée. Remarquer, cachées dans le tapis de mousses qui les entoure, les tiges stériles rampantes, plus délicates, plus feuillées et d'un vert foncé.*



Photo: Gisèle Lamoureux

minuscule et très délicate, elle se cache dans l'herbe, ce qui rend son observation difficile; à noter: ses feuilles minces et de 2 sortes, les latérales bien étalées, les ventrales et dorsales plus petites et accolées sur la tige.

↓ La plus petite des ptéridophytes communes sous nos latitudes se cache généralement parmi les mousses, le plus souvent en bordure des cours d'eau, des lacs ou des mares ou encore dans les tourbières. Sur les rivages, elle se situe généralement en milieux ombragés ou semi-ombragés, en retrait des crues et des glaces; dans les tourbières, elle pousse sur les buttes plutôt que dans les dépressions et dans des sites plus enso-

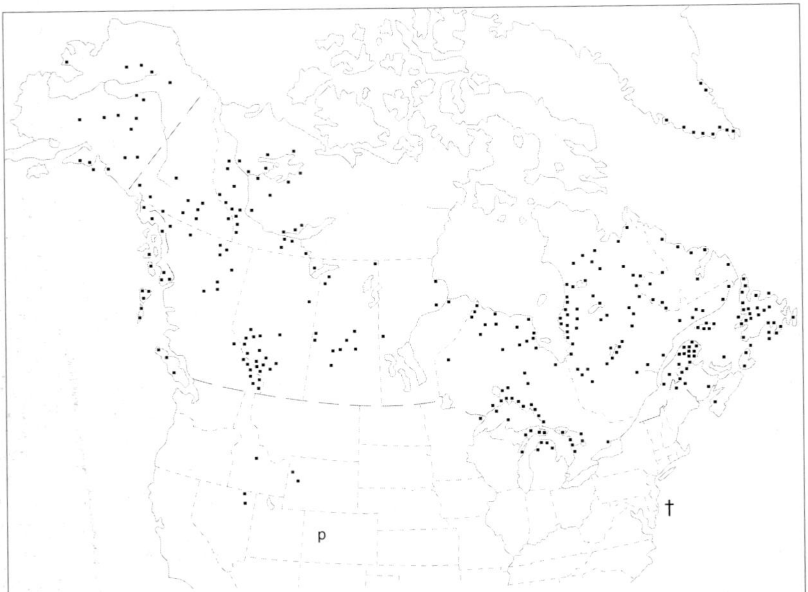


Le genre sélaginelle comprend environ 700 espèces et se trouve sur tous les continents, surtout dans les forêts tropicales; les Amériques en comptent près de 270 espèces. Circumboréale, la répartition de la **sélaginelle fausse-sélagine** comporte cependant une importante discontinuité en Sibérie.

Transcontinentale en Amérique du Nord, cette espèce pousse aux latitudes de la forêt coniférienne (domaine boréal), de Terre-Neuve à l'Alaska, bien qu'elle profite des montagnes et des sites exposés aux conditions adverses pour se rendre plus au sud. Ainsi, dans l'est, elle déborde dans le domaine tempéré mixte, mais essentiellement sur les rives des Grands Lacs et dans les provinces Maritimes. Dans l'ouest, elle croît dans les montagnes côtières et les Rocheuses, où elle fait une profonde incursion vers le sud.

Limites en Amérique du Nord: Alaska (près d'Arctic Village, Brooks Range, 68°N) et Nevada (comté de White Pine, 29°30'N); au Québec: Nouveau-Québec (Kangiqsualujjuak, baie d'Ungava, 58°40'N) et Rivière-Ouelle (comté de Kamouraska, 47°40'N). Disparue du Delaware, la sélaginelle fausse-sélagine figure sur la liste des plantes rares du Nouveau-Brunswick, du Manitoba, de la Saskatchewan et du Maine et sur celle des plantes menacées d'extinction du Wisconsin et du Minnesota.

*La présence de sporanges à l'aisselle des feuilles du strobile de la* ***sélaginelle fausse-sélagine****, permet de reconnaître qu'il ne s'agit pas d'une mousse. Les dents (ou cils) qui bordent les feuilles sont typiques des sélaginelles: raides, presque épineuses et bien étalées.*

Photo: Sylvain Lamoureux

leillés que sur les rivages; d'ailleurs, certains botanistes rapportent que dans les Alpes suisses, elle se classe parmi les plantes pionnières héliophiles (de plein soleil) qui colonisent les sites laissés libres, une dizaine d'années auparavant, par le retrait d'un glacier. Elle semble donc préférer les milieux humides et les tapis de végétaux plutôt que le sol minéral, bien qu'elle pousse parfois en milieux secs; ses préférences l'amènent également et généralement, mais pas toujours, sur des substrats calcaires ou fortement basiques, telle la serpentine, bien que les botanistes ne partagent pas tous le même avis là-dessus. En plus de fréquenter les rivages et les tourbières en milieux calcaires, ses principaux habitats, la sélaginelle fausse-sélagine croît à l'occasion dans des prairies alpines ou subalpines, sur des falaises ou des platières maritimes, dans des combes à neige ou, dans les sables, sur les fonds humides des cuvettes de déflation (forme d'érosion par le vent qui creuse une grande chaudière appelée caoudeyre). (Tiré de Cayouette, 1979)

Belle redondance dans le nom latin: *Selaginella selaginoides* signifie «petite-sélagine qui ressemble à la sélagine»! Linné avait classé cette plante parmi les lycopodes… vrai qu'elle leur ressemble. Mais comment en est-on arrivé à cette redondance? Tout d'abord, Pline l'Ancien (23-79) emploie le mot *Selago* pour désigner l'huperzie sélagine* et, vraisemblablement, d'autres plantes de la même famille. Dix-sept siècles plus tard, le Suédois Carl Linné (1707-1778) publie (en 1753) le *Species Plantarum*, point de départ de la nomenclature moderne, dans lequel l'huperzie sélagine se nomme *Lycopodium selago* (lycopode sélagine), et notre sélaginelle, *Lycopodium selaginoides*, c'est-à-dire le lycopode «qui ressemble à» la sélagine. D'autres botanistes du temps, observant les différences entre cette plante et le reste des lycopodes, la classèrent dans un genre à part. Suivant la coutume, il convenait de

*Très rare au Québec, la **sélaginelle apode** n'est connue que de quelques localités le long du Saint-Laurent, entre Montréal et Québec. À noter: ses feuilles minces et de deux sortes, les latérales bien étalées, les ventrales et les dorsales plus petites et accolées à la tige. À la formation du strobile, au lieu de continuer à ramper, la tige se dresse en l'air et prend une coloration plus pâle encore. Mais c'est tout petit, hein... et beaucoup plus joli que cette description ne le laisse voir!*

Photo: Gisèle Lamoureux

Photo: Gisèle Lamoureux

*Blanchâtre ou vert pâle, minuscule et très délicate, la **sélaginelle apode** se cache dans l'herbe ou dans les mousses et reste difficile à repérer.*

*La voici dans une tourbière, la* ***sélaginelle fausse-sélagine****, et elle prend une toute autre allure: plus compacte, plus robuste, peut-être parce que les feuilles s'accolent plus à la tige. Elle gagne aussi en couleurs: un peu plus rouge?*

Photo: Gisèle Lamoureux

nommer le nouveau genre par l'ancienne épithète spécifique de la plante en question, ce que fit l'Allemand Dillenius (1684-1747) en créant le genre *Selaginoides*. Or, certains considéraient inconvenant que les noms qui se terminent en *oides*, signifiant «qui ressemble à» ou «fausse», puissent désigner un nom de genre; aussi, le baron Palisot de Beauvois (1752-1820) créa-t-il le genre *Selaginella*. Comme l'épithète spécifique traduit souvent quelque caractéristique remarquable de la plante qu'elle qualifie, et comme notre plante «ressemblait» vraiment au *Lycopodium selago* de Linné, l'appeler *selaginoides* semblait tout indiqué; mais les règles de nomenclature défendent la désignation par des tautonymes (nom composé de deux mots identiques) et Palisot de Beauvois, voulant éviter ce piège, la nomma *Selaginella spinosa*. Or, dans *Selaginella selaginoides* les deux mots se ressemblent beaucoup sans être identiques et ce nom ne constitue pas un véritable tautonyme; nous revenons donc à la première épithète spécifique connue, le *selaginoides* de Linné! Un cas parmi tant d'autres: à l'époque, le peu de concertation entre les botanistes entraîna un capharnaüm de noms latins, plusieurs noms désignant une même plante, ou encore un même nom s'appliquant à plusieurs plantes différentes; par exemple, le genre *Selago* désigna, à lui seul, des huperzies, des sélaginelles, un polycnème (famille du chénopode) et une scrophulariacée du sud de l'Afrique! Vers la moitié du XIXe siècle naquit enfin l'ancêtre de l'actuel *Code international de la nomenclature botanique*, résultat d'un consensus entre botanistes. Encore de nos jours, le *Code* régit l'attribution des noms de façon stricte, en se basant sur des principes bien établis qu'interprète une assemblée internationale. Le nom botanique reconnu légitime correspond au plus ancien nom attribué à la plante, depuis Linné

(1753), et justifié par l'existence d'un spécimen récolté et conservé en herbier, puis décrit en latin dans une revue ou un livre raisonnablement diffusé. Et qu'est-ce que vient faire ce *Code* dans l'histoire de la sélaginelle fausse-sélagine? Tenez-vous bien. Les règles de la nomenclature actuelles invalident le nom *Selaginella*, mais le conservent parce que consacré par l'usage; comme quoi les botanistes acceptent parfois des accrocs à leurs règles les plus strictes! Mais est-ce là un accroc? La principale raison d'être du *Code* est d'assurer une stabilité dans les noms par un ensemble de règles qui en régissent l'emploi. Faut-il s'étonner que le *Code* prévoie que certains noms génériques consacrés par un long usage puissent avoir préséance sur des noms antérieurs mais jamais utilisés?

Les chromosomes des sélaginelles? Les plus petits chez les ptéridophytes, peu nombreux, entre 7 et 36, et de taille inversement proportionnelle à leur nombre (plus les chromosomes sont gros, moins ils sont nombreux). Assez curieusement, les espèces dont le nombre de chromosomes est un multiple de 10 montrent des rameaux à croissance déterminée, c'est-à-dire croissant pendant un temps limité, et poussent dans des forêts denses, surtout dans les régions tropicales. Au contraire, les espèces à nombre chromosomique multiple de 9 montrent des rameaux à croissance indéterminée (croissant indéfiniment) et préfèrent des habitats plus ouverts, dans des régions tempérées.

Vraiment trop discrète, la sélaginelle fausse-sélagine, pour intéresser les horticulteurs!

**Deux sortes de spores**

De toutes les plantes apparentées aux fougères, seules les sélaginelles et les isoètes forment deux types de spores; appelé hétérosporie, du grec *hetero*: autre et *spora*: semence, ce phénomène les caractérise tant sur le plan morphologique que sur le plan physiologique. Morphologique parce qu'elles produisent des spores de deux tailles différentes: des petites, les microspores, et des grosses, les mégaspores; physiologique parce qu'en germant, les microspores donneront toujours des petits prothalles mâles, et les mégaspores, exclusivement des gros prothalles femelles.

Entendons-nous sur le terme «gros». Ces prothalles, contrairement à ceux des fougères, des prêles et des lycopodes, ne germent pas en dehors de la spore, mais commencent à se former à l'intérieur des parois de la spore qui finit par éclater, permettant au prothalle de grossir un peu; aussi, la grosseur des prothalles n'excède pas beaucoup celle de la spore elle-même!

Voir la différence entre les petites et les «grosses» spores? C'est possible, même à l'oeil nu: les microspores ressemblent à de la farine, tandis que les mégaspores se comparent plutôt à des grains de sel ou de sucre.

# Sélaginelle des rochers

## rock spikemoss

*Christmas-evergreen; dwarf-clubmoss; resurrection-plant; rock selaginella.*
Famille de la sélaginelle; *Selaginellaceae.*

**Selaginella rupestris** (Linné) Spring.
De *selago*, ancien nom de l'huperzie sélagine* (et d'autres espèces de la famille du lycopode?), à laquelle certaines sélaginelles ressemblent, et de *-ella*, diminutif latin; *rupestris*: qui croît sur les rochers, du latin *rupes*: rocher, à cause de son habitat.

Herbacée vivace sans véritable rhizome, mais à tige rampant dans l'humus qui couvre certains rochers; la plante complète persiste durant tout l'hiver. De très petite taille (haut. 0,03 m), rappelant plutôt une mousse mais d'un vert grisâtre, la sélaginelle des rochers forme des coussins ou des tapis denses, généralement très secs mais pouvant se gorger d'eau lors d'une pluie (un peu comme le font les lichens); elle croît par une extrémité et se détruit par l'autre. Les feuilles disposées sur 4 rangs donnent aux strobiles qui terminent les tiges un aspect anguleux. À l'aisselle des feuilles, de petites perles jaune or, les sporanges, permettent de distinguer à coup sûr la sélaginelle des rochers des mousses qui poussent souvent en sa compagnie. Les cils (ou les dents) qui bordent les feuilles des sélaginelles sont aussi très typiques: raides, presque épineux, et bien étalés.

*Tige* entièrement cachée par d'abondantes feuilles qui lui donnent un aspect soyeux; très ramifiée dès la base. Partie rampante stérile (sans sporanges), ne présentant pas l'aspect anguleux des strobiles mais de section plutôt circulaire; chaque ramification terminée par un «petit pinceau» blanc formé des soies des dernières feuilles ou, plus souvent, par un strobile portant des sporanges.

*Feuilles* alternes et disposées en spirales; fines et longues (0,3 X 0,1 cm), très tassées et se recouvrant les unes les autres; nettement appliquées sur la tige. Terminées par une longue soie blanche bordée, tout comme le reste de la feuille, de cils blancs, raides (épineux, même) et bien étalés. Revers de la feuille fendu sur le long (visible à la loupe).

*Fructifications*: strobiles (long. 2 à 3 cm) anguleux (quadrangulaires), terminant les ramifications de la tige et constituant la partie la plus visible de la plante; sans queue; comprenant plusieurs sporanges, chacun inséré à l'aisselle d'une feuille modifiée, appelée sporophylle. Sporophylles plus grandes que les feuilles ordinaires, pliées en deux sur le sens de la longueur (le long d'une fente qui paraît au revers) de manière à former un des angles du strobile; imbriquées et se recouvrant les unes les autres; terminées par une soie plus courte que celle des feuilles ordinaires mais également bordées de cils épineux et étalés; d'abord dressée, la sporophylle s'étale à l'ouverture du sporange, laissant voir les spores, puis demeure étalée après leur dissémination. Sporanges contenant d'une à 4 grosses spores, appelées mégaspores (le plus souvent une ou 2); jaune doré, bien visibles à l'aisselle des sporophylles étalées du bas du strobile, cachés lorsque les sporophylles sont dressées. Certaines races de sélaginelle des rochers produisent des spores plus petites (microspores), d'un jaune teinté de rouge, contenues dans des sporanges situés vers le haut des strobiles (voir texte plus loin).

≠ Faciles à distinguer l'une de l'autre, les deux espèces de sélaginelles les plus communes dans nos contrées ne se ressemblent guère. Dans l'ouest du continent cependant, se trouvent plusieurs espè-

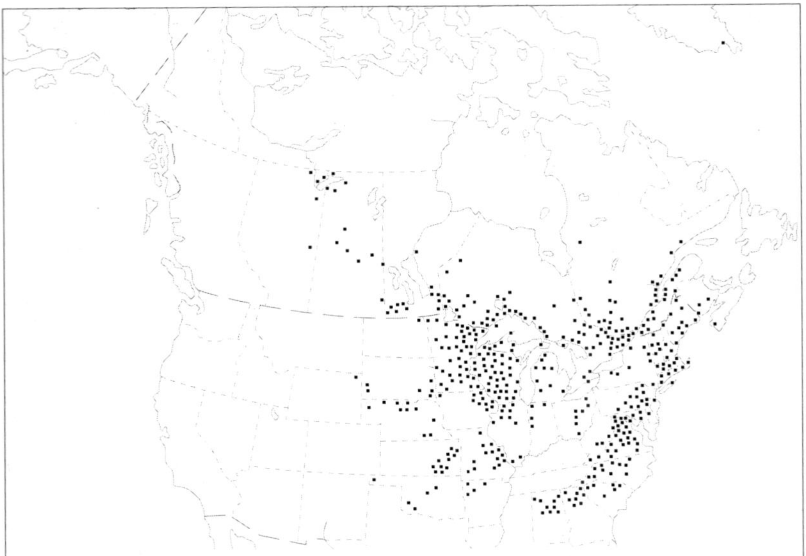

Le genre sélaginelle comprend environ 700 espèces, et se trouve sur tous les continents, surtout dans les forêts tropicales; les Amériques en comptent près de 270 espèces.

Restreinte au centre et à l'est de l'Amérique du Nord, la **sélaginelle des rochers** se concentre surtout dans un territoire triangulaire limité par le nord-est de l'Alberta, l'Alabama et la Côte-Nord, touchant principalement les domaines tempérés mixte et décidu, de même qu'une partie des Grandes Plaines et du domaine boréal (forêt coniférienne). Elle ne croît cependant pas dans un couloir délimité, à l'est, par les Appalaches et, à l'ouest, par la rivière Ohio. La sélaginelle des rochers, tout comme la bermudienne montagnarde (*Sisyrinchium montanum*), appartient à un groupe de plantes à répartition fort curieuse, caractérisée par une importante discontinuité, soit près de huit degrés de latitude, entre le Groenland et le domaine boréal, où elle atteint sa limite dans l'est de l'Amérique du Nord.

Limites en Amérique du Nord: Groenland (Narssaq, 61°05'N) et Alabama (comté de Tuscaloosa, 33°10'N); au Québec: territoire de la Baie-James (lac Yasinski, 53°22'N). La sélaginelle des rochers figure sur la liste des plantes rares du Nouveau-Brunswick, de l'Illinois, de l'Iowa, de l'Arkansas et du New Jersey, sur celle des plantes menacées de la Nouvelle-Écosse et de l'Ohio, de même que sur celle des plantes menacées d'extinction de l'Indiana.

ces de sélaginelles à strobiles anguleux et apparentées de près à la sélaginelle des rochers.

↘ Lieux arides et solitude, voilà l'environnement de la sélaginelle des rochers! Elle se retrouve le plus souvent sur des affleurements rocheux dénudés, exposés

*La tige stérile de la* ***sélaginelle des rochers*** *rampe sur la roche, redressant à peine son extrémité, coiffée d'un petit pinceau blanc formé par les soies du sommet des feuilles. Le strobile, par contre, se dresse carrément et se teinte d'un beau gris velours, émaillé du jaune or des sporanges.*

Photo: Gisèle Lamoureux

### Une sélaginelle qui ressuscite?

Plusieurs sélaginelles partagent, avec la sélaginelle des rochers, la fascinante capacité de s'étaler à la faveur d'une bonne pluie, même lorsque desséchées depuis très longtemps. La plus célèbre? Sans aucun doute *Selaginella lepidophylla*, connue en anglais sous les noms de *resurrection-plant* ou de *rose-of-jericho*.

Originaire des régions arides du sud-ouest des États-Unis, cette sélaginelle se vend depuis des décennies comme curiosité botanique. En séchant, elle s'enroule vers l'intérieur, en boule un peu serrée d'une teinte brun grisâtre, qui rappelle un nid d'oiseau; mais ressuscite-t-elle vraiment lorsque arrosée? Ses tissus se gorgent d'eau et elle s'étale, mais ne reprend pas nécessairement vie: pour qu'elle montre une certaine croissance, elle ne doit pas être sèche depuis trop longtemps.

Les marchands de plantes exotiques offrent parfois des sélaginelles, sous le nom de plante-résurrection, mousse-de-trèfle ou sélaginelle moussue.

au soleil et très secs, généralement de nature acide (du granit ou du quartzite, par exemple), quoiqu'elle pousse aussi sur des talus de serpentine. Elle croît également sur des graviers, des sables ou d'autres sols nus, là où à peu près aucune autre plante vasculaire ne pousse, car elle ne résiste pas à la compétition. Et pourtant, certains botanistes hésitent à la classer parmi les espèces pionnières: contrairement à celles-ci, elle reste absente des lieux rocheux environnant les glaciers, absente aussi des lieux récemment perturbés par des feux ou par des coupes forestières. Son rôle consisterait à coloniser des sites qui restent, en permanence, ouverts et xériques (excessivement secs). Sa structure présente bien quelques adaptations à la sécheresse, tels des feuilles imbriquées et très tassées, surtout au sommet des tiges; un épiderme épais, composé de plusieurs rangées de cellules, couvrant les deux faces de la feuille et protégé par une cuticule (couche cireuse); des stomates (minuscules pores dans l'épiderme, permettant la respiration) enfoncés et protégés par des papilles (petites boursouflures). Mais ces adaptations ne réussissent pas à prévenir la perte d'eau ou à favoriser son emmagasinement, de sorte que la sélaginelle des rochers se dessèche régulièrement; l'observation d'une espèce voisine, *S. densa* (rattachée par certains botanistes à la sélaginelle des rochers), révéla qu'elle survit à des périodes de dessiccation aussi longues que 6 mois ou même 2 ans et 9 mois! La capacité des sélaginelles de ce groupe de survivre aussi longtemps à la dessiccation, résulte peut-être de propriétés inhabituelles, physiques ou chimiques, du contenu des cellules. Par ailleurs, son réseau de racines, touffu, superficiel et relativement étendu, lui permet d'utiliser rapidement même la plus petite quantité d'eau disponible, de sorte qu'après quelques heures seulement, elle «renaît» complètement, phénomène plutôt inusité chez les plantes vasculaires. Somme toute, malgré son peu de compétitivité, elle remporte un certain succès écologique, grâce à sa résistance exceptionnelle à la dessiccation périodique qu'entraînent les conditions xériques prévalant dans les habitats exposés qu'elle fréquente, habitats où bien peu de plantes se risquent, mis à part les lichens (des plantes invasculaires). (Tiré de Tryon, 1955)

Comme les sélaginelles ressemblent beaucoup aux mousses, pas étonnant que les mots «mousse» et «moss» apparaissent dans les noms français et anglais de plusieurs d'entre elles. Bien que toutes deux se reproduisent au moyen de spores, les sélaginelles diffèrent des mousses surtout par la présence de vaisseaux, de longues cellules en forme de tube qui transportent la sève; rappelons que le règne végétal se divise en deux grands groupes: les vasculaires, dotées de vaisseaux, et les invasculaires: mousses, hépatiques, lichens, algues, champignons (ceux-ci maintenant classés à part, hors du règne végétal) qui n'en possèdent pas. Dans le groupe des fougères et autres plantes apparentées, les sélaginelles et les isoètes se distinguent par la présence de deux types de spores, les microspores et les mégaspores; à ce sujet, voir le texte sur la sélaginelle fausse-sélagine*.

La sélaginelle des rochers présente quatre variantes intéressantes du point de vue phytogéographique. La première race (A) possède des strobiles normaux, avec des mégasporanges contenant tous quatre mégaspores, et des microsporanges contenant des centaines de microspores; les botanistes présument qu'elle se reproduit sexuellement; elle ne se trouve que dans un couloir englobant les Appalaches, de l'Alabama au sud-est de la Pennsylvanie. La deuxième race (B) se compose d'individus à microsporanges normaux mais dont certains mégasporanges sont réduits en ce sens qu'ils ne contiennent qu'une ou deux mégaspores, contrairement aux quatre normalement produites; elle partage l'aire de la race A, mais pousse jusque dans l'État de New York. Chez la troisième race (C), tous les mégasporanges sont réduits et les strobiles comportent des microsporanges; elle se trouve à la grandeur de l'aire de répartition, mais sa présence décroît du sud au nord où elle cède la place à la race D. Finalement, la quatrième race (D) ne forme aucun microsporange et produit uniquement des mégasporanges réduits; absente du couloir des Appalaches, elle compose à elle seule 85 % des populations observées en dehors de ce couloir. Dans ces conditions, la race D ne se reproduit pas de façon sexuée mais par apogamie, un mode de reproduction non sexuée par lequel une nouvelle plante se développe sans fécon-

Photo: Sylvain Lamoureux

*Les feuilles pliées en deux, disposées sur quatre rangs et imbriquées, donnent aux strobiles de la* ***sélaginelle des rochers*** *un aspect anguleux. Vous avez vu la soie au bout de chaque feuille? Et les sporanges? De belles grosses perles jaune or. De toute beauté, ces strobiles!*

dation à partir d'une cellule végétative du prothalle. Le mode de reproduction des races B et C reste à confirmer, mais les botanistes croient que la race C se reproduit également par apogamie. Comment expliquer la répartition de ces races? Les populations de plantes comportent généralement un petit nombre d'individus un peu différents de la majorité; lorsque surviennent des changements importants dans l'environnement, il arrive que ces individus différents se trouvent mieux adaptés aux nouvelles conditions, qu'ils supplantent les autres ou qu'ils conquièrent de nouveaux espaces; pour les plantes se reproduisant par apogamie, par exemple, les conditions normalement requises pour la fécondation deviennent superflues, ce qui leur confère un certain avantage. Reportons-nous quelques dizaines de milliers d'années en arrière... Au cours de la dernière glaciation, quantité de plantes se réfugièrent plus au sud; certaines revinrent graduellement vers le nord après le retrait du glacier. Selon une hypothèse, la migration de la sélaginelle des rochers commença dans la région des Appalaches où n'existaient alors que la race sexuée originale (A) et quelques individus un peu différents, qui donneraient bientôt naissance aux races B et C. De cette région, la race A ne bougea que peu ou pas et la race B, migrant un peu vers le nord, ne réussit pas à s'implanter plus loin avec succès. L'expansion de l'espèce sur le continent résulterait principalement de la migration vers le nord et l'ouest de la race C (celle qui se reproduit probablement par apogamie), de laquelle évolua rapidement la race D (celle

Photo: Gisèle Lamoureux

*La **sélaginelle des rochers** forme des petits coussins très denses, devenant rouge brique à l'automne. Lieux arides et solitude, voilà son environnement. Elle colonise des sites excessivement secs, en permanence, se dessèche régulièrement, mais se réhydrate et renaît dès qu'elle récupère un peu d'eau. Bien peu de plantes, à part les lichens, réussissent ce tour de force; heureusement, car elle fait difficilement face à la compétition.*

qui se reproduit certainement par apogamie) qui acheva de conquérir le territoire; actuellement, cette nouvelle race sans microspores est la plus largement répandue et la plus fréquente. Ainsi, le retrait du glacier entraîna la migration de la sélaginelle des rochers, cette migration entraîna des changements dans l'espèce, la rendant mieux adaptée; finalement, cette évolution permit à la sélaginelle de migrer encore plus loin, colonisant une aire encore plus vaste. Fascinant, non? (Tiré de Tryon, 1971).

Dans le sud de l'Afrique, on fumait du lycopode à massue* mêlé à de la sélaginelle des rochers pour se débarrasser des maux de tête; en décoction, ce mélange servait plutôt contre les spasmes et comme diurétique.

Spectaculaire comme couvre-roche! À l'automne, en particulier, la sélaginelle des rochers se pare de rouge; l'été, elle retrouve son beau gris velours. Relativement aisée à cultiver, en recréant les conditions de son habitat naturel: elle pousse bien en plein soleil, sur des rochers, des murs ou des rocailles de roches acides, non calcaires. Elle n'est pas si fréquente que ça, attention de ne pas trop déranger les colonies.

### Heureux qui, comme une spore, a beaucoup voyagé

Que dire de la sélaginelle des rochers qui pousse au Groenland, petit point isolé huit degrés plus au nord que ses pareils? Une spore y aurait-elle vogué par air ou par eau? Quel long voyage!

Une hypothèse postulée à l'égard de la bermudienne montagnarde s'appliquerait aussi à la sélaginelle des rochers: l'espèce fut peut-être amenée sur l'île par des Vikings, au retour lors de leurs voyages vers le golfe du Saint-Laurent. Apparemment, en juillet, les moyennes de température et d'humidité au sud du Groenland atteignent des valeurs à peu près semblables à celles qui prévalent sur le continent, environ dix degrés de latitude plus au sud.

Va pour sa survie, mais l'arrivée même de l'espèce reste un mystère pour lequel l'hypothèse des Vikings reste séduisante, d'autant plus que la bermudienne et la sélaginelle poussent à proximité d'anciens établissements vikings.

# Isoète

## quillwort

Isoëte; isote.
Famille de l'isoète; *Isoetaceae*.

**Isoetes** Linné.
Ancien nom latin utilisé par Pline l'Ancien (23-79) pour désigner une espèce de crassulacée (soit un *Sedum*: orpin, ou une joubarbe: *Sempervivum*), venant du grec *isos*: égal, semblable, et *etos*: année: la plante, toujours verte, garde le même aspect toute l'année.

Herbacées vivaces à corme (tige souterraine renflée et globuleuse), ne portant qu'une sorte de feuille. De très petite taille (long. hors substrat variant beaucoup: 0,05 à 0,12 m), les isoètes poussent en rosettes et forment des colonies aux individus généralement disséminés. Les isoètes présentent deux allures différentes: soit un bouquet d'aiguilles bien droites, rappelant, en beaucoup plus petit, une jeune touffe de ciboulette, soit une «rosette de bouclettes» avec des feuilles très arquées, spiralées même, retombant jusqu'au sol. Les feuilles restent très rigides et gardent leur allure d'aiguille ou de bouclette, même sorties de l'eau. La base de chaque feuille, blanche et enfouie, contient un gros sporange bourré de spores blanches comme de la craie.

*Feuilles* posées sur le corme et s'engainant les unes dans les autres. Plutôt charnues et raides, souvent tordues, sans dents ni poils; très allongées (15 X 0,2 cm; 1 cm de largeur à la base) et présentant 3 parties distinctes: une partie verte au-dessus du sol, une partie blanche et enfouie et un élargissement important, tout à fait à la base. Partie verte souvent teintée de beige rosé ou de rouge-brun; la section transversale est pratiquement aussi circulaire que celle d'une aiguille, sauf un léger aplatissement sur la face ventrale, et montre 4 canaux remplis d'air, qui parcourent la feuille d'un bout à l'autre, interrompus à intervalles irréguliers par de petites cloisons visibles par transparence. La partie enfouie dans le sol (long. 1 à 2 cm) ressemble à la précédente, mais reste d'un blanc pur (comme la partie enfouie d'un poireau). Partie élargie aussi très blanche, ailée; sur la face ventrale, juste au-dessus du sporange, une bonne loupe détecte un minuscule appendice blanc (appelé ligule); de plus, un voile recouvre en partie le sporange (un peu comme une indusie le ferait), qui s'extrait facilement de la feuille.

*Sporanges*: un seul par feuille; légèrement allongés, ovales; gros (2 ou 3 mm). Constitués d'une fine membrane transparente qui laisse voir les spores.

*Spores* de deux sortes: des microspores (mâles) et des mégaspores (femelles); celles-ci grosses, visibles à l'oeil nu, décorées d'ornementations observables seulement sous une très forte loupe (40X). Chaque sporange contient soit des microspores, soit des mégaspores.

*Corme* jaunâtre, petit (0,5 cm), en deux parties et rappelant... une paire de fesses. Nu en dessous, car les nombreuses racines charnues prennent naissance sur les côtés et les feuilles, sur le dessus.

≠ L'isoète le plus fréquent au Québec, l'isoète à spores épineuses (*I. echinospora*, celui qui servit pour cette description), pousse souvent dans les tapis submergés d'éléocharide aciculaire

*Un poireau? Non, un* ***isoète****. La partie blanche est enfouie dans le sable ou dans la vase, sous l'eau. La base élargie de la feuille abrite un gros sporange bourré de spores blanches comme de la craie, ici des mégaspores (femelles), visibles à l'oeil nu. Même sortie de l'eau, la feuille garde sa rigidité.*



Photo: Gisèle Lamoureux

Gisèle Lamoureux

Gisèle Lamoureux

*Voilà à quoi ressemble un **isoète** dans son habitat. Les feuilles jaillissent de la vase, comme une fontaine. Elles sont raides comme des aiguilles ou forment une «rosette de bouclettes». La même espèce prend tantôt l'un, tantôt l'autre aspect et seul l'examen des spores permet l'identification à l'espèce.*

(*Eleocharis acicularis*). Celle-ci ressemble aux petits isoètes, à cause de ses feuilles également en aiguilles, mais les individus se rattachent à un fin rhizome, de sorte que déterrés, ils forment une chaîne de petits bouquets d'aiguilles. Dans le même habitat, l'ériocaulon aquatique° et les sagittaires° forment aussi des rosettes, mais aux feuilles aplaties et plutôt triangulaires. Ni les éléocharides, ni les ériocaulons, ni les sagittaires ne montrent, à la base de leurs feuilles, un renflement contenant des spores. Lorsque l'isoète forme une «rosette de bouclettes» qui jaillissent de la vase comme une fontaine, rien d'autre ne lui ressemble.

Les isoètes poussent dans l'eau, mis à part de rares exceptions, dont l'isoète de nuttall habituellement terrestre et qui, au Canada, ne croît que dans le sud de l'île de Vancouver. Leurs cormes (partie souterraine) s'enfoncent généralement dans 2, 3 ou 4 cm de vase, de sable, de gravier, parfois dans de la matière organique (tourbe). Les botanistes connaissent peu les préférences écologiques et la biologie de l'isoète hyéroglyphique, mais des quatre autres espèces qui poussent au Québec, une seule, l'isoète à grosses spores (*I. macrospora*), se trouve en eaux profondes, de 1 à 3 mètres ou plus, de manière à échapper, croit-on, à l'action des vagues ou de la glace; à l'occasion, de petits individus de cet isoète poussent à moins de 0,5 m de profondeur. Un autre de nos isoètes, l'isoète de tuckerman (*I. tuckermanii*), montre des préférences écologiques assez surprenantes: émergent à marée basse, il s'installe sur les battures des estuaires d'eau douce où il supporte des inondations périodiques allant jusqu'à un mètre d'eau; il croît aussi dans des lacs ou des étangs à niveau d'eau très variable et, à l'occasion, en rivière. Pour sa part, l'isoète des rivages (*I. riparia*) émerge parfois, mais se trouve plus généralement sous 0,6 m d'eau ou moins; il pousse parfois coincé entre de grosses roches. Enfin, l'espèce la plus fréquente dans nos contrées, celle que vous risquez le plus de rencontrer, l'isoète à spores épineuses, croît dans les lacs et les étangs autant que dans les rivières larges et tranquilles, parfois même dans les rivières à courant relativement rapide; cet isoète pousse dans moins de 1,3 m d'eau, habituellement en bordure des rivages où la plante émergente survit durant les périodes de basses eaux. Des études récentes (1982) montrent que les spores de deux de ces quatre espèces, les isoètes à spores épineuses et des rivages, requièrent une période de séjour au froid avant de germer; les spores des deux autres espèces germent sans séjour préalable au froid, en particulier celles de l'isoète de tuckerman qui germent en automne mais dont toutes les feuilles d'un été meurent et se décomposent rapidement avant l'hiver. À l'opposé, les feuilles de l'isoète à grosses spores vivent plus d'une saison de végétation et restent attachées à la plante durant l'hiver, tandis que les plus jeunes feuilles seulement persistent, durant cette saison, chez les isoètes des rivages et à spores épineuses. (Tiré de Kott & Britton, 1983)

*L'examen des spores (et non l'allure extérieure) a permis d'identifier ici l'**isoète à spores épineuses**, dans un lac des Laurentides.*

Selon certains, Linné aurait écrit, en latin, *Isoëtes*, avec un e tréma, sauf à une occasion alors que le mot est en majuscules et sans e tréma, apparemment pour des raisons typographiques: à l'époque, les majuscules ne portaient aucun accent; faut-il maintenant conserver ce e tréma? Un vieux livre datant des débuts de la botanique, en Europe, mentionne que les isoètes donnent «*a melancholy fluid*» utilisé dans le traitement des troubles de la rate et du foie.

Les isoètes présentent des particularités peu fréquentes chez les ptéridophytes:

des racines se ramifiant dichotomiquement (qui se divisent en deux parties égales), la présence de cambium (couche de cellules qui contribue à la croissance en largeur de la tige) et les plus grands sporanges connus chez les vasculaires (jusqu'à 1,5 cm)! Certains fossiles d'isoètes remontent à l'époque triasique (environ 250 millions d'années).

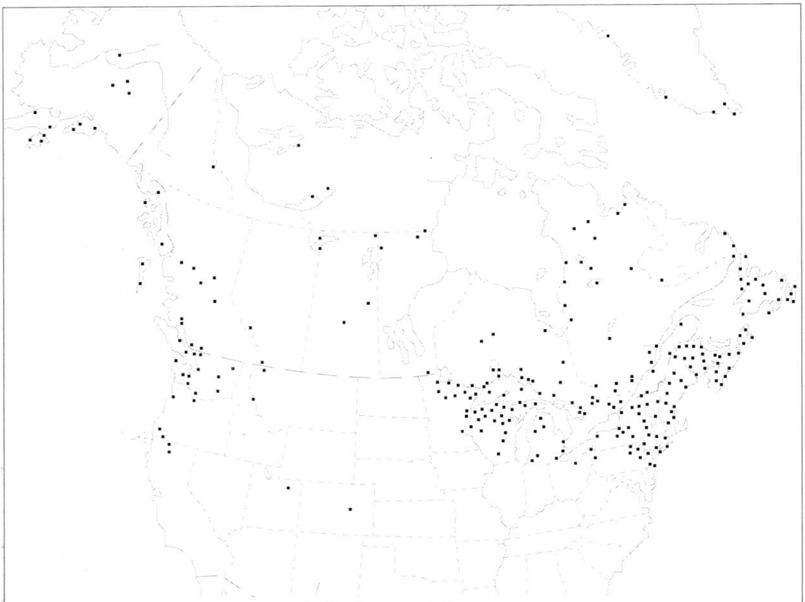

**Isoète à spores épineuses**

Le genre **isoète** se trouve sur tous les continents et comprend environ 150 espèces, dont une cinquantaine dans les Amériques.

Au Canada, les botanistes reconnaissent 13 espèces d'isoète, dont cinq ne se trouvent que dans l'ouest (*I. bolanderi, howellii, maritima, nuttallii, occidentalis*) et sept, que dans l'est (*I. acadiensis, eatonii, engelmannii, hieroglyphica, macrospora, riparia, tuckermanii*); une seule espèce, la plus fréquente, traverse le continent aux latitudes boréales: l'isoète à spores épineuses (*I. echinospora = I. braunii = I. muricata*).

Cinq espèces d'isoète figurent sur la liste des plantes rares du Canada (*I. bolanderi, eatonii, engelmannii, hieroglyphica, nuttallii*), deux sur la liste des plantes rares du Nouveau-Brunswick (*I. acadiensis, hieroglyphica*) et trois sur celle de l'Ontario (*I. eatonii, engelmannii, riparia*). La liste des plantes rares du Québec comprend deux isoètes: l'isoète de tuckerman (*I. tuckermanii*), trouvé dans l'estuaire d'eau douce du Saint-Laurent (de Lotbinière à Berthier) de même que sur la côte atlantique (de Terre-Neuve au Delaware), et l'isoète hyéroglyphique (*I. hieroglyphica*), très rare puisque connu seulement (en 1983) de neuf localités: dans le Wisconsin (1), le Maine (3), le Nouveau-Brunswick (1) et à quatre endroits au Québec, soit aux lacs Mégantic, Témiscouata, à l'Épaule (parc des Laurentides) et Archambault (Saint-Donat, comté de Montcalm). (Tiré de Kott & Britton, 1983).

Difficile de distinguer les différentes espèces d'isoète? En effet... même que pendant près de 100 ans, après que Linné eut décrit *Isoetes lacustris*, les botanistes rangèrent sous ce titre tous les isoètes du monde (à l'exception d'une plante de l'Inde, également décrite par Linné); aujourd'hui la liste comprend de 60 à 150 espèces. D'ailleurs, l'identité de l'espèce la plus répandue dans nos contrées ne

**Isoète de tuckerman**

**Isoète des rivages**

À noter que, comme chez la plupart des plantes aquatiques de petite taille, les cartes de répartition correspondent plus ou moins bien à la réalité, l'abondance et la fréquence des isoètes se trouvant sans doute sous-estimées par rapport à celles des plantes terrestres, plus aisément repérables.

Ces six cartes sont tirées de Kott & Britton 1983, avec modifications pour les cartes des isoètes à spores épineuses, à grosses spores, de tuckerman et des rivages.

**Isoète à grosses spores**

**Isoète hiéroglyphique**

**Isoète d'acadie**

fait pas encore l'unanimité: certains l'assimilent à la plante européenne, *I. echinospora*, d'autres la croient différente et la nomment *I. muricata*, d'autres encore y voient une variété: *I. echinospora* var. *braunii* ou var. *muricata*, et elle fut déjà nommée *I. braunii*, nom rejeté, car désignant une espèce fossile.

La famille de l'isoète paraît sans lien particulier avec les autres ptéridophytes, à part peut-être avec les sélaginelles, auxquelles elle s'apparente le plus, notamment à cause de leurs deux sortes de spores: microspores et mégaspores (voir à ce sujet le texte sur la sélaginelle fausse-sélagine*). Un sporange mâle (microsporange) produit des dizaines de milliers de microspores, et chaque individu compte plusieurs de ces microsporanges (un par feuille). Toutes petites, ces microspores: une dizaine de fois plus petites qu'une mégaspore, des poussières quoi! Et pourtant, leur paroi, vue au microscope électronique, se montre garnie d'ornementations, tout comme celle des mégaspores. La beauté de ces grosses mégaspores bien blanches se décrit difficilement: granules, épines, réseaux de crêtes et d'alvéoles décorent la paroi. Au milieu, une crête sépare la sphère en deux. Comme chez les autres ptéridophytes, la plante produit ses spores quatre par quatre (en groupes appelés tétrades); aussi, l'une des moitiés de la spore s'orne de trois autres crêtes marquant la position des trois spores adjacentes. C'est pendant le développement des spores que des couches de silice quasi pure forment les ornements entre les crêtes. Difficile à croire, mais la forme des sculptures sur la paroi des mégaspores faciliterait l'adhérence des microspores, elles-mêmes sculptées.

Selon certains spécialistes, la seule constante dans ce groupe... c'est la variabilité! Si l'isoète à grosses spores présente toujours des feuilles raides, les autres isoètes de nos contrées montrent, à l'intérieur d'une même espèce, tantôt des feuilles recourbées, tantôt des feuilles droites, même chez des individus qui poussent côte à côte; leur allure ne permet donc pas de les différencier. Certains isoètes amphibies, l'isoète des rivages, par exemple, poussent sur le rivage (hors de l'eau) et dans l'eau, mais presque tous ne poussent que dans l'eau; ici encore, l'habitat n'aide pas à les différencier. Ne possédant ni dents, ni poils, ni découpures d'aucune sorte sur leurs feuilles, encore moins de fleurs aux parties complexes et variées, il faut chercher sur les spores des caractères de différenciation entre les espèces! Mais l'examen des mégaspores nécessite une loupe à fort grossissement (loupe binoculaire de laboratoire) ou un petit microscope (en ajoutant un éclairage dirigé sur les spores, non en dessous): impossible à faire sur le terrain, et pourtant essentiel pour différencier les espèces d'isoète. Et là encore, les caractères des spores (ornementation, taille) varient beaucoup chez une espèce donnée, en particulier chez l'isoète des rivages. La taille des spores est fonction du degré de ploïdie; par exemple, parmi les espèces canadiennes, l'isoète à grosses spores et l'isoète des lacs (*I. lacustris*) présentent les spores les plus grosses et le plus haut niveau de ploïdie, soit $2n = 110$ chromosomes (soit 10 fois le nombre de base qui est de 11 chez les isoètes), tandis que les isoètes à spores épineuses, d'engelman et d'eaton présentent les spores les plus petites et sont diploïdes ($2n = 22$ chromosomes, soit 2 fois le nombre de base). Sans loupe puissante, le botaniste se contente de rattacher la plante qu'il trouve au genre isoète.

Un bel ornement pour l'aquarium... si ce n'était de son bon goût: plusieurs espèces de poissons se régalent de ses sporanges (pour manger le sporange, le poisson arrache la feuille, et un isoète sans feuille... c'est bien peu de chose pour décorer un aquarium)!

En Europe, en temps de famine, les gens mangèrent des cormes d'isoètes, malgré leur piètre saveur.

# Glossaire

**acide**; adj. Voir pH.

**aisselle**; n.f. Point de jonction d'un organe avec un autre; ex.: point de rencontre entre la feuille et la tige, d'un segment avec le rachis.

**alcalin(e)**; adj. Voir pH. Synonyme: basique.

**alcaloïdes**; n.m. Désigne un groupe de substances contenant de l'azote et ressemblant chimiquement à des alcalins (voir pH). Ils proviennent des plantes et causent des réactions physiologiques très marquées, qui touchent le plus souvent le système nerveux. La médecine en utilise de nombreux et plusieurs sont toxiques.

**alpin(e)**; adj. De Alpes. Se dit de la partie des montagnes au-dessus de la limite des forêts, caractérisée par une végétation de toundra et d'arbres rabougris, reliée à un climat froid et venteux. Désigne aussi les plantes et les groupements végétaux qui poussent à cet endroit. Dans le Québec habité, l'étage alpin se trouve principalement dans le parc de la Gaspésie, sur les monts Groulx et Otish (Territoires du Nouveau-Québec), sur le mont du Lac des Cygnes et sur quelques autres dans Charlevoix.

**alterne**; adj. Se dit des feuilles insérées une à une, à des hauteurs différentes sur la tige; s'emploie aussi pour d'autres organes ou parties d'organe; ill. p. 63.

**amphi-atlantique**; adj. Se dit d'une répartition des deux côtés de l'Atlantique, sans atteindre le Pacifique. Généralement dans l'hémisphère nord, soit dans l'est de l'Amérique du Nord et dans l'ouest de l'Europe. Voir osmonde royale, p. 128.

**anneau**; n.m. Rangée de cellules à parois particulières, qui encercle partiellement le sporange de la plupart des fougères. C'est par l'anneau que le sporange s'ouvre et que les spores s'échappent.

**antibiotique**; adj. et n.m. Substance généralement produite par un micro-organisme, qui tue une ou des espèces déterminées de micro-organismes ou qui empêche leur croissance; contrairement aux antiseptiques, n'est pas toxique pour tous les vivants.

**antiseptique**; adj. ou n.m. Substance toxique pour tous les vivants; employée surtout pour tuer les microbes; ex.: peroxyde d'hydrogène, eau de javel.

**arctique**; adj. et substantif. Zone bioclimatique située dans les régions très froides, au nord de la limite des forêts. Désigne les espèces et les groupements végétaux qui poussent principalement dans la toundra nordique; les plantes de la toundra des hauts sommets sont plutôt qualifiées d'alpines et les espèces communes aux deux types de toundra, d'arctiques-alpines. Voir *Domaines floristiques de l'Amérique du Nord*, p. 35.

**astringent(e)**; adj. et n.m. Qui resserre les tissus, en faisant contracter les capillaires sanguins et diminuer les sécrétions des glandes; arrête les saignements et facilite la cicatrisation.

**bloc (erratique)**; n.m. Grosse roche arrondie par l'érosion et déposée par les glaciers, loin de son point d'origine. Synonyme: boulder.

**boréal(e)**; adj. De Borée, dieu grec du vent du nord. Se rapporte au climat froid des régions nordiques. Désigne aussi les espèces et les groupements végétaux qui poussent principalement sous ce climat, soit, en Amérique du Nord, dans la forêt boréale; l'aire de répartition de ces plantes empiète à l'occasion sur les zones adjacentes, à la faveur de milieux à climat équivalent, par exemple vallées bien abritées de zones plus au nord ou sommets exposés de zones plus au sud. Voir *Domaines floristiques de l'Amérique du Nord*, p.35.

**bouturage**; n.m. Mode de multiplication par enracinement d'une partie coupée de la plante.

**bulbille**; n.f. Petit organe globuleux ou en forme d'écaille, qui comprend une plantule et sert à la multiplication végétative; ill. pp. 57, 58 et 76.

**calcicole**; adj. Se dit d'une plante qui fréquente les substrats calcaires. Bien des espèces tolèrent mal ces roches alcalines, ce qui laisse le champ libre à tout un cortège de plantes qui s'en accommodent et qui, souvent peu compétitrices, ne fréquentent que les lieux peu ou non colonisés par la végétation.

**cédrière**; n.f. Groupement végétal dominé par le cèdre-thuya occidental.

**charnu(e)**; adj. Se dit d'un tissu végétal épais, gonflé de liquide: fruit charnu (cerise°), feuille charnue (botryche lunaire, p. 318).

**chimiotaxinomie**; n.f. Branche de la botanique qui s'intéresse à distinguer les espèces par le moyen de leurs composantes chimiques, souvent par la caractérisation des protéines, en particulier des enzymes.

**chromosome**; n.m. Structure généralement en forme de bâtonnet, contenue dans chaque cellule. Les chromosomes régissent le fonctionnement d'un organisme et transmettent les caractères héréditaires. Ils se composent de gènes.

**circumboréal(e)**; adj. De *circum*: autour et *boreus*: boréal. Se dit d'une espèce qui pousse tout autour du globe, principalement dans la zone boréale.

**circumpolaire**; adj. De *circum*: autour et *polaris*: pôle. Se dit d'une espèce qui pousse tout autour du globe, principalement dans la zone arctique, soit au nord de la limite des forêts, dans la toundra nordique. Certaines plantes circumpolaires poussent aussi sur les sommets exposés de montagnes situées plus au sud, lorsque les conditions climatiques s'apparentent à celles de la zone arctique.

**clone**; n.m. Population constituée d'individus issus de la même plante-mère par multiplication végétative; de telles populations sont génétiquement très homogènes et les individus se ressemblent, comme des jumeaux identiques.

**colonie**; n.f. Groupe de plusieurs individus d'une même espèce, poussant ensemble; souvent tous ces «individus» sont issus les uns des autres et parfois même n'en constituent qu'un, au sens strict, parce qu'ils viennent du même rhizome: les tiges sont unies entre elles par des parties souterraines; ill. p. 67.

**constriction**; n.f. Chez les lycopodes, étranglement dans la silhouette de la tige, dû à un ralentissement de la croissance; ill. p. 75.

**continue (aire)**; adj. Se dit de l'aire de répartition d'une espèce lorsqu'elle n'est pas interrompue par une absence importante; ex.: répartition de la prêle des champs, p. 328.

**cosmopolite**; adj. Se dit de plantes très largement réparties sur presque tous les continents de l'hémisphère nord et de l'hémisphère sud, telles certaines plantes nuisibles à l'agriculture («mauvaises herbes»). Voir cystoptère fragile, p. 282.

**costale (cavité)**; adj. Se dit des cavités situées vis-à-vis des côtes de la tige d'une prêle. Se voit bien dans une coupe transversale; ill. p. 71.

**couronne**; n.f. Touffe de frondes disposées en cercle, donnant à la fougère l'aspect d'un vase; ill. p. 66.

**crosse**; n.f. Bourgeon de fronde enroulé comme un ressort; ill. p. 61.

**cultivar**; n.m. Plante, généralement une variété, issue de culture et ne se maintenant que par la culture.

**cytotaxinomie**; n.f. Branche de la botanique qui s'intéresse à distinguer les espèces par les caractères de leurs cellules, le plus souvent par le nombre et les attributs des chromosomes.

**décidu(e)**; adj. Se dit des arbres (ou des forêts qu'ils composent) qui renouvellent tout leur feuillage au même moment, chaque année. Ex.: les érables et les érablières. Désigne aussi une partie du domaine tempéré. Voir *Domaines floristiques de l'Amérique du Nord*, p. 35.

**décoction**; n.f. Liquide obtenu en faisant bouillir pendant quelques minutes, dans l'eau, du vin ou dans un autre liquide, une ou plusieurs parties d'une plante, réduites en petits morceaux.

**décurrent(e)**; adj. Se dit d'un organe qui se prolonge au-delà de son point d'insertion, le plus souvent la feuille qui se prolonge le long de la tige par des ailes, des lignes, etc.

**désertique**; adj. et substantif. Désigne le domaine floristique qui couvre les déserts ou semi-déserts de l'ouest de l'Amérique du Nord. Voir *Domaines floristiques de l'Amérique du Nord*, p. 35.

**dichotomie**; n.f. Mode de ramification, par lequel la tige se divise en deux parties égales, sans que l'une ne prenne plus d'importance. Ex.: huperzie brillante; ill. p. 76.

**dimorphisme**; n.m. Se dit d'un organe qui prend deux formes différentes, par exemple une fronde qui change radicalement de forme selon qu'elle soit fertile ou stérile; ill. pp. 68, 72.

**diploïde**; adj. Se dit d'un organisme, ou d'une partie d'un organisme, dont les cellules comptent deux jeux de chromosomes.

**disjoint(e)**; adj. Se dit de l'aire de répartition d'une espèce lorsqu'elle est interrompue par une absence importante; par exemple, une plante circumboréale absente en Asie est dite circumboréale disjointe en Asie. Voir aussi la carte de répartition de l'adiante du canada, p. 152, pour une espèce disjointe en Amérique du Nord.

**diurétique**; adj. et n.m. Qui accroît la formation d'urine.

**divisé(e), division**; adj. Se dit du limbe des fougères qui présente des découpures importantes. Le limbe des fougères se divise à une, deux ou trois reprises et les parties ainsi constituées se nomment segments; ill. p. 63.

**domaine floristique**; n.m. Partie de la surface de la terre qui supporte un groupe de plantes montrant, en général, la même répartition. Voir *Domaines floristiques de l'Amérique du Nord*, p. 35.

**écaille**; n.f. Production de l'épiderme, en forme de lamelle et de poil élargi. Généralement brune et mince comme du papier, recouvrant les crosses et la base du stipe ou dispersées sous le rachis ou le limbe; ill. p. 65.

**écusson**; n.m. Organe sous lequel se rattachent les sporanges chez les prêles. Chaque strobile compte plusieurs écussons; ill. p. 73.

**émergent(e)**; adj. Se dit d'une plante ou d'une partie de plante, se dressant au-dessus de l'eau.

**entier(ère)**; adj. Se dit d'une structure dont la marge n'est pas découpée par des dents, des lobes, des incisions, etc.

**entrenoeud (entre-noeud)**; n.m. Partie de la tige qui sépare deux noeuds; ill. p. 70.

**envahissant(e)**; adj. Qualifie une plante qui se répand rapidement et en grand nombre, dans une région. Se dit généralement d'une plante qui envahit les cultures au point d'être gênante.

**épi**; n.m. Mode de groupement de fleurs sans queue ou presque, disposées le long d'une tige raide, allongée et non divisée; ex.: maïs.

**épithète (spécifique)**; n.f. Désigne le deuxième mot qui compose le nom d'une plante et désigne plus particulièrement l'espèce. Ex.: dans onoclée sensible et *Onoclea sensibilis*, les épithètes spécifiques sont: sensible et *sensibilis*.

**érablière**; n.f. Groupement végétal dominé par l'érable, le plus souvent par l'érable à sucre; terme utilisé ici sans référence à l'exploitation des produits de l'érable.

**espèce**; n.f. Ensemble d'individus pouvant se reproduire entre eux, tout en donnant des descendants féconds. Unité de base de la classification des êtres vivants.

**estuaire**; n.m. Du latin *aestus*: mouvements des flots, marée. Partie généralement élargie d'un cours d'eau à sa jonction avec la mer; lieu de rencontre entre l'eau douce et l'eau salée, sujet aux marées.

**étalé(e)**; adj. Se dit d'un organe, tige, feuille ou autre, dont la disposition tend à se rapprocher de l'horizontale. N'est ni dressée, ni tombante ou retombante.

**étiolé(e)**; adj. Se dit d'une plante, ou d'un organe, qui prend une allure différente de la normale, généralement plus allongée, plus faible, plus pâle, souvent par manque de lumière.

**fertile (fronde, partie ou segment)**; adj. Se dit d'une plante ou d'une partie de plante qui produit des spores. Les frondes fertiles et les frondes stériles peuvent être semblables (frondes de fougère-aigle commune) ou très différentes (frondes d'onoclée sensible, segments d'osmonde de clayton, tiges de prêle des champs); ill. p. 68.

**feuille**; n.f. Organe important de la plante, généralement composé d'une lame mince, appelé limbe, qui se rattache à la tige par une queue, appelé pétiole, dont la base s'élargit en une gaine.

**forçage**; n.m. Mode de culture qui consiste à forcer une plante à fleurir ou à produire des feuilles plus tôt que normalement.

**forme**; n.f. Catégorie de classification; à l'intérieur d'une espèce, désigne une classe d'individus qui se distinguent par un caractère généralement non transmissible. Voir variété.

**fronde**; n.f. Feuille des fougères, généralement composée d'un stipe et d'un limbe, parcouru d'un rachis. La plupart débutent sous forme de crosses et produisent des fructifications (sores) sur leur face inférieure; ill. p. 61.

**fructification**: n.f. Fruit ou ensemble de fruits chez les plantes à fleurs. Désigne aussi les sporanges ou le strobile ou l'ensemble des organes reproducteurs chez les plantes à spores; ill. p. 75.

**gaine**; n.f. Élargissement de la base ou de la queue d'une feuille. Chez les prêles, désigne un fourreau encerclant la tige, formé de plusieurs feuilles soudées; ill. p. 71.

**gène**; n.m. Partie, unité de base d'un chromosome, qui détermine un ou un ensemble de caractères héréditaires.

**genre**; n.m. Unité de classification qui regroupe des espèces et subdivise les familles.

**glaciation**; n.f. Période pendant laquelle un glacier recouvre une région.

**glanduleux(se)**; adj. Se dit de plantes ou d'organes qui portent des glandes, le plus souvent situées au bout de poils et sécrétant des substances odorantes ou visqueuses; ill. p. 65.

**grappe**; n.f. Mode de groupement des fleurs (et des fruits) dans lequel la queue de chaque fleur est fixée sur un même axe central, allongé, non ramifié. Elle diffère de l'épi par le fait que ses fleurs possèdent des queues.

**habitat**; n.m. Milieu de vie défini par un ensemble de conditions du climat, du sol, de la végétation, de la faune et par une histoire.

**herbacé(e)**; adj. et n.f. Se dit d'une plante dont la tige, généralement verte et tendre, ne contient pas de bois, a la consistance de l'herbe.

**herbier**; n.m. Collection de plantes séchées; institut ou lieu où sont conservées ces collections; traité de botanique. Certains utilisent aussi ce terme pour désigner des bancs d'herbes ou d'algues, sous l'eau, comme synonyme de marais submergé ou de prairie aquatique, mais, à notre avis, ces derniers termes établissent mieux le lien avec la nomenclature utilisée pour d'autres formations végétales.

**herboriser**; verbe. Étudier les plantes dans leur habitat naturel, les récolter pour les collectionner ou pour les utiliser.

**horticole**; adj. Qui a rapport à la culture des jardins, des plantes ornementales ou potagères.

**hybride**; n.m. ou adj. Individu résultant du croisement d'espèces différentes. En horticulture, le terme désigne surtout le résultat du croisement de variétés d'une même espèce.

**indigène**; adj. Se dit d'une espèce native d'une région donnée, qui y a toujours poussé spontanément, sans intervention humaine, par opposition à une espèce introduite ou naturalisée.

**indusie**; n.f. Du latin *indusium*: chemise de femme. Partie du sore. Excroissance de l'épiderme qui forme une membrane recouvrant les sores pendant leur développement; ill. p. 69. *Fausse indusie*: chez certaines fougères, indusie formée par la marge repliée du limbe et non par une excroissance de l'épiderme (fougère-aigle commune, adiante du canada, cryptogramme de steller).

**infusion**; n.f. Liquide obtenu en versant de l'eau bouillante sur des morceaux de plante; le liquide doit reposer pendant quelques minutes avant d'être filtré (comme le thé).

**introduit(e)**; part. passé. Se dit d'une plante amenée, intentionnellement ou non, d'une autre région ou d'un autre continent; qui n'est pas indigène; ex.: pissenlit officinal°.

**krummholz**; n.m. Forêt rabougrie, formée sous l'effet du vent, à la limite nordique ou alpine des arbres ou au bord de la mer.

**libre**; adj. Se dit d'un organe non soudé à un autre sur une bonne partie de sa longueur; ill. p. 76.

**lichens**; n.m. Catégorie de plantes, formée chacune de l'association d'un champignon et d'une algue; en général, les lichens croissent lentement sur la pierre, le sable, l'écorce, etc., et résistent à des conditions climatiques extrêmes, mais non à la pollution de l'air.

**ligneux(se)**; adj. De *lignum*: bois. Constitué de bois ou comportant des fibres de bois.

**limbe**; n.m. Principale partie d'une feuille: la large lame verte et étalée, n'incluant pas le stipe (ou le pétiole) mais incluant le rachis; ill. p. 61.

**limite des arbres**; n.f. Ligne de démarcation imaginaire située à haute altitude (en hautes montagnes) ou à latitude élevée (dans le Grand Nord) à partir de laquelle les arbres perdent leur allure caractéristique, restent nains et rabougris. Ne pas confondre avec la limite des forêts, située à moins haute altitude ou à latitude moins élevée.

**macération**; n.f. Liquide obtenu en laissant tremper une plante dans un liquide froid (souvent pendant plusieurs jours).

**marais**; n.m. Formation végétale colonisant les milieux humides qui sont inondés durant la plus grande partie de la saison de végétation. Le terme marais s'applique aussi à la végétation du littoral marin, soumis aux marées, si on considère que le recouvrement par l'eau de la marée équivaut à une inondation durant la plus grande partie de la saison de végétation; on parle, par exemple, de marais salés. Tous ne s'entendent pas sur cette définition; certains appliquent le concept de marais uniquement à la végétation émergente.

**marcottage**; n.m. Mode de multiplication d'une plante par lequel une branche enterrée, ou recouverte de végétaux, mais encore attachée à la plante-mère, produit des racines et donne un nouvel individu.

**menacé(e)**; adj. Se dit d'espèces dont la disparition est appréhendée (population en déclin ou à un niveau critique, répartition restreinte, habitats en régression). *Menacé(e) d'extinction*: espèce menacée d'éradication dans l'ensemble ou dans une partie considérable de l'aire qu'elle occupe dans un territoire considéré.

**mixte**; adj. Se dit d'une forêt comprenant des conifères et des arbres décidus.

**montagnard(arde)**; adj. et substantif. Désigne deux domaines floristiques qui couvrent les montagnes de l'ouest de l'Amérique du Nord. Se dit aussi, dans les hautes montagnes en général, des étages de végétation (haut et bas montagnard) situés à des altitudes élevées entre l'étage alpin et l'étage du piedmont. Voir *Domaines floristiques de l'Amérique du Nord*, p. 35.

**morphologie**; n.f. Étude de la forme extérieure, de l'apparence d'un organe ou d'un organisme.

**multiplication (végétative)**; n.f. Production d'un autre individu sans intervention de cellules sexuelles ou sans fécondation. Ex.: propagation par division du rhizome, par bulbille. Voir aussi pp. 57, 58.

**mycorhize**; n.f. Association mutuellement bénéfique d'un champignon, généralement microscopique, et d'une racine.

**naturalisé(e)**; part. passé. Se dit d'une plante introduite mais bien établie, bien acclimatée depuis plusieurs années et faisant ainsi partie intégrante de la flore d'une région.

**noeud**; n.m. Partie de la tige au point de rencontre avec une feuille ou une ramification; ill. pp. 70, 71.

**nomenclature**; n.f. Partie de la taxinomie (ou taxonomie, science de la classification) qui fixe les règles pour nommer les êtres vivants.

**oblong(ue)**; adj. Se dit d'un organe, généralement une feuille, un pétale ou un sépale, allongé et à bords parallèles sur une bonne partie de sa longueur (silhouette à peu près rectangulaire).

**opposé(e)**; adj. Se dit de feuilles ou de segments disposés par paires, de chaque côté et à la même hauteur (vis-à-vis) sur une tige. S'emploie aussi pour les autres organes de la plante; ill. p. 63.

**ouvert (lieu)**; adj. Désigne les lieux qui laissent pénétrer la lumière, parce que dépourvus d'arbres ou de gros arbustes, soit en milieu naturel (dunes, prairies alpines, etc.), soit à la suite d'une intervention humaine (terrains vagues des villes, lieux cultivés, chemins, etc.).

**persistant(e)**; adj. Se dit d'un organe qui reste attaché à la plante plus longtemps que la normale ou qui reste sur la plante tout l'hiver. Se dit aussi d'une plante échappée de culture ou, en général, d'une plante introduite qui s'installe pendant plusieurs années.

**pessière**; n.f. De *Picea*: nom latin de l'épinette. Groupement végétal dominé par les épinettes. La pessière noire est dominée par l'épinette noire; on dit aussi pessière à épinette noire.

**pH**; n.m. (abréviation de: potentiel d'hydrogène). Unité de mesure de la concentration de l'ion hydrogène ($H^+$) qui exprime, sur une échelle de 0 à 14, le degré d'acidité (si inférieur à 7) ou de basicité (si supérieur à 7). Une substance neutre comme l'eau pure a un pH de 7 mais celui de l'eau de mer se situe autour de 8. Au Québec, les sols basiques dépassent rarement un pH de 8 et sont généralement liés à la présence de calcium (ex.: plages maritimes). Beaucoup plus fréquents dans nos contrées, les sols acides ont un pH inférieur à 7, parfois aussi bas que 3 (cas de certaines tourbières); leur acidité dépend de la nature du substrat (présence de silice) et de la présence de débris végétaux libérant beaucoup d'acidité (sphaignes, aiguilles de conifère).

**pharmacopée**; n.f. Recueil officiel des médicaments d'un pays; synonyme: *Codex.*

**photopériode**; n.f. Durée du jour ou de la période d'éclairement, considérée d'après ses répercussions sur les organismes.

**phytogéographie**; n.f. Du grec *phuton*: plante et géographie. Science qui s'intéresse à la répartition des plantes à la surface de la terre et aux causes de cette répartition.

**pinède**; n.f. Groupement végétal dominé par des pins.

**plaine (de débordement)**; n.f. Terrains que les lacs et les cours d'eau n'inondent que durant une petite partie seulement de la saison de végétation, après la fonte des neiges ou après de grosses pluies.

**platière (de rivière)**; n.f. Terrain plat, en bordure ou dans le lit d'une rivière, généralement composé de pierres, de graviers ou de sables; inondé seulement lors des crues, c'est-à-dire à la fonte des neiges ou lors de grosses pluies.

**ploïdie**; n.f. Se réfère au nombre de jeux de chromosomes dans les cellules.

**poil**; n.m. Excroissance fine de l'épiderme, composée d'une seule cellule allongée ou d'une courte rangée de quelques cellules; ill. p. 65.

**pointe (libre)**; n.f. Désigne, chez les prêles, le sommet des feuilles non soudées en gaine; ill. p. 71. Certains désignent ces pointes par le terme dent, que nous préférons réserver aux découpures du limbe, des pétales, etc.

**polyploïdie**; n.f. Désigne un nombre de jeux de chromosomes supérieur à deux.

**population**; n.f. Ensemble des individus ayant la possibilité de se reproduire entre eux. Se dit de l'ensemble des individus d'une espèce envisagé dans sa totalité (niveau mondial), ou plus fréquemment dans une de ses parties (niveau régional, local ou d'une station représentant un groupement végétal, etc.).

**pousse (annuelle)**; n.f. Partie de la tige qui représente la croissance durant une année; ill. p. 75.

**pseudofronde**; n.f. Désigne chacune des deux parties (fertile ou stérile) de la fronde d'un botryche, qui présente l'apparence d'une fronde complète; ill. p. 61.

**prairial(e)**; adj. et substantif. Désigne le domaine floristique qui couvre les grandes prairies de l'ouest de l'Amérique du Nord. Voir *Domaines floristiques de l'Amérique du Nord*, p. 35.

**prairie**; n.f. Paysage végétal dominé par des plantes herbacées (des herbes, par opposition aux arbres).

**prothalle**; n.m. Chez les ptéridophytes, végétal minuscule issu de la germination d'une spore. Élément-clé de la partie sexuée du cycle de vie, les prothalles portent les organes reproducteurs qui produisent les cellules sexuelles mâles et femelles. Pour plus d'explications, voir *Les ptéridophytes et leur cycle de vie.*

**pruine**; n.f. Couche de cire qui recouvre certains organes ou organismes et leur donne une couleur bleutée; ex.: pruine sur des prunes. Cette cire s'enlève généralement facilement, par simple frottement.

**ptéridologue**; n.m. ou f. Botaniste qui s'intéresse aux ptéridophytes (plantes vasculaires à spores), dont font partie les plantes décrites dans ce livre.

**rachis**; n.m. (prononcer rakhis). Axe principal du limbe, nervure centrale prolongeant le stipe. Les divisions du rachis forment l'ensemble des nervures; ill. p. 61.

**ramifié(e), ramification**; adj. Se dit d'un organe (tige, stipe, limbe, poils) qui accuse une division plus importante que les autres, en deux ou plusieurs parties distinctes appelées ramifications; ill. p. 61.

**rang (taxinomique)**; n.m. Place qu'occupe une entité végétale dans la hiérarchie: forme, variété, sous-espèce, espèce.

**rare**; adj. Se dit d'une plante qui ne présente qu'une faible population, qui est concentrée dans une aire réduite ou dispersée dans une vaste région. Au Québec et dans plusieurs autres États, à des fins législatives, il existe une liste d'espèces reconnues comme rares, selon des critères bien précis; dans ce guide, ce terme ne désigne que les espèces qui figurent actuellement sur cette liste.

**relique**; adj. Se dit d'une plante présentant une population disjointe, dans une région anciennement rattachée à l'aire principale de l'espèce. Divers phénomènes expliqueraient la persistance de telles populations, après une réduction ou un déplacement de l'aire principale, mais cette notion se rattache surtout à la théorie des nunataks, selon laquelle de telles populations disjointes se rencontrent, dans l'est de l'Amérique du Nord, en des lieux épargnés par la dernière glaciation.

**répartition (géographique)**; n.f. Manière dont une plante occupe la surface du globe; étendue du territoire englobant tous les endroits où une plante donnée a été trouvée. Synonyme de «distribution», mot qui, employé dans ce sens, est un anglicisme fréquemment utilisé.

**retombant(e)**; adj. Se dit d'une feuille ou d'un autre organe, décrivant une courbe vers le bas.

**rhizome**; n.m. Tige souterraine, souvent charnue et horizontale, parfois dressée. Le rhizome se distingue d'une racine en ce que, comme toute tige, il porte des feuilles, des fleurs, des racines et d'autres tiges; de plus, le rhizome est garni d'écailles, absentes sur les racines; ill. p. 65.

**rosette**; n.f. Bouquet de feuilles disposées en cercle, généralement près du sol.

**section**; n.f. Forme d'un organe tel que vu en coupe transversale; par exemple, la section du stipe de la matteuccie fougère-à-l'autruche est creusée d'un sillon; ill. d'une coupe transversale p. 71.

**segment**; n.m. Toute division du limbe d'une fougère en parties plus petites. *Segment primaire*: première division qui s'attache au rachis principal; *segment secondaire*: division d'un segment primaire; *segment tertiaire*: division d'un segment secondaire; *segment ultime*: plus petite division du limbe, qu'il soit primaire, secondaire ou tertiaire. Voir aussi ramifié(e) et ill. p. 63.

**serpentine**; n.f. Roche métamorphique ultra-basique, à fort contenu en fer et en magnésium, dont certaines catégories donnent le talc et l'amiante; verte lorsque fraîchement cassée et tirant son nom de son aspect de peau de serpent. Peu d'espèces végétales réussissent à s'accommoder de ce substrat sur lequel poussent, par ailleurs, plusieurs plantes rares. Peu répandue dans l'est de l'Amérique du Nord, on en trouve des affleurements dans les Appalaches, en particulier dans l'Estrie (région de Black Lake), au mont Albert (Gaspésie) et à Terre-Neuve (parc national de Gros-Morne).

**sexué(e)**; adj. Qui a un sexe. Qualifie aussi un cycle ou une partie d'un cycle de vie au cours duquel sont formés des cellules sexuelles. *Reproduction sexuée*: mode de reproduction requérant la fusion de deux cellules provenant d'individus différents pour qu'un nouvel individu soit formé. Voir *Les ptéridophytes et leur cycle de vie* p. 52.

**sillon**; n.m. Creux, encavure, creusant comme une rigole dans le stipe ou le rachis, la tige, etc. Ex.: matteuccie fougère-à-l'autruche p.108.

**sore**; n.m. Chez les fougères, regroupement de sporanges généralement au revers du limbe et affectant une forme caractéristique pour chaque espèce; ill. p. 69.

**sous-espèce**; n.f. Catégorie de classification, intermédiaire entre l'espèce et la variété.

**sphaigne**; n.f. Genre appartenant au grand groupe des mousses; les sphaignes poussent en milieu humide et forment souvent un épais tapis, particulièrement dans les tourbières. C'est la «mousse de sphaignes» ou *peat moss* des horticulteurs.

**spinule**; n.f. Petite pointe, terminant généralement une dent du limbe, rappelant parfois une épine minuscule.

**sporadique**; adj. Dispersé dans l'espace. Se dit d'une plante dont les colonies sont séparées par de grandes distances.

**sporange**; n.m. Petit sac globuleux qui contient les spores. Ils se regroupent en *sores* chez les fougères, sous les *écussons* chez les prêles, ou restent isolés à l'aisselle de feuilles modifiées (*sporophylles*) chez les lycopodes et les sélaginelles; ill. pp. 69, 73, 76, 77.

**spore**; n.f. Du grec *spora*; semence. Corpuscule généralement unicellulaire, servant à la reproduction. Pour plus d'explications, voir *Les ptéridophytes et leur cycle de vie*; ill. pp. 69, 73, 77.

**sporophylle**; n.f. Feuille, modifiée ou non, qui porte un sporange; ill. pp. 76, 77.

**sporulation**; n.f. Libération des spores parvenues à maturité.

**stérile (fronde, partie ou segment)**; adj. Qualifie une plante ou une partie de plante qui ne produit pas de spores; ill. p. 68.

**stipe**; n.m. Pétiole, «queue» de la fronde; rattache le limbe au rhizome; ill. p. 61.

**stolon**; n.m. Tige rampant à la surface du sol, émettant des touffes de feuilles et s'enracinant aux noeuds.

**strobile**; n.m. Mode de regroupement des sporanges; très dense et affectant la forme d'un épi; ill. pp. 73, 75, 77.

**subalpin(e)**; adj. Sur une montagne, désigne la partie juste en bas de l'étage alpin, c'est-à-dire, en Amérique du Nord, entre la limite des arbres et la forêt coniférienne dense. Se dit aussi des plantes et des groupements végétaux qui poussent à cet endroit.

**substrat**; n.m. Ce sur quoi poussent les plantes, quelle qu'en soit la nature: roche, gravier, sable, vase, autres végétaux.

**talus (d'éboulis)**; n.m. Amoncellement de pierres provenant du fractionnement d'une paroi rocheuse et situé au bas de cette paroi.

**tanin**; n.m. Catégorie de substances qui ont toutes un effet astringent et un goût amer (comme le thé).

**taxinomie ou taxonomie**; n.f. Science qui traite de l'identification, des noms et de la classification des plantes.

**taxon**; n.m. Catégorie quelconque et indéterminée de plantes (famille, genre, espèce, variété, forme, etc.)

**tempéré(e)**; adj. Se rapporte au climat modéré, correspondant à la zone de la forêt décidue. Désigne aussi les espèces et les groupements végétaux qui poussent principalement dans cette zone; l'aire de répartition de ces espèces empiète à l'occasion sur les zones adjacentes, à la faveur de milieux équivalents, par exemple vallées bien abritées des zones plus au nord ou sommets plus au sud. Voir *Domaines floristiques de l'Amérique du Nord*, p. 35.

**tétraploïde**; adj. Se dit d'un organisme dont les cellules comptent quatre jeux de chromosomes.

**touffe**; n.f. Petit groupe de frondes jaillissant en un point du rhizome, s'orientant en tous sens.

**toundra**; n.f. Mot d'origine lapone. Formation végétale (paysage) des milieux très froids, caractérisée par l'absence d'arbres et par une végétation basse (haut. moy. 25 cm). On trouve cette formation dans le Grand Nord (toundra arctique), sur les hautes montagnes (toundra alpine) et parfois en bordure des côtes très froides (le long de la baie d'Hudson et de la Basse-Côte-Nord). Voir *Domaines floristiques de l'Amérique du Nord*, p. 35.

**tourbière**; n.f. Dépression de terrain où s'accumule la tourbe, c'est-à-dire la matière organique d'origine végétale. Habitat très humide, où la décomposition des débris organiques est très lente. Dans le langage populaire, on la désigne souvent par les termes inappropriés de swamp, marécage ou savane. Cet habitat est souvent dominé par des sphaignes et des arbustes bas (dont plusieurs de la famille du bleuet) ou par des carex.

**transcontinental(e)**; adj. Se dit d'une plante qui pousse d'un bout à l'autre d'un continent; en Amérique du Nord: de l'Atlantique au Pacifique. Ex.: carte du gymnocarpe fougère-du-chêne p. 144.

**tremblaie**; n.f. Groupement végétal dominé par des peupliers faux-tremble.

**triploïde**; adj. Se dit d'un organisme dont les cellules comptent trois jeux de chromosomes.

**tropical(e)**; adj. et substantif. Désigne le domaine floristique qui couvre principalement l'aire du climat tropical soit, en Amérique du Nord, la pointe sud de la Floride. Voir *Domaines floristiques de l'Amérique du Nord*, p.35.

**tubercule**; n.m. Partie renflée d'un rhizome ou d'une racine où s'accumulent les réserves nutritives et qui sert à la propagation, grâce aux petits bourgeons portés à sa surface.

**valléculaire**; adj. Se dit des cavités situées vis-à-vis les creux, entre les crêtes sur la tige d'une prêle. Se voit bien dans une coupe transversale; ill. p. 71.

**variété**; n.f. *Sens taxinomique*: catégorie de classification; à l'intérieur d'une espèce, désigne une classe d'individus qui se distinguent par un ou des caractères constants, c'est-à-dire transmissibles par reproduction. *Sens agronomique*: cultivar, c'est-à-dire groupe de plantes présentant certains caractères qui ne se maintiennent que par la culture.

**vasculaire**; adj. et n.f. Désigne les plantes qui possèdent des vaisseaux. Voir aussi p. 52.

**végétation (saison de)**; n.f. Temps de l'année où le climat permet la croissance des plantes; au Québec: du printemps à l'automne.

**verticille**; n.m. Mode de groupement des feuilles, par trois ou plus, à la même hauteur et autour de la tige: mode courant chez les prêles. S'emploie aussi pour les autres organes; ill. p. 70.

**vivace**; adj. Se dit d'une plante dont au moins la partie souterraine vit plus de deux ans.

**vulnérable**; adj. Se dit d'une plante dont la survie est précaire (aire de répartition en régression, effectifs en déclin, répartition restreinte et supportant mal une dégradation ou une perte d'habitat, répartition restreinte et sensible aux modifications de la qualité du milieu).

# Bibliographie


**Allen, D.L.** 1979. Wolves of Minong, their vital role in a wild community. Houghton Mifflin Company, Boston.

**Anonyme.** 1864. Obituary Notices for 1864. Linnean Society's Proceedings.

**Argus, G.W.** 1964. Plant collections from Carswell Lake and Beartooth Island, northwestern Saskatchewan, Canada. Canadian Field-Naturalist 78: 139-149.

**Argus, G.W.** 1966. Botanical investigation in northeastern Saskatchewan: the subarctic Patterson-Hasbala Lakes region. Canadian Field-Naturalist 80: 119-143.

**Argus, G.W. & C.V. Keddy.** 1984. Atlas des plantes vasculaires rares de l'Ontario; partie 3. Musée national des sciences naturelles, Musées nationaux du Canada, Ottawa.

**Argus, G.W. & P.J. Scott.** 1976. A preliminary list of rare plants of Newfoundland and Labrador. Musée national des sciences naturelles, Musées nationaux du Canada, Ottawa. Inédit.

**Argus, G.W. & D.J. White.** 1978. Les plantes vasculaires rares de l'Alberta. Syllogeus n° 17, Musée national des sciences naturelles, Musées nationaux du Canada, Ottawa.

**Argus, G.W. & D.J. White.** 1982-1983. Atlas des plantes vasculaires rares de l'Ontario; parties 1-2. Musée national des sciences naturelles, Musées nationaux du Canada, Ottawa.

**Auclair, A.N.D., A. Bouchard & J. Pajaczkowski.** 1976. Plant standing crop and productivity relations in a *Scirpus-Equisetum* wetland. Ecology 57: 941-952.

**Banfield, H.W.F.** 1977. Les mammifères du Canada. Les Presses de l'Université Laval et University of Toronto Press, Québec.

**Barabé, D., A. Bouchard, M. Dumais & S. Hay.** 1981. Qu'est-ce qu'une plante rare? Bulletin de la Société d'animation du Jardin et de l'Institut botaniques 6(2): 35-44.

**Bartgis, R.L. & G.E. Lang.** 1984. Marl wetlands in eastern West Virginia: distribution, rare plant species and recent history. Castanea 49: 17-25.

**Beirne, B.P.** 1971. Pest insects of annual crop plants in Canada; I. Lepidoptera II. Diptera III. Coleoptera. Memoirs of the Entomological Society of Canada, n° 78.

**Beirne, B.P.** 1972. Pest insects of annual crop plants in Canada; IV. Hemiptera-Homoptera V. Orthoptera VI. Other groups. Memoirs of the Entomological Society of Canada, n° 85.

**Beitel, J.M.** 1979. The clubmoss *Lycopodium sitchense* and *L. sabinifolium* in the upper Great Lakes region. The Michigan Botanist 18: 3-13.

**Beitel, J.M. & J.T. Mickel.** 1992. The Appalachian firmoss, a new species in the *Huperzia selago* (*Lycopodiaceae*) complex in eastern North America, with a new combination for the western firmoss. American Fern Journal 82(2): 41-46.

**Bell, C.R. & B.J. Taylor.** 1982. Florida wild flowers and roadside plants. Laurel Hill Press, Chapel Hill, North Carolina.

**Bellrose, F.C.** 1976. Ducks, geese and swans of North America. Stackpole Books, Harrisburg, Pennsylvania.

**Benedict, R.C.** 1963. Observations on the sensitive fern. American Fern Journal 53(3): 93-98.

**Benigni, R., C. Capra & P.E. Cattorini.** Plante medecinali chimica farmacologia e terapia, 1° volume. Inverni & Della Beffa, Milan.

**Benoit, P.** 1985. *Nomenclatura insectorum canadensium.* Centre de recherches forestières des Laurentides, Service canadien des forêts. Ministère des Approvisionnements et Services Canada.

**Bergeron, J.** 1955. Étude sur la distribution des ptéridophytes dans la province de Québec. Thèse de maîtrise, Université de Montréal, Montréal.

**Bergeron, L.** 1980. Dictionnaire de la langue québécoise. Léandre Bergeron & VLB Éditeur, Montréal.

**Bergeron, Y. & A. Bouchard.** 1983. Use of ecological groups in analysis and classification of plant communities in a section of western Québec. Vegetatio 56: 45-63.

**Beschel, R.E.** 1959. The Copper swamp in the Aboushagan woods, North Sackville, New Brunswick, summary for the maritime excursion after the 9th International Botanical Congress in Montréal. Queen's University, Kingston, Ontario.

**Billington, C.** 1952. Ferns of Michigan. Cranbrook Institute of Science, Bulletin n° 32, Bloomfield Hills, Michigan.

**Blasdell, R.F.** 1963. A monographic study of the fern genus *Cystopteris.* Memoirs of the Torrey Botanical Club 21(4): 1-102.

**Blondeau, M.** 1986. La flore vasculaire d'Inukjuak, Nouveau-Québec. Provancheria n° 19, Mémoire de l'Herbier Louis-Marie, Université Laval, Québec.

**Blondeau, M. & J. Cayouette.** 1987. Extensions d'aire dans la flore vasculaire du Nouveau-Québec. Naturaliste canadien 114: 117-126.

**Böcher, T.W.** 1948. Contributions to the flora and plant geography of West Greenland. 1. *Selaginella rupestris and Sisyrinchium montanum.* Meddelelser Om Grønland 147(3): 7-24.

**Boedyn, K.** 1966. Les plantes du monde. Hachette, Paris.

**Boivin, B.** 1942-1943. Quelques noms vernaculaires de plantes du Québec. Naturaliste canadien 69: 86-92; 70: 145-162. Repris dans Contributions de l'Institut botanique de l'Université de Montréal n° 48: 3-20.

**Boivin, B.** 1952. Two variations of *Pteridium aquilinum.* American Fern Journal 42(4): 131-133.

**Boivin, B.** 1953. Additions to the flora of the Erie Archipelago (Ontario). Contribution n° 1211, Botany and Plant Pathology Division, Canada Department of Agriculture, Ottawa. Repris dans Rhodora 55: 224-226.

**Boivin, B.** 1961. Études ptéridologiques. I. *Onoclea* Linné. Bulletin de la Société Botanique de France 108(9): 413-414.

**Boivin, B.** 1966. Énumération des plantes du Canada. Naturaliste canadien 93: 371-438.

**Boivin, J.P.** 1979. Les fougères sauvages et cultivées. Collection L'Essentiel, La Maison Rustique, Paris.

**Borg, P.J.V.** 1971. Ecology of *Equisetum palustre* in Finland, with special reference to its role as a noxious weed. Annales Botanici Fennici 8: 93-141.

**Borrel, M.L.** 1959. Étude phyllotaxique de quelques espèces appartenant au genre *Lycopodium.* Thèse non publiée; Faculté des sciences, Université de Clermont-Ferrand, France.

**Borror, D.J. & R.E. White.** 1970. A field guide to the insects of America North of Mexico. The Peterson field guide series, Houghton Mifflin Company, Boston.

**Bouchard, A., S. Hay, L. Brouillet, M. Jean & I. Saucier.** 1991. Les plantes vasculaires de l'île de Terre-Neuve. Syllogeus n° 65, Musée national des sciences naturelles, Musées nationaux du Canada, Ottawa.

**Bouchard, A., S. Hay & E. Rouleau.** 1978. The vascular flora of St. Barbe South district, Newfoundland: an interpretation based on biophysiographic areas. Rhodora 80: 228-308.

**Bouchard A., D. Barabé, M. Dumais & S. Hay.** 1983. Les plantes vasculaires rares du Québec. Syllogeus n° 48, Musée national des sciences naturelles, Musées nationaux du Canada, Ottawa.

**Boudreau, F.** 1981. Écologie des étages alpin et subalpin du mont Jacques-Cartier, parc de la Gaspésie, Québec. Thèse non publiée; École des gradués, Université Laval, Québec.

**Boudreau, F. & G. Audet.** 1982. Projet de création de la réserve écologique de Coleraine, description préliminaire. Ministère de l'Environnement, Québec.

**Boullard, B.** 1988. Dictionnaire de botanique. Ellipses, Paris.

**Bournérias, M.** 1971. Observations sur la flore et la végétation des environs de Puvirnituq (Nouveau-Québec). Naturaliste canadien 98: 261-318.

**Bournérias, M.** 1975. Flore arctique (lichens, bryophytes, spermatophytes) aux environs de Puvirnituq (Nouveau-Québec). Naturaliste canadien 102: 803-824.

**Bournérias, M. et C. Bock.** 1992. Le génie végétal. Nathan, Paris.

**Braid, K.W. & E. Conway.** 1943. Rate growth of Bracken. Nature 152: 751-752.

**Britton, D.M.** 1976. The distribution of *Dryopteris spinulosa* and its relatives in Eastern Canada. American Fern Journal 66(2): 69-74.

**Britton, D.M. & J.H. Soper.** 1966. The cytology and distribution of *Dryopteris* species in Ontario. Canadian Journal of Botany 44: 63-78.

**Britton, D.M., C.-J. Widén, D.F. Brunton & P.A. Keddy.** 1975. A new hybrid woodfern, *Dryopteris* X *algonquinensis* D.M. Britton, from Algonquin Park, Ontario. Canadian Field-Naturalist 89: 163-171.

**Brooks, M.G. & A.S. Margolin.** 1938. The pteridophytes of West Virginia. West Virginia University Bulletin 39 (n° 2) and contribution n° 3 from the Herbarium of West Virginia University, Morgantown, West Virginia.

**Brown, D.F.M.** 1964. A monographic study of the fern genus *Woodsia*. Nova Hedwigia 16: 1-154.

**Brown, J.-L.** 1981. Les forêts du Témiscamingue, Québec; écologie et photo-interprétation. Études écologiques n° 5, Laboratoire d'écologie forestière, Université Laval, Québec.

**Brunton, D.F.** 1979. The vascular plant collections of John Macoun in Algonquin Park, Ontario. Syllogeus n° 21, Musée national des sciences naturelles, Musées nationaux du Canada, Ottawa.

**Brunton, D.F. & J.D. Lafontaine.** 1974. An unusual escarpment flora in western Québec. Canadian Field-Naturalist 88: 337-344.

**Cannon, H.L., H.T. Shacklette & H. Bastron.** 1968. Metal absorption by *Equisetum* (Horsetail). Geological Survey Bulletin 1278-A, United States Departement of the Interior, Washington, D.C.

**Carlson, T.J.** 1979. The comparative ecology and frequencies of interspecific hybridization of Michigan woodferns. The Michigan Botanist 18: 47-56.

**Carlson, T.M. & W.H. Wagner Jr.** 1982. The North American distribution of the genus *Dryopteris*. Contributions of the University of Michigan Herbarium 15: 141-162.

**Caspary, R.** 1877. Alexander Braun. Journal of Botany 15: 321-327.

**Catling, P.M., B.S. Brookes, Y.M. Skorupinski & S.M. Mallette.** 1986. Bibliography of vascular plant floristics for New Brunswick, Newfoundland (insular), and Nova Scotia. Biosystematics Research Institute, Agriculture Canada, Ottawa.

**Cayouette, J.** 1979. L'habitat de trente-quatre espèces vasculaires des milieux ouverts du secteur calcaire de la rivière Shipshaw, Saguenay. Thèse non publiée, Université Laval, Québec.

**Cayouette, J.** 1984. Additions et extensions d'aire dans la flore vasculaire du Nouveau-Québec. Naturaliste canadien III: 263-274. Repris dans Ludoviciana n° 19, Contributions de l'Herbier Louis-Marie, Université Laval, Québec.

**Cayouette, J.** 1986. Innovations taxonomiques et observations sur la flore vasculaire du Nouveau-Québec. Naturaliste canadien 113: 331-336.

**Cayouette, J.** 1987. La flore vasculaire de la région du lac Chavigny (50°12'N - 75°08'O), Nouveau-Québec. Provancheria n° 20.

**Cayouette, R.** 1971. Études sur la flore du Saguenay, IV. Notes sur quelques ptéridophytes. Naturaliste canadien 98: 319-328.

**Cayouette, R.** 1975. Études taxonomiques et phytogéographiques sur la flore du Saguenay. Rapport non publié; Herbier du Québec, Service de la recherche, Ministère de l'Agriculture du Québec.

**Cayouette, R.** 1979. Études sur la flore du Saguenay. Fascicule 1: *Equisetaceae* à *Gramineae* inclusivement. Texte provisoire. Herbier du Québec, Service de la Recherche en Défense des Cultures, Ministère de l'Agriculture du Québec, Sainte-Foy, Québec.

**Centre national de la recherche scientifique (éditeur).** 1956. Les botanistes français en Amérique du Nord avant 1850. Colloques internationaux du Centre national de la recherche scientifique, Paris.

**Chrysler, M.A. & J.L. Edwards.** 1947. The ferns of New Jersey, including the ferns allies. Rutgers University Press, New Jersey.

**Cinq-Mars, L.** 1982. La flore de la Station agronomique de Saint-Augustin, Portneuf, Québec. Provancheria n° 14, Mémoire de l'Herbier Louis-Marie, Université Laval, Québec.

**Clapham, A.R., T.G. Tutin & E.F. Warburg.** 1962. Flora of the British Isles, 2nd edition. University Press, Cambridge.

**Claude, G.** 1980. La flore vasculaire du Cap Tourmente, comté de Charlevoix. Thèse non publiée; Faculté des études supérieures, Université de Montréal, Montréal.

**Clausen, R.T.** 1938. A monograph of the *Ophioglossaceae*. Memoirs of the Torrey Botanical Club 19(2): 1-177.

**Clausen, R.T.** 1944. On the status of *Botrychium dissectum* var. *oneidense*. American Fern Journal 34(2): 55-60.

**Clute, W.N.** 1901. Our ferns in their haunts: A guide to all the native species. Frederick A. Stokes Company, New York.

**Clute, W.N.** 1928. The fern allies of North America. W.N. Clute & Co. Joliet, Illinois.

**Cobb, B.** 1956. A field guide to the ferns and their related families of northeastern and central North America. The Peterson field guide series. The Riverside Press, Cambridge, Massachusetts.

**Cody, W.J.** 1961. New forms in *Botrychium virginianum*. American Fern Journal 51: 36-37.

**Cody, W.J.** 1979. Vascular plants of restricted range in the continental Northwest Territories, Canada. Syllogeus n° 23, Musée national des sciences naturelles, Musées nationaux du Canada, Ottawa.

**Cody, W.J.** 1980. Fougères du district d'Ottawa. Publication n° 974, Agriculture Canada, Ottawa.

**Cody, W.J. & D.M. Britton.** 1989. Les fougères et les plantes alliées du Canada. Publication 1829/F, Direction générale de la recherche, Agriculture Canada, Ottawa.

**Cody, W.J. & C.W. Crompton.** 1975. The biology of Canadian weeds. 15. *Pteridium aquilinum* (L.) Kuhn. Canadian Journal of Plant Science 55: 1059-1072.

**Cody, W.J. & V. Wagner.** 1980. The biology of Canadian weeds. 49. *Equisetum arvense* L. Canadian Journal of Plant Science 61: 123-133.

**Cody, W.J., I.V. Hall & C.W. Crompton.** 1977. The biology of Canadian weeds. 26. *Dennstaedtia punctilobula* (Michaux) Moore. Canadian Journal of Plant Science 57: 1159-1167.

**Cody, W.J., G.W. Scotter & S.S. Talbot.** 1979. Additions to the vascular plant flora of Nahanni National Park, Northwest Territories. Naturaliste canadien 106: 439-450.

**Comte, A.** (sans date). Notice sur Antoine, Bernard et Laurent de Jussieu. Extrait du Plutarque français. Paris.

**Conway, E.** 1949. The autecology of the Bracken ("*Pteridium aquilinum*" Kuhn.): the germination of the spore, and the development of the prothallus and the young sporophyte. Proceedings of the Royal Society of Edinburgh, section B (Biology). Vol. 63, Part 3(22): 325-343.

**Conway, E.** 1959. The bracken problem. Outlook on agriculture 2(4): 158-167.

**Conway, E. & R. Stephens.** 1957. Sporeling establishment in *Pteridium aquilinum*: effects of minerals nutrients. Journal of Ecology 45: 389-399.

**Coon, N.** 1969. Using wayside plants. Hearthside Press Inc., New York.

**Cooperrider, T.S.** 1958. The ferns and other pteridophytes of Iowa. State University of Iowa Studies in Natural History 20 (1): 1-62.

**Cornut, J.-P.** 1635. *Canadensium Plantarum Historia*. Réimpression de l'édition parisienne de 1966. The Sources of Science n° 37. Jonhson Reprint Corporation, New York.

**Correll, D.S.** 1956. Fern and fern allies of Texas. Texas Research Foundation, Renner, Texas.

**Correll, D.S. & H.B. Correll.** 1972. Aquatic and wetland plants of southwestern United States. Environmental Protection Agency, Government Printing Office, Washington, D.C.

**Couillard, L. & P. Grondin.** 1986. La végétation des milieux humides du Québec. Les Publications du Québec, Québec.

**Covell, C.V. Jr.** 1984. A field guide to the moths of eastern North America. Peterson, R.T. editor. U.S.A.

**Cranfill, R.** 1980. Ferns and fern allies of Kentucky. Scientific and technical series n° 1. Kentucky Nature Preserves Commission, Frankfort, Kentucky.

**Crowder, A.A., J.M. Bristow, M.R. King & S. Vanderkloet.** 1977. Distribution, seasonality and biomass of aquatic macrophytes in Lake Opinicon (eastern Ontario). Naturaliste canadien 104: 441-456.

**Crowder, A.A., J.M. Bristow, M.R. King & S. Vanderkloet.** 1977. The aquatic macrophytes of some lakes in southeastern Ontario. Naturaliste canadien 104: 457-464.

**Crowe.** A field guide to the native edible plants of New Zealand. William Collins Publishers.

**Dana, J.D.** 1888. Asa Gray. American Journal of Science, 3rd Series 35: 181-203.

**Davenport, E.** 1980. Les fougères (traduction de Francine de Lorimier). Éditions Héritage, Saint-Lambert, Québec.

**Day, R.** 1989. Rare and endangered plants of Newfoundland & Labrador. The Osprey, Newfoundland Natural History Society Quaterly 20(3): 95-97.

**Deam, C.C.** 1940. Flora of Indiana. Division of Forestry, State of Indiana Department of Conservation, Indianapolis.

**Deschamps, L.** 1968. Étude floristique de l'île Sainte-Thérèse et des îles avoisinantes. Thèse non publiée; Faculté des Sciences, Université de Montréal, Montréal.

**Deshaye, J.** 1983. La flore vasculaire de l'île Ivik, baie d'Ungava (Territoire du Nord-Ouest). Provancheria n° 15, Mémoire de l'Herbier Louis-Marie, Université Laval, Québec.

**Deshaye, J. & P. Morisset.** 1985. La flore vasculaire du lac à l'Eau Claire, Nouveau-Québec. Provancheria n° 18, Mémoire de l'Herbier Louis-Marie, Université Laval, Québec.

**Desmarais, Y.** 1949. La végétation du parc des Laurentides. Rapport préliminaire déposé à la Bibliothèque des Sciences, Université Laval, Québec.

**Desmarais, Y.** 1953. Extensions d'aires et additions à la flore aquatique du Québec. Naturaliste canadien 80: 161-175.

**Dodge, C.K.** 1917. Liste annotée des plantes à fleurs et des fougères de la Pointe Pelée, Ontario et des régions avoisinantes. Mémoire n° 54, Commission géologique, Ministère des Mines, Ottawa.

**Dore, W.G.** 1959. Aquatic vegetation of the precambrian shield as represented at

Dawson Pond near Dorset, Ontario. Plant Science Research Institute publication, Ottawa.

**Dore, W.G.** 1961. A centennial floristic census of Prescott, Ontario. Transactions of the Royal Canadian Institute, part II, 33: 49-115.

**Dore, W.G.** 1967. Floristic inventory of mont Ste-Marie, Gatineau County, Québec. Plant Research Institute, Canada Department of Agriculture, Ottawa.

**Dore, W.G. & J.M. Gill.** 1955. Botanical survey of the St. Lawrence seaway area in Ontario. Botany and plant pathology division, Science Service, Canada Department of Agriculture, Ottawa.

**Douglas, G.W., G.W. Argus, H.L. Dickson & D.F. Brunton.** 1981. The rare vascular plants of the Yukon. Syllogeus n° 28, Musée national des sciences naturelles, Musées nationaux du Canada, Ottawa.

**Doyon, D.** 1968. La végétation des pâturages naturels de Saint-Ferréol et de Saint-Tite-des-Caps, Comté de Montmorency. Naturaliste canadien 95: 367-391.

**Doyon, D.** 1975. Étude éco-dynamique de la végétation du comté de Lévis. Mémoire n° 1, Service de la Défense des Cultures, Agriculture Québec, Québec.

**Doyon, D. & V. Lavoie.** 1966. La distribution de quelques espèces végétales dans la région de Québec et leur cadre phytosociologique. Naturaliste canadien 93: 797-822.

**Duckett, J.G.** 1979. An experimental study of the reproductive biology and hybridization in the European and North American species of *Equisetum*. Botanical Journal of the Linnean Society 79: 205-229.

**Duke, J.A. & E. S. Ayensu.** 1985. Medecinal plants of China. Tomes I & II. Reference Publications inc. Algonac, Michigan.

**Dutilly, A. & E. Lepage.** 1954. Contribution à la flore du versant occidental de la baie James, Ontario. Publication n° 5F, Contributions of the Arctic Institute, The Catholic University of America, Washington, D.C.

**Dutilly, A. & E. Lepage.** 1962. Exploration botanique des rivières Swampy Bay et Caniapiscau, dans le bassin de la baie d'Ungava. Naturaliste canadien 89: 293-329.

**Dutilly, A. & E. Lepage.** 1963. Contribution à la flore du versant sud de la baie James, Québec-Ontario. Contributions of the Arctic Institute n° 12F, The Catholic University of America. Washington, D.C.

**Dutilly, A. & E. Lepage.** 1964. Randonnée botanique à travers la péninsule Québec-Labrador. Naturaliste canadien 91: 197-240.

**Dutilly, A., E. Lepage & M. Duman.** 1958. Contribution à la flore des Îles (T.N.O.) et du versant oriental (Qué.) de la baie James. Contributions of the Arctic Institute n° 9F, The Catholic University of America. Washington, D.C.

**Dykeman, B.W.** 1982. Aménagement des peuplements naturels de la fougère-à-l'autruche. Ministère de l'Agriculture et de l'aménagement rural du Nouveau-Brunswick.

**Dykeman, B.W.** 1982. Culture des fougères-à-l'autruche - une projection économique. Ministère de l'Agriculture du Nouveau-Brunswick, Direction de l'industrie végétale, Fredericton.

**Eastman, L.M.** 1976. Slender cliff-brake, *Cryptogramma Stelleri* (Gmel.) Prantl, in Maine and its relevance to the critical areas program. Report prepared for the Maine Critical Areas Program, State Planning Office, Augusta, Maine.

**Eaton, D.C.** 1879. The ferns of North America, 2 vol. S.E. Cassino Publisher, Salem & University Press: John Wilson & Son, Cambridge.

**Erichsen-Brown, C.** 1979. Use of plants for the past 500 years. Breezy Creeks Press, Aurora, Ontario.

**Erskine, D.S.** 1961. The plants of Prince Edward Island. Publication n° 1088, Plant Research Institute, Canada Department of Agriculture, Ottawa.

**Fasset, N.C.** 1957. A manual of aquatic plants, revised edition by E.C. Ogden. The

University of Wisconsin Press, Madison, Wisconsin.

**Feilberg, J.** 1984. A phytogeographical study of south Greenland. Vascular Plants. Meddelelser Om Grøland, Bioscience 15. Copenhagen.

**Fernald, M.L.** 1942. Incidents of field-work with J. Franklin Collins. Rhodora 44: 98-134.

**Fernald, M.L.** 1950. Gray's manual of botany; 8th edition, corrected printing 1970. D. Van Nostrand Company, New York.

**Fernald, M.L. & A.C. Kinsey.** 1958. Edible wild plants of eastern North America; revised edition by R.C. Rollins. Harper & Row, New York.

**Fleurbec.** 1981. Plantes sauvages au menu, guide culinaire. Fleurbec, Saint-Cuthbert.

**Fleurbec.** 1981. Plantes sauvages comestibles, guide d'identification. Fleurbec, Saint-Cuthbert.

**Fleury de la Roche, A.** 1929. Les plantes bienfaisantes. Éditions Gautier-Languereau, Paris.

**Flück, H.** 1976. Medecinal plants and their uses. W. Foulsham & Co. Ltd, England.

**Forbes, W.T.M.** 1954. *Lepidoptera* of New York and neighbouring states. *Noctuidae.* Cornell University Agricultural Experiment Station, New York.

**Forest, P. & A. Legault.** 1977. Analyse de la flore vasculaire de Poste-de-la-Baleine, Nouveau-Québec. Naturaliste canadien 104: 543-566.

**Forget, S.** 1978. La flore vasculaire du lac Kaiagamac, Saint-Michel-des-Saints, (comté de Berthier, Québec, Canada). Thèse non publiée; Faculté des études supérieures, Université de Montréal, Montréal.

**Foster, F.G.** 1971. Ferns to know and grow. Hawthorn Books, inc., New York.

**Fraser, D., J.K. Morton & P.Y. Jui.** 1986. Aquatic vascular plants in Sibley provincial park in relation to water chemistry and other factors. Canadian Field-Naturalist 100: 15-21.

**Gagnon, R.** 1976. Flore aquatique et riveraine d'eau douce d'une partie du versant est de la baie James. I. Description de la végétation. Rapport de recherche n° 29 (non publié), Laboratoire d'écologie de la Société d'Énergie de la Baie James, Université de Montréal, Montréal.

**Gaiser, L.O. & R.J. Moore.** 1966. A survey of the vascular plants of Lambton County, Ontario. Plant Research Institute, Canada Department of Agriculture, Ottawa.

**Garnier, G., L. Bézanger-Beauquesne & G. Debraux.** 1961. Ressources médicinales de la flore française. Tomes I & II. Visot Frères, Paris.

**Gates, F.C.** 1940. The flora of Kansas. Agricultural Experiment Station, Kansas State College of Agriculture and Applied Sciences, Manhattan, Kansas.

**Gaudreau, L.** 1979. La végétation et les sols des collines Tanginan, Abitibi-Ouest, Québec. Études écologiques n° 1, Laboratoire d'écologie forestière, Université Laval, Québec.

**Gauthier, B.** 1979. Présentation du phytobenthos limnétique. Mémoire de la Société linnéenne du Québec, Québec.

**Gauthier, B.** 1980. Les limites phytogéographiques du Saint-Laurent. Provancheria n° 11, Mémoire de l'Herbier Louis-Marie, Université Laval, Québec.

**Gauthier, B.** 1982. L'étagement des plantes vasculaires en milieu saumâtre, estuaire du Saint-Laurent. Naturaliste canadien 109: 189-203.

**Gauthier, Robert.** 1980. La végétation des tourbières et les sphaignes du parc des Laurentides, Québec. Études écologiques n° 3, Laboratoire d'écologie forestière, Université Laval, Québec.

**Gauthier, Roger.** 1966. Rapport botanique pour la saison 1938, 2e édition revue et corrigée. Station biologique du parc des Laurentides, Québec.

**Gauthier, Roger & R. Dumais.** 1938. Les prothalles de lycopodes dans le Québec. Contributions de l'Institut botanique de l'Université de Montréal 32: 7-11.

**Gerardin, V., P. Grondin & M. Lebel.** 1984. Distribution et description des tourbières de la Moyenne-et-Basse-Côte-Nord. Série de l'inventaire Capital-Nature n° 4, Ministère de l'Environnement, Québec.

**Gerth van Wijk, H.L.** 1911-1916. A dictionnary of plant-names, 2 vol. Réimpression de 1971. A. Asher & Company, Vaals-Amsterdam, Netherlands.

**Gervais, C.** 1982. La flore vasculaire de la région du mont Logan, Gaspésie, Québec. Provancheria n° 13, Mémoire de l'Herbier Louis-Marie, Université Laval, Québec.

**Gillett, J.M.** 1963. Flora of Goose Bay, Labrador. Canadian Field-Naturalist 77: 131-145.

**Gleason, H.A. & A. Cronquist.** 1963. Manual of vascular plants of northeastern United States and adjacent Canada. Van Nostrand Company, New York.

**Grieve, M.** 1967. A modern herbal, 2 vol. Hafner Publishing Company, New York.

**Grondin, P. & M. Melançon.** 1980. Étude phytoécologique de la Grosse île au Marteau et de l'île à Samuel, archipel de Mingan, Québec. Études écologiques n° 2, Laboratoire d'écologie forestière, Université Laval, Québec. Repris en partie dans Phytocoenologia 7: 336-355.

**Grondin, P., G. Lavoie & G. Lefebvre.** 1984. Brève description de la végétation et de la flore de quelques tourbières de la région du lac Champlain, Québec. Contribution n° 5, Service des inventaires écologiques, Ministère de l'Environnement, Québec.

**Haber, E. & J.H. Soper.** 1980. Vascular plants of Glacier National Park, British Columbia, Canada. Syllogeus n° 24, Musée national des sciences naturelles, Musées nationaux du Canada, Ottawa.

**Hall, I.V. & L.E. Aalders.** 1968. The botanical composition of two barrens in Nova Scotia. Naturaliste canadien 95: 393-396.

**Hämet-Ahti, L.** 1965. Vascular plants of Wells Gray Provincial Park and its vicinity, in eastern British Columbia. Annales Botanici Fennici 2: 138-164.

**Harms, V.L.** The lady fern, *Athyrium filix-femina*, in Saskatchewan. American Fern Journal 73(3): 117-121.

**Harms, V.L., J.H. Hudson & J. Heilman-Ternier.** 1980. Contributions to the vascular flora of boreal Saskatchewan, Canada. Rhodora 82: 239-280.

**Harvill, A.M., C.E. Stevens & D.M.E. Ware.** 1977. Atlas of the Virginia Flora, Part 1: Pteridophytes through Monocotyledons. Virginia Botanical Associates, Farmville, Virginia.

**Haufler, C.H. & M.D. Windham.** 1991. New species of North American *Cystopteris* and *Polypodium*, with comments on their reticulate relationships. American Fern Journal 81(1): 7-23.

**Hauke, R.L.** 1963. A taxonomic monograph of the genus *Equisetum*, subgenus *Hippochaete*. Nova Hedwigia 8: 1-163.

**Hauke, R.L.** 1965. Preliminary reports on the flora of Wisconsin, no. 54. *Equisetaceae*– Horsetail family. Wisconsin Academy of Sciences, Arts and Letters 54: 331-346.

**Hauke, R.L.** 1966. A systematic study of *Equisetum arvense*. Nova Hedwigia 13: 81-119.

**Hauke, R.L.** 1967. Sexuality in a wild population of *Equisetum arvense* gametophytes. American Fern Journal 57(2): 59-66.

**Hauke, R.L.** 1971. The effect of light quality and intensity on sexual expression in *Equisetum* gametophytes. American Journal of Botany 58(5): 373-377.

**Hauke, R.L.** 1978. A taxonomic monograph of *Equisetum* subgenus *Equisetum*. Nova Hedwigia 30: 385-455.

**Heath, F.G.** 1885. The fern world. Sampson Low, Marston, Searle and Rivington, London.

**Hickey, R.J.** 1977. The *Lycopodium obscurum* complex in North America. American Fern Journal 67(2): 45-48.

**Hinds, H.R.** 1983. Les plantes vasculaires rares du Nouveau-Brunswick. Syllogeus n° 50, Musée national des sciences naturelles, Musées nationaux du Canada, Ottawa.

**Hinds, H.R.** 1986. Flora of New Brunswick. Primrose Press, Fredericton, New Brunswick.

**Holland, P.G.** 1981. Eleven years of change in the species composition of permanent quadrats in deciduous forest on mont St-Hilaire, Québec. Naturaliste canadien 108: 311-323.

**Holub, J.** 1972. On the taxonomy and nomenclature of the European marsh fern. Taxon 21(2/3): 331-332.

**Holub, J.** 1975. *Diphasiastrum*, a new genus in *Lycopodiaceae*. Preslia, Praha 47: 97-110.

**Horsley, S.B.** 1986. Evaluation of hay-scented fern interference with black cherry. American Journal of Botany 73(5): 668.

**Houle, G.** 1978. La flore vasculaire de la région du lac Saint-Paul (Nicolet). Thèse non publiée; Faculté des études supérieures, Université de Montréal, Montréal.

**Hultén, E.** 1958. The amphi-atlantic plants and their phytogeographical connections. Almqvist & Wiksell, Stockholm.

**Hultén, E.** 1962. The circumpolar plants. I. Vascular cryptogams, conifers, monocotyledons. Almqvist & Wiksell, Stockholm.

**Hultén, E.** 1968. Flora of Alaska and neighboring territories. Stanford University Press, Stanford, California.

**Humphrey, H.B.** 1961. Makers of North American botany. Chronica Botanica: An international biological and agricultural series, n° 21. Ronald Press Co, NY.

**Hustich, I.** 1963. A preliminary inventory of the vascular plants in the eastern part of central Labrador peninsula. Acta Geographica 17(3).

**Jean, M. & A. Bouchard.** 1987. La végétation de deux tourbières de la municipalité régionale de comté du Haut-Saint-Laurent (Québec). Journal canadien de Botanique 65 (10): 1969-1988.

**Jones, D.L.** 1987. Encyclopaedia of ferns; An introduction to ferns, their structure, biology, economic importance, cultivation and propagation. Timber Press, Portland, Oregon.

**Joyal, R.** 1970. Description de la tourbière à sphaignes Mer Bleue près d'Ottawa, I. Végétation. Journal canadien de Botanique 48: 1405-1418.

**Joyal, R.** 1970. La flore vasculaire de l'île des Soeurs. Naturaliste canadien 97: 559-583.

**Kallio, P., U. Laine & Y. Mäkinen.** 1969. Vascular flora of Inari Lapland. 1. Introduction and *Lycopodiaceae-Polypodiaceae*. Report of Kevo Subarctic Research Station 5: 1-108, Departement of Botany, University of Turku, Turku 2, Finland.

**Kelly, H.A.** 1914. Some American medical botanists. Southworth Corporation, Troy, New York.

**King, B.L.** 1984. Vascular flora of Little River on the fall line, Hanover county, Virginia. Castanea 49: 1-8.

**Kingsbury, J.M.** 1964. Poisonous plants of the United States and Canada. Prentice-Hall Inc., Englewood Cliffs, New Jersey.

**Kott, L. & D.M. Britton.** 1982. A comparative study of sporophyte morphology of the three cytotypes of *Polypodium virginianum* in Ontario. Canadian Journal of Botany 60(8): 1360-1370.

**Kott, L. & D.M. Britton.** 1983. Spore morphology and taxonomy of *Isoetes* in northeastern North America. Canadian Journal of Botany 61: 3140-3163.

**Krochmal, A. & C.** 1973. A guide to the medicinal plants of the United States. Quadrangle, The New York Times Book Co., New York.

**Krombein, K.V., P.D. Hurd Jr, D.R. Smith & B.D. Burks.** 1979. Catalog of *Hymenoptera* in America north of Mexico. Smithsonian Institution Press, Washington, D.C.

**Kuijt, J.** 1982. A flora of Waterton Lakes National Park. The University of Alberta Press, Edmonton, Alberta.

**Lacoursière, E.** 1969. Étude écologique de la végétation riparienne entre Ste-Famille et la Pointe d'Argentenaye à l'île d'Orléans. Thèse non publiée; École des gradués, Université Laval, Québec.

**Lacoursière, E. & M.M. Grandtner.** 1971. Contribution à l'étude écologique de la végétation riparienne de l'île d'Orléans. Naturaliste canadien 98: 443-459.

**Lacoursière, E. & M.M. Grandtner.** 1972. Les groupements végétaux ripariens entre Sainte-Famille et la pointe d'Argentenaye, île d'Orléans, Québec. Naturaliste canadien 99: 469-507.

**Lacoursière, E., P. Pontbriand & J.-P. Dumas.** 1976. Première étape de l'évolution écologique de l'île aux Sternes, Québec. Naturaliste canadien 103: 169-189.

**Lakela, O.** 1965. A flora of northeastern Minnesota. University of Minnesota Press, Minneapolis.

**Lamoureux, G.** 1972. Inventaire floristique préliminaire du parc de la Mauricie. Rapport non publié, Parcs Canada, Ottawa.

**Lamoureux, G. & E. Lacoursière.** 1976. Étude préliminaire des groupements végétaux caractérisant quelques gîtes larvaires à moustiques dans la région de Trois-Rivières (Québec). Journal canadien de Botanique 54: 177-190.

**Lamoureux, J.-P.** 1971. Étude écologique de quelques groupements ripariens de la région de Montréal. Thèse non publiée; École des gradués, Université Laval, Québec.

**Laplante, J.P.** 1985. Papillons et chenilles du Québec et de l'est du Canada. Éditions France-Amérique, Montréal.

**Larochelle, A.** 1984. Les punaises terrestres (Hémiptères: Géocorises) du Québec. Fabreries, supplément n° 3, Québec.

**Lavoie, G.** 1984. Contributions à la connaissance de la flore vasculaire et invasculaire de la Moyenne-et-Basse-Côte-Nord, Québec-Labrador. Provancheria n° 17, Mémoire de l'Herbier Louis-Marie, Université Laval, Québec.

**Lavoie, G.** 1984. La flore vasculaire du comté de Témiscouata, Québec. Provancheria n° 16, Mémoire de l'Herbier Louis-Marie, Université Laval, Québec.

**Le Gallo, C.** 1953. Deux maîtres disparus: Frère Marie-Victorin et Fernald. Le Naturaliste Canadien 80(5): 143-158.

**Lebel, C.** 1979. Étude de la bulbille du *Lycopodium lucidulum* Michaux (Lycopodiacées). Thèse non publiée, Université de Montréal, Montréal.

**Leclerc, H.** 1966. Précis de phytothérapie, 5e édition. Masson et Cie, Éditeurs. Paris-VIe.

**Lee Rue III, L.** 1964. The world of the beaver. J.B. Lippincott Company, New York.

**Lehane, B.** 1977. Le pouvoir des plantes. Éditions Princesse, Paris.

**Lehner, E. & J. Lehner.** 1960. Folklore and symbolism of flower, plants and trees. Tudor Publishing Company, New York.

**Lellinger, D.B.** 1985. A field manual of the ferns and fern-allies of the United States and Canada. Smithsonian Institution Press, Washington, D.C.

**Lepage, E.** 1966. Aperçu floristique du secteur nord-est de l'Ontario. Naturaliste canadien 93: 207-246.

**Lévesque, M. & J.A. Millette.** 1977. Description morphologique et aspects chimiques de la tourbière à laîches de Farnham, Québec. Naturaliste canadien 104: 511-526.

**Lewis, W.H. & M.P.F. Elvin-Lewis.** 1977. Medical botany. John Wiley & Sons, New York.

**Löve, D. & J.P. Bernard.** 1959. Flora and vegetation of the Otterburne area, Manitoba, Canada. Svensk Botanisk Tidskrift 53: 335-461.

**Löve, Á. & B.M. Kapoor.** 1967. The highest plant chromosome number in Europe. Svensk Botanisk Tidskrift 61(1): 29-32.

**Macself, A.J.** 1952. Ferns for garden and greenhouse. W.H. & L. Collingridge Limited and Transatlantic Arts Incorporated, London and New York.

**Maher, R.V., G.W. Argus, V.L. Harms & J.H. Hudson.** 1979. Les plantes vasculaires rares de la Saskatchewan. Syllogeus n° 20, Musée national des sciences naturelles, Musées nationaux du Canada, Ottawa.

**Maher, R.V., D.J. White, G.W. Argus & P.A. Keddy.** 1978. Les plantes vasculaires rares de la Nouvelle-Écosse. Syllogeus n° 18, Musée national des sciences naturelles, Musées nationaux du Canada, Ottawa.

**Marie-Jean-Eudes, Soeur.** 1969. La flore de Rawdon. Contributions de l'Institut botanique de l'Université de Montréal n° 79.

**Marie-Victorin, Frère.** 1923. Les Filicinées du Québec. Contributions du Laboratoire de Botanique de l'Université de Montréal n° 2.

**Marie-Victorin, Frère.** 1925. Les Lycopodinées du Québec et leurs formes mineures. Contributions du Laboratoire de Botanique de l'Université de Montréal n°3.

**Marie-Victorin, Frère.** 1927. Les Équisétinées du Québec. Contributions du Laboratoire de Botanique de l'Université de Montréal n° 9.

**Marie-Victorin, Frère.** 1941. Histoire de l'Institut botanique de l'Université de Montréal 1920-1940. Contributions de l'Institut botanique de l'Université de Montréal n° 40.

**Marie-Victorin, Frère.** 1964. Flore laurentienne, 2e édition revue par E. Rouleau. Les Presses de l'Université de Montréal, Montréal.

**Martens, P.** 1943. Les organes glanduleux de *Polypodium virginianum* L. I. – Valeur, systématique et répartition géographique. Bulletin du Jardin Botanique de l'État, vol. XVII. Ministère de l'Agriculture, Bruxelles, Belgique.

**Martens, P.** 1950. Les organes glanduleux de *Polypodium virginianum* L. III – Nouvelles données géographiques, systématiques et histologiques. La Cellule 53(2).

**Martens, P. & N. Pirard.** 1943. Les organes glanduleux de *Polypodium virginianum* L. II – Structure, origine et signification. La Cellule 49(3).

**Martin, W.C. & C.R. Hutchins.** 1980. A flora of New Mexico. J. Cramer, Vaduz, Germany.

**Martineau, R.** 1985. Insectes nuisibles des forêts de l'Est du Canada. Éditions Marcel Broquet Inc., La Prairie, Québec.

**Marton, C.V. & C. Neidorf.** 1954. *Polypodium vulgare* var. *virginianum*. American Fern Journal 44(3): 111-114.

**Massicotte, G.** 1982. Étude écologique de la végétation forestière du mont Kekeko, région Rouyn-Noranda, Abitibi-Témiscamingue, Québec. Thèse non publiée; Faculté des études supérieures, Université de Montréal, Montréal.

**May, L.W.** 1978. The economic uses and associated folklore of ferns and fern allies. The Botanical Review 44(4): 491-528.

**McDonnell, M.J.** 1979. The flora of Plum Island, Essex county, Massachusetts. Bulletin n° 513, New Hampshire Agricultural Experiment Station, University of New Hampshire, Durham, New Hampshire.

**McGregor, R.L. & T.M. Barkley (editors).** 1977. Atlas of the flora of the Great Plains. The Iowa State University Press, Ames, Iowa.

**McIlraith, A.L.** 1986. Additions to the vascular flora of Kent Island, New Brunswick. Rhodora 88: 441-443.

**Meusel, W. & J. Hemmerling.** 1969. Die Bärlappe Europas. A. Ziemsen Verlag. Wittenberg.

**Meusel, H.E., Jäger & E. Weinert.** 1965. Verglechende chorologie der zentraleuropaishen flora (karten). Veb Gustov Fisher Verlag, Jena, Germany.

**Michaux, A.** 1803. *Flora boreali-Americana*. Réimpression de 1974. Classica botanica americana vol. 3. New York.

**Mickel, J.T.** 1979. How to know the ferns and ferns allies. W.C. Brown Co., Dubuque, Iowa.

**Milko, R.J. & M.A.M. Bell.** 1986. Subalpine meadow vegetation of south central Vancouver Island. Canadian Journal of Botany 64: 815-821.

**Millspaugh, C.F.** 1892. American medicinal plants. Réimpression de 1974. Dover Publications Inc., New York.

**Mockle, I.A.** 1955. Contribution à l'étude des plantes médicinales du Canada. Jouve, éditeur, Paris.

**Mohlenbrock, R.H. & D.M. Ladd.** 1978. Distributions of Illinois vascular plants. Southern Illinois University Press, Carbondale, Illinois.

**Moore, M.I.** 1972. Vascular plants of the middle Ottawa valley and northeastern Algonquin Park. Information report PS-X-34, Petawawa Forest Experiment Station, Chalk River, Ontario.

**Moran, R.C.** 1982. The *Asplenium trichomanes* complex in the United States and adjacent Canada. American Fern Journal 72(1): 5-11.

**Moran, R.C.** 1983. *Cystopteris tenuis* (Michx.) Desv.: a poorly understood species. Castanea 48(3): 218-223.

**Morency, M.** 1966. Étude floristique des îles de la Paix. Thèse non publiée; Faculté des sciences, Université de Montréal, Montréal.

**Morisset, P. & S. Payette.** 1980. La flore et la végétation des îles Dormeuses (Baie d'Hudson, Territoires du Nord-Ouest, Canada). Naturaliste canadien 107: 63-86. Repris dans Ludoviciana n° 11, Contributions de l'Herbier Louis-Marie, Université Laval, Québec.

**Morisset, P., S. Payette & J. Deshaye.** 1983. The vascular flora of the northern Québec-Labrador peninsula: Phytogeographical structure with respect to the tree-line. Nordicana 47: 141-151.

**Morton, C.V. & C. Neidorf.** 1954. *Polypodium vulgare* var. *virginianum.* American Fern Journal 44(3): 111-114.

**Morton, C.V. & C. Neidorf.** 1954. The hay-scented fern, *Dennstaedtia punctilobula.* American Fern Journal 44(2): 65-68.

**Morton, J.F.** 1977. Major medicinal plants, botany, culture and uses. Charles C. Thomas Publishers, Springfield, Illinois.

**Morton, J.K. & J.M. Venn.** 1984. The flora of Manitoulin Island and the adjacent islands of Lake Huron, Georgian Bay and the North Channel; 2nd revised edition. Department of Biology, University of Waterloo, Waterloo, Ontario.

**Moss, E.H.** 1983. Flora of Alberta; 2nd edition, revised by J.G. Packer. University of Toronto Press, Toronto.

**Mulligan, A.D.** 1980. The flora, vegetation, and phytogeographic relationship of Whaleboat Island, Casco Bay, Maine, Rhodora 82: 441-459.

**Mulligan, A.G.** 1979. La biologie des mauvaises herbes du Canada. Communications 1-32, publication n° 1693, Agriculture Canada, extrait du Canadian Journal of Plant Science, Ottawa.

**Mulligan, A.G.** 1984. La biologie des mauvaises herbes du Canada. Communications 33-61, publication n° 1765, Agriculture Canada, extrait du Canadian Journal of Plant Science, Ottawa.

**Mulligan, G.A. & W.J. Cody.** 1969. The highest chromosome number known to occur in a North American plant. The Canadian Field-Naturalist 83(3): 278.

**Mulligan, G.A. & W.J. Cody.** 1979. Chromosome numbers in Canadian *Phegopteris.* Canadian Journal of Botany 57(17): 1815-1819.

**Mulligan, G.A., L. Cinq-Mars & W.J. Cody.** 1972. Natural interspecific hybridization between sexual and apogamous species of the beech fern genus *Phegopteris* Fée. Canadian Journal of Botany 50(6): 1295-1300.

**Munz, P.A.** 1965. A California flora. University of California Press, Berkeley, California.

**Murie, A.** 1981. The grizzlies of mount McKinley. Scientific Monograph Series n° 14, U.S. Department of the Interior, National Park Service, Washington, D.C.

**Niklas, K.J.** 1989. The cellular mechanics of plants. American Scientist 77: 344-349.

**Ogden, E.C., F.H. Steinmetz & F. Hyland.** 1966. Check-list of the vascular plants of Maine, revised by R.C. Bean, C.D. Richards & F. Hyland. Bulletin n° 8, Josselyn Botanical Society of Maine, Orono, Maine.

**Øllgaard, B.** 1987. A revised classification of the *Lycopodiaceae* s. lat. Opera Botanica 92: 153-178.

**Page, C.N.** 1988. Ferns. Their habitats in the British and Irish landscape. The New Naturalist, Collins, London.

**Paris, C.A.** 1991. *Adiantum viridimontanum*, a new maidenhair fern in eastern North America. Rhodora 93(874): 105-122.

**Paris, C.A. & M.D. Windham.** 1988. A biosystematic investigation of the *Adiantum pedatum* complex in eastern North America. Systematic Botany 13(2): 240-255.

**Paris, R.R. & H. Moyse.** 1971, 1976, 1981. Précis de matière médicale, tomes I, II, III. Masson, Paris.

**Payette, S. & L. Filion.** 1975. Écologie de la limite septentrionale des forêts maritimes, baie d'Hudson, Nouveau-Québec. Naturaliste canadien 102: 783-802.

**Payette, S. & E. Lepage.** 1977. La flore vasculaire du golfe de Richmond, baie d'Hudson, Nouveau-Québec. Provancheria n° 7, Mémoire de l'Herbier Louis-Marie, Université Laval, Québec.

**Payette, S., A. Légère & R. Gauthier.** 1978. La flore vasculaire de la région du lac Minto, Nouveau-Québec. Provancheria n° 8, Mémoire de l'Herbier Louis-Marie, Université Laval, Québec.

**Peck, J.H.** 1982. Ferns and ferns allies of the driftless area of Illinois, Iowa, Minnesota and Wisconsin. Contributions in Biology and Geology n° 53, Milwaukee Public Museum, Milwaukee.

**Peek, J.M.** 1974. A review of moose food habits studies in North America. Naturaliste canadien 101: 195-215.

**Perl, P. & al.** 1979. Fougères ornementales, Encyclopédie Time-Life du Jardinage. Time-Life International, Pays-Bas.

**Perrot, E. & R. Paris.** 1974. Les plantes médicinales. Presses Universitaires de France, Paris.

**Petrik-Ott, A.J.** 1979. The pteridophytes of Kansas, Nebraska, South Dakota, U.S.A. Nova Hedwigia supplement 61.

**Pilon, C., J. Champagne & P. Chevalier.** 1981. Environnement biophysique des îles de Berthier-Sorel. Centre de recherches écologiques de Montréal (CREM), Université de Montréal, Montréal.

**Plourde, L.** 1981. La flore vasculaire de la région du lac Blanc et du petit lac Labelle (Nominingue, Québec). Thèse non publiée; Faculté des études supérieures, Université de Montréal, Montréal.

**Porcher, R. P.** 1981. The vascular flora of the Francis Beidler forest in Four Holes swamp, Berkeley and Dorchester counties, South Carolina. Castanea 46: 248-280.

**Porsild, A.E. & W.J. Cody.** 1980. Vascular plants of the continental Northwest Territories, Canada. National Museum of Natural Sciences, National Museums of Canada, Ottawa.

**Prange, R.K. & P. von Aderkas.** 1985. The biological flora of Canada. 6. *Matteuccia struthiopteris* (L.) Todaro, Ostrich Fern. The Canadian Field-Naturalist 99(4): 517-532.

**Prelli, R. & M. Boudrie.** 1992. Atlas écologique des fougères et plantes alliées. Illustration et répartition des ptéridophytes de France. Éditions Lechevalier, Paris.

**Primack, R.B.** 1973. Growth patterns of five species of *Lycopodium*. American Fern Journal 63(1): 3-7.

**Pryer, K.M.** 1981. Systematic studies in the genus *Gymnocarpium* Newm. in North America. Thèse non publiée; Université de Guelph, Ontario.

**Pryer, K.M.** 1992. The status of *Gymnocarpium heterosporum* and *G. robertianum* in Pennsylvania. American Fern Journal 82(1): 34-39.

**Pryer, K.M. & C.H Haufler.** 1993. Isozymic and chromosomal evidence for the allotetraploid origin of *Gymnocarpium dryopteris* (*Dryopteridaceae*). Systematic Botany 18(1): 150-172.

**Putnam, A.R.** 1985. Weed allelopathy. Chapitre 5 *in* Weed Physiology, vol. 1. S.O. Duke (ed). CRC Press.

**Radford, A.E., H.E. Ahles & C.R. Bell.** 1968. Manual of the vascular flora of the Carolinas. University of North Carolina Press, Chapel Hill, North Carolina.

**Ranger, J.** 1979. Étude floristique des îles des Rapides de Lachine. Thèse non publiée; Faculté des études supérieures, Université de Montréal, Montréal.

**Raup, H.M.** 1947. The botany of southwestern Mackenzie, Sargentia VI. The Arnold Arboretum of Harvard University, Jamaica Plain, Massachusetts.

**Raup, H.M. & G.W. Argus.** 1982. The Lake Athabasca sand dunes of northern Saskatchewan and Alberta, Canada. National Museum of Natural Sciences, National Museums of Canada, Ottawa.

**Reeves, T.** 1976. *Cystopteris bulbifera* in the southeastern United States. American Fern Journal 66(2): 60-62.

**Riley, J.L.** 1981. The vascular flora of Akimiski Island, James Bay, Northwest Territories. Naturaliste canadien 108: 229-235.

**Riley, J.L. & S.M. McKay.** 1980. The vegetation and phytogeography of coastal southwestern James Bay. Life Science contributions n° 124, Royal Ontario Museum, Toronto.

**Ritchie, J.C.** 1956. Additions and extensions to the flora of Manitoba. Rhodora 59: 321-326.

**Ritchie, J.C.** 1962. A geobotanical survey of Manitoba. Technical paper n° 9, Arctic Institute of North America, Montréal.

**Roberts, E.A. & J.R. Lawrence.** 1941. American ferns, how to know, grow and use them. The Macmillan Co., New York.

**Rockburne, E.W. & J.D. Lafontaine.** 1976. The cutworm moths of Ontario and Québec. Research Branch, Canada Dpt of Agriculture, publication n° 1593, Ottawa.

**Rodney, L. Bartgis & G. Lang.** 1984. Marl wetlands in eastern West Virginia: Distribution, rare plant species and recent history. Castanea 49: 17-25.

**Roland, A.E. & E.C. Smith.** 1966-1969. The flora of Nova Scotia; 2 vol. The Nova Scotia Museum, Halifax.

**Rolland, E.** 1896-1914. Flore populaire. Tomes I-XI. Réimpression de 1967. Éditions G.-P. Maisonneuve et Larose, Paris.

**Rost, T.L., M.G. Barbour, R.M. Thornton, T.E. Weier & C.R. Stocking.** 1979. Botany: A brief introduction to plant biology. John Wiley & Sons, New York.

**Rouleau, E.** 1945. La florule de l'île Sainte-Hélène. Naturaliste canadien 72: 5-24, 68-83, 157-176.

**Rouleau, E. & G. Lamoureux.** 1992. Atlas des plantes vasculaires de l'île de Terre-Neuve et des îles de Saint-Pierre-et-Miquelon / Atlas of the vascular plants of the island of Newfoundland and of the islands of Saint-Pierre-et-Miquelon. Fleurbec éditeur, Saint-Henri-de-Lévis, Québec, Canada.

**Rousseau, C.** 1974. Géographie floristique du Québec-Labrador. Travaux et documents du Centre d'études nordiques n° 7, Les Presses de l'Université Laval, Québec.

**Rousseau, J.** 1966. La flore de la rivière George, Nouveau-Québec. Naturaliste canadien 93: 11-59.

**Rousseau, J. & M. Raymond.** 1955. New Quebec stations for *Woodsia glabella* R.Br. Archivum Societatis Zoologicae Botanicae Fennicae «Vanamo» 9: 313-319.

**Rousseau, J.G. Simard & M. Gauvreau.** 1938. L'âge des ronds-de-sorcière de fougères. Contributions du Laboratoire de botanique de l'Université de Montréal 29: 91-99.

**Schauenberg, P. & F. Paris.** 1977. A guide to medicinal plants. Keats Publishing inc. New Canaan, Connecticut.

**Schery, R.W.** 1972. Plants for man, 2nd edition. Prentice-Hall, Englewood Cliffs, New Jersey.

**Scoggan, H.J.** 1978-1979. The flora of Canada, 4 vol. Musée national des sciences naturelles, Musées nationaux du Canada, Ottawa.

**Scoter, G.W. & W.J. Cody.** 1974. Vascular plants of Nahanni National Park and vicinity, Northwest Territories. Naturaliste canadien 101: 861-891.

**Secrétariat d'État.** 1975. Flore du Canada. Bulletin de terminologie n° 156, Bureau des traductions, Ottawa.

**Shchepanek, M.J.** 1973. Botanical investigation of the Otish Mountains, Québec. Syllogeus n° 2, Musée national des sciences naturelles, Musées nationaux du Canada, Ottawa.

**Simoneau, D.** 1980. Les médecines populaires au Québec. Les Éditions Univers Inc. & l'Aurore, Montréal.

**Sirois, L.** 1984. Le plateau du Mont Albert, étude phyto-écologique. Thèse non publiée; École des gradués, Université Laval, Québec.

**Small, J.K.** 1935. Ferns of the vicinity of New York. The Science Press, Lancaster, Pennsylvania.

**Smith, D.R.** 1969. Nearctic sawflies. II. *Selandirinae*: adults (Hymenoptera: *Tenthredinidae*). Technical Bulletin n° 1398, U.S. Department of Agriculture.

**Sorrie, B.A.** 1987. Notes on the rare flora of Massachusetts. Rhodora 89: 113-196.

**St. John, H.** 1963. Flora of southeastern Washington and adjacent Idaho, 3rd edition. Outdoor pictures, Escandido, California.

**Stafleu, F.A.** 1967. Taxonomic literature. Regnum Vegetabile vol. 52, Utrech, Netherlands.

**Steyermark, J.A.** 1968. Flora of Missouri. The Iowa State University Press, Ames, Iowa.

**Straley, G.B., R.L. Taylor & G.W. Douglas.** 1985. The rare vascular plants of British Columbia. Syllogeus n° 59, Musée national des sciences naturelles, Musées nationaux du Canada, Ottawa.

**Szczawinski, A.F. & N.J. Turner.** 1980. Légumes sauvages du Canada. Musée national des sciences naturelles, Musées nationaux du Canada, Ottawa.

**Taylor, T.M.C.** 1963. The ferns and fern-allies of British Columbia. Department of Biology and Botany, University of British Columbia, Victoria, B.C.

**Taylor, T.M.C.** 1970. Pacific northwest ferns and their allies. University of British Columbia, University of Toronto Press.

**Taylor, W.C. & D. Demaree.** 1979. Annoted list of the ferns and fern allies of Arkansas. Rhodora 81: 503-548.

**Tessier, C., A. Aubin & D. Chenevier.** 1984. Les facteurs élévation et distance dans la structure et la productivité d'une communauté riveraine de macrophytes. Journal canadien de Botanique 62: 2260-2266.

**Tietz, H.M.** 1972. An index of the described life histories, early stages and hosts of the Macrolepidoptera of the continental United States and Canada. A.C. Allyn for the Allyn Museum of Entomology, Florida.

**Tryon, A. & R. Tryon.** 1973. *Thelypteris* in northeastern North America. American Fern Journal 63(3): 65-76.

**Tryon, A. & R. Tryon.** 1974. Geographic patterns in temperate American ferns and some relationship in *Thelypteris*. American Fern Journal 64(4): 99-104.

**Tryon, A.F., R. Tryon & F. Badre,** 1980. Classification, spores, and nomenclature of the marsh fern. Rhodora 82(831): 461-474.

**Tryon, R.** 1971. The process of evolutionary migration in species of *Selaginella*. Brittonia 23: 89-100.

**Tryon, R. & D.M. Britton.** 1966. A study of variation in the cytotypes of *Dryopteris spinulosa*. Rhodora 68(773): 59-92.

**Tryon, R.M.** 1955. *Selaginella rupestris* and its allies. Annals of the Missouri Botanical Garden 42: 1-99.

**Tryon R.M. & A.F. Tryon**. 1982. Ferns and allied plants with special reference to Tropical America. Springer Verlag, New York.

**Tryon, R.M.Jr.** 1941. Revision of the genus *Pteridium*. Contributions of the Gray Herbarium of Harvard University 134: 1-70. Repris dans Rhodora 43: 1-31, 37-67.

**Underwood, L.M.** 1868. An index to the described species of *Botrychium*. Verhandl. k. k. zool.-bot. Gesell. Wien. 18: 507-516.

**Vézina, A. & J. Cayouette.** 1974. Rapport complémentaire sur la distribution de *Matteuccia struthiopteris* (L.) Todaro en Gaspésie et ses possibilités d'exploitation. Rapport soumis à l'Office de développement de l'Est du Québec. Faculté des Sciences de l'agriculture et de l'alimentation, Université Laval, Québec.

**Vincent, G.** 1981. *Phegopteris hexagonoptera*, espèce rare et menacée. Bulletin de la Société d'animation du Jardin et de l'Institut botanique 6(2): 2-24.

**Vincent, G.** 1983. Étude floristique de la portion de la réserve amérindienne de Caughnawaga située au nord de la voie maritime du Saint-Laurent. Thèse non publiée; Faculté des études supérieures, Université de Montréal, Montréal.

**Voss, E.G. & alii (eds).** 1983. International code of botanical nomenclature; adopted by the thirteenth International botanical congress, Sydney, August 1981. Bohn, Scheltema & Holkema, Utrecht; Junk Publishers, The Hague, Netherlands.

**Wagner, F.S.** 1987. Evidence for the origin of the hybrid cliff fern, *Woodsia* X *abbeae* (*Aspleniaceae*: *Athyrioideae*). Systematic Botany 12(1): 116-124.

**Wagner, W.H. & D.J. Hagenah.** 1954. A natural hybrid of *Polystichum lonchitis* and *P. acrostichoides* from the Bruce peninsula. Rhodora 56(661): 1-7.

**Wagner, W.H. & F.S. Wagner.** 1982. *Botrychium rugulosum* (*Ophioglossaceae*), a newly recognized species of evergreen grapefern in the Great Lakes area of North America. Contribution from the University of Michigan Herbarium 15: 315-324.

**Wagner, W.H.Jr. & J.M. Beitel.** 1979. Strobilus variation in clones of running pine, *Lycopodium flabelliforme*. The Michigan Botanist 18: 19-23.

**Wagner, W.H.Jr. & W.E. Hammitt.** 1970. Natural proliferation of floating stems of scouring-rush, *Equisetum hyemale*. The Michigan Botanist 9: 166-174.

**Wagner, W.H.Jr. & F.S. Wagner.**1983. Genus communities as a systematic tool in the study of New World *Botrychium* (*Ophioglossaceae*). Taxon 32(1): 51-63.

**Wagner, W.H.Jr. & F.S. Wagner.** 1990. Moonworts (*Botrychium* subg. *Botrychium*) of the Upper Great Lakes region, U.S.A and Canada, with description of two new species. Contribution from the Univ. of Michigan Herbarium 17: 313-325.

**Wagner, W.H.Jr. & F.S. Wagner.** 1990. Notes on the fan-leaflet group of moonworts in North America with descriptions of two new members. American Fern Journal 80(3): 73-81.

**Wagner, W.H.Jr. & F.S. Wagner, C.N. Miller Jr & D.H. Wagner.** 1978. New observations on the royal fern hybrid *Osmunda* X *ruggii*. Rhodora 80: 92-106.

**Waterway, M.J.** 1986. A reevaluation of *Lycopodium porophilum* and its relationship to *L. lucidulum* (*Lycopodiaceae*). Systematic Botany 11(2): 263-276.

**Weatherby, C.A. & J. Adams.** 1945. A list of the vascular plants of Grand Manan, Charlotte county, New Brunswick. Contribution from the Gray Herbarium of Harvard University n° 158, Cambridge, Mass.

**Weiner, M.A.** 1972. Earth medecine - earth foods; plant remedies, drugs, and natural foods of the North American Indians. Macmillan Publishing Co., New York.

**Wheeler, G.A. & P.H. Glaser.** 1982. Vascular plants of the Red Lake peatland, northern Minnesota. The Michigan Botanist 21: 89-93.

**Wherry, E.T.** 1961. The fern guide, northeastern and midland United States and adjacent Canada. Doubleday and Company Inc., Garden City, New York.

**Wherry, E.T., J.M. Fogg Jr. & H.A. Wahl.** 1979. Atlas of the flora of Pennsylvania. The Morris Arboretum of the University of Pennsylvania, Philadelphia.

**White, D.J. & K.L. Johnson.** 1980. Les plantes vasculaires rares du Manitoba. Syllogeus n° 27, Musée national des sciences naturelles, Musées nationaux du Canada, Ottawa.

**Whittier, D.P.** 1966. Natural apospory in *Pteridium*? Amer. Fern Journal 56: 61-64.

**Widén, C.J. & D.M. Britton.** 1971. Chemotaxonomic investigations on *Dryopteris fragrans*. Canadian Journal of Botany 49(6): 989-992.

**Wiggins, I.L.** 1954. *Cystopteris dickieana* and *Woodsia glabella* in Arctic Alaska. American Fern Journal 44: 97-108.

**Zichmanis, Z. & J. Hodgins.** 1982. Flowers of the wild (Ontario and the Great Lakes region). Oxford Univ. Press, Toronto.

**Zika, P.F. & K.T. Dann.** 1985. Rare plants on ultramafic soils in Vermont. Rhodora 87(851): 293-304.

# Répertoires des plantes curatives, toxiques ou comestibles

Ces répertoires constituent des guides pratiques pour connaître, en un coup d'oeil, quelle ptéridophyte soignera vos malaises ou laquelle a pu intoxiquer votre cheval. Quant aux espèces comestibles... les ptéridophytes en comptent peu, mais quel délice!

## Plantes curatives

Pour ces maladies, malaises, organes atteints, produits, propriétés, consultez les textes relatifs aux espèces énumérées.

**abcès**; lycopode obscur.

**antibactérien**; fougère-aigle commune.

**anticoagulant**; fougère-aigle commune.

**anurésie**; prêles des champs, d'hiver et fluviatile.

**astringent**; osmonde royale.

**blessure**; osmonde royale.

**bronchite**; polypode de virginie.

**contusion**; osmonde royale.

**cystite**; prêles des champs, d'hiver et fluviatile.

**diurétique**; prêles des champs, d'hiver et fluviatile.

**estomac**; huperzie sélagine; lycopodes à massue, aplati et interrompu; lycopodielle inondée.

**expectorant**; adiante du canada, doradille chevelue, polypode de virginie.

**fesses de bébé**; huperzie sélagine; lycopodes à massue, aplati et interrompu; lycopodielle inondée.

**foie**; huperzie sélagine; lycopodes aplati, à massue et interrompu; lycopodielle inondée.

**hémorragie**; prêles des champs, d'hiver et fluviatile.

**hémorroïdes**; prêles des champs, d'hiver et fluviatile.

**incontinence urinaire**; prêle d'hiver.

**inflammation de la peau**; prêles des champs, d'hiver et fluviatile.

**inflammation de la vessie**; huperzie sélagine; lycopodes à massue, aplati et interrompu; lycopodielle inondée.

**menstruation**; osmonde royale.

**peau irritée**; huperzie sélagine; lycopodes à massue, aplati, interrompu et obscur; lycopodielle inondée.

**pied d'athlète**; huperzie sélagine; lycopodes à massue, aplati, interrompu et obscur; lycopodielle inondée.

**plaies**; prêles des champs, d'hiver et fluviatile.

**poudre dessiccative**; lycopode obscur.

**poumons**; huperzie sélagine; lycopodes à massue, aplati et interrompu; lycopodielle inondée.

**purgatif**; osmonde royale, polypode de virginie.

**rachitisme**; osmonde royale.

**reins**; huperzie sélagine; lycopodes à massue, aplati et interrompu; lycopodielle inondée.

**reminéralisant**; prêles des champs, d'hiver et fluviatile.

**rhumatisme**; prêles des champs, d'hiver et fluviatile.

**rince-bouche**; prêles des champs, d'hiver et fluviatile.

**saignement de nez**; prêles des champs, d'hiver et fluviatile.

**spasme**; fougère-aigle commune.

**sécrétion de la bile**; osmonde royale, polypode de virginie.

**tonique**; osmonde royale.

**toux**; adiante du canada, doradille chevelue et polypode de virginie.

**tuberculose**; prêles des champs, d'hiver et fluviatile.

**ulcères fongiques**; lycopode obscur.

**vermifuge**; athyrie fougère-femelle, dryoptère spinuleuse et polypode de virginie.

**vers intestinaux**; dryoptères à crêtes, à sores marginaux, de goldie, spinuleuse et fragrante.

**vers parasites**; fougère-aigle commune.

**vessie**; huperzie sélagine; lycopodes aplati, à massue et interrompu; lycopodielle inondée.

**yeux**; huperzie sélagine.

## Plantes toxiques

**chevaux;** fougère-aigle commune: davantage en fourrage qu'au champ; onoclée sensible: au champ; prêle des champs: fourrage.

**humains;** fougère-aigle commune: rhizome, fronde, crosse; huperzie sélagine, lycopode à massue, lycopode aplati, lycopode interrompu et lycopodielle inondée: toutes les parties de la plante sauf les spores; prêle des champs: jeunes pousses.

**moutons;** fougère-aigle commune: rarement; prêle des champs: parfois.

**ruminants;** fougère-aigle commune; prêle des champs; prêle des marais: frais ou sec.

## Plantes comestibles

Pour ces utilisations, consultez les textes relatifs aux espèces énumérées.

**friandise;** osmonde cannelle et osmonde de clayton: base élargie et souterraine du stipe ou bourgeons très jeunes des futures crosses.

**légumes cuits;** matteuccie fougère-à-l'autruche: crosses.

# Index des guides Fleurbec

Cet index regroupe les noms adoptés en titre (français, anglais, latin) pour toutes les espèces décrites dans les livres précédents de Fleurbec. Une abréviation correspondant à chacun des titres parus précède le numéro de page:

| | |
|---|---|
| c | Plantes sauvages comestibles |
| l | Plantes sauvages des lacs, rivières et tourbières |
| m | Plantes sauvages du bord de la mer |
| p | Plantes sauvages printanières |
| v1 | Plantes sauvages des villes et des champs, volume 1 |
| v2 | Plantes sauvages des villes, des champs et en bordure des chemins, volume 2 |

# Index des noms de plantes

Le numéro de page en caractères **gras** indique le début du texte consacré à cette espèce. Les caractères *italiques* sont réservés aux noms latins.

## A

## B

## D

## G

## M

# N



# O

# P

## Q



## R

## S

# T

## U



## V



## W



## X

Ce premier tirage de la première édition de l'ouvrage
*Fougères, prêles et lycopodes*
a été achevé d'imprimer
le quinze novembre mille neuf cent quatre-vingt-treize
sur les presses de INTERGLOBE
à Beauceville
sous la surveillance de Gisèle Lamoureux.

La participation financière
du programme Étalez votre science, du ministère de l'Enseignement
supérieur et de la Science,
celle de la Fondation de la faune du Québec
et celle de la Fondation québécoise en environnement
ont permis la préparation du manuscrit et la production de ce volume.

Numérisation d'images par procédé Kodak Photo CD,
séparations de couleurs et préparation des films: GRAPHISCAN INFO-COULEUR.
Conception de la maquette et réalisation infographique: FLEURBEC.
Diffusion: DIMÉDIA, 539 boul. Lebeau, Ville Saint-Laurent, H4N 1S2. (514) 336-3941